禅悟与僧诤：17世纪中国禅宗的重构

ENLIGHTENMENT IN DISPUTE: THE REINVENTION OF CHAN
BUDDHISM IN SEVENTEENTH-CENTURY CHINA

[美] 吴疆 著

孙国柱 葛洲子 释法幢 自信 曾林姣 欧阳楠 译

[美] 吴疆 校

中西书局

谨将本书献给

我的父亲吴绍尧(1939—1985)和岳丈刘诗嵩(1940—2002)

国际佛教与中国宗教研究丛书

主编机构

    中国佛教文化研究所

    浙江大学佛教文明研究中心

    英属哥伦比亚大学拔地入云项目

    北京佛教文化研究所

    清华大学道德与宗教研究院

总策划(Co-editors-in-chief)

    圣　凯　　陈金华　　孙英刚

主　编

    孙英刚

总　序

佛教及其他形式的宗教，是中国文明和传统的重要组成部分。这如同学术世界中的十字路口，中西交通、艺术史、政治史、宗教信仰、哲学思想、语言文字等领域，都与之紧密相关。然而，由于种种现实和思想上的原因，比如现代学科的机械划分，使得对佛教及中国其他宗教的研究，在很多方面仍较为薄弱，同时也留下了巨大的研究空间。研究领域亟待拓展，新的史料需要深入挖掘和重新解读，研究的方法也需要进行更新。以宗教研究为着力点，不但可以有效地推动和拓展相关学科的发展，而且对于重新认识中国文明演进的脉络及其特质，乃至对中国社会精神在当下的进步，都会有重要的意义和价值。

在国内外相关单位和学术同仁的支持下，"国际佛教与中国宗教"研究丛书将陆续出版。这套丛书以传译域外佛教研究为主，同时也引进国外的中国其他宗教的研究成果。我们相信，在不懈的努力下，可以让中国读者更多地了解西方学界丰富的研究成果，稍稍改变目前令人失望的欠规划、缺规模、重复生产、缺乏创新的局面。通过这一丛书，我们也希望能够促进国内外学者间的了解、切磋与合作。参与翻译的年轻学者，很多都展现出在相关领域令人赞叹的潜力，翻译的过程也将是这些年轻学者向国外学者深入学习的过程。

本丛书目前主要推动的领域如下：(1) 佛教思想与哲学；(2) 中古佛教史；(3) 佛教社会史；(4) 佛教物质史、艺术史；(5) 内亚文明对中国佛教的影响；(6) 中外交通与佛教；(7) 东亚佛教；(8) 南亚佛教；(9) 佛教戒律、感通、教义、寺院生活；(10) 道教及其他宗教；(11) 其他相关领域。

人心是不待风吹而自落的花。没有风吹，也会凋落，何况在现今急功近利、躁动不安的时代。但是喧嚣过后，能够沉淀下来的，也许才是最为珍贵的。知易而行难,做一件事并不容易,很多的精力和时间都用在排除障碍上。但是世间的事本就如此,也因之才知道得来不易。非常感谢一路上向我们施以援手的学界同仁,也希望继续得到大家的支持。希望我们这套丛书最后能够在喧嚣中沉淀下来,对知识的创新、文化的发展、精神的洗涤起到一点点作用。

丛书编委会

(孙英刚执笔)

序

中国社会科学院世界宗教研究所　黄夏年

在中国佛教史上,明清是最重要的一个时段。佛教经过唐宋鼎盛期后,到了明代则进入了新的整理时代。明代统治者朱元璋从小出家,在寺院生活七年,他对佛教了解透彻,在取得政权以后,就马上开始对佛教进行整理,将佛教分为禅、讲、教三家,试图在教法与实践上作出区分,各家安位,各修其法。他的好心对佛教发展确实有所促进,佛教一度盛隆,并且影响到现在的佛教。然而,明代佛教复兴之后,又很快地回到原位,用行政命令去改变佛教的做法,最终失败了。佛教兴盛或者复兴,靠的是自利,他利只是外缘,重要的还在于内因。有一个很好的环境、有人才与自省,是佛教复兴的最重要基础。朱氏王朝给佛教界打了强心针,邀请全国高僧到南京和北京办法会,在形式上给予佛教最大支持,但是这只是延缓了佛教地位下滑的速度,并没有彻底扭转佛教衰落的趋势。到明末清初,佛教虽有短暂辉煌,但在根子上已经一蹶不振,尽管一些汉族士大夫逃禅进入佛门,为佛教带来些许生气,然而没有多久,佛教更加衰落,以致到清末民初已经成为砧板上待宰杀的羔羊,佛教界人士被迫反击,要求"革命"……

明清佛教的衰落是历史的必然,除了人才匮乏、禅法不新之外,佛教界禅门的坠落乃至发生各种争论等,也是重要原因之一。从佛学层面来讲,"参禅悟道"之"禅悟",可以放在中国思想的大框架下去进行多角度认识。"禅悟"是佛教修行境界之表述,指通过坐禅或棒喝等办法,去获得"悟道"解脱。佛教的基本派别都使用或承认禅悟的修行方法,但在具体的修行过程,则有不同认识和使用手段。唐代宗密禅师在《禅源诸诠集都序》卷一作了很好的概括,他说:"禅则有浅有深,阶级殊等:谓带异计欣上厌下而修者,是外道禅。正信因果亦以欣厌而修者,是凡夫禅。悟我空偏真之理而修者,是小乘禅。悟我法二空所显真理而修者,是大乘禅。(上四类。皆有四色四空之异也。)若顿悟自心本来清净,元无烦恼,无漏智性本自具足,此心即佛,毕竟无异,依此而修者,是最上乘禅,亦名如来清净禅,亦名一行三昧,亦名真如三昧;此是一切三昧根本,若能念念修习,自然渐得百千三昧。达摩门下展转相传者,是此禅也。"①宗密之所以把达摩禅当作"最上乘禅",就是因为它是禅宗的禅,是中国化的禅。"禅"本是用来辅助修行的手段,通过这种手段而悟到"我法二空"的终极真理,最终显现的是本来清净的那颗"本心",禅宗把它称为"本地风光",所以禅也是"清净禅"。

禅宗有不同派别,禅法也出现很多说法,其对禅法之理解不同,于是开始出现禅诤,《掭黑豆集》卷八指出:"近代禅和,多侊侗、支离二病。若为药之,人根有利钝,道无南北祖,五家宗旨,不可偏废。舟行陆行,同一到家,不取途中,强分难易。"②"侊侗"即是"笼统",为只知大面上的,不看到细枝末节;"支离"是不完整,只知其一,不知其二。为了拯救清代禅宗,心圆法师强调禅法"不可偏废",各家宗旨都有长处,目的都是解脱,所以不能只看到一家禅法。清代《显扬正法复古集》卷二指出:"四明禅宗,分为三门:一祖承,二宗致,三修证。"初祖承者,是指少林寺菩提达摩创立的禅宗,后世的禅宗皆从此分出。到五祖门下分出南、北两宗,以后南宗五叶分彩,黼黻其道,"宗风勃兴弥满海宇"。二宗致者,"谓此宗以直指人心见性成佛,为其宗致"。三修证者,是禅法的证悟,"若就门庭,则虽禅宗也非无差别,有时时拂拭者,有本来无物者,有印心于楞伽,有印心于金刚,有三玄三要者,有五位君臣者",虽然法门众多,但是不出顿渐二门,最后乃归为一心之宗。

禅宗是宗族社会的反映,像一棵大树不断地生出若干分支。到了明代,这棵大树的分支日愈发达,为了争宗统与法统发生更多的激烈争论。

---

① CBETA, T48, no. 2015, p. 399b12 – 22.

② CBETA, X85, no. 1592, p. 371b10 – 14。

《宗统编年》卷一载江南常州府武进县祥符寺僧纪荫"辄相探考，会儒释之渊源，参圣贤之壸域，仿史例以编年，垂《宗统》于后世"。衡阳后学惟直智楷反对是说，著《正名录》说："近有人焉，卤莽无稽，师心自用，引据伪言，翻乱故典，不以佛心天子卫法之深衷是念，而以全书自命，以嗣祖沙门自署，以修明僧史自任。吁，妄诞极矣。"一些边远地区的禅宗势力也开始强调本宗地位，《黔南会灯录》卷一载西南云贵高原的禅宗就认为"今东南法派紊乱极矣"，"从此黔南佛法，与中原分道扬镳，互相雄长，厥功顾不伟哉"。明清时代的禅史争正统斗争不亚于历代禅法之争，仅有关灯录史书的撰写就达到六十多本，而且所有这些争论背后都有着各种不同背景，离不开"正宗"的诉求。

吴疆教授是美国亚利桑那州大学的佛学教授，多年来一直在研究明清禅宗历史文化，已经发表多篇论文，在学术界有重要影响。吴教授的研究视角广阔，善于从传统入手找出问题，观察细致，鞭辟入里，提出了许多与学界不同且颇有见地的看法。他根据17世纪中国佛教界内部发生的各种禅净，指出中国禅宗这时进入第三个复兴时期，弥补了研究空白。明清佛教一直影响当代佛教，要想推动当代佛教的研究，必须对明清佛教有深入的考察，吴疆教授给我们树立了榜样，寄希望于后来者跟上焉！

英 文 版 前 言

近几年,许多有关中日禅宗史的优秀作品相继问世。其中显然缺乏的是一种对于中国经历宗教变革时 17 世纪禅宗的全景式考察。这一主题之所以被忽略,很大程度上是因为禅学的黄金时代业已成为遥远的过去,而大部分学者又认为禅宗社群在明清时期也已然衰落。事实上,本书将会揭示,禅宗在此一时期极其活跃,各种各样的禅宗社群根据古代的禅学理念得以重建。比如说,诸多寺刹中,福建黄檗山万福寺就尤为杰出,不仅在中国负有盛名,还在日本开花结果。万福寺第三任住持隐元隆琦(1592—1673),1654 年东渡日本,为日本第三大禅宗教派黄檗宗奠定基础。隐元隆琦的事迹表明,禅宗在 17 世纪的中国仍富活力。本书的任务就是发掘这一中国佛教史上被遗忘的片段,希望引起广大读者的兴趣。

对于研究中国宗教的学生来说,这一时间片段将会弥补中国禅宗史上一个显著的缺失。禅僧在清朝的暂时得势,雍正帝对于部分禅学著作的激烈反应,历史学家也应该会有兴趣。研究中国早期禅史的专家,将会非常惊讶地看到这一景象,一位唐朝禅师的身份竟然成为 17 世纪禅林争论的焦点,机锋棒喝也复活为僧才教育的基本手段。17 世纪僧净导致了一系列连锁事件,日本黄檗宗也因此建立,对于研究日本佛教的历史学家来说,这也是非常有趣的。然而,本书关注的主要焦点是 17 世纪禅宗传统的转型(transformation)。读者或许能够发现,阅读本书并不是那么容易,因为涉及并讨论了如此之多的人名、书名及地名。阅读本书需要极大的耐心去关注那些表面上看似琐碎,但实际上极其重要的证据:这些证据,经常被掩盖在易于混淆的纷乱人名和复杂关系之中。笔者的意图就是通过关注这些所谓"微小"的细节,在本书中重现僧净的"复杂"性质。这样处理的好处就是,本书可以被研究者和初学者当作 17 世纪禅宗研究指南。在阅读这一时期的佛教文献时,学者们不可避免地会遇到本书研究的主要事件和人物,因此,推出这样一本精细的资料性书籍,成为切合时宜的需要。

假如读者能够恰当地运用笔者编排的深度索引(索引详见英文版原书),以及列在参考文献中的工具书籍,将会相对容易地定位自己所要查询的主题的信息。长期以来,摆在研究中华帝国晚期佛教的学者、学生面前的主要障碍,严格说来,不过就是这些人名和关系。为了梳理清楚这些僧人之间的联系,事实上,笔者建立了一个"关系数据库",希望有朝一日公之于众。在此,笔者希望能够对那些帮助和鼓励笔者攻克各种各样研究和写作难关的师友表示感谢。首先是笔者的导师詹密罗(Robert Gimello)和杜维明,还有包弼德(Peter Bol)、普鸣(Michael Puett)、汪跃进(Eugene Yuejin Wang)、管佩达(Beata Grant)、海伦·巴罗妮(Helen Baroni)、罗伯特·沙夫(Robert Sharf)和伊丽莎白·沙夫(Elizabeth Sharf)、魏雅博(Albert Welter)、罗梅如(Miriam Levering)、安妮·布莱克本(Anne Blackburn)、卜正民(Timothy Brook)、史景迁(Jonathan Spence)、司徒琳(Lynn Struve)以及傅佛果(Joshua Fogel)诸位教授。

笔者尤其感谢于君方、鲍家麟和路易斯·兰卡斯特(Lewis Lancaster)诸位教授对于笔者事业和研究的支持。两位匿名评审人细致阅读了本书原稿,并帮助本书成功面世。

约翰·马克瑞(John McRae)和周文广(Charles Jones)阅读了本书的草稿并提供了专业意见,改进了笔者的写作和材料安排。周文广还慷慨地分享了由晚明文人袁宏道撰写和编纂的若干珍稀禅学资料。最近,笔者往返于中国,尤其是在 17 世纪禅宗社群活跃的浙东地区的游历,为笔者在论文最后的修订阶段增加了新的视角。非常感谢正因教授(Gene Reeves)邀请笔者参加 2006 年 6 月的《法华经》研讨会,以及随后的宁波与天台之行。这一旅行,由日本立正佼成会慷慨赞助。笔者非常高兴有机会与这一地区著名寺院的住持和监院交谈。非常感谢路易斯·兰卡斯特,为当代中国佛寺数据库项目,邀请笔者于 2006 年 8 月至 11 月与他一起去南京、上海、北京等地调研,这两次旅行由加利福尼亚大学伯克利分校的"电子文化地图项目(Electronic Cultural Atlas Initiatives)"资助。在笔者上述旅行中,李富华与何梅教授(中国社会科学院世界宗教研究所)、魏德东教授(中国人民大学国际佛学研究中心)以及安虎生先生("佛教在线",www.fjnet.com)从不同角度提供了有关当代中国佛教的有价值的信息。笔者向他们表示感谢。

在笔者中国的师友中,笔者非常感激陈智超教授,他是著名历史学家陈垣(1880—1971)的嫡孙。最初,陈智超教授曾在美国哈佛大学教过笔者,在北京的家里还亲自指导了笔者的研究。在哈佛求学期间,庞朴和陈来两位教授也曾经指导笔者如何阅读早期儒家文献,以及新近发现的王阳明及其泰州后学颜钧的史料。中国社会科学院的方克立教授,来自笔者毕业的南开大学,曾经不断鼓励笔者,多年来经常提供帮助。笔者还要感谢笔者的朋友魏德东和黄积钳,两人曾于2001年协助笔者参访福清黄檗山万福寺。2001年夏天,在笔者参访重建的福清黄檗山万福寺时,万福寺住持悲升和弟子明空热情地欢迎了笔者。

除此之外,笔者非常感激哈佛燕京图书馆员工的热情帮助。还有刘岳兵教授(当时任职于浙江大学日本文化研究所),曾经帮助笔者影印了日本驹泽大学图书馆的珍稀古籍,并与笔者分享了有关明治儒学的研究成果。日本神户市外国语大学秦兆雄教授也提供了宝贵的支持,曾经帮助笔者从万福寺文华殿获得了珍稀史料,在万福寺文华殿,田中智诚和尚为秦兆雄教授提供了友善的帮助。

2003年2月在美国加利福尼亚大学伯克利分校的佛教研究中心,以及2005年6月在洛杉矶西来寺举办的中国佛教研究会议上,笔者发表了本书附录三的内容,非常感激来自听众的回馈。来自美国亚利桑那大学图书馆的镰田钧核查了所有日语音译。辛西娅·瑞德(Cynthia Read)、保罗·霍布森(Paul Hobson)、梅丽尔·斯隆(Merryl Sloane)以及其他英国牛津大学出版社的编辑们对于本书的出版尤为关心,笔者对于他们的工作十分感恩。笔者还想对中华电子佛典协会(CBETA)表示特殊的谢意,在笔者修订本书期间,CBETA在网上提供了许多可供自由使用的中华帝国晚期编纂的禅籍,他们的工作使笔者能够高效地查找参考资料,核实本书所要考察的不同僧诤资料的可靠性。本书任何错误，概由笔者负责。

　　笔者所任职的美国亚利桑那大学东亚系，持续不断地提供了许多有用的资源，惠及笔者极大。笔者还获得了亚利桑那大学主管学术事务的副教务长办公室对于制作本书索引提供的慷慨资助。

　　最后，笔者想感谢笔者的妻子刘菁，感谢她的照顾和支持，还有笔者的女儿沙兰，感谢她给笔者带来好运。笔者将本书献给笔者的父亲吴绍尧和岳父刘诗嵩，谢谢你们给了笔者一个温暖的家。

2007 年 9 月 30 日

图森（Tucson），亚利桑那（Arizona）

目　录

第二部分　禅悟的宗旨

第三部分 传法世系的问题

第四部分 批判性分析

凡　例

1. 本书使用"字"或"号"加法名的方式来指称僧人。举例来说,密云圆悟,密云为字,圆悟为法名。在僧人的法名中,第一个字往往是为了法脉传承的缘故而取的所谓"辈字"。在一些资料中,这一个字,往往是被省略的。本书中,如果一位僧人的辈字无法确定,这位僧人的名字就会只有三个字;假如"字"无法找到的话,就会使用法名。某些著名的僧人,比如密云圆悟、费隐通容、汉月法藏等,在第一次出现后,大部分称谓用字号指称。

2. 本书使用那些名刹所在的山名来代替正式的寺名。比如,黄檗山或黄檗寺,指称万福寺。

3. 所有中国的题目和名字,都用拼音系统音译。正文提及的原始材料题目,第一次出现时都翻译成英文。①

4. 原始汇编材料,比如《大正藏》(T)、《卍新纂大日本续藏经》(Z)以及《明版嘉兴大藏经》(JXZ),其完整引用,在第一次出现时,将用下列形式:依册数、经号、页数、栏数、行数之顺序记录,例如《五宗原》,Z no. 1279, 65:102－111。②

本书英文版部分资料,由检索中华电子佛典协会发行的 *CBETA Chinese Electronic Tripitaka Collection*(CD－ROM)而得。由于《中华大藏经》第二辑(台北版)编辑目录中的经号与实际藏经中的记录不一致,引用中不再提供经号。③

---

① 编者注:此条系针对英文原著。
② 译者注:引用格式如《大正新修大藏经》出处是依册数、经号、页数、栏数、行数之顺序记录,
　　 例如:T30, no.1579, p.517, b6－17。
③ 译者注:中文译本根据 2018 版 CBETA 电子数据库重新检索,并在可能的情况下核实原文。

5. 本书直接记载阴历月、日，而大致的年份，则使用西历。一些重大事情发生的西历年、月、日，用圆括号标识。

6. 由于明清帝王在位期间只用一个年号。他们的年号就用来指代该帝王。比如，雍正，是清世宗胤禛的年号，因此也就用来指称该帝王。

7. 僧人的出生日期，笔者大部分依靠《中国佛教人名大辞典》(ZFR，1999)，该书包含有 16 973 位人物，是迄今为止收集中国僧人资料相当全面的传记资料。作为惯例，在能够获知的情况下，所有这些历史人物在第一次出现时就会给出生卒年份。

8. 笔者通篇使用的"文人"(literati)这一术语，是指中国社会中的一个文化精英群体。笔者选择此一术语以代替"士绅"(gentry)或"精英"(elite)是为了强调文人在文学创作上的专业训练，还有与科举考试的联系，而不是要强调他们的社会和经济地位。笔者标注了一些重要文人在科举考试中获得的头衔：生员、举人，还有进士。

9. 读者会发现，在中文材料中，"禅"这一名词的使用是非常灵活的。有时候，它仅指禅定或禅修，有时又指由菩提达摩以及慧能传下的特定禅法。笔者使用"禅人、禅士"(meditation masters)一词来代指那些虽然参禅却没有禅宗谱系隶属的，或者宣称拥有禅宗谱系的行者等，并在不同语境下加以恰当使用。而"禅宗大师、禅师"(Chan masters)则用来指代那些有意将自己与禅宗法脉传承或禅宗谈玄说妙的说辞联系起来的人。笔者使用"禅寺"(Chan monasteries)来代指那些寺院住持有着明确法脉传承并能够明确自己作为"禅宗组织"之身份者。正如许多研究者指出的，这并不意味着这些机构组织，有必要遵循"纯粹"(pure)的禅法实践，而排斥其他传统的影响。

10. 译者按：本书脚注征引专著或论文时，仅录书名或文章名(及页码)，具体出版信息(版本信息)详见参考文献。

年　表

1526　北京和南京的官方戒坛关闭。

1529　王阳明离世。

1585　王阳明的追随者李贽剃发并退隐至湖北芝佛院，成为一群僧人的导师。

1586　万历帝为天下著名寺院颁赐十五套藏经。

1589　紫柏真可发起修造私刻大藏经，也就是后来所称的《嘉兴藏》。

1602　瞿汝稷编纂《指月录》，"两道悟"争论在晚明第一次被提出；李贽在北京自杀；无迹正海在湖北玉泉寺复兴北宗传承。

1603　紫柏真可圆寂。

1607　密云圆悟与周汝登、陶望龄在浙东绍兴相见。

1609　古心如馨在南京灵谷寺主持三坛大戒，汉月法藏受具足戒。

1615　云栖祩宏圆寂。

1623　憨山德清圆寂；密云受邀至金粟山，汉月成为首座；不久，密云授予汉月法脉传承。

1625　汉月撰写《五宗原》。

1630　密云被邀请至福建黄檗山。

1631　密云被黄端伯和祁彪佳邀请至阿育王寺，随后至天童寺。

1632　密云和木陈道忞出版了采用"两道悟说"的《禅灯世谱》。

1633—1634　密云撰写了一系列书信和文章来批判汉月的《五宗原》。

1635　汉月圆寂；密云开始重建天童寺；密云撰写了三篇文章反驳天主教。

1636　费隐通容写了四篇文章批判利玛窦；在福建，费隐与他的弟子一起编纂了《原道辟邪说》。

1637　汉月的弟子谭吉弘忍撰写了《五宗救》以捍卫师说；黄端伯公开指责密云基于"两道悟说"修改了法脉传承。

1638　密云下令编纂《辟妄救略说》来反驳谭吉弘忍。

1639　密云和费隐两人的弟子徐昌治完成反天主教文集《圣朝破邪集》的编纂。

1642　密云圆寂；费隐与木陈为出现在密云塔铭中的正式传法弟子的名分发生争执。

1645　南京陷于清军之手；黄端伯作为明代忠臣被处死；祁彪佳在绍兴私邸自杀。

1654　费隐的《五灯严统》出版；一场针对费隐的官司被提起，费隐的著作被禁；这一诉讼的档案被保存在《护法正灯录》；费隐的弟子隐元隆琦抵达日本长崎。

1657　费隐的《五灯严统》在日本普门寺由隐元隆琦重印。

1659　玉林通琇和木陈被顺治帝召至北京；一场围绕着由钱谦益和黄宗羲分别撰写的密云和汉月塔铭的争论开始；日本幕府赐予隐元隆琦京都宇治的土地以建立万福寺。

1662　郑成功在 1661 年收复台湾后离世；南明最后的政权——永历政权，在云南陷落；一场围绕重建天王寺的争论开始。

1672　位中净符撰写《祖灯大统》和《祖灯辩讹》质疑在北宋时期曹洞宗传承中"五代叠出"的问题。

1683　清政府收复台湾。

1693　《五灯全书》出版并引起争议。

1695　惟直智楷就《五灯全书》撰写《正名录》进行争论；石濂大汕弘法于越南。

1733　雍正帝撰写《拣魔辨异录》谴责汉月及其徒弟谭吉弘忍。

1754　乾隆帝正式废止政府控制的授戒制度。

缩　写

DMB　*Dictionary of Ming Biography*，*1368－1644*

ECCP　*Eminent Chinese of the Ch'ing Period*（1644－1912）

JXZ　《明版嘉兴大藏经》

T　《大正新修大藏经》

XZJ　《卍续藏经》(台湾新文丰出版社影印本)

Z　《卍新纂大日本续藏经》

ZFR　《中国佛教人名大辞典》

ZFS　《中国佛寺志丛刊》

ZH　《中华大藏经》第二辑

导　言

　　由于佛教被视为一种移植的传统,并导入了一系列新的信仰与修行方法,因此在外来宗教与中国文化规范之间,带来一种创造性张力。所以,转型(transformation)的问题,对于理解汉传佛教至关重要。早期汉传佛教研究特别关注佛教中国化的问题,大都认为在 7 世纪乃至 8 世纪天台宗、华严宗等成熟的本土义理宗派出现之际,佛教中国化的历程便已完成。此一重义理轻宗教的标准范式,仿佛在宣扬中国化的佛教已臻极致而不再有任何变化。因此,往后几个世纪中,由于中国佛教在精深的哲学思辨方面乏善可陈,许多学者认为佛教在这期间持续没落。[①]

　　转型的范例不只局限于宗教思想。中国佛教的转型是多方面的,而且与中国文化、社会的转变是同步的。举例来说,在公元 845 年毁灭性的灭佛运动中,禅宗不但未被消灭,反而于宋代、元代持续成长。经过 15、16 世纪长时间的蛰伏,禅宗于 17 世纪再次成为重要且影响深远的宗派。与此同时,中国也正经历从明(1368—1644)到清(1644—1911)的政权更替。在那一段混乱时期,禅宗以一种制度化的形式复兴起来。

　　顿悟的典范被重视起来;传法作为凝聚禅门弟子的体制,其速度蒸蒸日上,造就了更多的祖师;禅师语录与传灯录的出版也较过去更为频繁;禅宗寺院大量出现,纷纷宣称是正统禅寺并遵守禅院清规。就此而言,此时的禅宗乃是基于唐(618—907)宋(960—1279)时期的理想重构而来。尽管此一重构的传统,有许多向度看似唐宋时期的禅宗,却不能仅以过去相同的标准来衡量。此一重构的传统,其实是历史进程中众

[①]　近期关于"规范佛教"(normative Buddhism)的批判,参见 Sharf, *Coming to Terms with Chinese Buddhism*, pp. 12 - 17。关于佛法的衰微,参见 Nattier, *Once upon a Future Time*。

多因素共同作用的结果。有鉴于此，我们必须针对其本身仔细检视其内在价值。

17 世纪禅宗的复兴

在中国历史中，17 世纪，是一段因清军征战而导致社会变迁的时期。这漫长的征服过程，对文化与历史记忆带来深远影响。除了中国之外，其他东亚国家同样深受政治动乱之苦。有些学者因而认为，17 世纪对于东亚国家来说，是一段"危机"时期。① 政治经济的变化引发社会动荡，除此之外，从书写阐释、对过往的缅怀以及失去理想、价值与认同的怅惘等表现中，也可发现人类的集体意识同样正遭逢危机。

尽管佛教与各种层次的社会变迁均有深刻关联，也为受创的心灵以及流离失所的人群提供了精神的慰藉与疗愈，然而，学者却尚未明了此一时期精神转型的全貌。从本书所探讨的僧诤中可以看出，17 世纪中国佛教这股强大的宗教与社会力量，为了对应当时的心灵、社会与政治危机，不断地进行着自我调整。

"17 世纪中国佛教"这个用语反映出的观点是：佛教是中国历史中思想与社会变化的一部分。此一观点把佛教世界描述为一个连贯的整体，未曾因为 1644 年清军入关而中断；清朝统治不但没有妨碍宗教发展，甚至还造成一种迫切渴望宗教救赎的精神需求。此外，在使用"17 世纪中国佛教"这一用语时，笔者同时关注包括紫柏真可（1543—1603）、云栖袾宏（1535—1615）、憨山德清（1546—1623）三位明代高僧圆寂之后的那一段时期。这三位高僧对于晚明佛教复兴，具有关键性的影响。先前的研究认为，晚明佛教复兴始于万历年间（1573—1620），而仅将前清时期的

① 最初为欧洲历史学家使用的"17 世纪危机"一词，也已在东亚研究中广泛运用。参见"The Seventeenth-century General Crisis"；Atwell，"Some Observations on the 'Seventeenth-century Crisis' in China and Japan"；以及 Wakeman，"China and the Seventeenth-century Crisis"。

发展视为此次复兴的余波。① 然而,笔者将试图说明此一观点并不是相当准确。三位高僧圆寂后,佛教复兴进入新的时期,诸如密云圆悟(1566—1642)、汉月法藏(1573—1635)、费隐通容(1593—1662)以及木陈道忞(1596—1674)等禅师声望日隆,主导了佛教世界。

禅宗文献的"文字复兴"(textual revival)是 17 世纪禅宗再兴最主要的特点。语录与禅宗传法系谱这两种禅宗文献,在佛教史料著作中占有主导地位。语录,收集的是禅师在各种情况下参禅开悟后的法语。它们很生动地表达了禅师与弟子间的机缘问答。语录中不但有文字化的言语表达,还有相关的身体动作,可说结合了文字、口语以及表演的性质。禅宗语录的编纂在宋代以及元代达到高峰,明初之后逐渐消失,与禅宗组织衰微的趋势相互呼应。禅宗语录这种体裁一直要到晚明才再度出现,诸如《六祖坛经》、宋代祖师大慧宗杲的语录、元代祖师高峰原妙的语录等,均大受欢迎。此外,后人对某些早期禅宗文本有了新的发现后,也曾重新刊行。举例来说,沩山灵祐(771—853)、仰山慧寂(808—883)、曹山本寂(840—901)、洞山良价(807—869)以及法眼文益(885—958)五位早期禅师的语录,均于 1630 年再版并广泛流传。②

第二种禅宗文献体裁,即禅宗的传法系谱,通常称为传灯录(灯史),是整理了一代又一代禅师的传记谱系。尽管这些文献包含禅师们独特的精神体验,重点却常放在师徒关系以及能回溯至释迦牟尼佛的连贯的法脉传承上。最具有影响力的灯录,是编纂于宋代的《景德传灯录》与《五灯会元》。这两本书的作者们对禅宗传承所整理出的形式与安排,成为后世公认的标准模板,并且获得官方认可。

17 世纪时,不止重新刊印了先代的禅宗系谱,还新编创作了大量传法世系的灯史。根据长谷部幽蹊的研究,明清时期共有八十部新编的灯

6

---

① 参见 Yü, Chün-fang(于君方),"Ming Buddhism", p. 927。关于清代佛教的概述,参考邱高兴《清代佛教研究现状》和《一枝独秀》。

② 这五部语录集成,现被独立编入现代佛教藏经中。关于《五家语录》序言,X, no. 1326, 69:21 - 23。根据雪峤圆信的序言,他的弟子郭凝之(黎眉)从禅宗典籍中收集这些语录而编辑成一部独立的著作。

史问世。有十七种书目由明代作者所纂。清朝(1644—1911)一代,光是顺治时期(1644—1661)就有十二种新的灯史,而在康熙时期的前半段(1662—1692)更新增了另外四十部灯史。根据长谷部的资料我们可以发现,1400—1900年之间的灯史,主要创作于17世纪。长谷部的分析显示,从1597年到1703年,共有六十五种灯史与高僧传记出版。① 这些记录,不止为禅宗历史的研究提供了资料,还反映出在17世纪中国佛教中,禅宗的繁荣成长。从禅宗文献文本编纂的数量来看,除了早期的唐宋禅宗之外,17世纪确实是禅宗的第三个黄金时代。

　　禅宗的"文字复兴",显示当时有一些活跃的禅宗教团,在强调机缘问答的修行方法之外,也基于法脉传承,组织僧众间的层级关系;而传法则是开悟的师父将难以言传的佛法真理以及祖师的权威传给某位弟子的精神历程,一般认为接受传法的弟子也达到了同样层次的精神体悟。宋代以降,分庭抗礼的临济与曹洞两宗,17世纪间也开始以某些宣称获得正统法脉传承的禅宗人物为主而渐次展开。临济宗的密云圆悟、天隐圆修(1575—1635)以及雪峤圆信(1570—1647)出自幻有正传(1549—1614)。曹洞宗祖师湛然圆澄(1561—1626)嗣法于师从少林寺的祖师慈舟方念(?—1594)。曹洞宗禅师无异元来(1575—1630)、晦台元镜(1577—1630)以及永觉元贤(1578—1657)均是无明慧经(1548—1618)的法子,而慧经本人亦是从少林寺获得曹洞宗的法脉。通过法脉传承,禅师的法子们大大增加了追随者的人数。在所有法脉分支中,密云圆悟这一系最为壮盛。仅密云本人第一代法子便有12人。这些法子分别传法不到20年,密云圆悟第二代法子的数量便高达495位,第三代法子更多达1 168位,远远超过禅宗历史中所有法脉传承。②

---

① 这些数据依据长谷部幽蹊《明清佛教教团史研究》中的原始资料,第382—386页。
② 数据来源同上,第343—344页。笔者省略雪峤圆信这一系传法,因为长谷部的记录只列出他的两个法子。也参见圣严《明末佛教研究》对晚明禅宗人物的讨论,第1—84页。

僧诤与禅宗

　　禅宗蓬勃发展之际,禅僧间的冲突也随之而来。本书中,笔者尝试研究两大僧诤,以便探讨 17 世纪禅宗的转型。[①]

　　第一次僧诤,是发生在密云圆悟及他的法子汉月法藏之间的争执。17 世纪 20 年代,密云圆悟复兴机锋棒喝的禅法形式,而汉月法藏却挑战他师父对于临济宗教学形式的诠释以及他在临济宗的正统地位。汉月法藏坚持,证悟的经验应该透过"临济宗旨"来证明,而不是过度使用棒喝。一百年后,1733 年,雍正皇帝(1678—1735)写下八卷本的《拣魔辨异录》,表示支持密云,方才平息了纷争。[②]

　　第二次僧诤,与密云圆悟的法子费隐通容编辑的一本背运的书籍《五灯严统》有关,1654 年,此书甚至引起一桩恶名昭著的诉讼。费隐通容主张传法应有严格标准,并尝试澄清许多传承混乱的法脉系谱。他认为,自称禅僧却未经老师亲自正式传法的人,应归纳为"嗣法未详"一类。他不止把诸如云栖袾宏、憨山德清、紫柏真可等名僧边缘化,而且对无明慧经、湛然圆澄等曹洞宗僧人也略而不提,或仅是一笔带过。不过,对他的主要指控还在于他故意更改官方认可的《景德传灯录》中的法脉系谱。

　　从一开始,法脉传承的争议便成为禅宗的一个特点。早期出现了许多关于"传法"的理论,试图为某些特定的禅僧赋予正统地位。在这些僧团激烈的竞争下,宋代朝廷认可了当时流传的某个版本的法脉传承,并将它编入《景德传灯录》。[③] 然而,确立官方版的法脉传承并不意味着能够平息有关法脉的纷争。在往后的几个世纪中,这个官方的版本持续受到挑战,费隐通容便是抨击最激烈者之一。他以新"发现"的一段有关唐代

① 此外,他们参与了与耶稣会传教士的论诤。有关详细研究,参见笔者的博士论文第 4 章 "Orthodoxy, Controversy, and the Transformation of Chan Buddhism"。可参见拙文, Wu, Jiang, "Buddhist Logic and Apologetics in Seventeenth-century China"。

② 见 Spence, *Treason by the Book*;以及雍正帝《拣魔辨异录》,X, no.1281, 65:191 - 254。

③ 关于这一过程的近期研究,参见 Welter, *Monks, Rulers, and Literati*。

天王道悟(737—818 或者 727—808)的碑文，主张官版《景德传灯录》中的
天皇道悟(748—807)和这位僧人的身份有所混淆。根据这份"新"的碑
文，云门宗与法眼宗的师承龙潭崇信，其实是天王道悟的法子，而非天皇
道悟之法子。此一身份混淆真正的重要性在于，天王道悟属于马祖道一
(709—788)的法脉，而天皇道悟则属于石头希迁(700—790)一系。根据
这些新的证据，费隐通容大胆更改官版的法脉系谱，把可疑的天王道悟加
入他所编纂的系谱，而将云门宗与沩仰宗置于马祖道一与南岳怀让的系
谱下。仅凭一些关于天王道悟身份的可疑证据便更改系谱，曹洞僧人据
此控告了费隐通容，浙江地方长官后来下令将此书毁板。

禅 宗 的 演 变

　　本书以僧诤的视角重构历史，进而探讨禅宗的演变。在西方宗教历
史中，教理论诤曾导致重大分裂、新宗派形成甚至宗教战争。论诤也同样
塑造了中国的宗教景观。对于中国佛教历史学家而言，僧诤为揭示深刻
的精神议题提供了极为丰富的讯息。僧诤也兼有社会与政治层面，从而
让社会变迁以及佛教世界内、外既存的权力结构运作有机会获得检视。
在僧诤中，新宗派形成，不同宗派的传统领地被重新界定，对于参与其中
的佛教徒自身而言，也是重新建构身份认同的方式。

　　对于中国宗教学者而言，僧诤可以被看作新兴宗教团体的激增以及
他们所体现的转变的指数(index)。借由研究这些僧诤来建构佛教历史，
学者能够避免佛教史学家有意或无意受到或隐或显的意识形态影响而经
常发生的缺陷与疏漏。举例来说，某些佛教史家的编年史著作重新形塑
甚或压制过往颇有影响力的异议性声音或文本。从早期禅宗历史可以清
楚地看到，佛教史家如何创造出一种只让某些禅宗法系发声的正统历史
版本。

　　笔者聚焦的这两次冲突，同样可以用来理解禅宗的演变。第一次冲
突显示出禅僧相当注重"宗旨"的意义，即禅法修学的基本精神议题。论
诤的焦点在于以流行的棒与喝作为禅修与开悟的方法。这显示出完全不

落言诠、不拘成法的禅宗理想化的教法与修行,在复兴后的禅宗精神世界中占有一个核心的地位。这段时期当中,诸多禅宗著述如语录、传灯录等营造出这样一个印象:某些高僧在与他们的老师或其他僧人的日常应对中,借由高深莫测的语言及行为表现,获得证悟。在互动过程中,随缘任运的自发精神理应透过令人费解的对话以及诸如棒喝等象征性行为彻底展现。这些交锋可以概略称为"encounter dialogue",即由柳田圣山所概括的"机缘问答"这一术语。①

17 世纪,中国禅僧大多相信可以经由刹时的觉醒而证悟。对他们而言,"机缘问答"是一种涉及师徒双方的真实表演,禅师意图从中引导弟子证悟。笔者研究的两个僧净案例显示,习禅者认为机缘问答中的棒喝,犹如禅宗传承中的正统(authenticity)标志。在此,读者必须牢记在心的是,机缘问答可以在不同场域中进行。毋庸置疑,棒喝可以当作一种不公开的私密(private)训练工具。然而,在 17 世纪,机缘问答是经常在上堂仪式中公开进行的,之后更因禅师语录的刊行而广为流传。更重要的是,这些甚至已经仪式化或是预先经过演练的公开表演还必须借由毫无做作地模仿语录中的对话及举动来展现随缘任运的自发精神。换言之,使用棒喝作为应机训练的技巧时,随境而起的天然反应,或者遵循既有公案所作的自发应对,成为一种隐而不显的规则。

举例来说,禅僧们所管理的寺院,其特点在于方丈能够"开堂讲法"(开堂法)或"举行升堂仪式"(升堂法),而这也正是棒喝施行的时机。晚明时期棒喝的使用方兴未艾,一般公认棒喝交驰的密云圆悟体现了"禅人本色"。在着重禅净双修的宗教文化中,这种禅宗的教法是新奇的,令人耳目一新。有唐一代,擅长棒喝的临济义玄创立了临济宗,而密云圆悟则有"临济再来"的美誉。

显然,在第二个僧净的讨论中,法脉传承是重要的课题。在这些禅宗分派中,"传法"两字意味着师徒间不可言说的佛法传递过程。在实务中,

① 见 McRae, "Encounter Dialogue and the Transformation of the Spiritual Path in Chinese Ch'an", p.340。

它以一种特别的精神纽带联结了一群僧人，这样的关系，好比中国世俗宗族组织中的父子关系。在这段纷争中我们发现，争议的焦点并非传法的精神内容，各方关心的反而是传法的证据或资格，以及如何使用严谨的标准，以去妄除伪（遥嗣或代付）。这个僧诤显示出，17世纪经过转型后的禅宗，特别强调严谨的传法定义：传法的真实性，必须透过检验传承的证据来证实。

实际上，禅僧，尤其是密云圆悟及其弟子们都认为，法脉传承的某些方面已经被破坏。某些特定的法脉常因各种缘故失传，而祖师们往往找不到合适的嗣法者，因此出现了两种极为普遍的法脉传付方法，一种是"代付"（代理传承：某一僧人代表已故的老师传法给另一位僧人），以及"遥嗣"（隔代承嗣：某位僧人在没会见祖师本人的情况下，径自宣称自己为该祖师正式的法子）。因为这些方式将不可避免地混淆法脉系谱，禅僧们因此提倡一种严谨的法脉传承鉴别方法，并用它作为组织的原则拓展僧团网络。

为了更好地了解这些争论的意义，我们需要明白某些新恢复的寺院经历的制度性改变。根据长谷部幽蹊的资料，17世纪，一种新形态的禅宗组织"传法丛林"（dharma transmission monastery）成为主导的禅宗组织。他将这一时期的传法丛林界定为一种"依附于某些法脉而不公开外传"的世袭机构，只从自己内部相同法脉的法子中挑选住持的继承人选。[①] 在对这些寺院进行深入研究后，笔者发现，当地信众重振寺院后，就会迎请一位具有法脉传承的著名禅师前来担任住持，随后便逐渐发展成传法丛林。然后禅师会指定他的法子担任执事及继承人，借此重整院内的僧伽管理体制。经过几代之后，住持继承的体系便随着传法的原则而确立。地方上许多寺院住持之间保持着紧密的传法关系，这些寺院因而形成松散的组织网络。定期更新诸如"传灯录"之类的禅宗系谱，以便纳入新认证的法子，使得他们能够延续对某些寺院的集团控制。因此，精确的法脉传承不是一件小事，伪冒也可能威胁既存的住持继任体系。有

---

① 见长谷部幽蹊《明清佛教教团史研究》，第286—368页。

关法脉传承的种种冲突,不过是真实地反映出这种制度转变而已。①

禅宗传法世系的重构

禅宗若在 17 世纪经历了一系列的变化,那么,该如何描述这些变化的特点呢? 在表面上,17 世纪的禅宗仅只是恢复了一些古老的修行方式,并没有显现出什么创新。禅僧试图忠实地遵守禅门的理念,创造一种承继唐宋传统的印象,然而,笔者主张 17 世纪的禅宗其实是借由棒喝以及家谱式的法脉传承的等级关系,将禅门理念以一种系统化的方式重新建构而来。

此处的"重构"(reinvention)指的乃是刻意将一个原已近乎消失的宗教理念加以复兴,并转化为对某个宗教团体而言真实且实际存在的历史过程。此一重构的禅宗传统宣称延续了古代禅宗的历史,看起来也有几分相似,但其实它起源于 17 世纪。② 它的拥护者强调,他们自身的禅法教学与修行,源于过去统一而从未间断的传统。然而,宣称源于古代的"传统"往往是种重构,是采取旧方式来因应新情况的产物。艾瑞克·霍布斯鲍姆(Eric Hobsbawm)对这种"重构的传统"有如下的定义:

> "重构的传统"意指一套具有某种仪式性或象征性特质的模式,通常受到某些成规或隐或显的影响,并试图借由不断重复的方式来灌输特定价值与行为规范,而重复本身即影射了与过去的关联。事实上,只要一有可能,它们就会试着和某段相对应的历史建立连续的关系。③

换言之,重构的传统透过重复一套宣称源远流长的行为规范,将新奇化为古老。虽然某些象征符号或行为看似与过去相同,他们却来自一个与最

12

---

① 参见拙文"Building a Dharma Transmission Monastery"。
② 在此,笔者同意依循艾瑞克·霍布斯鲍姆(Eric Hobsbawm)对这个术语的使用,参见 Hobsbawm, Ranger (eds.), *The Invention of Tradition*。
③ Hobsbawm, "Introduction: *The Invention of Tradition*", p.1.

初使用这些象征符号和行为时截然不同的文化和社会环境。

用"重构的传统"来形容禅宗试图恢复古代修行及理想(ideal)所经历的演变,可谓相当贴切。例如,有些古老修行方法,原本只能在诸如公案故事的禅宗文献中读到,却会在 17 世纪的禅宗僧团中活生生地上演。"棒"与"喝"作为证悟的激烈展现,在大庭广众下登场;法脉传承的合法性,受到最严格的检视;僧众由衷地遵循禅宗清规中记录的仪轨。种种重构在禅僧之间创造出一种真实感与正统性(authenticity),而"临济正宗"①一语,展现出重新联结古代禅宗传统的强烈企图,最能反映这种情形。

这项重构的运动当然不是独一无二的,而中国禅宗传统也不断地被创造与重构。例如,出现于唐代的禅宗,借由师徒间以心印心来传法,并宣称这样的传承能无有隔阂地回溯至释迦牟尼佛。在没有历史依据的基础上,这个理论成为一种合法化的工具,促生了一个新的传承。之后,更出现了与"顿悟"相关的说辞来批评渐修,尽管真正的禅宗修行,需以打坐以及对祖师的崇拜等各种仪式的方式为基础。宋元时期,禅宗传统经历再一次的创造,宋代新创的禅宗僧伽体制系模仿唐代功能完备的体制想象而来。尽管禅宗在明代早期(1368—1450)乃至中期(1450—1550)相当衰弱,但禅师们借由棒喝的方法以及严谨的法脉界定,来重构不拘成法的禅宗理想特色。

宣称 17 世纪禅宗传统是种重构的说法,隐含了一个历史观点:禅宗发展曾中断,而后才系统化地加以恢复。笔者将在本书第一部分中论证,在 15 世纪中至 16 世纪中的百年间,佛教,特别是禅宗,不论是精神修持上或制度上都遭逢了严重的衰退,许多宋元时期(1271—1368)著名的禅

13

---

①　这一用语来自元代的一篇铭文。1295 年,元成宗(铁穆耳,1295—1307 年在位)将刻有"临济正宗"之玉印赐予临济祖师云西,并命著名书法家赵孟頫(1254—1322)为此书撰写碑文。皇帝敕令西云管理临济宗之寺院事务,见赵孟頫《赵孟頫集》,第 202 页。"临济"与"正宗"合并在一起的首次出现可追溯至圆悟克勤(1063—1135)。1129 年,圆悟克勤写下题名为《临济正宗记》的短文送给当时担任书记的弟子大慧宗杲。在这篇记文中,克勤考察了从马祖道一到黄檗希运的临济传承,总结出"三玄三要"的基本原则,以及临济义玄频繁使用"喝"的禅法。见圆悟克勤《圆悟克勤佛果禅师语录》,T, no.1997, 47:783。

宗丛林默默无闻,多数禅宗寺院也不再有例行性的禅修活动。在这个意义上,禅宗传统无疑已经中断了。

因此,17 世纪禅宗的振兴,需通过检视来自僧团以外的影响来解释。禅宗在僧团中复兴之前,儒家文人之间便已有一种对于禅宗精神在文化上与知识上的渴求。对禅宗复兴进行时序分析后,笔者注意到如密云圆悟等禅师出现的时间明显较迟,唯有禅法在精英士绅文化中普及推广后,禅师们才开始受到注目。16 世纪中晚期,在王阳明(1472—1529)几位弟子的刺激下,士绅对禅的渴求已经显而易见,同时期的禅宗僧团却仍默默无闻,著名的禅师寥寥无几,当代祖师语录编撰、刊行、流通的数量同样屈指可数。当时,禅的风靡只是士绅文化以及王阳明学说的一部分,而非僧团复兴佛教运动的自然结果。笔者将于第一章指出,第一种复兴的佛教形态并非禅宗,而是时常解说经文的佛教义学以及学习天台、华严、唯识的风潮。当时确实有些僧人在不甚显赫的禅宗僧团中修行主张破除一切极端(iconoclastic)的"禅",但他们的影响仍然有限。然而,大多数僧人理解的禅修,是一种勤勉甚至是苦行的打坐方式,而非在后世禅宗团体中占主导地位的棒喝。对于某些著名的高僧大德而言,使用棒喝代表一种浅薄造作的模仿,是种可鄙的行为。僧团间对于禅的共同看法是,真心修行的人,应该将坐禅与净土、教义研习等其他形式的佛教修行结合起来,抱持这种观点的人以紫柏真可、云栖祩宏、憨山德清为代表。禅宗理念的思想表述先在精英文化中出现,而后禅宗才开始复兴,这个事实表明,不论于僧于俗,在促进禅宗文化这一方面,文人都扮演着不可或缺的角色,此点笔者将会在第二章中讨论。

倘若晚明时期的思想转型解释了禅宗的振兴,那么它也说明了禅宗在 18 世纪的消亡。在那段时期里,王阳明的思想及受其启发的运动都受到反思检省,有些人甚至认为他们的思想运动导致了明朝的灭亡。[①] 正如卜正民指出的,在"试图将佛教影响局限于精英阶级"的儒家知识分子

---

① 沿此思路对禅宗的一些批评,参见 Elman, *From Philosophy to Philology*, pp. 50-53。

14　之间,保守风气再次出现。① 他们的动机甚至不在于反对佛教。儒家文人希望摆脱他们自身与佛教,特别是与禅宗之间的关联。换言之,18世纪儒家知识分子不再如晚明的前辈般,将儒家与佛教当作一种统一的意识形态。相反地,他们相信儒家与佛教是各自独立的。

尽管禅宗主导了17世纪的佛教世界,然而,即使是现当代历史学家和佛教徒自身都没时常以显著的方式提到这些禅师,关于这一点,笔者将有所论述。尉迟酣(Holmes Welch)曾访问了许多现代的佛教徒,尽管他们中的大多数都将自己的传承回溯到密云圆悟,却没有人意识到密云所扮演的角色以及他的谱系。② 这显示出,17世纪之后佛教传统再次发生断裂,使得这些禅僧受到忽视。17世纪重兴的禅宗教学与修行不再继续启发后代僧人,现代中国佛教转而投入唯识研究等其他发展轨迹。③ 诚然,在一些地方传统中,密云圆悟及其弟子仍被视为诸如天童寺等地方寺院的改革者而被铭记。然而,在今日佛教界,密云圆悟个人及其禅风却鲜少有人提及。④

本书章节与史料来源

本书分为四个部分,其后是总结性评述与附录。第一部分介绍17世纪中国佛教的背景。第一章,笔者将追溯几个在晚明时期恢复佛教义学以及受戒仪轨的佛教教团的发展。笔者将论证在佛教复兴的早期阶段,

---

① 见 Brook, *Praying for Power*, p.57。

② 在 Holmes Welch 的 *The Practice of Chinese Buddhism* 这部专书中,只在注释中提及密云。见 Holmes Welch, *The Practice of Chinese Buddhism*, p.523, note 8。现代中国僧人似乎只记得他是复兴天童寺的祖师。参见 Chen-hua, *In Search of the Dharma*, p.170。

③ 佛教义学的恢复,可溯及欧阳竟无(1871—1943)所建立的支那内学院。相关概要描述,参见 Welch, *The Buddhist Revival in China*, pp.117 - 120。

④ 举例来说,由太虚创办的著名佛教杂志《海潮音》,对民国时期的佛教改革很有影响,却没有引用过密云圆悟的名字。笔者根据这份杂志 1920—1949 年所刊各期的复印本的目录索引来进行该语句的搜寻,参见《海潮音》。关于太虚的研究,见 Pittman, *Towards a Modern Chinese Buddhism*。笔者在 2006 年 6 月参访天童寺时发现,尽管某些碑文及匾额仍然赞颂着他,但密云并没有被该寺院视为一位复兴者而受到明显的崇敬。

佛教教团遵循一种强调参究"话头"、持诵净土咒语以及教义研读的"融合路径"(syncretic path)。激烈的棒喝及法脉传承丝毫不受重视。然而,情况在 17 世纪早期出现了剧烈变化:曹洞与临济两宗恢复,法脉再度受到重视,禅僧们渴望寻求他们独特的宗派身份。第二章聚焦于文人对禅宗的影响,因为禅宗的复兴得到了文人的大力推动。第三章,笔者将介绍临济宗与曹洞宗的主要禅宗祖师,以及 17 世纪禅宗法脉的传播。

第二部分聚焦于密云圆悟与汉月法藏之间的争论。第四章笔者将按照时序先后,检视双方引起争议的文献。第五章,笔者选出三个争议点,以厘清僧诤中不同观点的立论依据。第六章则将详细探讨雍正帝在这场争议中的角色,解释他为何牵涉其中,又为何压制汉月法藏的法系。

第三部分对法脉争议的探讨又细分成三章。第七章主要讨论引起争议的焦点议题:天皇道悟与天王道悟的身份,以及晚明时期考据学扮演的角色。第八章则是通过检视许多不同来源的资料,将焦点转移到这场论争在清初的发展,以及随后的诉讼。在第九章,笔者将检视针对此次诉讼的争议所造成的后果,特别是这期间编辑最为详尽的灯史——《五灯全书》。此外,笔者将简要评述《五灯严统》一书引起的争议在日本造成的影响,因为费隐通容的法子隐元隆琦 1657 年在日本再版翻印了他师父的这本书。

最后一次修订时,笔者增加了第四部分来收尾,并提供了一些笔者个人对于禅宗及中国宗教的大体观察。读者如果不熟悉这一时期的历史背景,或无法掌握正文中对细节的讨论,不妨先阅读这部分,通过对一些关键问题的专题讨论来进入这个研究。在第十章,笔者借由欧洲历史学者布莱恩·斯托克(Brian Stock)提出的"文字社群"(textual communities)概念,来解释 17 世纪禅宗的兴起与衰落,并指出法脉争议带来的制度性的影响。在第十一章,笔者将佛教复兴置于一个更大的历史脉络中,试图界定禅宗复兴的遗产以及过去佛教复兴的模式。

在一趟中国实地考察中,笔者发现《护法正灯录》中有一些重要的论辩文章以及官方档案,原文详见总结评论后的附录一。在附录二中,笔者列出本人研究范围之外,其他 17 世纪主要的法诤。笔者相信,若想理解 17 世纪,这些争议相当重要。从这些争议中我们不难发现,当时整个佛教世界都与这些论战文章有所关联,而这些争议也促成了僧众之间的社会网络。在附录三当中,笔者把 17 世纪史料中所有关于天皇道悟及天王道悟身份争议的证据全数列出,希望这番努力有助于早期禅宗史学者解决这个难题。

16　　　为了重构这些争议的历史,笔者查阅了各种佛教与历史资料,甚至耶稣会传教士的记录。《嘉兴藏》及其续藏涵盖了创作于 17 世纪的佛教著述,是笔者的主要史料来源。由于该版本的藏经中包含大量禅宗文献,佛教学者蓝吉富认为这套典籍是明清佛教研究的"敦煌发现"。①

为了恢复明代早期与晚期之间的佛教历史,笔者也仰赖未被佛教学者充分运用的寺志。② 在研究中,笔者发现这些寺志不仅包含了关于 17 世纪寺院制度的某些细节,也包括关于唐宋早期禅宗的珍贵材料。特别是,因为许多寺院在唐宋时期的原址附近重建,重建期间出土的一些古物也被记录在寺志中。许多寺志是由著名的文人编辑的,因此也一并辑录了一些散见于其他文史资料中的寺院相关信息。

笔者所处理的一些史料是高度规范性(normative)的论述,诸如语录与传灯录,我们必须以谨慎且细致的方法来处理。这些意识形态与规范论说是禅宗独有的文学体裁,表现禅宗的"文本理想"(textual ideal)。然而,就算是在语录与年谱等相当程式化的史料中,描述性的语句对重构历史事件也是有用的。③ 为了从这些程式化的史料中挖掘出最丰富的历史信息,我们应该对其进行更深入的研究。举例来说,尽管灯史不能作为研究早期禅宗历史的精确史料,但对于重构这些文献编辑前后的禅宗面貌仍然是有用的。关于早期禅师们的记录虽然可能包含浪漫的想象与夸张

---

① 见蓝吉富《嘉兴大藏经的特色及其史料价值》,第 263 页。
② 卜正明的专书已经注意到这些史料的价值,参见 Timothy Brook, *Praying fo Power*; *Geographical Sources of Ming-Qing History*。
③ 与其简单地排斥规范性论述,佛教学者那体慧(Jan Nattier)已经试图发展出复杂的阅读方法,以突出他们的描述性价值,见 Jan Nattier, *A Few Good Men*。

的修饰,然而,这些著作在性质上是系谱式的,而且是公开的,因此文字辑录时期前后活跃的祖师的相关记录,便具有最高的准确性。所有关注自身在整体禅宗阶层体系中的地位的禅师及其弟子,通常都会进一步核实这些记录。此外,许多有关此一时期禅宗的文献留存至今,为同一事件提供了许多不同的角度,我们可以说是相当幸运的。

　　除了这些资料集之外,一些稀有史料也为这本书的主题提供了新的线索。第一组稀有史料来自日本黄檗万福寺的文华殿:1995 年,陈智超教授发现 117 封来自隐元隆琦的师父费隐通容、他的弟子以及在中国的俗家弟子的信件,复制品目前已可供公开使用。① 这些书信提供了明清鼎革时期有关佛教的珍贵信息。其次,笔者从日本复制的两部论辩文集对重建这些争议也非常有用:《密云圆悟禅师天童直说》(九卷,通常称为《天童直说》),收集了密云圆悟写信回应汉月法藏的论辩书信和文章;② 十八卷本的《费隐禅师别集》,收录了费隐通容为其著作《五灯严统》而作的论诤文章。③

　　最后,笔者在上海图书馆找到的三部文集,对理解法脉的议题也相当重要。首先,惟直智楷的《正名录》(十四卷)系统地回顾了 17 世纪所有法脉的纷争。④ 其次,匿名的《护法正灯录》(一卷)收录了与 1654 年提告费隐通容有关的档案。最后,笔者在 2006 年 6 月二度拜访上海图书馆时,发现了一份稀有的史料——《东明遗录》,其中收录了明初东明寺三任住持的传记;这些档案由禅僧山茨通际编辑,于 1635 年出版,笔者认为这便是一般被称为《东明正灯录》的伪书,内容与明初临济祖师海舟慈的法诤有关。⑤

---

① 见《日本黄檗山万福寺藏旅日僧隐元中土来往书信集》。

② 笔者使用的缩微胶卷复印本来自日本东方文化学院东京研究所。这部著作是由密云的弟子木陈道忞大约于 1642—1643 年编辑的。感谢美国哈佛燕京图书馆为笔者索取这份稀有的史料。

③ 这部合集是由他的弟子隐元隆琦(可能是在日本)编辑的,原藏日本大阪庆瑞寺。笔者从万福寺获得了一份复印材料。重印于 B, 24: 445－501。

④ 笔者使用的版本来自 1945 年出版的影印版《普慧藏》。

⑤ 笔者将在附录二简要地讨论这本书。

从许多方面来看,所有这些史料,都显示了禅宗的复兴在 17 世纪的中国留下了痕迹。但不知为何,这些痕迹都被后来的佛教史家有意无意地忽视了。本书的目的,即在于让这一富有张力、反复磨合与充满矛盾的"重构"的传统再现于世。

第一部分

17 世纪中国佛教的背景

第一章　对晚明佛教的重新审视

在始于明末的全国性佛教复兴的大背景之下，一个重构的禅宗开始发展并于清初达到顶点。在极短的时期内，禅宗便达到了前所未及的显赫地位，数千名号称已经觉悟的禅师的出现以及不断增长的禅宗文本的创作和再创作就是最好的明证。这与明朝中期的情形形成了鲜明的对比，因为根据禅宗的史料记载，当时既没有著名的禅师出现，也没有活跃的禅宗教团存在，诸如语录、传灯录等禅宗相关文献也很少。因此，这种巨大的反差要求我们以一个全新的角度来审视明末的佛教。

根据笔者的研究，佛教复兴的端倪显现于华严宗、瑜伽行派（唯识宗）及天台宗等佛教义学传统中。基于对正式受戒的巨大需求，律宗也出现了复兴。与此同时，儒学家王阳明的追随者发起了一场亲佛的思想运动，由此促使文人士大夫与佛教僧人之间形成了一种紧密的联系。在此背景下，16世纪末，作为众多宗派中的一支，禅宗开始了自己的复兴之路。但是，禅师们和禅宗教团仍然缺乏其自身的特性，因为他们中的大多数依然遵循着一种融合的修行方式，即禅净双修。

第一节　从边缘到中心

卜正民（Timothy Brook）在其对明朝早期佛教政策的研究中，对佛教在明朝的社会地位作了如下精确的总结：因为明朝的统治者对佛教采取了有实效的限制与控制政策，所以佛教处于"公共权力的边缘"。总的来说，佛教在明朝的发展可以大致划分为三个阶段：首先，在明初，明太祖朱元璋（1328—1398年在位）进行了一系列重组佛教寺院的制度改革，从而成功地打破了从宋元沿袭下来的组织结构。在第二个阶段，明太祖的继任者们在沿用这个政策的同时,大力资助藏传佛教。转折点发生在嘉靖年间(1522—1566),嘉靖皇帝崇道而非佛,并试图压制佛教组织。尽管这股反佛教风潮在短时间内就结束了,可是诸如禁止开坛放戒的一些政策仍然对晚明的佛教产生了重大影响。第三个阶段是接近明朝的末期,万历皇帝和他的母亲慈圣皇太后(1546—1614)崇佛,将佛教作为一种增进其个人福祉的手段。在这种影响之下,万历年间的佛教寺庙逐渐复兴,义学研究蓬勃发展。

明朝初期和中期对佛教的限制

诸多学者如龙池清、于君方、长谷部幽蹊、郭朋,以及近期的卜正民和周齐、何孝荣、陈玉女等,已经详细地记述了明朝初期的佛教寺院改革。[①]他们的研究表明,明朝的开创者朱元璋年轻时曾当过和尚,他非常清楚佛教在统一的国家意识形态的形成中发挥的作用。[②] 更为重要的是,朱元璋的机构改革打破了与以前体制的连续性,并在当时的都城南京建立了一种新的寺院等级制度。朱元璋仿照官僚等级制度,设立了三类"超级寺院"用以管理佛教事务的三个不同方面:即禅、讲(讲授佛教义理)、教(实行密教仪式)。与宋朝的寺院体制中专指实行义理讲授的寺院的"教"不同,朱元璋重新设计了寺院分类的三分法,用"教"专指从事密教仪轨的寺院(瑜伽教)。[③] 太祖诏谕要求禅僧立志于"其禅不立文字,必见性者方是本宗";讲僧"务明诸经旨义";教僧"演佛利济之法,消一切现造之业"。[④]

朱元璋这项政策最大的影响就是试图将佛教从社会中隔离开来。他在1394年颁布的《避趋条例》中规定僧人不得随意出游,也不得私自与政

---

① 有关这些作者的明代佛教研究,参考书后的书目。
② 在明朝建立以后,朱元璋大力推动了一种融合性的国家宗教。具体见蓝德彰(John Langlois)和孙克宽(Sun K'o K'uan),"Three Teachings Syncretism and the Thought of Ming T'ai Tsu", pp. 97 – 139。
③ 龙池清《明代の瑜伽教僧》,《东方学报》11.1(1940):405 – 413。
④ 幻轮编《释氏稽古略续集》卷二,XZJ 133:254b – 255b。

府官员及普通民众结交。① 正如卜正民所说,这些新政很大程度上是在压制宗教。② 显而易见,明太祖在承认佛教对于国家意识形态具有实用价值的同时,试图在佛教和世俗社会之间建立起一道严格的界限。

朱元璋的继任者们继续实行这些明初的政策,但是进行了一些修改。永乐帝(1403—1424 年在位)于 1412 年、宣德帝(1426—1435 年在位)于 1432 年、正统帝(1436—1449、1457—1464 年在位)于 1441 年都重申了朱元璋制定的这些规定。③ 虽然这些皇帝对佛教的个人兴趣有所不同,但是明政府将佛教寺院视为可征收赋税和劳役的普通机构。为了应对财政危机,各寺院都要纳税,所以政府通过售卖度牒来增加税收。④ 也许出于同样的财政原因,历任皇帝禁止私造新寺院,除非寺院的资助者获得赐额授匾的许可。政府官员有权拆除没有赐额授匾许可的新寺院。⑤ 即使在私造寺院盛行的万历年间,官员们仍援引这条禁令来惩罚皇帝宠幸的僧人憨山德清,因为德清在山东崂山私建了海印寺。⑥ 因此,鉴于对佛教寺院的严格限制,明朝的佛教政策很难被认为有利于佛教的发展。

从 15 世纪中期至 16 世纪中期,关于佛教活动的历史记录是一片空白。佛教历史很少有人撰写,即使官方记录也很少提及佛教寺院。在大多数编纂于 17 世纪的寺志中,这一时期的佛教活动显而易见地沉寂:来自皇家的赞助少得可怜,修缮破败寺院的捐助越来越少,还有关于寺院住持记录的缺失。宁波著名的阿育王寺的寺志显示,寺院住持的传承在 1444 年便戛然而止,直到 1576 年请到一位新的天台宗住持,传承才得以

---

① 幻轮《释氏稽古略续集》卷二,XZJ 133:259b-260b。

② Brook, "At the Margin of Public Authority: The Ming State and Buddhism". 收入以下文集, *Culture and State in Chinese History: Conventions*, *Accommodations*, *and Critiques*, Theodore Huters, R. Bin Wong, and Pauline Yu (eds.), pp. 161-181。

③ 何孝荣《明代南京寺院研究》,第 7 页。另见间野潜龙《明代の佛教と明朝》,收入其《明代文化史研究》,第 243—334 页。

④ 见 Brook, "At the Margin of Public Authority", p.175。关于这些事件的具体数据,见何孝荣《明代南京寺院研究》,第 43—44 页。

⑤ 关于明代禁止建造寺院的具体数据,参见何孝荣《明代南京寺院研究》,第 13—14 页。

⑥ 他被流放到了偏远的海南岛。关于这一事件的英文简介,见 Hsu, Sung-peng(徐颂鹏),*A Buddhist Leader in Ming China*, pp.75-84。

恢复。① 各种历史研究也得出了相似的结论。例如,社会历史学家艾博
华(Wolfram Eberhard)曾经对这个时期处于较低水平的寺院建造进行过
详细的研究。他依据各种地方志对佛教寺院进行统计,结果显示,在 1550
年至 1700 年这个时间段,佛教寺院没有得到过任何大量的支持。②

　　作为佛教活动活跃度指向标(indicator)的佛教团体和社会精英之间
的联系,在这个时期也显著下降。卜正民在研究了保存在《金陵梵刹志》
中的八十六首有年代可循的关于寺院的诗词后发现,除了几首明初的诗
作之外,直到 15 世纪末期,鲜有诗作问世。关于寺院的诗作的数量在 16
世纪初期才有了迅速的增长。③

　　政府对佛教的政策也是导致此一时期佛教团体进一步衰落的重要原
因。1514 年至 1546 年间,一场声势浩大的抑佛运动展开,目的是抑制对
西藏僧侣的滥施。④ 当时的嘉靖皇帝修炼道术以期长生不老,他的登基
导致了佛教团体的进一步衰落。嘉靖皇帝下令捣毁佛寺庙宇,驱逐西藏
喇嘛。1544 年,礼部执行了嘉靖皇帝的诏令,要求所有的僧尼还俗。

　　日本倭寇对沿海地区的入侵使当地许多佛教寺院的处境更为恶化,
因为倭寇和当地的守卫都利用佛教寺产为自己谋私利。例如,在 1554 年
一次倭寇的突袭中,明政府军焚毁了位于杭州的著名律宗寺院——昭庆
寺。1556 年,政府再次下令捣毁重建的昭庆寺,以防倭寇利用重建的寺
院作为其战略基地。⑤

万历年间佛教的复兴

　　明朝末期,万历皇帝和他的母亲慈圣皇太后(也就是李太后)激起一

---

① 可见《阿育王山志》卷一六,ZFS 90：895 - 906。
② Eberhard, Wolfram, "Temple-Building Activities in Medieval and Modern China", pp. 264 - 318.
③ Timothy Brook, *Praying for Power*, p. 93.
④ 关于明代的藏传佛教,见卓鸿泽(Toh, Hoong Teik)的博士论文："Tibetan Buddhism in Ming China".
⑤ 见《大昭庆律寺志》,ZFS 71：31 - 32。

场全国性的佛教复兴运动。李太后是一位虔诚的佛教徒。她运用自己手中的权势翻修了许多佛教寺院,同时支持一些著名的僧人,如憨山德清和紫柏真可。1584年,她传召憨山德清进京并允许他进入内宫。她还在五台山举行了一场盛大的仪式,为神宗求嗣。除此之外,慈圣皇太后特别赏识遍融真圆(1506—1594),并在他死后为他修建了一座七层宝塔。① 在她的支持下,许多寺院在皇家的捐助下得以重建。

在这些虔诚的崇佛活动中,官刻佛教大藏经的赐赠活动尤其值得注意。朝廷组织的对佛教大藏经的官方编纂与印刷工作贯穿了整个明朝。当永乐皇帝于1420年设立两京制之后,佛教大藏经也被分为《北藏》和《南藏》两个版本,《北藏》是皇室资助的最新版本,《南藏》则保存在南京的报恩寺中用于商业印刷。② 1586年,万历皇帝将十五套最新增补的大藏经赐予帝国境内各地的著名寺院。1614年,他又赐予了六套大藏经。

除了这些官方的版本以外,明朝的僧众还出资印刷了一套私刻大藏经,因为这个版本的大藏经采用了中国通用的方册装而非经折装,所以越来越流行。这种新的装订方式促进了大藏经的发行与流通。紫柏真可最初在五台山发起了这套私刻大藏经的刊刻活动,后来转移到嘉兴的楞严寺和余杭的径山寺,因此这部大藏经也被称为《嘉兴藏》或者《径山藏》。③这部藏经的正藏部分是明朝官方版本大藏经《永乐北藏》的复刻,续藏部分保存了许多明末清初的佛教文献。

佛教义学的兴起

华严宗、瑜伽行派(唯识宗)及天台宗等宗派所代表的佛教义学的兴起,预示了佛教的复兴。在整个明朝期间,政府资助学问僧举办公开讲经

---

① 关于慈圣的传记,见 L. Carrington Goodrich (ed.), *Dictionary of Ming Biography* (1368 - 1644), pp. 856 - 859。关于她的佛教活动的记述,见 Naquin, Susan(韩书瑞), *Peking: Temples and City Life: 1400 - 1900*, pp. 156 - 161。

② 关于明代佛教大藏经的英文概述,可参见 Long, Darui(龙达瑞), "A Note on the *Hongwu Nanzang*: A Rare Edition of the Buddhist Canon", pp. 112 - 147。

③ 关于紫柏真可参与编订《嘉兴藏》,见果祥《紫柏大师研究》。

活动,同时在官方寺院保留着注经的传统。僧人们常常参与这些关于通行佛经如《华严经》《楞伽经》《心经》和《首楞严经》等的公开讲经法会。注经传统的延续意味着义理的研究比其他佛教宗派建制要持久得多。例如,自宋朝起,对《首楞严经》的研究已经成为佛教寺院的一项持久的学术传统。尽管关于此经是否是伪经一直存在疑问,但是这部经引起了学问僧以及文人士大夫追随者们的巨大兴趣。① 对这部经书的注疏在宋朝年间就已经非常流行,在16世纪及17世纪出现了更多僧人和文人居士对这部经书的注疏。根据笔者的统计,明清两朝大约有四十六部这样的注疏问世,这些注疏都被保存在不同版本的佛教大藏经中,其数目超过与其他通行经文相关的注疏的数量,由此可见当时对这部经书存在特别的兴趣。②

要想了解这些佛教义学传统在明末佛教复兴中的作用和运作的完整图景,还有待进一步研究。但是在16世纪中期,北京无疑是佛教义学研究的中心。③ 根据韩书瑞(Susan Naquin)的研究,16世纪70年代至17世纪20年代间,许多学僧入京,通过在大型寺院讲学而声名鹊起,引起了太监及文人儒士对佛教经文的兴趣。④ 在北京研究华严宗教义的学问僧空印镇澄(1547—1617)追忆了于16世纪50年代在北京推进佛教义理研究的三位大师,即一江真沣(1501—1572)、西峰深和守庵中。⑤ 其他资料

① 关于此经,有很多中文的和日文的论述。关于近期的英文论述,见 Ben, James A.(贝剑铭),"Another Look at the Pseudo-*Śūraṃgama Sūtra*", pp. 57 - 89。在此,笔者要感谢贝博士与笔者分享他的手稿。另见本人的文章"Knowledge for What? The Buddhist Concept of Learning in the *Śūraṃgama Sūtra*", pp. 491 - 503,本文中文版《多闻无功论——〈楞严经〉中佛教的知与学》,发表于《康德与中国哲学智慧》;以及本人未发表的文章"The Commentarial Tradition of the *Śūraṃgama Sūtra*",论文宣读于美国宗教学会2006年华盛顿年会。

② 这些注疏中的大部分可参见《卍续藏经》卷一六—二五、卷八九—九一。钱谦益(1582—1664)后半生的心血基本都花在了为《首楞严经》作一部综合性的注疏。根据他的说法,此经的注疏传统始于元朝,北京的大寺中仍保留着这个传统。钱谦益注意到,无论是北方还是南方的注疏者,都严格遵循源自天如惟则《楞严会解》(十卷)的注疏传统。见钱谦益《楞严经疏解蒙钞》,XZJ 21:84b。

③ 根据竺沙雅章的研究,像华严宗、瑜伽行派等宗派是在辽、金和元政权的支持下在北京兴盛起来的。见竺沙雅章《燕京大都の华严宗:宝集寺と崇国寺僧たち》。

④ 详见 Naquin, *Peking: Temples and City Life*, p. 219。

⑤ 《清凉山志》,ZFS 9:161 - 162。

显示,佛教义学的兴起可以追溯到北京大兴隆寺的鲁庵(或者鲁山)普泰(活跃于 1511 年)。空印镇澄除了专注华严宗教义之外,还在草庵翁媪门下学习唯识学教义。[①]

鲁庵普泰的弟子无极明信[②](1512—1574)早年从南方来到北京学习佛法,之后回到南京的报恩寺。在那里,两位极有前途的年轻僧人憨山德清和雪浪洪恩(1545—1608)成了他的得意弟子。之后,憨山德清决心追求游方禅修的修行生活,雪浪洪恩则成了江南地区最负盛名、专注于华严的法师。同时他还对唯识学的研究起了极大的推动作用。根据他的好友憨山德清为他所作的塔铭,洪恩在十二岁的时候就为佛法研究所吸引并因此皈依佛门。在南京的报恩寺,洪恩师从无极明信,后者曾经进京游学并把华严宗和瑜伽行派的文献教义传到南方。由于当时作为宗派的唯识学派已经不复存在,雪浪洪恩收集了八篇极为重要的唯识学派文献并以此为基础编纂了《相宗八要》,为唯识学研究的复兴奠定了基础。[③] 雪浪洪恩被尊为华严中兴的祖师,其影响被他的弟子们进一步扩大,其中包括一雨通润(1565—1624)、苍雪读彻(1588—1656)[④]、汰如明河(1588—1640)等。另外,唯识学者高原明昱(1527—1616)也活跃在四川地区。华严宗的传统在清朝得以延续,当时的僧人柏亭续法(1641—1728)和达天通理(1701—1782)成为最负盛名的华严法师。[⑤]

除了僧人们为复兴华严宗所做的努力之外,文人士大夫也十分关注

---

① 钱谦益认为他的著作《楞严管见》挑战了天如惟则的《楞严会解》,由此开启了解读《首楞严经》的新纪元。见钱谦益《楞严经疏解蒙钞》,XZJ 21:85a。

② 译者注:根据学界最新研究,无极明信当为无极守愚,详见张爱萍《无极明信、无极守愚二僧之考辨》,《五台山研究》2014 年第 3 期。

③ 见憨山德清《憨山大师梦游集》卷三〇,Z, no.1456, 73:676c - 679a。关于明末瑜伽行派之兴起的具体研究,见张志强《唯识思想与晚明唯识学研究》。另见廖肇亨《雪浪洪恩初探:兼题东京内阁文库所藏〈谷响录〉》。对于雪浪洪恩其他现存的作品,见《禅门逸书续编》第 12 卷中的《雪浪集》和《雪浪续集》。另见圣严在其《明末佛教研究》(第 187—238 页)中对明末瑜伽行派僧人的讨论。此处值得注意的是,尽管雪浪洪恩是作为一位佛教学者而闻名,可是在他的晚年,他变得日益向禅宗靠拢。

④ 关于苍雪读彻的年谱,见陈乃乾《苍雪大师行季考略》;另见孙昌武《诗僧苍雪》。

⑤ 对于晚明和清初的华严宗研究综述,见郭朋《明清佛教》,第 337—338 页;另见魏道儒《中国华严宗通史》,第 276—301 页。

如何释读华严宗教义。但是,明末的文人并未尊崇唐代的华严宗祖师法藏(643—712)的权威,他们尊崇的是唐朝隐士李通玄(647—740)所著的《华严合论》,此书采取了毫无科判式的注疏体例,而且提供了一种对华严宗教义直截了当的禅宗式理解。李通玄简洁明了的注疏对那些热衷于禅的文人们尤其具有吸引力。①

　　天台宗在僧人妙峰真觉(1537—1589)的努力下也得到了复兴。妙峰真觉声称自己对天台宗教义的理解已经达到了圆觉的状态,因此认为自己是天台宗真正的继承者。妙峰真觉起初在径山师从月亭明德(1531—1588)学习,月亭明德熟知各派教义,但是并不专注于其中任何一派。②根据妙峰真觉的传记,他并未从其老师那里受益。相反,妙峰真觉对天台宗教义中"性具"的理解来自阅读保存在大藏经中四明知礼(960—1028)的著作。③因此,尽管妙峰真觉与四明知礼没有任何私人的联系,但他宣称自己是四明知礼的"遥嗣"弟子。④从1554年开始,他以天台法师的身份开堂说法,其影响通过他的弟子无尽传灯(1554—1628)和无漏传瓶(1565—1614)继续扩大。⑤无尽传灯复兴了天台宗祖庭之一、位于浙江天台山的高明寺(又称幽溪寺),无漏传瓶复兴了阿育王寺。无尽传灯的弟子天溪受登(1607—1675)是清初最具影响力的天台宗法师和注疏家之一。⑥

　　关于僧肇(384—414)著作《物不迁》的辩论见证了佛教义学研究的生

---

① 关于对明末李通玄的论述,见荒木见悟《中国心学と鼓动の仏教》中译本:《明末清初的思想与佛教》,廖肇亨译,第141—184页。笔者的导师詹密罗(Robert Gimello)也注意到了李通玄的著作在唐朝以后汉传佛教中的流行。见Robert Gimello,"Li T'ung-hsüan and the Practical Dimensions of Hua-yen"。

② 妙峰真觉的墓志铭,见《天台山方外志》,ZFS 81:560-562。月亭明德和妙峰真觉的简短传记,见ZFR:371,557。一些中国学者将月亭明德的天台宗谱系追溯到慧林(1482—1557)、无碍普智(?—1408)和东溟慧日(1291—1379)。见潘桂明、吴忠伟《中国天台宗通史》,第714—720页。

③ 关于四明知礼的英文研究,见任博克(Brook Ziporyn)、高泽民(Dan A. Getz)和丹尼尔·史蒂文森(Daniel Stevenson)的相关研究。

④ 见《幽溪别志》,《中国佛寺志丛刊续编》卷九,第198—199页。

⑤ 关于无尽传灯和无漏传瓶的传记,见同上书,第445—453页。沈一贯为无漏传瓶写的《墓志铭》,另见《阿育王山志》,ZFS 89:376-380。

⑥ 见郭朋《明清佛教》,第337页;潘桂明、吴忠伟《中国天台宗通史》,第720—741页。

命力,当时几乎所有的名僧,包括紫柏真可、云栖袾宏、憨山德清和幻有正传都参加了这场辩论。五台山华严宗的追随者空印镇澄于 1588 年写了《物不迁证量论》来驳斥僧肇的论点。在此论著中,他用佛教因明指出僧肇推理中的内在错误。例如,僧肇认为因为事物是不会改变的(物不迁),所以事物的性质是永恒的,也就意味着事物的本质是永恒存在的实体(性住)。运用佛教的三支比量,即命题(宗)、推理(因)和例证(喻),镇澄认为这个观点是错误的,因为标准的中观论认为事物不会发生改变是因为事物的本质根本就不存在(性空)。因此,僧肇的结论虽然与中观论类似,可是内在的推理完全是错误的。中国台湾学者江灿腾指出,空印镇澄的"异端邪说"一问世就遭到反对。大多数学僧质疑镇澄的观点,维护僧肇的地位。[①] 尽管这场辩论的内容和笔者在此书中的研究并非直接相关,然而这场辩论无论从广度上还是深度上来说,都标示出当时义理研究的盛行。　28

律宗的复兴与三坛大戒的创出

　　律宗的复兴是对嘉靖年间禁开戒坛做出的回应。明朝时期,政府制定了严格的规定,通过考试及一种全国性的登记制度控制寺院的僧侣人数。在明朝初期,僧人需要熟练背诵佛经,通过检验其熟练程度的考试来获取他们的僧人资格(这样的考试在明朝末期依然存在,但是根据一些记载,参加考试的学生需要根据经文来写文章,非常像科举考试的佛教翻版)。[②] 从 1391 年起,政府开始规范受戒仪式,每三年才举行一次。这样一来,寺院的僧侣人数得以控制在一个理想的低水平:每府不超过四十人,每州不超过三十人,每县不超过二十人。除此之外,僧录司还于 1392 年编制了一份全国性的《周知册》以登记僧籍。[③]

① 关于晚明时期围绕僧肇《物不迁》的争论的具体细节,参见江灿腾《明清民国佛教思想史论》,第 106 页;江灿腾《晚明佛教严林改革与佛学争辩之研究》,第 203—300 页。
② 见沈德符(1578—1642)在《万历野获编》中的描述,第 687—688 页。英译文见 Yü, Chün-fang, *The Renewal of Buddhism in China: Chu-hung and the Late Ming Synthesis*。
③ 见 Yü, Chün-fang, *The Renewal of Buddhism in China*, pp. 157 - 158。

明朝初期律师的各项活动基本没有记载。明末文人瞿汝稷(1548—1610)注意到了这种对明代律宗不幸地漠视,正如他写道:

> 当唐之时也,最重律师而佛道亦莫盛于唐。及宋多革律居为禅苑,佛道遂渐陵替,至于今律师几寥寥无闻,而佛之道独像与书在。①

清朝编纂的律师宗谱如《南山宗统》和《律宗灯谱》对明朝初期和中期的律宗传统也只是进行了粗略的描述。然而,这两本宗谱都提到了在正统年间(1436—1449)活跃于北京的著名律师知幻道孚,俗称"鹅头祖师"。根据他的传记,他在被指定为官方戒台的北京西山戒台寺做住持。② 明朝晚期很多律师都宣称他们得到了"鹅头祖师"的真传。尽管他们的说法缺乏证据,但是却清楚地表明了在明朝初期,政府将受戒仪式集中到北京,授权某些律师主持授戒仪式并加以提唱。

然而,在1526年五月,嘉靖皇帝下令关闭位于北京西山的戒坛和天宁寺的戒坛,理由是发现举办受戒仪式时,男女混杂。1546年,嘉靖帝再次关闭了这些寺院,并下令逮捕了一位名"通"的法师和天宁寺的住持,他们在那里建造了戒坛。欧大年对当时这段记载的翻译如下(译者注:此处回译为原文):

> 迩年,宣武门外,天宁寺中。广聚僧徒,辄建坛场,受戒说法,拥以盖舆,导以鼓吹。四方缁衣,集至万人。瞻拜伏听,昼聚夜散。男女混淆,甚有逋罪。黠徒髡发,隐匿因缘为奸。故四月以来,京师内

---

① 关于瞿汝稷为僧人大圆继任潭柘寺住持所作的序,见瞿汝稷《瞿冏卿集》卷六,《四库全书存目丛书》集部第187册,第180页a。在他为从云栖袾宏那寻求受具足戒的僧人们作的序中,瞿氏表达了同样的担忧。见瞿汝稷《瞿冏卿集》卷六,《四库全书存目丛书》集部第187册,第183页b。

② 西山戒台寺初建于622年。辽代(907—1125)期间,那里建了一个戒台。明代期间,此寺于1434年重建,并成为受政府控制的官方戒台。知幻道孚最初被称为"凤头祖师",但是他自己将其改为"鹅头祖师"。他三十岁的时候才成为一名僧人,世寿八十五岁。他的御赐封号是"万寿","万寿"同时也是西山戒台寺的官额。关于知幻道孚的传记,见福聚《南山宗统》(1744)卷二,第16—17页;源谅《律宗灯谱》,第39页。

外,盗贼窃发。辇毂之下,岂应有此!①

官方记载显示,皇帝于 1566 年再次下令禁止在北京设立戒台。② 这一事件在受此政策影响的僧人的记述中得到了证实。根据湛然圆澄禅师的回忆,戒台的关闭发生于嘉靖年间的 1566 年左右,在整个明朝末期,戒台一直被官府封闭。③ 既是禅师也是律师的汉月法藏暗示,戒台的关闭是由于皇帝认为这些奢华的佛教仪式花费太高。④ 按照他的说法,戒台的关闭还与一些太监介绍妓女前往戒台,为反倭寇战争所招募的僧兵提供性服务有关。⑤

虽然戒坛关闭的真正原因不得而知,但是我们可以知道,那就是嘉靖皇帝死后,戒台仍然保持关闭。嘉靖帝关于大规模度僧的禁令在 1572 年为隆庆帝所重申,在万寿寺和广善寺提供受戒仪式的僧人们也被逮捕了。⑥ 1579 年,万历皇帝的母亲试图重新开放戒坛,当时当权的宰相张居正 (1525—1582)再次以前朝嘉靖帝禁止开坛度僧为由打消了她的想法。⑦

嘉靖年间度僧的禁令导致一大批应适时受戒的沙弥遭受延误,由此出现的瓶颈效应促使僧人们自主意识的上升。即使在万历皇帝允许重建三个官方的戒坛之后,由于如此小的数目很难满足全国范围内对受戒的需求,许多僧人仍没有机会正当受戒。例如,汉月法藏在 1601 年为了正当受戒而接近云栖祩宏,因为尽管汉月法藏童真入道,可是直到二十九岁

---

① 见《明世宗实录》卷三一三,《明实录》第 84 册,第 4 页 a。英文翻译来自 Overmyer, Daniel (欧大年), *Folk Buddhist Religion: Dissenting Sects in Late Traditional China*, p.171。

② 参见《明世宗实录》卷六四,《明实录》第 73 册,第 1477 页。

③ 见湛然圆澄《慨古录》,Z, no.1285, 65: 368c。一些寺志也提到了这一事件。例如,昭庆寺的寺志记录了在嘉靖末年,朝廷禁止受戒,因为一些“游民”通过马鞍山的戒台受戒。见《大昭庆律寺志》,ZFS 71: 38。

④ 见汉月法藏《受戒编》,收于《弘戒法仪》,ZH 116: 48874。《受戒编》并未被收录在《弘戒法仪》的另外一个版本中,详见 JXZ, no.397, 37: 735–743。

⑤ 同上书。关于军事战争中僧人的作用,参见 Shahar(夏维明), "Ming-period Evidence of Shaolin Martial Practice"。

⑥ 参见《明神宗实录》卷二,《明实录》第 96 册,第 22 页。

⑦ 参见《明世宗实录》卷二七六,《明实录》第 83 册,第 5405 页;《明神宗实录》卷八四,《明实录》第 100 册,第 1761—1762 页。另见《明实录类纂》,第 1007、1023 页。

还没能受具足戒。然而,袾宏以戒坛未开为由拒绝了汉月急切的请求。袾宏只能授予沙弥戒。[①] 1604 年,汉月第二次提出受具足戒的请求,袾宏再次拒绝了他。直至 1609 年,古心如馨(1541—1615)得到诏令,开始在灵谷寺开坛授戒,汉月才得以受具足戒。尽管人们常常把 17 世纪律宗的复兴归功于宝华寺的律宗传统,特别是归功于律宗的祖师见月读体(1601—1679),但一些律宗谱系,如《南山宗统》和《律宗灯谱》,以及 1904年编纂的一部更近期的史料《律门祖庭汇志》,都表明宝华传统实际上源自南京的古心如馨。[②]

在明末,古心如馨被公认为律宗传统的复兴者。根据他的传记,古心如馨在很小的时候就出家了。起初古心是素庵真界(1519—1593)门下的沙弥。[③] 在五台山朝拜的途中,他遇见了文殊菩萨显圣并宣称自己从文殊菩萨那里受戒。当古心返回南方时,他成了受戒仪式的改革者并声称自己从"南山正宗"那里获得了真传。1584 年,他住在南京一座名为古林的小庵堂并将其发展为一座大寺院。[④] 1613 年,他的声望传到北京,被授予紫衣并获得主持万寿戒台的任命。同年,应万历皇帝的要求,他提出了"三坛方便授受"的仪式。[⑤]

所谓的三坛大戒是汉传佛教的一项发明,在现今的中国,三坛大戒仍然很流行。在中国的大乘佛教传统中,僧人必须参加三次不同的受戒仪式。第一戒是沙弥戒,此戒要求受戒者能皈依三宝、持十戒。第二戒是受具足戒,此戒要求受戒者遵从为僧团的成年男性僧人制定的二百五十条戒律。除了这两种普遍适用于僧尼的戒条之外,疑伪经《梵网经》规定在东亚地区

---

① 袾宏称他的沙弥戒为"息慈戒"。见 Yü, Chün-fang, *The Renewal of Buddhism in China*, pp. 196 - 202。根据谭吉弘忍为汉月写的传记,汉月的确从袾宏那受戒,但是他的传记并没有明说袾宏授予的是沙弥戒还是具足戒。见《邓蔚山圣恩寺志》,ZFS 44:114。

② 关于汉月的受戒经历,见汉月法藏《三峰法藏禅师年谱》,JXZ, no.299, 34:205a - b。

③ 长谷部幽蹊对古心如馨是否从素庵真界那受戒提出了疑问。见长谷部幽蹊《明清时代における禅律两宗弘化の动向》,第 194—196 页。

④ 关于古心如馨的完整传记,见福聚《南山宗统》卷二,第 17—20 页;源谅《律宗灯谱》卷一,第 40—42 页;《律门祖庭汇志》,第 8—10 页。古心如馨的谱系一般被称为"古祖派"。见长谷部幽蹊《古祖派の诸律祖行业记略》。

⑤ 见《清凉山志》,ZFS 9:145。

的大乘佛教教徒还应为僧侣和居士授菩萨戒。三坛大戒不是分别传授这三种戒,而是将沙弥戒、具足戒和菩萨戒在短时间内于同一个地方授予。[①]

那些提及古心如馨作为受戒仪式的复兴者的资料表明,他开创了三坛大戒的仪式。尽管他没有留下任何著作来解释受戒仪式的流程。但是,古心如馨留下了十二位法子,其中包括两位杰出的律宗领导者,三昧寂光(1580—1645)和汉月法藏。三昧寂光开创了宝华山的律宗传统,这个传统被他的弟子见月读体进一步发扬光大。汉月法藏是笔者在本书中讨论的第一场争辩中的主人公,他从密云圆悟处获得传法并成为一位禅师。然而,在成为禅宗法师以后,他继续在禅宗教团内推行三坛大戒,并著《弘戒法仪》一书,该书详细说明了三坛大戒的流程。[②] 值得注意的是,通过汉月法藏和其他禅师的努力,三坛大戒仪式也经常在禅宗教团内进行并由禅师主持。从17世纪开始,受戒仪式不再由国家和律师垄断,这是一个新现象。

第二节　边界模糊的禅宗社群

明末佛教复兴的大环境也带动了禅宗的发展。作为年轻的僧人,未来的禅师们一边经常参加关于佛经的公开讲经法会并寻求正当受戒的机会,一边在全国各地游方。但是,跟其他宗派相比,禅宗一开始并不引人注目。在佛教复兴的初期阶段,禅宗教团的轮廓并不清晰。黄宗羲(1610—1695)关于禅宗兴起的回顾很好地说明了这一点。汉月法藏是密云圆悟的一位重要弟子,同时也是其反对者,黄宗羲在为他写的塔铭中,

①　关于这种仪式传播的细节,见长谷部幽蹊《中国近代における具戒法仪·爱知学院禅研究所纪要》。

②　汉月法藏的著作被重印在《嘉兴藏》,JXZ no.397, 37:735-44。在汉月版本的基础上,隐元隆琦还编写了另一个版本的《弘戒法仪》。关于对这两个文本的分析,见长谷部幽蹊《明清佛教研究资料》,第95—100页。汉月法藏的《弘戒法仪》是第一部描述三坛大戒的具体程序的著作。关于对这部著作的具体研究及其他关于明清时期受戒仪式之发明的类似著作,见长谷部幽蹊《明清佛教教团史研究》,第157—168页;Baroni, Helen(巴洛尼), *Obaku Zen: The Emergence of the Third Sect of Zen in Tokugawa Japan*, pp.94-98。

指出了一个关于禅宗复兴的重要事实：在万历之前，并不存在任何显赫的禅宗教团：

32
> 万历以前，宗风衰息，云门、沩仰、法眼皆绝；曹洞之存，密室传帕；临济亦若存若没，什百为偶，甲乙相授，类多堕窳之徒。紫柏、憨山别树法幢，过而唾之。紫柏、憨山亦遂受"未详法嗣"之抹杀，此不附之害也。[1]

黄宗羲的观察是相当敏锐的，原因如下：第一，关于禅宗传法的谱系和语录的编纂在明朝中期就中断了，这表明禅宗教团的萎缩；第二，当晚明佛教复兴的种种迹象出现时，残存的禅宗教团试图弥补由传法记录的缺失造成的空白，因而急切地宣称与之前世系的连续性，即使他们的这些说法缺乏历史根据。这种混乱的局面表明有必要重组禅宗教团并规范传法；第三，以明末三位高僧为代表的主流佛教非常轻视这些名义上的禅宗传法以及反传统的禅宗修学模式，他们认为这些都是建立在对佛法肤浅的理解以及拙劣的模仿之上的。

明朝中期禅宗的蛰伏

明朝初期出现了一些关于传法的著作。在朱元璋统治（1368—1398）末期，僧人居顶（？—1404）编纂了《续传灯录》作为宋朝道原禅师编纂的《景德传灯录》的续篇。1417 年，僧人文琇（1345—1418）在他的《增集续传灯录》中对《续传灯录》进行了完善。1489 年，如卺（1425—？）编纂了《禅宗正脉》。这些著作表明禅宗教团在明朝早期还是相当活跃的。但是，在 15 世纪中期至 16 世纪末期有一段大的脱漏，在这段时期找不到任何重要的禅宗谱系的记录。明末的僧人们当然也注意到了这段空白。例如，明末的文人瞿汝稷在阅读了从唐宋流传下来的大量禅宗语录之后，哀

---

[1] 见黄宗羲为汉月所写塔铭：《南雷文案》卷二，收入《梨洲遗著汇刊》，第 16 页。

叹当代著名禅师的缺失。① 紫柏真可同样为禅宗的这种境况感到悲哀，并发愿要编纂一部新的禅宗灯谱。②

　　这个时期的禅宗文献，尤其是那些被认为是记录禅师与弟子之间自发性的机锋互动的语录，也寥寥无几。当然，一些禅僧的名字还是通过一些零散的记载为我们所熟知。例如，云栖袾宏的《皇明高僧辑略》中，从14 世纪末期到16 世纪初期的整个一百五十年间，只记录了四位禅师：空谷景隆（1387—1466）、楚山绍琦（1403—1473）、毒峰季善（1443?—1523）和笑严德宝（1512—1518）。然而，这四位禅师的语录在后世几乎湮灭无闻了。其中的原因也许正如于君方指出的那样，这些禅师所崇尚的是净土和苦行主义相结合的修行方式，而不是"真正的"（authentic）禅宗教义。③ 尽管传法记录和禅师语录的数量并非说明禅宗教团活跃状态的唯一指针，但是它们至少显示出在当时的佛教界，禅宗思想远远不及它在宋元时期所受到的重视。

　　在这段衰落期，包括之前负有盛名的禅宗寺院在内的各寺院，采用了一种奇怪的僧团体系。这个体系只能从极少出现的零散史料中得以一窥。根据笔者的解读，在这一体制下，一个大型的寺院被分成几个独立运行的"房"。隶属于这些房的僧人们被称为"房僧"，管理"房"的僧人被称为"房头"。④ 比方说，卜正民在他对天童寺的研究中指出，1460 年左右，

① 见瞿汝稷在其《瞿冏卿集》一书中为僧人无边所作的塔铭：《瞿冏卿集》卷一一，《四库全书存目丛书》集部第187 册，第268 页 b。
② 见憨山德清为紫柏真可所作的塔铭：《憨山大师梦游集》卷二七，Z, no. 1456, 73：652b - 655b。因为紫柏真可悲剧性的死亡，他从未完成这部著作。
③ 关于这些禅师的生平介绍，见 Yü, Chün-fang,"Ming Buddhism", pp. 922 - 927。
④ 笔者还不太清楚明代这种寺院体系的功能。但是我们知道，在明初的寺院整合中，很多小寺院并没有被当作非法建筑摧毁，而是被并入更大的寺院中。所以，我们有理由推断，采用这个系统是为了解决当时扩大了许多倍的僧团的情形。这也可以解释，为何禅宗法系传承对于住持的选择不再重要。就笔者的理解，笔者发现即使当传法被重新引入这些寺院时，住持及其随从仍然与原本住在这里的房僧们保持距离。显而易见，两群僧人之间的关系紧张。对于明初合并寺院的努力，见 Brook,"At the Margin of Public Authority"。尉迟酣（Holmes Welch）在他对近代中国佛教的研究中观察到，在大型的子孙庙中（hereditary monasteries），几个"房"的支配权由住持的弟子们瓜分。对于这种近代管理方式的简要论述，见 Welch, Holmes, *The Buddhist Revival in China*, pp. 166 - 167。

寺院的整体管理结构已经崩溃,五个独立的"房"控制着寺院的各项事务。① 在昭庆寺的寺志中,保存着一条关于这项体制的记录。在昭庆寺被指定为官方戒坛并更名为万善寺之后,寺院被分成三十三"房",他们将其传承追溯到明朝早期一位名为大千普同的僧人。寺院的住持只能从这些"房"的成员中产生。②

根据零星的记载,每"房"都有其"房头",他亲自招募寺院的执事班首。显然,当这些"房"初具规模后,就会分割寺产,包括房产,尤其是耕地,并从租户那里收租。然而,几年以后,根据旅居者的记载,当地有势力的家族便侵占了耕地,而且由于这些"房"管理不力,甚至很难从租户那收租。这些房头更愿意用寺产来获取他们的个人利益。更重要的是,寺院的戒律和道德水平在这个时候下降到最低水平:僧人们穿着各式各样的衣服,喝酒吃肉在寺院范围内也时有发生。有一些僧人甚至像农民一样生活在村庄中,或许同他们的家人一起生活,饲养牲畜以供宰杀。这正是憨山德清于 1596 年拜访曹溪寺时亲眼见到的情景。尽管笔者并不清楚这座慧能曾经生活过的著名禅宗寺院是否采用了"分房"体制,但是堕落的状况促使像憨山这样的僧人对寺院体制进行改革。③

34

禅宗传法的混乱

随着 16、17 世纪对禅宗兴趣的复兴和高涨,所谓的禅僧们为了与传统重新建立精神上的联系,开始往回追溯他们的谱系。一些保留在寺志中的记录显示,17 世纪的禅僧们在试图恢复中断的传法时,遇到了极大的困难。因此,如果不是蓄意捏造,传法的主张已变得有名无实,而且传法中的各种世代断层和空白在许多重新恢复活力的禅宗教团中也司空见

① 见 Brook, *Praying for Power*, p. 257。

② 见《大昭庆律寺志》,ZFS 71:323–324。

③ 憨山德清为复兴曹溪寺所做的努力被记录在《曹溪中兴录》。见憨山德清《憨山大师梦游集》卷五〇,Z, no.1456, 73:807–815。在此应该注意的是,憨山德清只能控制禅堂。似乎寺院的其他部分并未参与到改革中。最终,憨山德清被驱逐出曹溪寺。

惯。尽管后世的禅宗历史编纂似乎已经修复了这些中断的谱系,尤其是使用"遥嗣"和"代付"这两种最为流行的方式重建过去法系的各种连续性,我们仍然可以从中发现种种令人担忧的断裂迹象。

禅宗谱系可能是在中国最为庞大也持续最久的谱系组织。与世俗社会的各种谱系不同,禅宗谱系是通过一种依靠对后代繁衍再生的想象而维系的。通过传法,法嗣在一个想象的大家庭中获得继承类似族长地位的合法性。因此,传法的连续性对禅宗谱系的存续是至关重要的。然而,事实上,一支特定的谱系常常由于种种原因而中断,而且想接受传法的禅僧也无法找到一位在世的禅师来亲自传法。在这些情况下,一位代理人由此产生,代表去世的禅师进行传法。投子义青(1032—1083)的法系传承就是这种做法的一个先例。当曹洞宗法师大阳警玄(943—1027)逝世时,他未能找到继承其佛法的理想候选人,所以他把自己的顶相、法袍、衲履留给了法远,让法远代为寻找一位合适的法嗣。后来,当法远遇到投子义青时,他作为代理人(proxy)将这些传法的信物授予了义青。[①]

遥嗣的传承方式源自禅宗"以心传心"的传统,这使得任何感觉与一位已经谢世的禅师发生共鸣的人都可以宣称从那位禅师那里获得了传法。17世纪发生在临济宗中的一个例子就是密云圆悟的师兄雪峤圆信。雪峤圆信受戒于幻有正传,他本应当宣称是临济宗的一位正式的法嗣。可是,当他的名字被列入新编的禅宗谱系《传灯世谱》内的临济宗时,雪峤圆信请求去除自己的名字,因为他个人推崇的是云门宗的宗主云门文偃,尽管云门宗自宋朝后就不复存在,他认为自己是云门宗的私淑法嗣。基于17世纪时已经没有在世的云门宗法嗣的这一事实,雪峤圆信的说法显然是遥嗣的一个例证。[②]

在一些名寺的寺志中,这种令人怀疑的传法方式也是有迹可循的。

---

① 见大川《五灯会元》卷一四,Z 80：289b。
② 见费隐通容《五灯严统解惑篇》,Z 86：318c。具有讽刺意味的是,当雪峤圆信渴望在一座由密云圆悟的弟子控制的寺院隐退时,他又回到了临济宗。因为顺治皇帝质疑木陈道忞将雪峤圆信排除在外,雪峤圆信在禅宗的历史叙述中被重新接纳,成为幻有正传的继承人。见陈垣《清初僧诤记》,第63—65页;木陈道忞《北游集》卷三,JXZ no.180, 26：294c - 295a。

最为大胆也最为可疑的说法来自一位名为无迹正海（？—1628）的僧人，他提供了源自唐代神秀北宗的传法。当然，他有《北宗五十六字》为证。《北宗五十六字》是一篇包括所有北宗传人辈分用字的传法偈文，被刻在一块立在玉泉山度门寺内的石碑上。①

明末士大夫王维章为无迹正海所写的碑文，清晰地勾画出北宗一条从弘忍（600？—674？）到神秀（606？—706）再到普寂（651—739）直至宜兴（685—727）的清晰谱系。根据此记载，宋朝一位名为法灯慕容的僧人和元朝另一位名为钟山广铸（1248—1341）的僧人是北宗最负盛名的大师。明朝成化年间（1465—1487），锐莽广镳（1369—1481）和他的徒孙玉庵常镇（？—1581）中兴了北宗。玉庵常镇有五个弟子，他们形成了五支不同的谱系。根据他的墓志铭，无迹正海来自当阳，十岁的时候入了佛门，学习儒家经典以及密教仪轨。之后，他拜访了普仰寺的天柱满秀（？—1568）。无迹跟随天柱满秀学习了三年，并得到了由天柱满秀口诵的一篇五十六字偈文，他提到这篇偈文还被刻在玉泉山度门寺内的神秀碑上，7世纪晚期神秀曾在这里生活。后来，无迹正海在玉泉山发现了这块石碑。他宣称自己是北宗的法嗣，并于1602年复兴了度门寺。②

复兴禅宗修行及传法的努力也见于其他名不见经传之处。例如，大藏经中保存的一篇年代不详、名为《正宗心印后续联芳》的文献，生动地记

----

① 玉泉山位于湖北的当阳县。玉泉山的复兴是卜正民关于晚明士绅资助佛教的研究案例之一。见 Brook, *Praying for Power*, pp. 278 - 310。

② 见《玉泉志》中关于无迹正海的传记，见《玉泉志》卷三，ZFS 14：340 - 349。另有一个简短的注释提到，所谓的五十六字是被刻在张悦（667—731）为神秀所作的碑文的碑阴上。尽管如此，根据这一注释，因为石碑已被损坏，这篇偈文无法被完全解读。该偈文的转写如下：

弘神普一修无学　　念持三昧不思议
湛然莹彻佛子灯　　耀见灵源全录日
弥满正乘法界广　　遍知性相圆觉妙
禅师权实净光明　　行愿力深心自远

显然，开篇的几个字指的是北宗早期的禅师。按照现代学术界的说法，尽管有证据表明，北宗在西藏和云南的南诏国非常活跃，但是并没有关于传法的确凿证据以证实这一偈文。对于北宗的发展、神秀的传记史料以及神秀的知名弟子，见 McRae, *The Northern School and the Formation of Early Ch'an Buddhism*, pp. 44 - 46, 61 - 72。

录了禅师和弟子之间的机锋问答。[1]他们的对话不仅充满了自然而应的精神，而且对话中禅师对"续联芳"的强调也体现了对传法连续性的意识。这是一种对传法的委婉说法。[2]

　　在一些像少林寺这样的著名寺院中，自元朝以来，一支"未中断的"传法被刻意维系着。众所周知，雪庭福裕（1203—1275）于元朝早期复兴了少林寺。他不仅将少林寺作为禅宗祖庭之一重整旗鼓，而且在那里确立了曹洞宗传承的地位。[3]明朝末期，由他而始的传法仍在延续。为了证明他们传法的正统性和连续性，禅修者们常常将《少林联芳碑》作为证据。[4]正如笔者将在第三章说明的，曹洞宗在中国南方的复兴，实际上，至少在名义上是源自少林的传法。

　　然而，在关于17世纪曹洞宗的谱系史料中，列出的曹洞宗禅师各世系的谱牒常常各不相同。例如，在有些资料中，著名的曹洞宗大师湛然圆澄在曹洞宗谱系中被列为第二十六代，而在其他的一些资料中则被列为第三十一代。这种不一致源自17世纪一场关于去除宋代曹洞宗传法中的"五代叠出"的争论，笔者将会在附录2.A中对此进行解释。在此，笔者在表1 1中总结了宋代两个相互矛盾的曹洞宗传法的版本，以说明其中的显著不同。在此表的右列，传统的曹洞宗传承在曹洞宗祖师芙蓉道楷（1403—1118）之后延续，历经五代之后，传到了一位名为鹿门自觉（？—1117）的僧人，后世的曹洞宗禅师从他那里得到传法。与此同时，有一位名为净因自觉的僧人被列为芙蓉道楷的法子，但是他的传法在传统的禅史中却成了一支湮没无闻的旁系。然而，17世纪的一项新发现显示，鹿门自觉和净因自觉其实是同一个人。那么，一支修改的传法谱系应

---

①　仔细阅读之后，笔者推断这个文本出自一个由禅师真定（？—1582）和大庵所领导的不甚知名的禅宗教团，他们可能生活在北京。因为此文本提到了中天正圆（1537—1610），他在后来通过请求朝廷赠予一套完整的大藏经而复兴了黄檗寺，所以笔者断定此禅宗教团在16世纪末期非常活跃。在这个团体中，僧人们似乎专注于与禅师们积极地机锋互动，以引发他们的觉悟体验。

②　善璨《正宗心印后续联芳》，XZJ 148：369‐384。

③　关于雪庭福裕在少林寺的传法，参见吴立民等著《禅宗宗派源流》，第458—474页。

④　汪道昆（1525—1593）为幻休常润所作的塔铭，见《少林寺志》，ZFS 6：162；关于曹洞宗的传法，参见 ZFS 9：192‐193。

遵循表 1－1 左侧的传承线，将右侧的五代（芙蓉道楷至鹿门自觉）全部剔除，从而将所有后世的曹洞宗大师往前提升五代世系。

临济宗的传法似乎更为广泛。例如，笑严德宝是一位有着临济宗传承的受人尊敬的禅宗大师，他的传承可以追溯到圆悟克勤的法嗣虎丘绍隆（1077—1136）。复兴的临济宗始于笑严德宝的法嗣幻有正传。除了虎
37 丘绍隆的传法一线，大慧宗杲（1089—1163）的谱系据说也得到延续，但并非没有争议。例如，禅僧吹万广真（1582—1639）宣称自己是大慧宗杲的第十四代传人，但是这种说法引发了一些反对意见。①

表 1－1　宋代曹洞宗五代叠出

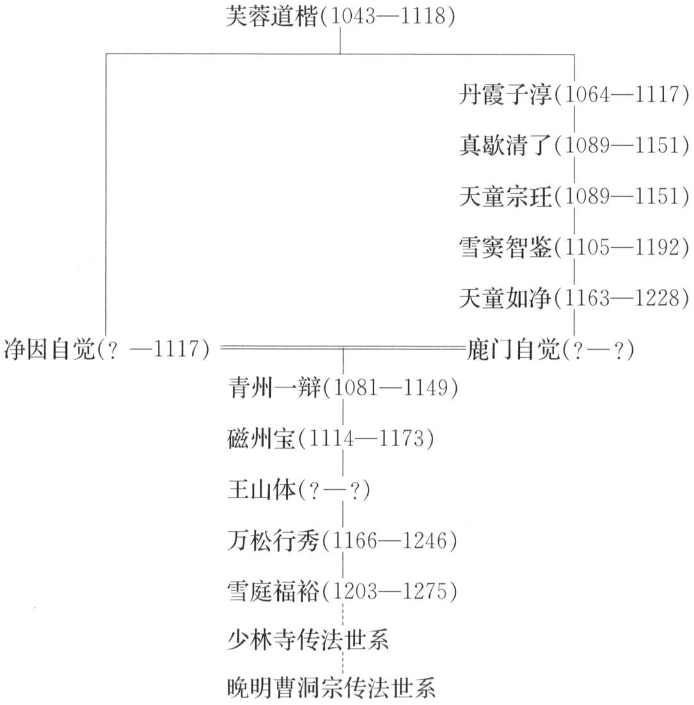
芙蓉道楷（1043—1118）
丹霞子淳（1064—1117）
真歇清了（1089—1151）
天童宗珏（1089—1151）
雪窦智鉴（1105—1192）
天童如净（1163—1228）
净因自觉（？—1117）
鹿门自觉（？—？）
青州一辩（1081—1149）
磁州宝（1114—1173）
王山体（？—？）
万松行秀（1166—1246）
雪庭福裕（1203—1275）
少林寺传法世系
晚明曹洞宗传法世系

① 吹万广真是四川的一位禅僧。他的主张遭到其他禅师的反对。他的谱系被他的弟子三山灯来（1614—1685）大力提倡。三山灯来的法嗣别庵性统写了一部四十二卷的《续灯正统》，用来证明广真一系的合法性。见陈垣《明季滇黔佛教考》，第 52 页。然而，广真的说法仍然很可疑，因为他的一位师父无念深有，没有传法的主张。关于他的碑文，见《吹万禅师语录》，JXZ no.239，29：553－554a。另见长谷部幽蹊《续灯正统と聚云吹万法门》。

　　然而,在临济宗谱系中,明初的海舟普慈(1393—1461)和海舟永慈(1394—1461)的身份归属引发了一些争议。① 由于在禅宗文献中,海舟普慈和海舟永慈的名字都被缩写为海舟慈,这样就难免引起了究竟谁才是真正的临济宗的祖师、之后的世系又始于谁等种种争论。禅宗内的善辩者用碑文记录论证,海舟普慈和海舟永慈是两个有着不同传法的人,正式版本的谱系混淆了这两个人。② 如表1-2所示,明初的临济宗传承至少有三个不同的版本:第一,有人发现"海舟慈"实际上被列为万峰时蔚的法嗣。由此,他们之间的两代世系就应从表中移除。第二,一部名为《东明遗录》的文集(其首页见图1-1),确认了"海舟慈"实际上就是海舟普慈。海舟普慈起初跟随万峰时蔚学习,后来接受了东明慧旵的传法。海舟普慈的法嗣"宝峰瑄"经查明是宝峰明瑄。第三,发现于1657年的一篇新出碑文表明,所谓的《东明遗录》是一部彻头彻尾的伪书,因为这一新史料明确指出"海舟慈"是海舟永慈,他的法嗣是玉峰智瑄。一些临济宗的僧人们马上转变了立场,他们宣称海舟慈应当是海舟永慈,宝峰明瑄应该是玉峰智瑄。除此之外,这支谱系中的一些个人的传法也受到质疑。

38

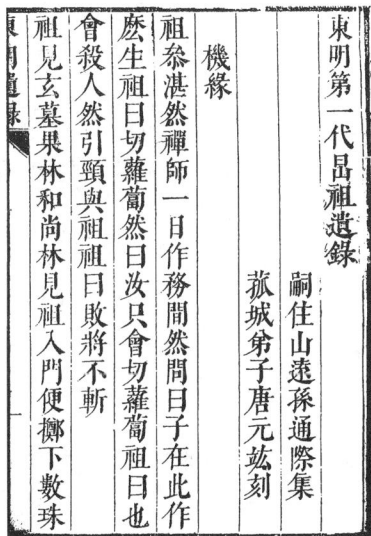

图1-1　《东明遗录》的首页,1635年
(影印自上海图书馆)

　　这些名义上的或模棱两可的传法主张引起了一定程度的混乱。这不仅是因为这些说法经不起推敲,还因为传法、禅宗教义和宗派归属三者之间不再相互对应。这意味着某位接受了临济宗传法的僧人可以进行佛教义学研究,同时又宣称自己是云门宗的法嗣。一个很好的例证就是自称

① 　关于这场争论,参见笔者在本书附录2.B中的论述。
② 　见惟直智楷《正名录》卷八、九,第102—141页。

为"北宗禅师"的天柱满秀(？—1568)。正如前文提到过的,天柱满秀将北宗的五十六字偈文传给了他的弟子无迹正海。按照天柱满秀的传记,他起初在北宗门下受戒,是神秀之后北宗的第二十八代。之后,他在伏牛山禅修并开悟。因为这个原因,他的老师幻有正传将临济宗的传法授予他。于是,他作为宣扬"南宗法"的北宗法嗣而闻名(所谓"北宗人,南宗法"),因为他的传法来自临济宗。似乎天柱满秀觉得他能自由地传授他所肩负的任何一支法系:他传授北宗禅法给无迹正海,而将临济宗禅法传给另一位弟子正海。① 在这个例子中,法脉传承(传法)、禅宗教义和宗派认同三者可以被任意组合。

表1-2 明初备受争议的临济宗传法谱系

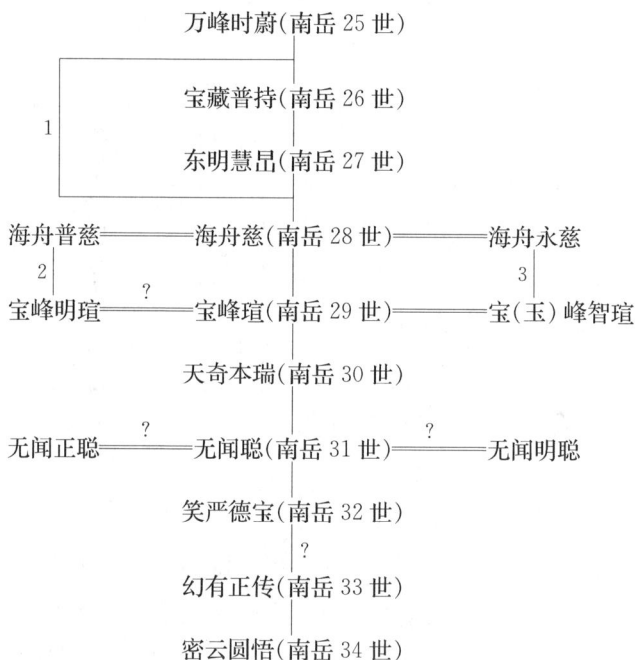

万峰时蔚(南岳25世)

宝藏普持(南岳26世)

东明慧旵(南岳27世)

海舟普慈 ════ 海舟慈(南岳28世) ════ 海舟永慈

宝峰明瑄 ══?══ 宝峰瑄(南岳29世) ════ 宝(玉)峰智瑄

天奇本瑞(南岳30世)

无闻正聪 ══?══ 无闻聪(南岳31世) ══?══ 无闻明聪

笑严德宝(南岳32世)

幻有正传(南岳33世)

密云圆悟(南岳34世)

即使是那些从南宗(如临济宗和曹洞宗)那里获得传法的禅宗大师,护持与他们的宗派归属相一致的不拘成法(Antinomianism)的精神也并

① 关于天柱满秀的传记,见喻谦编《新修高僧传四集》,第1549—1550页。

非必要。相反，由于佛教义学的盛行，无论是临济宗还是曹洞宗的著名禅　　40
师，大部分都专心于以常常举办关于佛教经文和教义的讲学为特征的教
义研究。例如，被视为南方义学复兴者的无极明信，实际上声称是临济宗
的第二十六代；[①]密云圆悟的老师笑严德宝和幻有正传都曾经作为生活
在北京的学问僧而专注于义理研究。[②] 显然，这样一种情形需要一场大规
模的运动来规范种种毫无根据的传法主张，而且正如我们将在后面章节所
看到的，费隐通容的《五灯严统》就是对这些混乱局面的一种直接响应。

对禅宗林林总总的理解

16 世纪末期，禅宗修行被广泛地理解为禅定冥想，尤其是大慧宗杲
所倡导的"话头禅"。据憨山德清回忆，明末第一位倡导禅宗冥想修行的
禅宗大师是云谷法会（1500—1579）。云谷法会于 1549 年在天界寺举办
了一场为时七天的禅修，憨山德清也参加了这场禅七。云谷法会教学生
使用公案中的话头作为坐禅的手段。他提倡使用"念佛"话头。通过敦促
学生提出"念佛者是谁"这个话头，云谷法会强调了"疑"的作用，这与大慧
宗杲的方法相似。[③] 受到云谷法会的启发，憨山德清决心成为一名禅师，
并将禅理解为在禅定冥想上努力精进。由此，他踏上了一段在五台山苦
行兼禅修的旅程。憨山德清的经历在当时很多所谓的禅僧中极为典型。
他们隐逸而居，深入禅定，过着虔诚的苦行生活。其他形式的禅定修行如
闭关也很流行，禅窟在五台山等地广为分布。[④]

因为禅定冥想被视为禅宗的基本特征，一些修行者如明末三大高僧
试图将对话头的禅定冥想和其他的各种修行方式结合起来。憨山德清在
青年时期专注于禅修，但是他强调在达到觉悟的过程中义学研究的作用。

---

① 见憨山德清为他所作的塔铭，见《憨山大师梦游集》卷二二，XZJ 127：265c。
② 见野口善敬《明末虎丘派の源流——笑严德宝と幻有正传》；另见野口善敬《明末における主
　　人公论争：密云圆悟の临济禅の性格を巡って》，第 164—167 页。
③ 对云谷法会禅修的简要叙述，见 Yü, Chün-fang, "Ming Buddhism", pp. 926‑927。
④ 除了五台山以外，很多渴望修禅的人还前往伏牛山修禅。伏牛山在晚明以"炼魔场"或者"火
　　场"而著称，但是在后世基本被遗忘了。

如同于君方所论,云栖袾宏也成为禅净双修的一个典范。[①] 他们认为,觉
悟是一个需要刻苦修行的渐进过程。对他们来说,不通过努力地积累而
达到顿悟是不可能实现的。受到大慧宗杲的启发,憨山德清有关"话头
禅"的观点证实了这种精神取向:

> 不是教你在公案语句上寻思,当作疑情,望他讨分晓也。即如大
> 慧,专教看话头,下毒手,只是要你死偷心耳。如示众云:参禅唯要虚,
> 却心把生死二字贴在额头上,如欠人万贯钱债相似。昼三夜三,茶里
> 饭里,行时住时,坐时卧时,与朋友相酬酢时,静时闹时,举个话头。[②]

按照德清的观点,公案的含义并非禅修者要深入思考的一个问题。相反,
所有的努力应当被归为心智的训练。

这些高僧与17世纪后世的禅师之间一个显著的区别在于他们对禅
师角色的不同理解。云栖袾宏和憨山德清提倡通过自我修行来训练,他
们对那些自命不凡的禅师所采用的各种徒有其名且程序化的教导嗤之以
鼻。那些在没有接受过正当传法的情况下进行禅修和苦行的高僧们,被
誉为获得了"无师智"。尽管这个称号对他们来说是一种赞誉,可是在后
世那些更为正统的禅师眼中,这是一种不幸,因为在他们看来,法系传承
决定了他们在某支谱系中作为禅僧的身份归属。

从憨山德清的视角可以觉察到他对禅师角色的否定态度。尽管他
从未接受过传法,但是他常常受邀为一些来源不明的传法谱系的著作
作序。从憨山德清的序言中可以看出,尽管法系传承的做法复兴了,但
是他仍然非常怀疑法系传承的价值。对他来说,心的觉悟远远比名义
上宣称的传法重要得多。[③] 因为真正的觉悟体验受到重视,所以晚明时

---

① 见 Yü, Chün-fang, *The Renewal of Buddhism in China*, pp. 29 - 63。
② 见憨山德清《憨山大师梦游集》,JXZ no. 115, vol. 22。英文翻译改编自徐颂鹏的文章,Hsu,
　 Sung-peng, *A Buddhist Leader in Ming China*, p. 130。
③ 见憨山德清为焦山寺和华岳寺的佛法传承所作的序,JXZ 22: 496c - 497a, 496a - b。憨山
　 德清在序中哀叹佛法传承已变得有名无实。

期一些自称是禅师的人在没有获得任何法系传承的情况下，获得了高僧的美誉。

　　尽管禅宗对顿悟和传法的说辞中存在着这些不利的言论，但是在不同的禅宗教团中，对于禅宗修行的理解也发生了一种显著的变化。初入禅门的新人，既未深入学习过佛教教义，也无坚定地进行禅修的经验，他们推崇的是一种类似于重演公案故事的"古怪"行为。如同笔者之前引用过的，黄宗羲在其描述中正确地指出，所有的三位明末高僧，尤其是云栖袾宏和憨山德清，极为鄙视这一新趋势，认为这样的禅宗是"肤浅的"。例如，紫柏真可于 1575 年参访少林寺时发现，那里的修禅相当"虚假"：曹洞大师幻休（大千）常润（？—1585），跟他的老师小山宗书（1500—1567）一样，仅仅是"讲习评唱"，而不强调真正地理解公案。[1] 云栖袾宏鄙视对禅宗公案文献卖弄学问似的讨论，认为这些用表演"重新制造"（recreated）公案的僧人是"吹嘘伪证的冒牌货"，并没有真正地觉悟。正如于君方指出的，云栖袾宏竭力反对这种方兴未艾的现象：

　　　　今之学者不务实修，而务机锋转语，诚过矣。然自知未悟，时切提撕，只因见地未明，恐是盲修瞎炼。故于师资道友间问答酬唱，此亦无伤乎。倘学地不通商量，必俟悟后吐语，则见地尚亏，从谁起行耶？况陶镕理性，决择是非，如三登九上，一句千山，俱悟前耶。[2]

憨山德清对那些只会耍嘴皮子功夫说自己觉悟的僧人同样持批评态度：

　　　　今之少年，蒲团未稳。就称悟道，便逞口嘴。弄精魂，当作机锋迅捷。想着几句没下落，胡言乱语，称作颂古。是你自己妄想中来的，几曾梦见古人在。若是如今人悟道这等容易，则古人操履，如长

---

① 见 Cleary, J. C.（柯利瑞），*Zibo: The Last Great Zen Master of China*，p. 11。
② 见袾宏的文章《一转语》，收于《云栖法汇》，JXZ no. 277，33：41c。英文翻译改编自 Yü, Chün-fang, *The Renewal of Buddhism in China*，p. 173。

庆坐破七个蒲团,赵州三十年不杂用心,似这般比来,那古人是最钝根人。①

憨山德清对新近复兴的临济宗尤其持批评态度。正如他在 1615 年左右为紫柏真可所作塔铭中所写的那样,他注意到临济宗传法的兴起是 43　17 世纪初期的一个新现象,因为据他回忆,在他年轻的时候,临济宗的传法已经失传了至少半个世纪。他写道:

> 独临济一派,流布寰区。至宋大慧,中兴其道。及国初,楚石、无念诸大老。后传至弘正末,有济关主。其门人,为先师云谷和尚。典则尚存,五十年来,师弦绝响。近则蒲团未稳,正眼未明,遂妄自尊称,临济几十几代。于戏! 邪魔乱法,可不悲乎。②

在这段文字中,作为一位已经七十多岁的老僧,憨山德清对日益增加的临济宗传法宣称极为不快,因为在他的记忆中,在过去的五十年(约 1565—1615)内,他从未听说过任何人得到临济宗的传法。因此,憨山德清暗指所有的传法其实都是徒有虚名,或者说毫无意义。即使像紫柏真可这样的高僧,虽然可以声称自己是临济义玄和大慧宗杲的弟子,但是在明知法系传承已经消失的情况下,他甚至不会考虑冒充是他们的嗣法门人。

陈垣和于君方都注意到,在这些僧人批评禅宗时,无论是云栖袾宏还是憨山德清,都没有提到将这种"肤浅"禅宗推向极端的密云圆悟及其弟子。③ 对于这些高僧来说,那些禅徒并不可靠。这是可以理解的,因为在这些僧人步入晚年的时候,密云圆悟及其追随者们仍然是在各地游方、寻找志同道合之人的年轻僧人。晚明的三位高僧折中的佛教修行方法无疑是正确的,不幸的是,在他们去世以后,为他们所批判的禅宗教团在全国

---

① 见憨山德清的《示参禅切要》,收于《憨山大师梦游集》卷六,Z, no. 1456, 73:499。英文翻译改编自 Hsu, Sung-peng, *A Buddhist Leader in Ming China*, p. 131。
② 见憨山德清为紫柏真可所作的塔铭,《憨山大师梦游集》卷二七,Z, no. 1456, 73:655。
③ 见陈垣《清初僧诤记》,第 15 页;Yü, Chün-fang, *The Renewal of Buddhism*, p. 35。

各地迅速发展起来。黄宗羲对此又一次作出正确的评价：由于这些高僧对这场复兴的禅宗运动持批评的态度，所以在17世纪编纂的几部重要的禅宗谱系中，没有从知名的禅师那里获得传法的这三位高僧，都被归入"嗣法未详"之列。这说明，正是因为这三位高僧都不希望通过寻找法嗣、进行传法的方式来扩大他们的影响，所以他们自己的谱系都没有延续下去。

结　语

这场复兴禅宗的运动与17世纪的各种社会、文化和政治背景交织在一起。在本章中，笔者概述了从万历时期开始的，在一些佛教教义和修行领域中的佛教复兴情况。根据笔者的解读，佛教的复兴早于17世纪禅宗的兴起，因为在16世纪末期，禅宗教团还未能获得他们独立的身份归属，不拘成法的精神和严格的传法等价值观，在佛教界还未得到广泛的认同。

如果我们按照时间顺序列出晚明所有与佛教复兴相关的重要事件，就会有一个重大的发现，那就是禅宗的复兴是在许多其他佛教宗派的重建之后，即出现在最后阶段。这一时间上的延迟很容易被历史学家忽视。然而，姗姗来迟的禅宗作为一种僧团运动，也许是解释禅宗学者所面临的这种令人困惑之矛盾的关键。也就是说，尽管禅宗不拘成法的精神论调具有高度的排他性和宗派性，可是在所谓的禅宗寺院中，实际的寺院修行是极具融合性的。在本书第四部分，笔者将详细讨论这种在理想和现实之间的表面矛盾。在此，笔者想指出这样一个事实，即已经复兴的各种佛教传统，比如教义研究和受戒仪式，促成了一种融合性的禅宗寺院修行的形成。这是因为，在现有寺院日常规范的基础上复兴的禅宗教团，有机会也有条件去吸收所有现存的资源，创造出一种融合的寺院修行方式。许多在后世闻名的禅宗大师，在16世纪末期佛教复兴的第一阶段，还是青年僧人，他们参访不同类型的佛教团体，学习关于佛教所有领域的知识。因此，当他们选择将自己定位于真正的禅僧时，他们会很自然地将各种各样的佛教修行方式融合在一起。

　　笔者对于这一阶段的佛教复兴的描述也表明,佛教界需要一种强势并且有吸引力的思想体系来吸引精英阶层的注意,使佛教成为当时最为盛行的文化和思想运动的一部分。此外,这也需要一个合理化的组织原则,将当时分散在全国各地的各个不同的佛教团体连成一个更为融合的整体。在明朝最后的二十年,这种重组所需的各种社会和思想条件都已经成熟,一种理想的思想体系和组织原则开始出现。象征着不拘成法的禅宗精神的棒喝机锋受到一些儒家知识分子的推崇,这些知识分子偏好这种禅宗的论调,并希望这种论调在各佛教团体中站稳脚跟。与此同时,禅宗僧人们强烈要求对传法有一种严格的界定,将冒名顶替者和觊觎者拒之门外。

　　尽管如此,如果没有文人学士对禅宗的推动,所有的这一切都不会发生。尤其是王阳明思想运动的一些追随者,积极地宣传禅宗,因为他们在两者中看到了一种相似的不拘成法的精神。这样的思想环境孕育了一种禅宗文化,禅宗大师也从中应运而生。

第二章 文人士大夫与禅宗

在晚明，我们可以看到文人士大夫影响禅宗的一个清晰模式：首先，大约在 16 世纪，由王阳明发起的思想运动，打开了文人合法浸淫佛典的大门。一些王阳明的追随者自觉地在儒学话语中加入佛教思想。此一时期，佛教义学的地位获得极大的提升。继而，在随后的几十年间，王阳明的追随者，尤其是泰州学派的学者，对于禅学思想尤为关注，禅学成为他们思想和精神灵感的来源之一。但是，此一时期，还没有出现成型的禅宗教团或是杰出的禅师，这表明士人文化圈中普遍流行的"禅学热"并不是禅宗复兴的直接结果——禅宗的复兴本应成为这一"禅学热"的主要推动力才对。相反，正如本章所示，这些具有禅学精神的文人不仅贬低那些文采逊色的僧人，而且在与僧人交流的过程中有意显摆禅机（the spirit of spontaneity），时常以禅师自居。只有在 16、17 世纪之交，在浙东当地士人和官员的支持下，禅宗社群的特定组织模式才开始成形。此后，文人士大夫在任命他们所支持的禅师成为寺院住持方面，更是深涉其中。

这一观察证实了卜正民的推断：在晚明时期，住持的任命，是由当地士绅支持的。根据卜正民的研究，此类任命，绝大多数发生在 1612 年至 1648 年间，而不是此前的时期。[①] 这表明作为一种制度性的存在，禅宗的复兴是一个在文人士大夫思想、文化和经济的综合影响下势头渐进的上升过程。如卜正民所示，除了对于文人物质支持的依赖之外，佛教，尤其是禅宗，还有赖于文人在思想，甚至精神上的指导，这是因为作为处理中国丰富文本传统（理所当然，也包括禅籍）的专家，文人拥有在解释禅宗的文字化传统（textualized past）方面的权威。

---

① 详见 Brook, *Praying for Power*, p. 182。

　　顺着这一推理线索,笔者把文人解读禅籍的方式看成影响他们看待禅宗最为重要的因素。这是因为,作为受过教育的精英,文人要比一般的佛教僧人更有能力全面考察各种不同种类的禅籍并深入探究禅宗的历史。换句话说,与僧人相比,文人有着更为高超的文献功底,因此,对于禅籍文本事务的处理有着最终的权威。在晚明,我们可以看到一些有趣的现象:一些文人,没有任何丛林修行经验,仅仅通过阅读语录窥测禅宗思想,他们就相信通过自力获得了觉悟,并开始寻找禅僧一较高下。更令人侧目的是,一些阅读佛典和禅籍十分纯熟的儒家知识分子,言行举止开始模仿禅师,并教导僧人以引发他们的觉悟体验。这样一种在某种程度上颠倒了的关系,证明了文人在禅宗社群形成过程中发挥影响的程度。

　　本章将会详细描述文人的影响以及他们对于禅宗思想和精神的导引。不像其他学者仅仅关注禅宗和儒家在思想上的相似点,笔者试图强调,两者思想上的相似性来源于对共同文本传统的阐释,这一共同的文本传统是由文人和僧人共享的。然而,由于文人在文字实践(textual practice)上的权威,他们对于禅的看法,大大地影响了佛教僧人。

第一节　王阳明与禅宗

　　佛教的复兴是由一个亲佛悦禅的思想运动推动的,这可以从士绅慷慨布施佛教组织的强烈愿望中得到证明。16世纪和17世纪经济的持续发展势头允许当地士绅在公共项目上重新分配财富,比如修建寺院。尽管一些学者指出,此一时期的佛教寺院衰败了,[①]但数据表明,在1550年至1700年之间,佛寺的修建以前所未有的速度在增多。[②]　正如卜正民所

49

---

① 正如竺沙雅章所观察到的,宋代以降,鉴于其经济地位,佛教组织持续衰落。详见竺沙雅章《宋代福建の社会と寺院》。对于晚明佛教的其他研究验证了竺沙雅章的结论。正如田汝康指出的,明末清初的福建佛教寺院,处于破落状态,根本无法与唐宋时期的辉煌局面相提并论。田汝康认为佛教的道德腐化和僧人的世俗化(secularization)是主要原因。可见T'ien, "The Decadence of Buddhist Temples in Fukien in Late Ming and Early Ch'ing", pp.83-101。

② Eberhard, "Temple-Building Activities in Medieval and Modern China", pp.264-318。

揭示的,晚明的佛寺是在当地士绅的支持下重建的,他们对于佛教的布施反映了地方社会的活跃(local activism)使得国家和社会进一步分离的态势。他还指出,晚明士绅的支持采取了多种形式:士绅为寺院提供财政支持,可以直接捐赠土地,或监管寺院事务,或间接通过"文字护法(literary patronage)",比如为僧人的募捐活动作文写诗,等等。① 卜正民特意记录了四座寺院的复兴,这其中包括密云圆悟及其徒众中兴禅宗的天童寺和阿育王寺。② 这表明,佛寺的复兴已演变为一场全国性运动。

王阳明的"心学"

在对佛寺进行慷慨捐赠的背后,是由王阳明(1472—1529)发起的思想转型运动,这让儒学界对于佛教的兴趣大增。王阳明,作为一位富有洞见的哲学家和成功的政治家,崛起于 15 世纪末期,提供了富有吸引力的替代以朱熹(1130—1200)为代表的正统宋明理学家的选择。与朱熹对于客观性原则("理")的强调相反,王阳明将"心"视为宇宙和人类的本原,发起了一场"主体性转向"(subjective turn)运动,而在朱熹那里,只有通过严格、渐进的学习才可行。王阳明强有力地主张,人类可以通过对于终极道德真理的顿悟,超越善恶的二元对立,而成圣成贤。王阳明的"心学""良知"等核心概念,通过内省性反思寻找最终的道德根基,在一定程度上与"不二""顿悟"等禅学说辞极为类似。③

王阳明的影响,超越了观念的领域。他的思想成为一种思想与社会运动的先驱,调动一大群儒家精英和平民寻求个体存在的意义,使他们从强加的儒家社会行为规范中自我解放出来。王阳明的追随者们经常组织"讲会",建立儒家书院,追求一种新型的修学方式。王阳明逝世后,根据对其思想的不同解释,他们分化成了不同的群体。他们中的大部分都对

---

① 　Brook, *Praying for Power*, pp.137 - 184。

② 　Ibid., p.257.

③ 　有关王阳明思想研究,可见 Tu Weiming(杜维明), *Neo-Confucian Thought in Action: Wang Yang-ming's Youth* (*1472 - 1509*)。

50　佛学表现出相当的兴趣——尤其是佛学中关于"心"的教义,它与王阳明的心学有着明显的联结。以佛典的文本研究为例,《首楞严经》的经典研究在文人圈子里就比较流行。《首楞严经》经由禅修和苦行来历练心性的严格方法,以及对于悟道的精细描述,吸引了诸如管志道(1536—1608)、赵贞吉(号大洲,1508—1576,嘉靖十四年[1535]进士)等儒家知识分子,他们都鼓励援引佛教经典来丰富儒家的自我修养。[①] 王阳明的一些追随者,比如穆孔晖(1505 年进士)就有意地使用隋代天台大师智颛(538—597)对于《法华经》的注疏来解释《大学》(即朱熹所定的《四书》之一)。[②]

　　在晚明,支持王阳明思想的儒家知识分子,大都亲近禅宗,并积极推介那些教法反映他们自己价值观念和精神取向的禅师。大部分王阳明的追随者认为佛学,尤其是禅学,比如其顿悟思想,十分契合他们欲了解王阳明的儒学的需求。鉴于此种原因,王学常被晚明知识分子呼为"阳明禅"。因此,三教合一的知识氛围开始形成,人们对佛教,尤其是禅宗,采取了一种更加宽容的态度。[③]

泰州学派与"狂禅"

　　禅宗的振兴很大程度上得益于一个阳明后学的团体——"泰州学派"。这批具有禅学思想的知识分子,包括王艮(1483—1540)、李贽(1527—1602)、颜钧(1504—1596)、何心隐(1517—1579)、罗汝芳(1515—

[①] 有关管志道的研究,可见荒木见悟《明末宗教思想研究:管东溟の生涯とその思想》。有关赵贞吉的研究,可见荒木见悟在其专著《中国心学と鼓动の仏教》第 99—140 页中的讨论。据说赵贞吉特地向学生推荐《首楞严经》。

[②] 穆孔晖在弘治年间(1488—1506)成为进士。他是王阳明的信徒,也对佛教有兴趣。有关穆孔晖的官场生涯,可见其文集《穆文简公宦稿》(然而,在该文集中,穆孔晖很少提及他和王阳明、佛教的关系,除了卷一第 33 页)。穆孔晖写了一篇题目为"大学千虑"的评论,其中,他引用了智颛的《法华经文句》和《大庄严经论》来解释重要概念"格物"。根据穆孔晖,"格"字应该理解为格量。参见《大学千虑》,《四库全书存目丛书》集部第 156 册,第 633 页 b—634 页 a。

[③] 钱新祖认为,这一融合的方法,是建立在三教混合为一的无分别模式基础之上的。根据钱新祖的研究,对焦竑而言,"三教合一,不是不同部分聚合在一起这种意义上的统一,而是高度融合成为彼此认同又了无分别的单一实体"。详见 Ch'ien, *Chiao Hung and the Restructuring of Neo-Confucianism*, p.119。

1588)和焦竑(1540—1620)等活跃人物,通过挑战儒家传统价值观念来展示狄百瑞(William Theodore de Bary)所称的"个人主义"。[①] 而在这些人中,李贽居于核心地位。

在 16 世纪晚期,受禅学思想影响,围绕着居住在湖北芝佛院、具有反传统精神的儒家知识分子李贽,一个知识分子社群开始形成。李贽,生于福建泉州一个穆斯林家庭。[②] 李贽二十六岁取得举人功名之后,从下级官吏做起,开始了他的从政生涯。虽然李贽是一位非常有才干的人,但他的个人事业显然受未取得有声望的进士功名这一事实所限。他最后的官职是在边远的云南省担任姚安知府,当时他已经五十一岁了。不过,1581年,李贽很快从这个位置上隐退了,并寓居在湖北的北部。他最终选择不再回家乡福建,而是在当地一座佛寺里全身心地投入阅读和写作之中。他遣散妻妾,并把孩子送回老家,剃了头发。尽管事实上,他从来没有认真发愿出家,但仍时常被称为一个和尚。[③]

虽然李贽居住在一座偏远的寺庙,他与外部世界的社会和学术联系却是全国范围的。他有机会接触各种书籍。而且,李贽反传统的人格及其讽刺挖苦的写作风格能够保证他的书籍成为畅销作品,常受到书商的追捧。他保持与朋友以及其他知识分子的通信,讨论各种不同的思想、社会和政治的议题,并在儒家士大夫中间发起激烈的辩论。围绕着李贽,一个思想社群发展起来了。这一社群的成员,其杰出人物包括焦竑、袁宏道及其两个兄弟以及陶望龄(1562—1609)等,他们通过书信和交游保持着密切联系。在晚明,他们的写作和思想直接影响着士大夫文化。然而,李贽并没有熬过针对他的政治迫害:1602 年,他被抓进北京的监牢,不久就自杀了。他死后,这一社群的中心很快转移到浙东。在那里,泰州学派的周汝登(1547—1629)和陶望龄成为领袖人物。由于这些领军性

---

① 可见 de Bary, *Learning for One's Self* 及 *The Liberal Tradition in China*。
② 关于李贽的家庭背景,可见 Chan, Hok-lam(陈学霖)(ed.), *Li Chih*, pp.41-77。
③ 据传,李贽并不完全是由于真诚的受戒而剃掉头发,开始他只是为了避暑,随后渐渐适应了。1589 年,李贽曾想过重新蓄发并与焦竑共同在南京生活。可见林海权《李贽年谱考略》,第185、209 页。

知识分子对于禅僧的襄助，最终，临济和曹洞两大法脉都在浙东得以复兴。

　　以李贽及其同伴为代表，所谓的泰州学派也有特定思想取向，允许追随者信奉禅学。首先，他们对于内在超越的信念，赋予了道德直觉超越善恶二元对立的优先地位。这种观念与禅学立场相似，它提倡当下直截的觉悟，即一种无须借助思辨认知或二元思维，对于真理当下直截的"见"（seeing）。

　　泰州学派第二个与禅类似的精神特征，是通过不拘俗套的行为（unconventional behavior）展现出来的反传统的道德观。王阳明的重要弟子王艮出自泰州，泰州学派因此命名。王艮是一个盐商的儿子，但立志追求儒学，坚信自己获得了儒家成圣的真理，他穿着古代的衣服，模仿古代圣人的表现。1523年，他效仿古代的圣人，坐着自己设计的蒲车（又名逍遥车），游历至北京，引起极大的轰动。① 李贽将"童心"置于自己价值系统的核心地位，他把头剃了，住在一座佛教禅院里，但是却没打算像僧人那样受具足戒。何心隐强调友谊的重要，颠覆了儒家传统的五伦，踏上了一条四处漫游、公开表达异议的人生之路。② 更令人惊讶的是，在这个团体内部，儒家精英与大众之间的社会藩篱也开始破裂了。颜钧，一个受王阳明良知学说激励的普通人，犹如传道士一样游历乡间，获得了大批儒家信徒，这其中，罗汝芳和何心隐成为泰州学派的重要学者。③

　　泰州学派，对于他们觉悟经验中的自发性表现也显示出特定倾向。比如，儒家学者耿定向（1524—1596）就记载说："昔颜山农于讲学中忽起就地打滚，曰：'试看我良知！'"④熟悉禅师反传统（iconoclastic）的机锋问答的读者，非常容易从颜钧的自发反应与禅师不拘成法的典型行为之间识别出共同点。在这一例子中，颜钧必深受王学感染，才能够用自发的行

---

①　有关王艮的传记，可见 DMB, pp. 1349 - 1355。

②　有关何心隐的传记，可见 DMB, pp. 513 - 515。亦见于 Dimberg, *The Sage and Society*。

③　20世纪90年代发现的颜钧文集（1856），让这位重要的泰州学派人物重放异彩。可见《颜钧集》。

④　可见 Li, Wai-yee（李惠仪），"The Rhetoric of Spontaneity in Late-Ming Literature", p. 48。笔者所引用的这一事件出自李惠仪的文章，并不在颜钧文集中。

动展示出妙不可言的自得体验。这表明，不管有意无意，至少表面上，部分王学追随者都发现了这种与禅相似的自发行为，应是表达他们对于道德真理最终觉悟的最佳方法。泰州学派的学者不愿因循守旧的观点和行为，与经常反复见诸禅籍的自由不羁精神相一致。对于他们中的大部分人来说，禅宗和儒学，是一回事，没有分别。换句话说，他们的实践，可以更好地用李贽的追随者袁宏道（1568—1610）提出的"儒禅"（Confucian Chan Buddhism）来指称。①

　　然而，他们"离经叛道"的公开表现引起了社会的极大非议。他们的论敌，将其特征总结为"狂禅"。黄宗羲对于泰州学派（尤其是针对颜钧、何心隐）颇有微词，揭示了泰州学派与禅宗的瓜葛：

> 　　阳明先生之学，有泰州、龙溪而风行天下，亦因泰州、龙溪而渐失其传。泰州、龙溪时时不满其师说，益启瞿昙之秘而归之师，盖跻阳明而为禅矣。……泰州之后，其人多能以赤手搏龙蛇，传至颜山农、何心隐一派，遂复非名教之所能羁络矣。顾端文曰："心隐辈坐在利欲胶漆盆中，所以能鼓动得人，只缘他一种聪明，亦自有不可到处。"义以为非其聪明，正其学术也。所谓祖师禅者，以作用见性。诸公掀翻天地，前不见有古人，后不见有来者，释氏一棒一喝，当机横行，放下拄杖，便如愚人一般。诸公赤身担当，无有放下时节，故其害如是。②

在这一对于泰州学派缺乏同情的评论中，黄宗羲暗示：王艮及其追随者，比如颜钧和何心隐，已经引导王学离开儒家正轨而倒向佛教，尤其是祖师禅了。③ 从儒家的眼光来看，犹如禅僧的机锋棒喝，他们的行径是叛逆的（antinomian）。然而，黄宗羲也极力暗示，他们造成了巨大危害，因为他

---

① 可见钱伯成《袁宏道集笺校》，第1225—1226页。
② 黄宗羲对于泰州学派的评价，可见《明儒学案》，第703页。原文英译取自 *The Records of Ming Scholars*, trans. and ed. Julia Ching, Honolulu: University of Hawai'i Press, 1987, p. 165。
③ 这一概念即祖师禅，成为界定汉月法藏禅学思想的核心。笔者的详细解释，可见第四章。

们不能明白,"拄杖"仅仅是一种工具,达成目的之后,就应该放下。黄宗羲的评论,精细地描述了王学是如何卷进并汇入禅宗复兴潮流之中的情形。

第二节　士大夫的文字境界

虽然并不是所有的士大夫都赞成王阳明及其追随者,在一般的士大夫文化中,佛教仍然有着可观的表现。卜正民全面考察了晚明佛教复兴之前精英文化的情况,那个时候,文人与僧人为友,参访寺院,都稀松平常,为社会所认同,寺院成为士大夫聚会与退隐的开放空间。他们甚至加入居士林,或者参加佛教仪式,比如放生,等等。参访寺院之后,写诗作赋、布施供养等行为不会为一个儒者良好的声誉带来瑕疵。佛教及其寺院,与士大夫的文化生活是如此契合,以至于完全没有必要将佛教作为一种外来宗教加以排斥。

需要特别指出的是,文人们浸淫于佛教文本的阅读和书写之中。在他们的宗教性阅读和写作行为当中,士大夫展示的独特精神取向,塑造了理解佛教的新方式。对于他们中的大部分人来说,阅读和写作佛教尤其是禅宗的文字是他们闲暇时间的众多文化娱乐方式之一。因为他们进入佛教,不是从皈依佛教信仰体系开始的,他们更为强调哲学智慧表达上的高超与精致,而不是戒律和虔敬的崇拜行为(devotional activities)。他们中的大部分,轻率地抛弃了佛学中因果报应或转世轮回的观念,因为对于他们来说,这一套赏善罚恶的粗糙推理显然是为那些头脑简单的人设计的。甚至,在禅修中,文人也更多选择大慧宗杲"参话头"的修行方式,这是一种对于"疑情"细心沉思转化而来的精神修炼,而"疑情"来自高强度地参究"公案"。由于源于文字参究(textual studies),这一实践在他们宗教性阅读的习惯中有着清晰的脉络。因为他们的精神体验主要在阅读、书写以及辩论中形成并得到提升,没有脱离任何一个精心构造的文字领域,笔者更倾向于称呼这一宗教性体验为"文字境界"(textual spirituality),以区别于建立在虔诚信仰基础(devotion-based)之上的宗教体验。探讨此一"文字境界"的特征,对本研究非常重要。这是因为,通过阅读和写作,在某些文人社群中形成了共同的精神心态(mentality)。这其中,禅僧作为个中分子,深为这一建立在文字基础之上的精神取向(a text-based spiritual orientation)所影响。

阅读在"文人禅"中的作用

虽然并不是文人阶层的所有成员都有使自己完全摆脱劳作的经济财力或政治高位,但是大部分文人在生活中并不从事体力劳作,这样,他们就有更多的闲暇时间从事文化和文字的生产和消费。[①]

在这一意义上,中国的文人可以称为典型的"有闲阶级"(leisure class),该术语来自美国经济学家托斯丹·范伯伦(Thorstein Veblen, 1857—1929)的著作。根据范伯伦的定义,作为一种"与生产无直接关系的消费时间",享受清闲,是一个人财富和社会地位的标志,它可以使一个人能够供得起生命的闲散,辛苦劳动被认为是不值得的。对于有闲阶级而言,从生产劳动中完全脱身,能够获得人们的尊敬,也是值得称赞的和体面的。不仅如此,"炫耀性休闲"(conspicuous leisure)导致"人们之间就某些只有休闲生活才能带来的有形、持久之物进行攀比",比如奢侈品、时髦的服饰以及精美的家具。但更为重要的是一种非物质性成果,比如"准学术的、准艺术的成就"和关于不实用事物的知识。这些有闲阶级的成员,很大程度上逃离了繁重的体力劳作,因此,他们可以带着独特的品味投身于各种各样的"炫耀性消费"中。[②] 他们发展和培养的鉴赏品味标

---

① 历史学家已经注意到,由于参加科举的人数以及落榜率显著上升,许多处于社会底层的文人不得不寻求其他自我谋生的手段,比如职业写手、书商、教书先生、医生、幕僚师爷等。可见 Hymes, "Not Quite Gentlemen?", Elman, *From Philosophy to Philology*, pp. 130 - 138。亦见 Chow, *Publishing, Culture, and Power in Early Modern China*, chapter 3, pp. 90 - 148。有关科举中榜率,可见 Bol, "The Sung Examination System and the Shih"; Lee, *Education in Traditional China*; Elman, *A Cultural History of Civil Service Exam in Late Imperial China*。

② Veblen, *The Theory of the Leisure Class*, pp. 33 - 79。尤其是第 46—48 页。

准,反过来又被社会其他人员作为精英时尚所效仿。

55　　　　正如柯律格(Craig Clunas)所表明的,明代的文人,在沉迷于所谓"长物(superfluous things)"方面尤为声名远扬,比如装修时尚的雅舍贤居、奇石古玩等,它们无不散发着有修养的优雅和精致的品味。从官场上退下来以后,文人就可以过上一种"燕闲清赏(pure enjoyment of cultured idleness)"式的生活。① 他们投身于文学上的情操陶冶和艺术上的品味消遣。除了高等的生活标准、精英社会的礼仪和规矩以及对于奢侈品的消费,中国文人对于书籍阅读和写作的嗜好,把自己与其他文化中的有闲阶层区别开来。中国的文人,喜爱甚至崇拜书写的东西:他们不仅如饥似渴地阅读各种不同种类的文学作品,还变为书籍的守护性收藏家(curator)。带着对于古籍的尊崇,他们漫游在书市,寻找珍稀版本。在收集到古籍之后,他们就会小心地将其藏进私家藏书楼,作为传家宝。在晚明,各种各样的宋版书籍,包括宋元禅籍原本,成为令人垂涎的奇货和价值不菲的珍藏。在这一以书籍为中心的精英文化影响下,极大部分受过教育的人,不管他们社会背景如何,都变成了"读书人",甚至书虫。②

　　　　在这些书籍中,也有与宗教相关的文本。一些文人对于阅读宗教性文本有着极大的兴趣,甚至进行一种宗教性的阅读活动,再进一步,因此形成对于宗教的特殊观点。由于他们在塑造精英文化品味方面的引领作用,文人对于宗教的看法影响了所有受教育的人(包括那些有文学背景的僧人)。对于大部分文人来讲,浸淫于禅宗文学,也是一种能够完美契合休闲生活方式的文化消遣。假如一位学者满足于他在科举考试中取得最终的功名,并有足够的经济实力支持,就可以轻易退隐至自己的雅舍书斋,免受官府事务的打扰。没有了考试的压力,作为嗜书如命的读者,文人可以接受任何书籍的影响。中国丰富的宗教传统为明代文人提供了可

---

① 这一短语,笔者援引自一位明代鉴赏家著作的某一章节标题。可见 Clunas, *Superfluous Things*, p.18。

② 其他相关研究,可见 Li Yu, "A History of Reading in Late Imperial China"; Lee, "Books and Bookworms in Song China"。亦可见 Cherniack, "Book Culture and Textual Transmission in Sung China"; Clunas, "Books and Things"。

供消化吸收的思想宝藏。在极大程度上，这些对于宗教有兴趣的文人，都过着一种静虑沉思（contemplative）式的阅读生活，这也就意味着他们更倾向于仅仅从宗教文本的阅读中捕获超越的体验。因此，不必从有成就的高僧大德那里获得任何精神上的帮助，这些文人就可以宣称获得了某种觉悟的体验或者对人生意义的契悟洞察。

文人阅读禅籍，可以视为一种宗教性的阅读活动。保罗·格里菲斯（Paul Griffiths）在对于佛教时期的印度、罗马和非洲等地有关阅读的个案研究的基础之上，对此作了如下定义："宗教阅读意味着具备并培养一种特定的对所阅读内容的态度，以及与这些态度相契合的阅读实践；同时，它暗示了一种关于知识本质以及阅读与知识获取、保持之间关系的认识论。"[①]中国文人阅读禅籍的行为，当然符合格里菲斯对于宗教性阅读的定义：在阅读禅籍的过程中，文人发展了自己的观点，并常在各种各样的杂记摘录中写下自己的思想。

由于他们的阅读范围相当广泛，可以预期的是，这些文人的宗教观点，往往是折中调和的，展现出一种表面上不会抑此薄彼的统一、和谐精神。例如，北宋士大夫晁迥（951—1034）就是这样一位文人，过着一种沉思静虑的阅读生活，并留下了大量对于三教表示折中态度的阅读笔记。[②]

晁迥有关儒释道典籍的阅读笔记表明，他阅读的目的是为了个人修养，因此，他更倾向于关注那些能够裨益精神生命的学问。他将自己的阅读方法描述如下：

> 予读三家之书，各有所得。而爱之读儒家流之书，得大雅之法，爱其所说行之端确而无邪；读道家流之书，得大观之法，爱其所说智

---

① 可见 Griffiths, *Religious Reading*, p. 40。

② 晁迥，是一位高官，拥有可观的藏书，在此基础上，晁迥的一位后世子孙曾经编纂了一部著名的汉籍目录《郡斋读书志》。晁迥有各种读书笔记，其中一些著作在明末还得以重印。可见陈垣《中国佛教史籍概论》，第 129—131 页。有关晁迥著作的详情，可见 Gimello, "The Buddhism of a 'Confucian' Scholar"。有关晁氏家族的系谱，可见 Bol, *This Culture of Ours*, pp. 59 - 73。

之旷达而无滞;读禅家流之书,得大觉之法,爱其所说性之圆融而无
碍。是三法者,阙一不可,曷争胜负而分彼我哉?①

在此段由詹密罗(Robert Gimello)译为英文的自白中,晁迥倾向于协调
综合三教。这一方式可能是在晁迥不偏不倚地包容所有传统书籍的阅读
习惯中形成的。因为迄今为止,没有证据表明晁迥曾经在阅读上受到任
何名僧的指导。正如他自己宣称的:

> 初读老庄之书入大观之理,见世间梦幻,荡胸中蒂芥;后读释梵
> 之书,得上乘之法,启我明彻之智,无穷而不昧,锐我坚利之志无穷,
> 而不坏根力次第有如此者。②

非常明显,阅读是他宗教知识的主要来源。从这一意义上讲,晁迥过着一
种精神上的沉思静虑的阅读生活。

57   **文人阅读禅籍的模式**

明代文人热衷于阅读诸如公案汇编、禅师语录、禅灯系谱等禅籍。这
些汇编,包含了禅宗师徒之间机智而生动的对话,在文人清闲、自在、宁静
的阅读生活中有着非同一般的地位。从某种程度来说,我们看到那些着
意于分辨文笔雅俗的文人,现实中却沉浸于阅读禅宗材料,实在是一种讽
刺。因为,这些禅宗文本经常带有不拘一格的机锋问答,还有不甚文雅的
白话俚语。然而正如我们在禅籍产生过程中所见,在某种程度上,部分北
宋文人有意识地参与编辑文本的工作,而经他们之手的文本就更易为文
人读者接受了。正如魏雅博(Albert Welter)所记,这些宋朝的文人,有助

---

① 晁迥《法藏碎金录》卷九。原文英译取自 Robert Gimello, "The Buddhism of a 'Confucian' Scholar", p.875。(译者注:现将此部分还原为中文。)
② 晁迥《法藏碎金录》卷二。原文英译取自 Robert Gimello, "The Buddhism of a 'Confucian' Scholar", p.876。

于将禅宗的形象定义为一种"教外别传"。^① 更为重要的是,当现实中的机锋问答以文本的形式重新创作的时候,这些表面上"粗俗"的行为被转换为一种阅读体验,在想象的世界里,创造出了一个理念化的禅宗形象。在这种情形下,对于文人来讲,阅读禅籍,成为他们寻求超越感最为重要的来源。

然而,这种超越感是孕育于阅读禅籍的体验中的,可以描述为一种"文字境界(textual spirituality)",它更大程度上依赖于文本操作而非虔信或仪式。这样一种阅读生活,虽然是精神性的,然而几乎不能够被那些虔信(pious)的佛教信仰者视为虔诚(devotional)。至多,文人的虔诚(piety)可以被定义为一种"世俗的崇敬(worldly devotion)",何复平(Mark Halperin)用这种矛盾修辞法(oxymoron)来概括宋代文人参与佛教的特征。^② 在很大程度上,文人的沉思式阅读生活,至多是精神性的,而非宗教性的,因为在他们的阅读过程中,这些文人更倾向于关注概念的理解和哲理的深奥,而不是宗教的修养。这一困境在普遍流行的《大佛顶首楞严经》中有着完美的揭示,在这一经典中,最为博学多闻的阿难可以被解释为儒家文人的代表,他被指责缺乏足够的修行。^③

大部分儒生,不仅用禅籍打发清闲的阅读时光,品味"禅悦",他们也会用同样的方式欣赏诗歌、戏剧、古董、茶酒或者其他的玩意儿。晚明的知识分子屠隆(1542—1605)用一首欢快的小诗描述了这种"玩禅"(a Chan dilettante)的生活状态:

> 净几明窗,好香苦茗,有时与高衲谈禅;豆棚菜圃,暖日和风,无事听闲人说鬼。^④

---

① 有关更多详情,可见 Welter, "Literati Influences on the Compilation of Chan Records", Welter, *Monks*, *Rulers*, *and Literati*, pp.161‑207。有关作为文学作品创作的禅宗文本的情况,可见 McRae, *Seeing through Zen*, pp.99‑100; Maraldo, "Is There Historical Consciousness with Ch'an?"。文人涉入编辑禅籍最为著名的例子,可能就是士大夫杨亿(974—1020)在《景德传灯录》形成过程中发挥的作用了。

② 可见 Halperin, *Out of the Cloister*, p.4。

③ 参见拙文"Knowledge for What?"。

④ 屠隆《娑罗馆清言》,第1页。原文英译引自 Brook, *Praying for Power*, p.67。

58　　　在这一追求禅学的闲适生活中,明显缺失的是文人所不愿讨论的信仰和虔诚。在他们看来,信仰和虔诚的要求是为那些头脑简单的普罗大众准备的,而文人貌似已经超越了这一粗浅标准。觉浪道盛,一位与文人有频繁交往的曹洞宗僧人,尖锐地批评了这种禅意生活是多么肤浅。他生动地刻画出,根据这些文人的说法,成为一个禅者的理想方式,仅仅是关注最高境界的学问,过着一种舒适的阅读生活,而不必经历佛教修行和打坐的艰辛:他们到僧人这里来,仅仅是为了高深的禅学;他们不能够适应禅修的规矩法度,更不要提及管理寺院杂务;他们相信自己有着透彻的觉悟;他们更多地期望有一个理想的阅读环境以供自己享受。这一夸张讽刺的描绘,笔者引用如下:

> 必须与我一个小房,但要明窗净几,文书纸笔,几味茶果,可以点心。或看语录,写草字,或做些诗偈歌颂,或困倦时稍睡一觉,同参道友三五人,常著几个转语,论几则公案,吃些茶谭些语,或简点诸方,或议论时事,或笑口拍掌,或扬眉吐气,亦不负我等有方外风味。①

　　　因此,文人的理解,大部分是一种文字想象(textual imagination),与寺院现实相去甚远。当然,这样一种文字体验后来可以在人生危机或社会动乱的关头,转换成一种具有信仰和献身精神的严肃宗教人生。一些由儒生皈依而来的僧人,在多年的佛教修行之后,就会在事实上批判自己未剃度之前对于佛教的理解。比如,在下面的例子中,云栖袾宏在其随笔《谈宗》中就记载了自己出家前后对于佛教理解的戏剧性转变:

59　　　> 予未出家时,乍阅宗门语,便以情识模拟,与一座主书,左纵右横,座主惮焉。出家数年后,重会座主于一宿庵,劳问间,见予专志净土,语不及宗,瞿然曰:"子向日见地超卓,今反卑近,何也?"予笑曰:

---

① 觉浪道盛《天界觉浪道盛禅师全录》,JXZ no. 311, 34: 652a。

"谚有之'初生牛犊不畏虎',识法者惧,君知之乎?"座主不答。①

　　与所有的文人一样,云栖袾宏在受戒之前为禅宗文学所吸引。通过阅读,他似乎获得了一种觉悟的感觉,促使他写下洋洋洒洒、雄心万丈的禅语心得。然而,只有在出家为僧之后,他才明白仅仅依靠阅读文本来理解佛学,是多么肤浅。在袾宏看来,真正的禅宗开悟必须经过渐进的艰苦修行。要想获得顿悟,仅仅通过禅宗公案的神秘体验,不过是鲁莽初学者的幻想罢了,他们甚至连进入佛教的大门都没有找到。

文人的禅学书写

　　作为他们阅读生活的一部分,这些文人也会创作各种不同的禅宗文学作品来推广他们对于佛学的理解。正如保罗・格里菲斯所指出的那样,作为宗教性阅读的副产品,人们经常创作关于他们阅读经典的选集和注释,来表达和加强在宗教性阅读中培养出来的精神倾向。事实确乎如此,在晚明,文人对于注解与禅学有关的佛典允满激情,并不断编纂各种禅学选集。除了这两种宗教写作类型之外,一些耽于禅悦的文人,甚至还编纂语录记载自己的机锋故事,在一定程度上,这种语录与禅师的语录是类似的。

　　文人禅学写作的第一种类型,是对于与禅学相关的佛教经典的注疏。在所有的经典中,文人最乐于注释的流行经典,是与禅宗有着密切精神联系的《首楞严经》。此经典的核心围绕着佛陀的大侍者阿难为色欲所引诱这一情节展开,由于阿难修行的软弱,佛陀详细分析了他堕落的原因。在这一经典中,许多大乘佛教哲学的重要主题,比方说如来藏思想,渐修与顿悟之间的关系,佛教宇宙论和禅定,均有所讨论。文人尤为这一经典所吸引,因为它说出了文人精神上关切的自我修行问题,比如怎么在琐碎知识的积累和生死意义的寻求之间保持平衡。对于那些极富才学的文人来说,非常容易把自己与主人公阿难等同起来,这是因为,阿难在佛陀弟子

---

① 　可见袾宏《竹窗随笔》,JXZ no. 277, 33：33a。

中"多闻第一",但在道德修养中又有问题。看来,这一经典解决了儒学中至为关键的"学(learning)"的问题,因为佛陀明确地将阿难的问题确认为"多闻"。佛陀呵责道:尽管阿难有着超凡的记忆和学习能力,在真正的实践和修行上却很薄弱。从这一意义上说,此经典在晚明的流行基于这一事实——它讨论了"知"和"行"之间的关系。这对于儒生,尤其是对伟大的明代儒学家王阳明及其后学来说,是一个关键的问题。①

文人禅学写作的第二种类型是禅学文集和系谱的编纂。在晚明,文人习惯于收集那些泛读禅籍过程中遇到的富有启发性的机锋问答和传记,并相应地编纂他们自己的禅学文集和系谱版本。举例来说,早至1589 年,晚明诗人袁宏道在年仅二十二岁时,就从禅宗语录中编选了一个机锋问答的汇集,起名"金屑编"。在这一选集中,他不仅从禅宗机锋问答中选择了约七十段,还在每一段后面加上了自己的评论。②

在这所有文人编撰的作品中,瞿汝稷(1548—1610)的《指月录》(书名取自《首楞严经》中著名的比喻"标月之指")是最为流行的一部作品,它是用家谱的方式汇纂的。瞿汝稷出身江苏常熟一个声名卓著的家族,这个家族的后裔拥有 17 世纪著名的四大私人藏书楼之一的"铁琴铜剑楼"。③瞿汝稷的老师管志道,是一位推崇三教合一的儒家知识分子。

瞿汝稷 1602 年在《指月录》的前言中指出,他编纂此文集最初只是源于他阅读了大量禅灯语录,并没有想着出版。正如他所坦言的,他年轻时只是喜欢阅读禅籍,1575 年起才在老师管志道的指导下进行研究,并开

---

① 有关更多详情,请参见 Wu, Jiang, "Knowledge for What?" 以及 "The Commentarial Tradition of the *Śūraṃgama Sūtra*";荒木见悟《明代における楞严经の流行》,第 245—274 页,尤其是第 264 页。

② 可见袁宏道《金屑编》。袁宏道曾在序中宣称挑选了七十二段,但是整个文本仅仅六十八章节。在此,笔者非常感谢周文广(Charles Jones)分享日本内阁文库的初版复印件。保存在北京的中国国家图书馆的另一个初刻本,重印于《续修四库全书》子部第 1131 册,第 56—74 页。根据《公安县志》中袁宏道的传记,编纂的年份是确定的。参见任访秋《袁中郎研究》,第 127 页。根据中国学者王贵忱的研究,这一作品与袁宏道的《珊瑚林》以及《六祖坛经节录》一起,在 1617 年《三先生逸书》(编者:邵幽、冯怀、陆张侯)一书中出版,该书收集了徐渭、李贽、袁宏道三家作品,详见王贵忱《记明万历刻本六祖坛经》。

③ 关于由叶向高、钱谦益撰写的瞿汝稷传记,可见瞿汝稷《瞿冏卿集》卷一四,《四库全书存目丛书》集部第 187 册,第 328—329 页。

始在阅读中草草记下学习的笔记。甚至,在他的老师自己都疏远了禅宗之后,瞿汝稷宣称他还继续花费时间阅读禅籍。瞿汝稷认为,一个真正的儒家学者必须通过阅读佛教文本,特别是禅宗文献,才能够懂得儒学的终极意义。在他看来,这些禅宗文献,尤其可以称为佛学的精华。到了1595年,瞿汝稷的笔记累积到三十卷。在朋友的鼓励下,他于1601年最终出版了这一选集。①

由于袁宏道于1589年编纂的《金屑编》约在1617年才印刷出来,因此,瞿汝稷的作品,是晚明第一部由文人出版的禅宗选集。甫一出版,即成为禅宗文学作品中的新经典、书市中的畅销作品。根据荒木见悟的研究,虽然瞿汝稷和其朋友希望这一工作能够矫正顿悟中离经叛道的教法,并推行渐修的方式,但是这一选集引起了公众对于理想化禅悟的更大激情。②(瞿汝稷的《指月录》在本研究中尤其重要,正如第七章所示,瞿汝稷重新发现了天皇和天王两道悟的问题,挑起了极大的争论。)

除了禅宗选集之外,文人还根据他们的喜好,为长篇累牍的佛教典籍编纂了摘录的选集。举例来说,永明延寿的《宗镜录》,作为一部意义深远的禅宗作品,综合了各种不同的佛教教义,在晚明十分流行。③ 然而,这是一部长达一百卷的大部头作品,需要相当多的精力才能够完全吸收所有教义的内容。因此,一些文人,在阅读整部作品的基础上,为了帮助他人把握这一作品的大意,编纂了各种《宗镜录》的节录本。1603年,袁宏道从《宗镜录》中选择了一些基本章节,编纂成《宗镜摄录》(十二卷,已佚)。出于对《宗镜录》的同样兴趣,袁宏道的朋友陶望龄编纂了另外一部题为《宗镜广删》的类似作品。④

①　详见瞿汝稷《指月录》前言,Z no. 1578 - A, 83: 396c - 397a。
②　蕅益智旭对《指月录》的负面影响尤其遗憾。可见荒木见悟《指月录の成立:瞿元立の生涯とその周边》,尤其是第11页。
③　有关《宗镜录》在晚明的流行情况,可见荒木见悟《明末における永明延寿の影像》。
④　根据袁宏道弟弟袁中道在这一著作印刷版本的前言所述,袁宏道开始阅读《宗镜录》是在1603年。他从这一文本中择取了最为重要的章节,并让他的侍者誊抄下来。袁宏道离世后,他的朋友出版了这一选集。可见钱伯城《袁宏道集笺校》,第1707—1708页;荒木见悟《明末宗教思想研究:管东溟の生涯とその思想》,第452页。

图 2-1　严调御为袁宏道《坛经节录》所写的序言第 1 页（1617 年版，来自日本内阁文库）

然而，文人书写的策略是带有高度选择性的。一些文人作者，甚至有意地修改佛教的原初文本以符合自己的理解。举例来说，许多禅宗文本包含着白话式的语言表达、暧昧的历史事实以及不太入耳的粗犷的语言风格。这其中，《六祖坛经》或许是最为流行但有待修饰的禅宗文本，其粗糙、俚俗的语言风格和表达方式，困扰了许多像袁宏道这样的文人。为了满足文学上优雅的鉴赏品味，袁宏道有意删除这些带有刺激性的粗犷表达和段落来精简文本。在《坛经节录》或《六祖坛经节录》中（其序言详见图 2-1），袁宏道根据自己的喜好作了显著的改变，他把整个文本压缩为五个部分：机缘第一、示众第二、参叩第三、付嘱第四、碑碣第五，这完全改变了传统的篇章结构。正如他在这一作品引言所宣称的，他还删除了所有他认为是伪造的部分、口语表达以及重复的内容。①

除了撰写注疏和选集，文人的第三类禅学写作是语录的编选，这在儒家和禅宗的传统中都比较常见。自宋代以来，儒家学者就倾向于以口述的形式记录他们的教学。在晚明，王阳明允许学生记录他关于自我修养问题的谈话，预示了编纂儒家语录的新纪元。王阳明之后，语录成为王阳明追随者写作的流行形式，因为这种写作风格，可以较好记录文人对于道德修养问题的讨论。然而，当佛学成为这些讲会话题的时候，一些文人就有意无意地像禅师那样表现自己，这些"语录"在很多方面都像极了禅宗语录。

① 可见袁宏道《坛经节录》，第 4 页。比如，在袁宏道的重新编排中，有关刺史韦琚的所有材料都明显地被删掉了。韦琚是慧能最为重要的护法。袁宏道应该是认为与韦琚有关的事件，在历史上都是虚构的。

在晚明,《珊瑚林》就是这样一部各种各样谈话笔记的选集,作者是袁宏道及其弟袁中道(1570—1624),这部书可以看作文人对于儒释道三家经典进行宗教性阅读的产物。袁宏道是一位晚明文学领袖。他和他的两位兄弟一起,主张"独抒性灵,不拘格套",即一种完全表达个人的感情与个性的清新写作风格。袁宏道的灵感来源之一,就是佛教。他和李贽成为挚交好友,并对李贽反传统的学风充满同情。他还成为袾宏的追随者,撰写了著名的《西方合论》。虽然因为这部著作,袁宏道经常被认为是一个净土修行的信徒,然而实际上,袁宏道继续参究禅学,仅仅把净土视为一种在禅宗修行失衡时纠偏和修正的手段罢了。①

1604 年五月,袁宏道和若干朋友,包括僧人和居士,在湖北公安县一个叫珊瑚林的地方聚会,随后游至附近桃源县德山消夏,继续讨论自我修养中的根本问题。他们的谈论,围绕着袁宏道的评论,成为这本题为《珊瑚林》的书的材料来源,该书随后就出版了。②

正如《珊瑚林》所示,袁宏道广泛阅读了三教作品,作为受到王阳明思想影响的儒家学者,他密切地关注在晚明引起巨大争论的《大学》的意义。除了儒家经典,阳明后学的著作,比如王畿和李贽的作品,都在袁宏道阅读书单之列。虽然老庄道家哲学也是袁宏道讨论的话题之一,然而这些笔记的大部分内容都是关于佛教的,这表明袁宏道对佛教,尤其是禅宗的思想,有广泛的了解。从《珊瑚林》可以明显看出,袁宏道在佛典和写作上尤其博学,比如《华严经》《法华经》《首楞严经》《圆觉经》《楞伽经》《维摩诘经》,以及僧肇的《物不迁论》、永明延寿的《宗镜录》、李通玄对于《华严经》的注疏和大慧宗杲的语录等,都有所涉猎。鉴于袁宏道的思想取向,他对于三教没有特殊偏好。甚至,袁宏道在解释儒家经典意义时,援引佛教观

① 这一态度可以从他对于《珊瑚林》的评价中看出来,可见《珊瑚林》第 80 段,第 208 页。笔者对于袁宏道长期信奉禅学的观察,在周文广于 2007 年 6 月 11 日发给笔者的邮件中得到确认。非常感谢周文广与笔者分享来自日本内阁文库的这一珍稀版本。藏于北京图书馆的该书复印件,重印于《续修四库全书》,详见《续修四库全书》子部第 1131 册,第 1—55 页。又见荒木见悟的日文翻译本《珊瑚林》。

② 袁宏道的编选本,最初是以"德山暑谭"为题流布的。题名为《珊瑚林》的完整资料,是在袁宏道死后出版的。有关《德山暑谭》,可见钱伯城《袁宏道集笺校》卷四四,第 1283—1300 页。

念的情况也是司空见惯的,因为,对于袁宏道来说,在终极层次上,所有的传统不过都在揭示同样的真理。然而,禅宗在袁宏道理解三教中有着独特的位置。

这一选集还表明,像袁宏道这样的文人,不会仅仅为了增加知识而阅读宗教经典,他还将坐禅作为自我修养的重要组成部分。袁宏道围绕着坐禅的话题所讨论的一个重要部分,就是大慧宗杲的"参话头"。这表明袁宏道经常坐禅,对于如何处理修行实践中的各种问题有着独到的见解。然而,对于袁宏道来说,这样一种修行关注的是禅意中妙不可言的无上觉悟,而不是信仰的皈依与虔诚。在《珊瑚林》这本书中,袁宏道在僧人面前公开批评诸如血书、打七、素食等流行的信仰实践方式,这是因为在这些信仰实践中,修行者让自己沉溺在表面功夫,而不是深入至高真理之中,可以推测,后者正如那些反传统的禅宗追随者们所做的。① 虽然若干年前,袁宏道还称赞念佛法门,撰写了一部富有影响的净土著作,但是在书中又吊诡地指出"念佛亦是妄想",这是因为修行者的"大凡参禅,而寻别路者,皆系见未稳故",正像他自己先前沉浸在净土理念中那样。② 显然,尽管袁宏道试图将所有的宗教思想同化起来,但很大程度上仍然倾向于更为理想化的禅悟,并把禅悟作为一种超越所有其他传统方式的独特修行。总而言之,《珊瑚林》这部书表明,在晚明,文人对于宗教文本的阅读和写作,有着知识和精神的双重维度。在思想上,对于其他传统,他们采取了调和的态度;在精神上,阅读这些文本并参与禅修(而不是信仰行为),形成了一种独特的精神境界。

第三节　文人对于禅僧的影响

为了理解文人影响禅僧的程度,关注文人的阅读经验是非常重要的,因为这些带有特定诠释目的的深度阅读,会引发对禅宗文字化历史

---

① 可见袁宏道《珊瑚林》,荒木见悟的日文翻译本《珊瑚林》,no. 59,第 205 页;no. 138,141,第 216 页。

② 同上书,no. 111,第 212 页;no. 264,第 234 页。

(Chan's texutalized past)的崭新理解。这些解释很大程度上是想象出来的文字表现,实际上反映了读者当下在思想和精神上的关切。在晚明各种讲会的场合,文人阅读禅籍,与朋友讨论禅学问题,僧人经常会被邀请参加。然而,鉴于阅读书籍的范围和文字技巧的水平,大部分僧人不能和那些受过专业训练的文采飞扬、满腹经纶的文人平分秋色。这样,一些阅读禅籍获得觉悟经验而充满自信的文人,就根据他们自己对于禅学的理解向僧人发起挑战。一些文人甚至扮演禅师的角色,试图引导僧人开悟。在这些文人的影响下,一些僧人,很快采取了相似的诠释立场,开始效仿文人的文风并附和他们对禅宗的理解。

65

文人挑战僧人

　　文人当然有各种理由贬低佛教信仰者的虔诚生活,因为他们具有文字上处理包括佛典在内的文本的能力。在阅读方面,那些受过专业训练的文人,对于文化水平和文学技能都不如自己的僧人带有一种傲慢态度,是再自然不过的了。从这一意义上来讲,文人拥有文字处理的权威。事实上,佛教僧人的文化素质,尤其是识字率,在 16 世纪末期,跌至一个非常糟糕的地步。甚至,在声名卓著的南京报恩寺,僧人们也时常因为他们的无知和文盲,受到文人的奚落。正如憨山德清所回忆的,当他年轻时挂单报恩寺的时候,僧人们埋头于日常的仪轨实践中,"不能对士君子一语"。①

　　由于僧人无力把他们自己对佛教信仰的理解表达出来,确实受到文人的轻视。觉浪道盛就曾抱怨过,在他所处的年代,对于佛学有着自己理解的文人,经常挑战禅师甚至诋毁丛林:

　　　　有一言稍拂其意,实时卷单便行,心愤愤,口悱悱,不胜讪谤知识

---

① 关于憨山德清撰写的西林和尚塔铭,可见《憨山大师梦游集》卷三〇,Z 73:672。

*毁骂丛林。而终身含恨，虽过门亦不入也。*①

　　憨山德清曾经提及一位叫钟宇淳的文人，他为人傲慢，在人前喜欢模仿机锋辨禅挑战僧人，也期待僧人用相似的方式响应他的机语。钟宇淳从来没有被僧人打败过，以至于闻名遐迩。有一天，钟宇淳路过南京天界寺，一时兴起遂下战书，询问寺僧："善世法门，可有禅者么？"值班僧众恐慌，无人敢应，遂推举朗目本智（初号慧光，1555—1605）出见。钟宇淳发起机锋挑战："请问禅师，天界寺还在心内心外？"本智禅师大声呵斥道："莫道天界，即三千诸佛，只在山僧拂子头上。"出道多年的常胜将军钟宇淳大概从来没有遇到过这种局势，也被这气势所慑，过了好久才缓过神来，只得作礼，狼狈而退。②

　　一些文人甚至挑战云栖袾宏这样一位致力于"禅净合一"而受到广泛尊敬的杰出僧人。尽管他们尊敬袾宏，相当多的文人感觉云栖强调的"一心念佛"还是不如禅宗对于微妙玄理的直截领悟。晚明知识分子曹胤儒（号鲁川，字汝为）就在这些大胆的文人之列。深受泰州学派人物耿定向和罗汝芳的影响，曹胤儒相信禅学可以和王阳明对于儒家的诠释兼容。曹胤儒也精通华严学，尤其熟悉李通玄"援华严入禅"的《华严经》论疏。在一系列与袾宏的通信中，曹胤儒挑战了袾宏仰赖《阿弥陀经》和称念阿弥陀佛名号的做法。对于他来讲，《华严经》代表了最高的圆教，鉴于义理的精致程度，《阿弥陀经》处于较低的位置。曹胤儒最不满意袾宏的地方是独倡净土信仰，认为念佛法门适合所有不同根机的人。他建议袾宏应当区别对待拥有高超领悟能力的文人和仅为往生净土所诱惑的普罗大众。根据曹胤儒的理解，对于文人，禅是适宜的法门。这是因为，假如一个人真心遵循"唯心净土"的原则，禅学实际上包含了净土法门；净土，仅仅是唯心的幻象呈现罢了。

　　在回应中，袾宏没有掩盖对于这种禅学说辞的轻蔑，对于袾宏来讲，

---

① 觉浪道盛《天界觉浪道盛禅师全录》，JXZ 34：652a。
② 憨山德清所写的本智和尚塔铭，可见《憨山大师梦游集》卷三〇，Z 73：679a - 680b。

在末法时代，仅有少数人，而不是所有人，有能力理解玄妙的禅学。在袾宏看来，大部分号称参禅的文人，仅仅是在玩弄禅学辞藻而已。在原则上，袾宏赞成净土存在于唯心的框架之内，这是因为，对于袾宏来讲，阿弥陀佛的他力信仰与唯心的自力信仰是彼此相容的。然而，在实践中，他坚持称念阿弥陀佛的名号，对于众生，不管他们的社会地位和精神成就如何，都是唯一有效的方法。[1] 对于袾宏来说，"彼执禅而谤净土，是谤自本心也，是谤佛也，是自谤其禅也。亦弗思而已矣"[2]。

甚至，坚持"无相心地戒"的文人也会指责那些通行的戒杀行为。1604 年九月，周汝登，一位泰州学派的领袖人物（随后，我们将会重提），在绍兴府剡县组织了一场讲会。曹洞宗僧人湛然圆澄也在受邀之列。讲会期间，湛然看到招待时烹调的鱼肉，就规劝与会的文人遵守佛教"不杀生"的戒律。周汝登立即抓住机会与湛然争论，为自己显然违背佛教戒律的行为进行辩护。周汝登认为，虽然佛教和儒家在修行上有所不同，但是它们共同的目标都是消除人心中的欲念。因此，只要杀生的念头消失了，就应该遵循个体生命的自然要求，包括喝酒吃肉。因此，周汝登辩解道："故戒者心戒，不求诸心，而以罪福感应为言，小乘之见解，去至道远矣。"[3]

随后，他们开始讨论外在的"境"与"梦"之间关系的义理问题。湛然圆澄辩驳道："梦不是境，与日间不同。"周汝登又反驳道："湛然称禅师，于此二之，不必论矣。"随后，聚会就散了。第二天再次论及这一话题时，周汝登引用六祖慧能的"无念"思想，再一次嘲讽了湛然用来支持自己论点

---

[1] 有关此一争论的全面研究，可见荒木见悟《云栖袾宏の研究》，第 111—121 页。亦可见荒木见悟著作的中译本《近世中国佛教的曙光》，第 163—190 页。其他文人诸如周汝登，也批评了云栖袾宏。可见荒木见悟《云栖袾宏の研究》，第 158—159 页；亦可见荒木见悟著作的中译本《近世中国佛教的曙光》，第 252—254 页。

[2] 转引自 Yü, *The Renewal of Buddhism in China*, p.61。译者按：此处还原为中文，出自《阿弥陀经疏钞》卷一，CBETA 2023. Q1, X22, no. 424, p.606b22 - 24。

[3] 大约 17 世纪，在文人之间，对于佛教戒律的严格遵守成为争论的议题之一。周汝登代表了一种激进的立场，其他文人诸如袁宏道，跟随云栖袾宏，主张佛教徒心性的修炼必须建立在遵守戒律的基础之上。有关更多争论的细节，参见 Eichman（艾静文），"Spiritual Seekers in a Fluid Landscape", pp. 45 - 100。

的唯识学。[①]

　　湛然圆澄是一位主张禅教合一的卓有成就的曹洞僧人（第三章将会详细讨论他的生平）。湛然圆澄把梦境体验与白天正常的知觉区分开来，就是来自唯识学对于梦境的讨论。唯识学认为，在梦境体验中，"一个完整但不真实的世界被创造出来了，在那个世界中，所有物体好像都可以通过时空暂时定位，尽管离开正在认知它们的心灵，这一切都将不复存在"[②]。湛然对于梦境的理解，完全是基于唯识学理论。然而，周汝登表现得比真正的禅师更像禅师。他粗鲁地指斥湛然的二元性思维，认为这是一位"纯粹"的禅师应该避免的。

　　对于周汝登而言，他对禅的理解，似乎超越了那些在他看来不仅为名相所羁绊，而且使用二元性思维方式观察事物的禅师。周汝登的权威，正如他所说的，是基于对诸如《坛经》之类禅籍的阅读经历。这种阅读促使他想象出一种绝对的终极现实，其中道德和认知思维对于开悟的取得本身是相对的，甚至也是有害的。从这种意义上来讲，这种由"文字境界"形成的文本性权威（textual authority）给予文人和"文人僧"在佛教，尤其是禅宗世界，特别有利的地位。因为，禅宗世界很大程度上是由文本构建起来的。

68　文人成为禅师

　　通晓禅学思想的文人，不仅挑战僧人的神圣权威，还大胆判断僧人的精神境界。他们中的一些人，甚至成为禅师。举例来说，王阳明，与其说受到禅师的影响，还不如说他曾经向僧人宣扬心学，还帮助僧人开悟。

　　虽然很多人都猜测王阳明深受禅宗的影响，但是缺乏证据表明王阳明与禅僧有富于成效的交往。王阳明确实参访了许多寺院，也与佛教僧人有着广泛的交流，正如日本学者久须本文雄详细证明的那样。[③] 然而，

①　有关周汝登的相关讨论的资料，参见《周海门先生文录》，第198—199页。

②　Williams, *Mahayana Buddhism*, p. 88.

③　久须本文雄《王阳明の禅的思想研究》。

陈荣捷质疑在当时禅宗事实上影响了王阳明思想的这种假设。陈荣捷观察到：王阳明没有精神上可以受益的禅师作为亲密朋友。王阳明仅仅引用了有限数量的佛经，甚至比宋代新儒家还要严厉地批评了佛教。[①] 杜维明对王阳明与佛教的联系也有着同样的疑虑：王阳明一生两次最为重要的精神升华，即 1509 年的龙场悟道和 1520 年对于"致良知"的阐述，都没有受到禅师的直接影响。[②]

　　王阳明确实和一位名叫玉芝法聚（1492—1563）的禅师有过密切的接触。[③] 然而，这位僧人在王阳明的精神世界中却没有地位。相反，有证据表明，玉芝法聚实际上受到王阳明的极大启迪。根据玉芝法聚的传记，在遇到王阳明之前，他仅仅是一名在佛教修行中缺乏任何特殊表现的普通僧人而已。然而，大约在 1524 年，他被一位信奉王学的文人朋友介绍到王阳明那儿。在他们见面之后，王阳明判断玉芝法聚尚未开悟。[④] 虽然不能够确定玉芝法聚是否从王阳明处获得开悟的经验。但荒木见悟相信，玉芝法聚随后成为一位有意识地援引王阳明"良知"学说进入禅宗的僧人。[⑤] 从这层意义上说，王阳明与玉芝法聚的交往，表明了一种颠倒了的关系：文人，不必依靠僧人的禅学知识，却可以在现实中判断这些僧人精神成就的水平；而僧人，不得不求助文人来获得宗教上的洞见。

　　关于这一颠倒性关系最为有趣的案例是禅僧无念深有（1544—1627）在儒家叛逆知识分子李贽处获得开悟体验的经过。李贽住在寺院，并收僧人为徒。严格说来，李贽不是一个有资格的禅师，因为虽然他剃了头、住在寺院，但是他从来没有严肃看待佛教徒的发愿和戒律。围绕李贽所住的寺院，形成了一个致力于讨论精神议题的小型社群，这一社群由文人和僧侣组成。无念深有作为其中一员，深受李贽影响，认为李贽对于禅学的理解是高人一等的。虽然无念深有是一名僧人，但是他的开悟，实际上

69

---

① 可见 Chan，"How Buddhist Is Wang Yang-ming?"

② 可见 Tu，*Neo-Confucian Thought in Action*，pp. 63 - 72。

③ 有关与王阳明的关系的更为详细的研究，可见荒木见悟《禅僧玉芝法聚と阳明学派》。

④ 关于徐渭及蔡汝楠所作玉芝法聚传记，参见焦竑《国朝献征录》卷一一八，第 942—944 页。

⑤ 荒木见悟《禅僧玉芝法聚と阳明学派》，第 90 页。

不是由佛教大师,而是由李贽引导出来的。

无念深有原籍湖北麻城,在十六岁时出家为僧。他游历中国,遍求高僧指导。在 1579 年,他被邀请至家乡龙湖的芝佛院。几乎同时,李贽来访,两人成为好友。1585 年,李贽决定把家人遣回福建,而自己作为一位隐士定居下来。1588 年,李贽搬到芝佛院,与无念深有及其徒弟住在一起。1593 年,因为他们相处不洽,无念深有决定离开,去住持河南汝宁府商城县黄檗山法眼寺(此处不要与福建福清黄檗山混淆)。无念深有在当时一定是相当有影响力的禅师,因为他的文集包含了与许多著名文人的书信,比如李贽、袁宏道、袁中道、焦竑和邹元标(1551—1624)等。①

无念深有在 1579 年遇到李贽之前,已经寻找明师多年,然而还是没有开悟。于是,无念深有经常感到沮丧。李贽似乎看透了他沮丧的缘由。因此,李贽邀请一些文人朋友去帮助无念深有实现他的精神目标。无念的传记就记载了此次聚会:

> 疾往黄安。居士一见,问曰:"工夫何如?"师曰:"我有一疑!"居士曰:"疑个甚么?"师曰:"知见立知。"居士正色曰:"这个不是你知见。"师又不契。居士邀众友到驷马山,会有讲僧至,同会夜坐,居士问曰:"清净本然,云何忽生山河大地?"(此一著名话头,出自《首楞严经》第三卷)法师讲罢,居士曰:"无念,你说看。"师将开口,居士将师膝上一推,曰:"这个聋!"师忽猛省,归至龙湖,静坐数日,平生所得的杳无踪迹,从此以后,疑惑净尽。②

在很多方面,这一场景与禅宗文献中记载的机锋问答很相似,只是僧俗之

---

① 所有这些回信都保存在无念深有的《黄檗无念禅师复问》,JXZ no. 98, vol. 20。无念深有与袁宏道也保有亲密关系,袁宏道是通过李贽认识无念深有的。由齐皎瀚(Jonathan Chaves)翻译的两首袁宏道的诗歌表明,袁宏道修习禅定,并在无念深有的指导下研究佛教经典。可见 Chaves, *Pilgrim of the Clouds*, pp. 42, 68。关于更多无念思想的详细讨论,亦可见荒木见悟《明末の禅僧无念深有について》。

② 有关无念的传记,参见《黄檗无念禅师复问》卷六,ZH 79: 32592 以及 JXZ no. 98, 20: 526 - 527。

间的角色颠倒了。在上述案例中，李贽显然把自己设定为禅师的角色，完全颠倒了居士和僧侣之间的主从关系：在此，禅师必须在文人的襄助下实现开悟。

在这一精神对撞的情节中，李贽模仿禅宗公案中的著名开悟故事，把自己打扮成一位禅师。李贽在此的用字"覰(nǐ)"，来自文人信徒冯楫(？—1153)与圆悟克勤的徒弟佛眼清远之间发生的机锋故事。根据语录记载——两人经过法堂，"偶一童子趋庭吟曰：'万象之中独露身。'佛眼拊公背曰：'好覰。'公于其契入"①。然而佛眼禅师可能无法料到，五百年后，"覰"这一单词用在了完全不同的语境中：一个居士把自己放在禅师的位置，而佛教僧人反而成为弟子。

虽然无念深有认为自己开悟了，但还是没有获得李贽的认可。李贽写了一篇题为《三蠢记》的杂文，在这篇杂文中，李贽把侍奉他的僧人都当成蠢人，李贽评价无念如下：

> 深有虽稍有向道之意，然亦不是直向上去之人，往往认定死语，以辛勤日用为枷锁，以富贵受用为极安乐自在法门，则亦不免误人自误者。②

显然，李贽对于这位禅师的精神成就持有否定性的评价。当他们在文人集会中同时出现的时候，李贽通常被尊为真正的禅师，无念却仅仅作为侍者或使者来引见。

举例来说，两位来自徽州歙县的文人佘常吉和吴得常于1598年夏天造访南京，记录下与李贽、无念的聚会。佘常吉、吴得常两人从学于杨起元，杨起元是泰州学派罗汝芳的学生、禅宗的仰慕者。③　他们从杨起元处得知李贽也来了南京，还住在永庆寺，便计划造访这位大名鼎鼎的人物。一天，他们与另外两个朋友来到永庆寺，凑巧，也有其他人来拜访李贽。

71

---

① 居顶《续传灯录》卷二九，T no.2077，51：671b。
② 李贽《焚书》卷三，出自《李贽文集》卷一，第136页。李贽在1593年写了这篇文章。可见林海权《李贽年谱考略》，第280页。
③ 有关杨起元的传记，可见彭绍升《居士传》卷四四，Z 88：261c - 262a。

对于佘常吉和吴得常来说,这次见面有些奇怪,因为一开始没有寒暄也没有相互介绍。所有人坐定之后,李朱山首先开口说话,称赞李贽道:"老先生肚里是何等空空洞洞?"李贽遂大声说:"我方才吃了两碗粥,有什么空空洞洞?"[1]在此,很大程度上,李贽把自己扮演成一位禅师,与来访者展开生动对话。这种自发的机智应答,给这两位来自徽州的后学留下了深刻的印象。显然,大多情境下,李贽被文人尊为"准禅师",正如泰州学者焦竑在佘常吉和吴得常编选的《永庆答问》之序言中特意指出的,李贽的谈话和行为,就如禅籍中的公案故事。[2] 然而根据《永庆答问》,永庆寺的文人聚会,无念仅被捎带提及一次,这表明无念在这场聚会中的渺小地位。

文人对传法的推动

虽然李贽剃了头,住在庙里,甚至行为上也像禅师,然而根本上,他还是一个儒家知识分子,一个儒家文化中诞生的"叛逆"。李贽阅读了大量佛教典籍,有能力为其他文人提供指导。但是从精神的权威性来讲,他缺乏祖师印可的基本传法资格。那些耽于禅悦的文人,自然能够感受到这种缺陷,假如情况允许,他们就会积极地推动正宗传法。在晚明,社会流动性带动了信息交换的频繁,少林寺等著名寺院的法脉传承声名渐起,大受欢迎。文人不仅大力推动,甚至还帮助自己支持的僧人梳理法脉传承。例如,曹洞宗著名大师湛然圆澄的法脉传承,就经过陶望龄的撮合。

湛然圆澄与陶望龄的关系,将在下文讨论。湛然圆澄的生平在第三章会予以详述。在此,笔者关注的是他的传法过程,这其中,儒家知识分子扮演着中间人的角色。当湛然圆澄在文人圈子里声名卓著的时候,他还没有接下任何合法的法脉传承。因此,陶望龄安排了一场湛然圆澄与曹洞宗禅师慈舟方念(?—1594)的会面,并怂恿湛然接受慈舟方念的法脉传承。这一事件发生在 1591 年,有关记载如下:

---

① 佘常吉《永庆答问》,《李温陵外集》,第 43—58 页。这一选集也包含了李贽有关历史人物还有当世思想家的谈话。

② 可见焦竑为佘常吉编选的《永庆答问》所作的序言,《李温陵外集》,第 41 页。

> 适慈舟师谒南海,游天台还,乃寓越之止风涂(绍兴地名),阻雨。时有赟居士,谓慈舟师曰:"江南禅将湛公一人也。"慈默然,赟复曰:"曹洞正宗,慈师一人也。公当嗣之。"师亦默然,如是七日,两未相许。慈师欲别去,赟复请今夜说法,慈许之,遂升座,默然如饭食顷,乃顾左右曰:"今晚夜深了,有甚么话,明日讲。"便下座。师趋前拜伏,由是始付嘱焉。而宗风于是乎丕振,时盖万历辛卯也。[①]

根据此记载,这一法脉传承似乎有点勉强,显得敷衍了事,缺乏亲密的关系和精神上的交汇。[②] 然而,陶望龄乐见自己支持的僧人接下这一显赫的法脉传承。正如此记载所示,他主导了整个过程,并促成双方妥协。最终,湛然得到了少林法脉的传承。这一举动事后证明对于湛然的事业发展至关重要,从此,湛然成为屈指可数的、能够在中国南方提供正宗曹洞传法的禅僧。

在笔者阅读的晚明史料中,种种证据表明,儒家文人对于寺院事务有着极大影响。这些文人引导文化、社会和经济资源流向他们支持的寺院。通过直接或间接的影响,他们可以选择自己支持的住持,并保证大额的捐赠。出于对佛教持续发展的考虑,没有哪个僧人可以为轻视这些文人有关于佛教信仰的观点而付出代价。虽然此一时期,在佛教丛林,没有活跃的禅宗社群或者杰出的禅师,但是耽于禅悦的文人,却有意或无意地期望符合自己要求的特定类型的禅宗出现。甚至,尽管在现存的丛林世界还没有这类建制,这些文人也会运用自己的影响力进行控制,以便创造一个理想的禅宗社群。这样的举动确实在浙东地区发生了。在那里,一群文人,大部分是王阳明的信徒,邀请他们喜欢的禅师加入自己的圈子。这些禅师在强力的精英阶层的支持下,立刻吸引了一大批追随者,并形成了早期禅宗社群的核心,许多临济宗和曹洞宗的法系从中孕育而生。

---

① 《云门显圣寺志》,ZFS 4: 112。

② 由于这种名义上的性质,湛然圆澄没有在徒众面前提过自己的法脉传承。费隐通容跟随湛然圆澄学习多年,却宣称自己从没有听过先师的法脉传承,这或许就是费隐通容将湛然纳入《五灯严统》"嗣法未详"范畴的原因。更多有关细节,可见本书第八章。

第四节　浙东禅宗社群的出现

假如我们勾画一张晚明文人亲近佛教,尤其是禅宗的年表,他们对于佛教文本的兴趣,仅仅发轫于 16 世纪早期。在隆庆(1567—1572)和万历(1573—1620)年间,他们对于禅宗的热情浮出水面:在文人组织的各种公开讲会中,禅宗的话题占据着有关佛教思想讨论的主流。[①] 然而,正如第一章所示,在那个时期,很少有规模完整的寺院或者有才干的禅师,能够响应文人对于佛教知识日益高涨的渴求。在 16 世纪中期,佛教开始展现出活力,但是禅门规制形成气候还要更晚一些。17 世纪禅宗兴盛的成熟法脉,不是从规制健全的佛教寺院(比如袾宏的云栖寺)中形成的,反而是在文人的监护下发展起来的。一些实力雄厚的浙东文人及其家族,尤为乐于资助禅宗。

周汝登与陶望龄

在推广诸如密云圆悟和湛然圆澄等禅师方面,浙东的泰州学派文人扮演了极其重要的角色。[②] 禅宗在 17 世纪的兴起,实际上可以追溯至这一地区,许多著名的禅宗中心诸如天童寺、阿育王寺、云门寺等,都坐落于此。在 16 世纪至 17 世纪,浙东文人的精神生活再次变得极为活跃,儒家和佛教并肩发展。为他们的导师王阳明所激励,阳明信徒建立了儒家书院,并经常组织讲会以发扬阳明心学。儒家文人周汝登、陶望龄及其兄弟陶奭龄(?—1640),还有祁彪佳(1602—1645)与兄弟祁骏佳,就是这一运动的部分地方领袖。[③] 他们组织了各种类型的讲会,并且经常邀请僧

---

① 一些 17、18 世纪的观察可以证实这一点。可见 Brook, *Praying for Power*, pp.61, 64。

② 有关浙东知识分子的研究状况,可见何炳松《浙东学派溯源》。

③ 与此同时,为袾宏戒杀的教化所激励,这些文人也参与"放生"的慈善活动。可见 Smith, "Liberating Animals in Ming-Qing China"。有关王阳明的追随者与佛教僧人的关系,可见圣严《明末佛教研究》,第 253—256 页。

人参加。① 这些文人利用自己在本地的影响力，通过邀请和任命重建寺院的住持，以此支持他们喜欢的禅师。

这些学者中，周汝登和陶望龄可谓泰州学派的领军人物，他们对于禅 74 宗的精神取向，能够直接影响禅宗社群的复兴。周汝登，别号海门，是 1577 年的进士。在他的官场生涯中，他曾任南京工部主事，兵、吏二部郎官，最高的官阶是南京尚宝司卿。在黄宗羲的《明儒学案》中，周汝登被归为泰州学派的坚定信徒。在思想上，周汝登深受王阳明大弟子王畿的影响。1570 年，王畿到宁波，第一次与周汝登会面。在仔细阅读了王阳明的著作之后，周汝登完全信服并决定追随其思想。随后，周汝登跟随另一位杰出的泰州学派人物罗汝芳，而罗汝芳的老师是平民颜钧。通过罗汝芳，周汝登继承了若干关于儒家的激进观点：坚信儒释合一，以及儒家的自我修养必须涵摄佛学研修。

受这一观点的激励，他编纂了两卷本的《佛法正轮》（又名《直心编》）。在第一卷中，周汝登从诸如《坛经》《临济录》及大慧宗杲的语录等材料中选取了十八条佛家语录，在每一节录后都加了自己的评注。在第二卷中，周汝登选取儒家语录十八段和道家语录七段。所有这些被选中的语录箴言对于佛教都有一种同情了之了解，并对三教施以折中的立场。如其序言所示，周汝登认为："人而有悟于此，则儒自儒，禅自禅，不见其分；儒即禅，禅即儒，不见其合。"②这一态度清晰表明，对于周汝登来讲，儒释之间根本没有区分的必要。

周汝登也是一位积极的讲会参与者与组织者，他邀请儒士和僧人参加讲会，讨论哲学问题，一如前文所述他与湛然圆澄辩论之情形。在南京一次著名的聚会中，他与刘宗周（1578—1645）的老师许孚远（1578—1645，字敬庵）发生了一场争论，后者反对激进地解释王阳明以佛化儒的思想。以周汝登的老师王畿为代表，这种观点试图将王学导向禅学，即良

---

① 有关周汝登组织的各种讲会记载保存在《剡中会语》，可见《周海门先生文录》。有关周汝登的研究，可见荒木见悟《周海门の思想》，收录于其《明代思想研究》，第 227—264 页；Zhao，"Chou Juteng（1547-1629）at Nanking"。

② 周汝登《佛法正轮》，《美国哈佛大学哈佛燕京图书馆藏中文善本汇刊》第 33 册，第 113 页。

75　知作为最终的道德根基,是超越善恶的。许孚远担心这种激进的"不二"立场,最终会抹杀社会生活中的道德标准。周汝登作为王畿的忠实信徒,决心捍卫师说。正如周汝登所述,他理解的王学如下:

> 维世范俗,以为善去恶为堤防,而尽性知天,必无善无恶为究竟。无善无恶,即为善去恶而无迹,而为善去恶,悟无善无恶而始真。教本相通不相悖,语可相济难相非,此天泉证道之大较也。[①]

在这一章节,周汝登论证,他的"不二"思想并不会导致道德判断的消泯;相反,不作善恶二元区分的"心"最终会允许出于人之初性本善的天性自然流布,从而防止邪恶行为。在此,周汝登为禅宗反传统的随缘任运的自发理念所吸引。在周汝登看来,心超脱于行善的意图或动机。甚至,至善与行善的意向无关,因为有意行善的动机,是出于自私或伪善的人性。

陶望龄,周汝登的一位精神伙伴,万历年间考中进士,曾任翰林院编修,后进国子监。1603 年,由于朝堂政治的原因,陶望龄决定隐退。作为一位有成就的诗人,陶望龄与袁宏道及其兄弟(通常称为"公安派")交游。从思想定位上来讲,陶望龄与周汝登一起学习,并深受周汝登的影响,两人经常合作,编纂诸如《佛法正轮》等新编选集。两人关于儒释有相同的观点。陶望龄还是祩宏的俗家弟子,并从祩宏处受了菩萨戒。陶氏以祩宏为榜样,积极推动并组织居士进行放生活动。[②] 他与其兄长陶奭龄一起,结交了不少禅师,还帮助密云圆悟和湛然圆澄等僧人在当地文人中间赢得声望。

黄宗羲曾指责说,由于周汝登和陶望龄对于禅宗的公然接受,并与僧人保持亲密关系,他们要对在浙东地区引介诸如密云圆悟和湛然圆澄等禅师的行为负责:

---

① 周汝登《周海门先生文录》,《四库全书存目丛书》集部第 165 册,第 140 页。
② 彭绍升《居士传》卷四四,Z no.1646, vol.88; 262a - 263a。

万历间,儒者讲席遍天下,释氏亦遂有紫柏、憨山因缘而起。至 76
于密云、湛然,则周海门、陶石篑为之推波助澜,而儒释几同肉受串,
处处同其义味矣。①

黄宗羲的观察可以在密云圆悟和湛然圆澄的年谱中得到证实。密云圆悟
的年谱表明,在 1607 年,他与周汝登的相遇确实不同凡响,展现了密云的
"本色(true color)":

师(密云)游天台,访海门周居士,坐次,士问:"何处?"师云:"南
直隶游天台,特访老居士。"又问:"尊号?"师一喝便行。士随出,问
云:"下在甚处?"师云:"昨在居士书院傍庵歇。"士云:"我有果在,莫
要偷来吃么?"师与一掌云:"者老贼头。"便行。②

这确实是一次绝妙的机缘问答,绝非两人初次见面的客气俗套。"一喝"
"一掌",既充满戏剧性又令人不解。这次谈话,没有直接涉及佛学,也没
有讨论义理概念,但使周汝登大为惊讶,也甚为欣赏密云。

湛然圆澄与陶望龄的见面,也同样充满戏剧性。湛然圆澄的传记记
载,他和文人的相遇是偶然的,也是戏剧性的。1588 年的一天,陶望龄与
其他文人参访宝林寺,听到湛然在殿外酣睡的鼾齁声,于是就唤醒他,询
问道:"何人?"湛然回答道:"无事僧也。"陶望龄等人又问道:"依止何所?"
湛然答:"饥则化饭吃,倦则此地打眠耳。"简单的对话之后,这些文人相信
湛然是一位真正的禅师。经由这些文人的引介,更多的文人愿意拜访湛

---

① 黄宗羲《张仁庵先生墓志铭》,《南雷文定后集》,第 53 页;《黄宗羲全集》第 10 册。有关黄宗
  羲对于泰州学派的评价,参见《明儒学案》卷三六,第 869 页。原文英译取自 Brook, *Praying
  for Power*, p. 82。亦可见 Julia Ching 对于此一部分的完整翻译: *The Records of Ming
  Scholars*, pp. 165 – 201。更多有关禅宗在浙东崛起的详细研究,可见孙中曾《明末禅宗在浙
  东兴盛之缘由探讨》。
② 有关密云的问答机缘,详见密云圆悟《密云禅师语录》卷五, ZH 37: 15458 和 JXZ no.158,
  10: 28c。

然,并邀请他参加各种文人聚会。①

在这两个案例中,周汝登和陶望龄都支持那种能够完全展现不拘成法的自在精神的特殊类型的禅宗。在这些自我认定的禅师中,密云和湛然在这些文人看来就是这种禅宗精神的代表,因而在浙东大受欢迎。周汝登和陶望龄死后,浙东当地的官员和有影响力的文人家族继续支持禅宗,尤其是复兴的临济宗和曹洞宗,许多禅宗法系传承发源于此。

黄端伯

禅宗在浙东进一步发展的过程中,禅师们多依赖于那些在思想和精神上倾向于禅学的地方官员的支持。举例来说,密云圆悟在浙东的优势地位,很大程度上归功于明末忠臣黄端伯(字符公,一作元功,号迎祥,海岸道人,1585—1645),黄端伯曾经担任明末明州府(宁波)推官,天童寺和阿育王寺都属于黄端伯管辖。② 1636 年,黄端伯调至杭州,1642 年开始任职于南京。1645 年,南京陷入清兵之手,黄端伯拒绝投降,因而就义。

黄端伯 1628 年考中进士,次年,被任命为明州府推官。由于对禅学的兴趣,黄端伯在任期内,运用地方官员的权力持续为本地禅宗组织提供相当可观的支持。黄端伯也同时与曹洞、临济的禅师过从甚密,并深陷两者僧诤之中,其中详情,会在之后章节介绍。由于黄端伯对佛教的支持,他甚至被赞为宋代著名居士张商英(1043—1121)的转世。

年轻时阅读禅宗语录激发了黄端伯对禅宗的兴趣。1617 年,黄端伯与曹洞宗无明慧经禅师相遇,开始跟随无明慧经及其弟子无异元来、永觉元贤以及晦台元镜研习禅学。相传黄端伯在曹洞宗师的指导下开悟。1630 年,黄端伯接触到密云圆悟的语录,密云圆悟惯用机锋棒喝的临济禅风给他留下深刻的印象。因此,同年,黄端伯和祁彪佳在宁波任职后不

---

① 湛然的行状,可见《会稽云门湛然澄禅师语录》,JXZ no. 172, 25: 664b-c。
② 黄端伯宦海生涯的简短记录,详见《瑶光阁外集》,第 294 页 b—295 页 a。有关黄端伯的禅学思想,可见野口善敬《明末の仏教居士黄端伯を巡って》,第 117—118 页。有些禅宗史记载,黄端伯是雪峤圆信或是无明慧经的传法弟子。

久,就正式邀请密云住持阿育王寺。但是,密云圆悟很快就离开宁波,去了福清黄檗寺。1631 年,黄端伯再次邀请密云,并希望他住持著名的天童寺。这一次,密云无法拒绝邀请。

黄端伯为密云圆悟诸多著作署名作序,表明了两人非同寻常的关系。例如,在为密云语录撰写的序言中,黄端伯称赞密云圆悟为"临济再来"。黄端伯如此欣赏密云圆悟,以至于想把自己列为密云圆悟的正式弟子。然而,当他意识到密云有意改动传统法脉传承时,他们的友好关系在1637 年最终破裂了。①

78

祁氏家族

曹洞宗僧湛然圆澄的成功,有赖于宁波祁氏的长期支持,尤其是祁承㸁(1565—1628)和其子祁彪佳、祁骏佳(字季超,法名净超)。② 祁承㸁并不是位高权重的官员,1604 年考取进士功名后,仅做过几个县的地方官。然而,他在中国历史上因目录学和园林设计而闻名。③ 他与湛然圆澄是好友,并帮助湛然复兴云门寺。在他死后,他的五个儿子中,祁彪佳、祁骏佳推广禅宗最力。④

祁彪佳是当时有名的神童,十七岁的时候就通过了会试,二十一岁的时候成为进士。祁彪佳曾巡按苏州、松江诸府,他还是另一位明朝忠臣刘宗周(1578—1654)的学生,致力于阳明心学。祁彪佳和兄弟祁骏佳(一位

---

① 参见野口善敬《明末の仏教居士黄端伯を巡って》,第 122—125 页。

② 祁彪佳的传记可见 DMB, pp. 216 - 220。亦可见 Smith, "Gardens in Ch'i Piao-chia's Social World"。

③ 祁承㸁曾经设计了一个体现自己艺术品味的园林。他还曾建了一栋私人藏书楼,收集了大量珍稀古籍。这一藏书楼,成为晚明江南地区四大藏书楼之一。有证据表明,祁家的私人藏书楼,对于僧人进行争论性历史问题研究大有裨益。根据费隐通容的记载,在 1642 年,密云圆悟从天童寺卸任,隐退至天台山通玄寺。当密云圆悟感到有必要为了"考证"的需要翻阅一些书籍的时候,他立即派徒弟去祁家借些书来。祁家肯定对于密云有着特殊的支持,因为祁承㸁禁止他的家庭成员往外借书。谣传在 1644 年以后,祁家的私人收藏散落至寺院,尤其是云门寺,而云门寺最初有可能是祁家的家庙。

④ 有关其佛教修行,详见下文讨论。

虔诚的佛教徒),都曾在湛然圆澄及其门人住持的云门寺禅修,研讨哲学问题。① 1644 年,北京陷落于李自成之手,随后又为清军所占,祁彪佳加入南京的南明朝廷。

祁彪佳还与密云圆悟保有良好关系。根据密云的年谱记载,祁彪佳曾经被卷入邀请密云住持阿育王寺的风波。② 随后,祁彪佳还有祁骏佳,连同其他文人一起邀请密云圆悟住持天童寺。祁彪佳的名字也被列入密云圆悟诸多居士护法的名单之中。密云与祁家的关系,一定非常紧密,因为 1641 年冬天,密云圆悟曾经在祁家花园养病直到康复。③

然而,祁家与曹洞宗湛然圆澄所主导的法脉关系更为密切。在帮助湛然圆澄复兴云门寺之后,祁家继续支持湛然圆澄的法嗣。比如,祁彪佳曾经邀请湛然圆澄的两位徒弟石雨明方(1593—1648)和尔密明复(1591—1642)住持云门寺。④

祁彪佳的其他兄弟也积极支持曹洞宗僧。祁骏佳也是进士出身,在 1638 年成为曹洞僧人三宜明盂的白衣法嗣,并获赐法名"净超"。有证据表明,祁彪佳的另外两个哥哥祁熊佳、祁豸佳,也深入参与了曹洞宗僧佛门事务。比如,在 1654 年的一场有关法脉传承的争论中,祁熊佳为三宜明盂的驳论文章作序,祁豸佳也将自己的名字列在禁止费隐通容《五灯严统》流通的请愿名单上。⑤

由禅悦而殉道的文人

1645 年,清军攻占北京后向南进军。很快,南京被包围,第一个南明朝廷随之崩溃,浙东地区危在旦夕。一些当地的士人开始组织抵抗运动。但是,很多明朝官员,比如著名的文人领袖钱谦益,选择了投降并欢迎新

---

① 祁熊佳为祁彪佳撰写的传记,见《祁彪佳集》,第 237 页。
② 费隐通容《密云禅师年谱》,ZH 37: 15578。
③ 费隐通容对于此一事件的简短评论,可见《费隐禅师别集》,第 7—8 页。
④ 祁彪佳为石雨明方的语录撰写的序言,可见《祁彪佳集》,第 26 页。祁彪佳邀请石雨明方住持显圣寺的信件,可见同书,第 53 页;祁彪佳为尔密明复撰写的墓志铭,可见同书,第 61 页。
⑤ 可见《护法正灯录》,第 6、22 页。

的统治者。也有极少的例外，如黄端伯、祁彪佳，这两位浙东禅宗最为重要的支持者，于 1645 年为了大明英勇赴死。

　　仅仅诉诸他们与禅宗的亲密关系，很难解释他们英勇赴死的行为，然而，正如黄宗羲所观察到的，诸如黄端伯、蔡懋德（1586—1644）、马士奇（1584—1644）、金声（1598—1645）以及钱肃乐等与禅宗有密切因缘的文人，却成为忠臣义士，愿意为陨落的大明王朝献出自己的生命。① 除了黄端伯和祁彪佳，常被称为密云圆悟唯一的白衣法子的黄毓祺，也在一次密谋起事暴露后被捕就义。② 另外一位佛教居士金声在南京陷落后也加入了抗清运动，被抓后不久即在南京就义。③ 钱肃乐，南明鲁王监国时期的东阁大学士，也与禅僧交好，死后被隐元隆琦葬于福清黄檗山。④

　　为了解释这一现象，黄端伯的一些禅学思想或许能够为他从容赴死的行为提供一些线索。尽管在晚明思想史上，黄端伯是一个无足轻重的人物，但是若加以分析，黄端伯的激进禅学思想与周汝登很是相似。对于

---

① 黄宗羲《明儒学案》第 2 卷，第 1369 页。所有这些人除了蔡懋德、马士奇等都在抵抗清军入侵中牺牲。蔡懋德欣赏王学并为佛学所吸引，1644 年担任陕西省巡抚时，太原被李自成（1605—1645）的叛军攻占，蔡选择了自杀。当北京为李自成攻占的时候，马士奇也选择了自杀。有关他们的传记，详见《明史》卷二六六，列传第一百五十一、一百五十四。更多蔡懋德殉节详情，可见文秉《山西巡抚蔡云恰先生殉难始末传》，详见《稀见明史史籍辑存》第 17 册，第 1—11 页。

② 黄毓祺在别庵性统那里被列为密云圆悟的弟子，见《续灯正统》卷三三，Z no.1583，84：596b。亦可见彭绍升《居士传》卷五一，Z no.1646，88：281c。黄毓祺抵抗清军的努力，可见徐鼒《小腆纪传》卷四六，第 470—471 页；陈寅恪《柳如是别传》，第 882—905 页；Wakeman, *The Great Enterprise*, vol.2, p.878；以及何龄修《黄毓祺的复明活动及黄毓祺案》。

③ 1628 年，金声成为进士。最初他受王阳明心学影响，随后成为一名虔诚的佛教徒。他跟随曹洞宗僧人宗宝道独和觉浪道盛学习。他最好的朋友是熊开元，后者在明亡后落发成为曹洞宗僧人。金声在明朝陷落后，在南方组织了一支强有力的军队抵抗清军。他抵抗清军的努力，详载于《明季烈臣传》，《稀见明史史籍辑存》第 29 册，第 217—223 页；温睿临《南疆逸史》卷一四，第 96—97 页；徐鼒《小腆纪传》，第 46—47 页。他的抵抗活动以及与洪承畴的对话，详见王成勉（Chen-mian Wang），*The Life and Career of Hung Ch'eng ch'ou*, pp.157, 227。有关金声的佛学思想与传记，可见彭绍升《居士传》卷五二，Z 88：283a - 284c；荒木见悟《金正希と熊鱼山》。然而，一些基督教学者宣称，金声实际上信仰基督，因为他与最为著名的中国基督徒徐光启（1562—1633）是至交好友，并展示了金声信仰基督教的墓志铭。金声传记的基督教版本，可见方豪《中国天主教史人物传》第 1 编，第 240—246 页。

④ 1654 年，钱肃乐最终由隐元隆琦葬于黄檗山。可见拙文，"Leaving for the Rising Run"，p.107 n53。有关钱肃乐在南明的地位和作用，可见徐鼒《小腆纪传》卷四〇，第 388—394 页；温睿临《南疆逸史》卷三二，第 223—225 页。

黄端伯来讲,禅意味着生命各个方面的了无分别:

> 说孝也得,说弟也得,说好勇好色好货也得,始信淫坊酒肆俱是
> 道场,不为佛法知见留碍,才是大了事人也。①

显然,黄端伯深为这种不拘成法的禅宗说辞所吸引。这段文字,正如《维摩诘经》中理想化的勾勒,佛教的戒律或义理被描述为觉悟的障碍,而妓院和酒肆成为自我修炼的最佳场所。当然了,这并不意味着僧人或文人在日常生活中实际偏离了丛林准则。相反,正如黄端伯所理解的,这所有的行为,道德与否,取决于时机。像黄端伯这样完全觉悟的人,假如有必要的话,他可以流连妓院和酒肆;假如牺牲在呼唤,他也可以勇敢地面对死亡。黄端伯在明亡时践行了自己的言论:面对清军入关,大部分南明官员纷纷变节,在这个时候,黄端伯选择作为一名殉道者死去。②

---

① 黄端伯给陈公虞的回复,见《瑶光阁外集》卷一,《四库全书存目丛书》集部第 193 册,第 294 页 b—295 页 a,尤其是第 295 页 a。有关黄端伯禅学思想的简短讨论,可见野口善敬《明末の仏教居士黄端伯を巡って》,第 117—118 页。野口似乎是根据另一版本的《瑶光阁外集》进行研究的。

② 黄端伯英烈式的献身,表明黄端伯的忠义和他的禅学有着直接的联系。然而,与他同时代的黄宗羲,虽然欣赏黄端伯的这种牺牲,却反对这样轻率的结论。他评论了所有这些具有禅学思想的殉道者:
> 明末,士大夫之学道者,类入宗门,如黄端伯、蔡懋德、马世奇、金声、钱启忠皆是也。……诸公皆以忠义垂名天壤。夫宗门无善无不善,事理双遣,有无不著,故万事瓦裂。恶知埋没之夫,一入其中,逍遥而便无愧怍。诸公之忠义,总是血心,未能融化宗风,未许谓之知性。后人见学佛之徒,忠义出焉,遂以此为佛学中所有,儒者亦遂谓佛学无碍于忠孝,不知此血性不可埋没之处,诚之不可掩。吾儒真种子,切勿因诸公而误认也。(黄宗羲《明儒学案》,第 1369 页)
在此,黄宗羲对于浮夸的禅学是不表同情的,甚至抹杀这些忠义之士因为禅学影响而选择牺牲的可能性,试图划清儒释界限。他承认,禅学确实泯灭了善恶之间的二元性区分,因此可以导致对于万事万物的虚无主义态度。然而,正如黄宗羲提及的,在"不二"的名义下,作恶者也会无所顾忌。甚至,黄宗羲视这些人为真正的儒者:虽然他们耽于禅悦,但是其道德人格仍旧发端于儒家教育。黄宗羲对于佛教有偏见,但是,他的分析可能是正确的。因为正如笔者曾在本章描述的,一些儒士为王阳明所激励,在儒家文化中发展了非二元性的话语,这种话语仅仅在禅学中才能被更好地表达。对于他们来讲,禅学能够更好地契入一个超越善恶分别的终极道德真理的思想话语。彭绍升,《居士传》的作者,在讨论这些明朝烈士的时候,引用了黄宗羲的上述评论。但是他从佛教徒的视角对黄宗羲的判断有所辩驳,彭绍升相信,佛教的修行是他们勇气的来源。可见彭绍升《居士传》卷五二,Z 88:285c。

1645 年,黄端伯在福王建立的南明政权礼部任职。南京陷落后,满族将军多铎(1614—1649)大赦所有愿意与新政权合作的前明官员,并要求他们在豫亲王(多铎)帐前报到。黄端伯不仅是少数几个拒绝这一要求的人,他甚至在自己寓所前张贴公告,宣称自己是大明忠臣。随后的情形,魏斐德用极为细致的笔墨描述了黄端伯的英雄主义行为:

> 而黄端伯则选择了一种更为激烈的殉难方式,这位原来在礼部供事的姜曰广的学生,坚决拒绝了友人让他扮成老僧逃往深山的建议,而且傲慢地拒绝了豫王的召见。这位满族亲王派士兵把他强行押来,但即使这样,黄端伯仍然拒绝在多铎面前戴上帽子或是驯顺地鞠躬。据说多铎为黄端伯的这种傲岸所动,愿意给他安排一个职务,但是黄端伯拒之不受。多铎问他:福王是一个什么样的君主?"贤主。"黄端伯回答说。多铎又问他凭什么这样讲,黄端伯说:"子不言父过。"黄端伯甚至在多铎面前为马士英辩护,认为马士英至少没有投降:"不降即贤!"最后黄端伯被杀害了,但是他的傲岸不屈的故事,被那些希望找到一些在南京陷落后知识分子气节的证明的历史学家仔细地保存了下来。①

正如魏斐德(Wakeman)所言,黄端伯死后,很快在知识分子中被奉为忠臣的典范。不久,杭州也受到威胁,祁彪佳失望之余,回到老家浙江绍兴,效法他的老师刘宗周的自尽之举(绝食而死),自沉于花园。史景迁(Jonathan D. Spence)在最近有关晚明人物张岱(祁彪佳的好友)的著作中详细描述了祁彪佳赴死的过程:

81

---

① 中译可见魏斐德《洪业——清朝开国史》,陈苏镇、薄小莹等译,江苏人民出版社,1995 年,第 541 页(原文引自 Wakeman, *The Great Enterprise*, vol. 1, pp. 585 - 586)。黄端伯之死,在晚明许多史料中都有记载。其中部分材料可以参考文秉《甲乙事案》卷二,《四库禁毁书丛刊》史部第 72 册,第 96 页 b;史惇《恸余杂记》,《四库禁毁书丛刊》史部第 72 册,第 120 页 a—b;《明季烈臣传》,《稀见明史史籍辑存》第 29 册,第 122 页;徐鼒《小腆纪传》卷一六,第 183—184 页;温睿临《南疆逸史》卷一〇,第 75—76 页;查继佐《国寿录》,第 47—48 页。

祁彪佳与妻子商讨后,把事情尽量按照自己希望的那样安排得井井有条。他把家族大片田产捐献给附近的寺院,并在事无巨细坚持十四年之久的日记中写下最后的记录。七月二十五日,他吩咐儿子暖了一些酒,邀请了好些亲戚朋友,在众人要告别时,他召来他的好友朱山人(季远)谈话,交谈完毕,祁彪佳径直来到八求楼,在太翁行祠写下告别先祖文。随后,他写下一则简短遗言,上书:"臣子大义自应一死,十五年前后,皆不失为赵氏忠臣。深心达识者,或不任沟渎自经。若余硁硁小儒,惟知守节而已。"他用朱墨写完这些,然后自沉于附近的河里。①

正如史景迁技法圆熟的记载中所描述的那样,祁彪佳在人生最后关头,作为一个深受禅宗影响的儒者,没有忘记为附近的佛教寺院留下一笔财产,这座佛寺应该是他父亲、自己还有兄弟一直赞助的云门寺。祁彪佳自沉于他钟爱的花园浅水中,这儿靠近他珍视的书楼,为了更高的道德目的,他宁愿放弃这些。但是对于他,还有黄端伯而言,佛教寂灭幻空的思想,确实使他做出最后决定,步入生死无别的永恒境界。与此同时,仅从形式上来说,祁彪佳的自杀也成全了儒家世界的道德感。祁彪佳取义之后,祁家就衰落了。尽管如此,祁彪佳的几个儿子依然对清朝征服者保持傲然的态度。他们继续支持禅宗,甚至谣传祁家的藏书都被交付给云门寺的僧人了。②

结　语

在儒家文人的推动下,毫无疑问,17世纪的禅宗获得了兴盛发展的势头。正如荒木见悟在其著作中反复指出的那样:"这样的结论大致也不

82

---

① Spence, *Return to Dragon Mountain*, pp. 205-206. 祁彪佳组织南明抵抗力量的努力,详见《明季烈臣传》,《稀见明史史籍辑存》第29册,第132—139页;温睿临《南疆逸史》卷一一,第81—83页;徐鼒《小腆纪传》卷一五,第176—179页;查继佐《国寿录》,第47—45页。

② 祁彪佳的第六个儿子祁班孙(1632—1673),受日益高涨的反清活动影响,披缁入道。随后,成为南京马鞍山寺的住持,以"咒林明"闻世。可见徐鼒《小腆纪传》卷一五,第179—180页。陈垣引用了黄宗羲对于祁家收藏散落寺院情况的考察,可见陈垣《清初僧诤记》,第38页。

错，阳明学派的发展，佛教是必要的；佛教的流行，阳明学派是不可缺少的。"在荒木见悟看来，禅宗在晚明的演进，不仅"跟上了"阳明心学的发展，而且还"得益于王阳明的良知理论"。[①]

与荒木见悟的观点类似，笔者认为，王阳明的思想运动对禅宗社群的影响是禅宗重构的动力之一。

然而，读者必须牢记，在此一时期，还没有成熟的禅宗社群，或者能够积极推进这种思想的杰出禅师。而且，士人文化圈中的"狂禅"，很大部分是那种迎合公众阅读口味的主流出版文化的产物，这其中，一种有关禅的普遍流行的观点，在各种各样的通过阅读、书写、出版禅宗文本等方式连接起来的禅宗社群中进一步形成并传播开来。在第十章，笔者将进一步阐明这种现象。这些社群在很大程度上是运用一种共同的诠释观点解释禅宗文本的"文字社群"（textual communities）。某些僧人，作为此类社群的成员，也会接受这些很大程度上是想象和修辞性的观点，并根据这些观点发展寺院丛林。正如我在本章所表明的，在浙东地区，文人推介各自支持的禅师，因此最先形成了早期禅宗社群。

在此过程中，宗教性阅读的议题显得尤其突出，这是因为文人理解禅的方式，很大程度上是建立在闲暇时阅读禅宗文本的浪漫想象基础之上。某些儒家文人，对于诸如礼拜仪式、戒律遵守等日常丛林生活没有认真投入的兴趣，反而将禅想象成一种反传统的不拘成法的存在，这正是众多禅宗文本的作者希望他们的读者相信的。有证据表明，某些阳明心学运动的成员为此类禅理念在丛林中孕育发挥了关键的作用。笔者倾向于把这种完全在阅读和书写宗教文字中形成的宗教性经验称作"文字境界"（textual spirituality），以区别于更加注重虔诚信仰（devotion-oriented）的宗教性活动。

在下一章，笔者将论述禅宗传统的全面复兴，具体而言，这种禅宗复兴是以清晰的宗派归属和更为严格意义上的传法实践为特征的。

①　可见荒木见悟，"Confucianism and Buddhism in the Late Ming"，p.54。在随后一系列作品中，荒木见悟沿着此一线索继续研究。对于此一论证的最近表述，可见荒木见悟研究袾宏的著作《云栖袾宏の研究》，第12—41页，及其中译本《近世中国佛教的曙光》，第57—90页。

第三章　禅宗的崛起

如前几章所论证的,禅宗直到 17 世纪 30 年代才羽翼丰满、蔚为风潮。且如第一章所述,晚明文人如黄宗羲等人,观察并目睹了当时禅宗思想的复兴与成长,他们惊讶地发现,当时禅宗思想竟然能如此骤然地蓬勃发展,而在几十年前仅有少数活跃的禅师。

陈丹衷(1643 年进士)是曹洞宗禅师觉浪道盛的一位俗家弟子,也是颇具功底的书画篆刻家,他也目睹了当时禅师数量以惊人的速度增长,正如同他在《熄邪辩引》中所言:

> 至明万历间,隐约相传,宗风实未大阐,达观、莲池、憨山三大师行解相应,而犹不即白椎登祖师坐,盖其慎哉。寿昌古佛(无明慧经)出世,西江博山东苑和尚(无异元来)继之,而云门(湛然圆澄)、天童(密云圆悟)亦崛起于东越,此道乃显。踵此者因缘日出,赫赫奕奕,无不信有洞、济两宗,今二十年间,方为称付拂子者且六七百人。说者以为极盛,而吾以为极衰,发发乎忧之。[1]

正因陈丹衷是在 1654 年后不久写下这段评论,所以他提到近期禅宗的蓬勃发展,应该是发生于 1630 年至 1650 年之间。他观察到晚明时期著名僧人如紫柏真可、云栖袾宏、憨山德清等,试图通过弘扬禅净结合的修行方式来复兴禅宗。不过在这些法师圆寂之后,禅的复兴进入一个新的局面。根据陈丹衷的记载,大约有六七百位新出世的禅门尊宿主导着佛教界。

禅宗的复兴,跨越明清鼎革之际。明清朝代的更迭,很大程度上并没

---

[1]　参见陈丹衷在《护法正灯录》中所写的序言,第 12 页。

有阻断禅宗的发展。在这段时期,禅宗持续发展,而且与社会的联系甚至更紧密了。佛教寺院成为心灰意冷的文人以及许多晚明忠君爱国者的避难所,不管是自己有意或是碍于情势所迫,他们选择出家为佛门比丘,以避免降于文化上所谓"劣等"的满洲统治者所带来的难堪。卜正民恰如其分地指出,对于他们大多数人而言,退隐于佛教,完美地契合了隐逸士人的想象世界;对于那些没能实现社会和文化理想抱负的儒者,这是一种合理的替代。因此,一些失意的文人受戒并接受了曹洞宗或临济宗的法脉传承,不管这些文人的动机如何,毋庸置疑,这种新的皈依风潮,促进了17世纪禅宗的发展。这些文人僧更进一步加强了禅宗与社会的联系,为禅宗教团带来新的变革。

　　17世纪临济法系与曹洞法系的禅师,通过传法活动,在佛教界崭露头角。一些有名望的禅师吸引了许多门徒并授予他们传法,这些信徒再以相同的方式扩展他们老师的影响力。在17世纪末,这两脉禅宗法系,特别是临济宗,在中国的西南、东南及北方地区已经扎稳根基。在本章中,笔者将介绍这些有影响力的临济宗与曹洞宗的禅师,借由他们追溯禅宗从区域性到全国性的发展轨迹。由于意识到在僧传中普遍存在某些高僧典范的圣徒式描述倾向,因此,笔者查阅了其他史料,诸如年谱、僧传以及寺志来描绘这些僧人的生活。笔者的目的并不是为这些僧人提供标准的传记,相反地,是希望借由介绍这些人物,揭示禅宗发展的进程以及这一种理想化禅宗风格的成功。① 此外,介绍这些人物很重要,因为他们是本书所聚焦的僧净的主要角色。

第一节　临济宗的复兴

　　17世纪的大多数佛教僧净都与临济宗有关,其传承脉络属于北宋发展起来的杨岐派。② 这一派得到了宋朝时期圆悟克勤禅师的两位法子大慧宗杲和

---

① 当笔者介绍这些禅门宗师时,是根据他们的法脉传承关系,笔者充分理解如马克瑞(John R. McRae)所说"珍珠串(string of pearls)"理论的谬误。然而,正如马克瑞所指出的,由于禅宗是系谱的建构,因此这些基于法脉延续性的描述是绝对不可避免的(也就是必要的)。详细内容参见 *Seeing through Zen*, pp.9 - 11。

② 笔者以下介绍的某些临济传法世系在17世纪成为论净的焦点,详细内容见附录2.B。

虎丘绍隆的大力发扬。尽管大慧更有名气,但17世纪大部分临济僧人的传法是源自虎丘绍隆,这使得大慧这一系成了旁系。在元代,"得于中峰明本(1263—1323)的大力扩展,虎丘绍隆的传承再次振兴,临济宗的地位得到提升"[①]。

明朝早中期,临济宗这一系的传承又变得模糊不清。直到万历年间,临济祖师笑岩德宝声称自己保有这一系不间断的传承。幻有正传是他的法嗣之一,[②]从他传衍出三位杰出的临济祖师,即天隐圆修、雪峤圆信以及密云圆悟,大大促进了临济宗的传承。天隐圆修的法系通过他的弟子箬庵通问(1604—1655)及玉琳通琇(1614—1675)的影响得到大力的扩展。1658年,玉琳通琇被顺治皇帝召见,恩荣有加。天隐圆修的这一脉也被称为"盘山系"。[③]雪峤圆信在文人之中颇具影响,他收集了晚唐及五代的五位禅宗祖师的语录,编撰成《五家语录》。然而,他的法脉传承却是有争议的,因为他声称自己是云门宗的后人,然而,该宗在晚明已不复存在。根据一些系谱,他并没有留下嗣法门人。[④]

除了这两位人物之外,密云圆悟也是一位举足轻重的人物。他的法子数量不仅远超其他法系,而且他的法子还编辑了许多有影响的禅宗灯史论著,如《五灯严统》及《五灯全书》等。密云圆悟的法系分支众多,要追溯他所有后代弟子的发展,这是不可能的。这一节将介绍他及其法系,还有几位曾参与过僧诤的得力弟子。

密云圆悟

根据费隐通容编辑的年谱传记,密云圆悟出生在常州府宜兴县的蒋

---

① 关于这位重要法师的一篇详细研究,参见 Yü, Chün-fang, "Chungfeng Ming-pen and Ch'an Buddhism in the Yuan"。

② 幻有正传与云栖袾宏同在笑岩德宝门下学习,但之后只有云栖袾宏离开。虽然幻有正传被公认为笑岩德宝的一位法子,但之后的僧诤中,他的法脉受到质疑。见惟直智楷《正名录》卷一四,第209—227页,以及笔者在附录2.B的讨论。关于幻有正传与笑岩德宝,见 Yü, Chün-fang, "Ming Buddhism", p.926;以及野口善敬《明末虎丘派の源流——笑岩德宝と幻有正传》。

③ 见郭朋《明清佛教》,第322—329页。笔者不确定为何郭朋将天隐圆修的法系称为"盘山系",可能是将"潜山"当为"盘山"的印刷错误,"潜山"是天隐圆修的别号。

④ 有关雪峤的影响之研究,参见廖肇亨《第一等偷懒沙门》。

氏人家。他六岁就读乡学，但他并不喜欢学习儒家经典。八岁时，他在没有任何人教导的情况下，开始诵读佛号。十五岁时，因生活所迫而从事耕种和捕鱼以维持生计。十六岁，他结婚成家。二十一岁时，他有所觉悟。在他阅读《坛经》之后，他立即被禅宗教法吸引。1594 年，正值二十九岁的他抛家弃子，决意出家。

受戒后，他追随其师幻有正传，逐渐获得师父信任。1603 年，幻有云游北京，密云受命住持常州禹王寺。在此期间，他登上铜官山时豁然大悟。[①] 之后，他被召入北京辅佐师父。1607 年是密云生涯的转折点，当时他拜访了周汝登、陶望龄，因其反传统的禅风而受到这些文人的激赏。

如笔者前章所介绍的，在 17 世纪早期，周汝登与陶望龄活跃于浙东地区，他们被视为王阳明运动的领导者，组织多种类型的讲会，佛教僧人也常受到邀请。据密云的年谱记载，1607 年，密云于北京服侍师父，两年后回到南方，云游了许多著名寺院。途中，他来到浙江天台山，在王阳明的出生地绍兴拜访了周汝登，受到出乎意料的欢迎。他不止受周汝登钦佩，还结交了诸如陶望龄等著名文人。次年，他受邀到被称为"护生庵"的陶氏家庙居住。这时，尽管密云尚未成为幻有正传的正式法子，但他作为一位真正禅师的美誉已经流传开来。

周氏与陶氏作为阳明心学的拥护者，相当赞赏密云所展示的一种理想化的禅宗风范，这也是密云受到空前未有之欢迎的原因。除了笔者在前一章中描述过的关于他与周汝登非比寻常的相遇故事外，这里还有一个关于他教法的事例。密云 1608 年住在陶望龄家庙时，一位著名的居士拜访了他。当这位客人看到密云阅读《论语》与《孟子》时，他诃责密云："不是你家茶饭。"密云听到这话立即扇了他一巴掌。当然，这位居士非常恼怒，直到陶望龄解释密云是以一种禅门机锋问答方式对待他，并没有冒犯他的意思，他才平息了怒火。[②]

密云的师父幻有正传从北京返回后，传法衣给密云，并印可他为嗣法

---

① 费隐通容《密云禅师年谱》，收于《密云禅师语录》，JXZ no. 158, 10：77c。

② 费隐通容《密云禅师年谱》，第 78 页下。

门人。1607 年以后,密云的弘化事业相当成功。他在师父圆寂后,为师守枢三年,之后,于 1617 年接任龙池山禹门寺的住持;1624 年迁往金粟山广慧寺;1630 年成为黄檗山万福寺的住持;1631 年他受阿育王寺之请,同年迁往天童寺。1641 年,朝廷授予他尊贵的紫衣袈裟,并任命他为南京名刹报恩寺的住持。不过,这项任命被他推辞了。1642 年密云圆寂之时,他已有三百多位出家受戒弟子跟随,并有十二位印可的嗣法门人。

　　除了大量使用棒喝作为教学方法外,密云的成功还在于管理寺院的杰出才能。在负责复兴天童寺的系列工程中,他的才能得以发挥。卜正民提到,密云圆悟受邀到天童寺之前,由于 1587 年的洪水侵害,寺院损毁严重。密云圆悟首先编纂了寺志,并于 1633 年刊行,借以恢复这座著名禅寺在民众中的信仰。从 1635 年至 1641 年,天童寺得以完整地重建。1638 年,晚明学者张岱(1597—1689)注意到,天童寺僧人与工匠人数达 1 500 人,而且他们组织严密、监管有力。[①] 张岱的观察,可从天童寺现存的该时代文物中得到证实。举例来说,图 3-1 展示了一口巨大的铁锅,名为“千僧锅”,根据上面的铭文,此锅铸造于 1641 年。

图 3-1　天童寺的千僧锅,铸造于 1641 年
(吴疆摄于 2006 年 6 月)

　　常住众人数不断增长的同时,寺院拥有的土地数量也随之增加。在很大程度上,是密云和他的继任者持续的修缮工作,使天童寺形成了当今的格局(图 3-2 呈现了天童寺的正门殿堂,殿名是密云 1635 年的手书)。石井修道指出,自 1631 年至 1724 年,密云圆悟与他的法嗣借由任命他们自己这脉法系的僧人为住持,以便于管理天童寺。[②] 密云有意扩大并延

① 有关张岱对于天童寺僧人的观察,见《陶庵梦忆》,第 172 页。
② 石井修道《明末清初の天童山と密云圆悟》。

续他的影响力,所以延揽合格的法嗣,这成为他关心的首要任务(由于他的法嗣费隐通容的法子隐元隆琦成为日本黄檗宗的开创者,密云在日本京都宇治万福寺也受人礼拜,图3-3是日本画家喜多元规为他绘的肖像画)。17世纪有影响力的临济宗派,是从密云圆悟以下的法嗣传衍而来的。

88

图3-2　天童寺入口,天王殿匾系密云圆悟书写于1635年
　　　　(吴疆摄于2006年6月)

89

图3-3　密云圆悟肖像画,原画
　　　　109.3厘米×50.5厘米,
　　　　为喜多元规所绘,重印自
　　　　《黄檗隐元》(日本宇治:
　　　　万福寺,1992年)

汉月法藏

汉月出生于无锡的一个文人家庭。他的年谱记载,九岁时,他由于阅读祩宏关于放生的文集而产生出家的决心。[①] 十五岁时,他在当地的德庆院出家。二十三岁时,他作为一位熟读儒家经典的佛教僧人而闻名。然而,二十八岁时,汉月认识到研读儒家经典并不能使他开悟,从此之后,他迫切想通过自修或名师指点而获得证悟。1613 年,他正值四十岁,在百日的精进闭关期间,他获得首次开悟的体验。当时,汉月已经声名远播,著名的文人如钱谦益曾向他询问精神修养方面的问题。他也是一位著名的诗人,[②]顾宪成(1550—1612)、钱一本(1539—1610)等与东林党相关的儒家学者都很欣赏他。他在苏州虞山吸引了一大批文人追随者。

90
由于汉月对于禅的宗旨与修持的观点与密云不同,因此,1627 年他才勉为其难地师从密云并接受传法(他与密云的冲突是第四章的重点)。1635 年汉月圆寂之后,他的这一派系持续发展,在他的弟子中,继起弘储(1605—1672)成为其中最杰出的一位。值得注意的是,汉月的法系中有许多女众弟子,诸如宝持继总(生于 1606 年)以及祖揆继符等,成为他第二代或第三代的嗣法门人。[③]

18 世纪初期,汉月的法脉有了戏剧性的转折。雍正皇帝重提密云与汉月之间的论诤,并批判了汉月这一派。结果是,汉月的后代传法弟子不允许担任寺庙住持。不过,据长谷部幽蹊的研究,在雍正皇帝 1735 年驾

---

① 汉月法藏《三峰法藏禅师年谱》,JXZ no. 299, 34: 204a。根据司徒琳(Lynn Struve)对薛寀(1598—1665)日记的研究,汉月年轻时曾留在薛家学习中医。1646 年,薛氏最终由汉月的法嗣继起弘储剃度出家。见 Lynn Struve, "Ancestor *Édité* in Republican China"以及 "Dreaming and Self-search during the Ming Collapse"。感谢司徒琳将她的文章及薛寀日记的相关几页在它们出版前与笔者分享。
② 参见廖肇亨《晚明僧人山居诗论析》。
③ 有关这些女众法子们的研究,参见列在参考书目中的管佩达(Beata Grant)的文章。

崩之后,汉月这一脉得以恢复。①

木陈道忞

从顺治时期开始(1644—1661),密云圆悟的一些法嗣成功地从新朝统治者那里获得前所未有的官方支持。木陈道忞是密云圆悟的法子们的领军人物之一。1659 年,顺治皇帝授予他国师的头衔,并允许他单独觐见皇帝。②

木陈道忞,俗姓林,广东大埔人。他年轻时是一位儒生,然而他违背父母的意愿,决志为僧。最终,他在庐山受戒,随后从憨山德清受具足戒。由于木陈道忞的文学素养以及所受儒生的教育,他担任书记一职,服侍密云将近十年,并在密云署名的许多著作编纂中发挥自身的影响力。密云圆寂后,木陈道忞统管当时中国南方的禅宗中心天童寺。除此之外,他还担任过其他几处寺院的住持。③

木陈道忞生涯的转折点发生在 1659 年,是年,他受诏入京。顺治皇帝受到多种宗教的影响,包括来自天主教耶稣会的传教士如汤若望(1592—1666)等的影响。在与木陈道忞密切交往期间,顺治帝对禅宗表现出极大的兴趣,这在木陈的专书《北游集》中有所记载。④ 皇帝非常满意木陈的应对,恩赐了一幅木陈之师密云圆悟的肖像画,并允许密云的语录收入大藏经中。⑤ 木陈道忞被授予殊荣,他的弟子们也被任命为北京

---

① 根据苏州巡抚高其倬的奏折,1735 年八月初八,雍正下诏彻底实施。又见张文良《雍正与禅宗》,第 116—118 页。然而,根据长谷部幽蹊的研究,汉月法藏的法系在迫害下设法生存、延续至 1940 年间,参见他的《三峰一门の隆替》I—VI。

② 关于木陈道忞及清初政治,见陈垣《语录与顺治宫廷》以及《汤若望与木陈忞》。关于清代国家的佛教政策,参见周叔迦《清代佛教史料辑稿》。

③ 关于木陈道忞生涯的简短描述,见饶宗颐《清初僧道忞及其布水台集》。

④ 这个论点是基于陈垣《汤若望与木陈忞》。

⑤ 这幅由木陈道忞进献的肖像是曾鲸所画。顺治帝保留了原件并将复制件归还给木陈。关于曾鲸与黄檗肖像画法传统之间的关系,见 Sharf, "Obaku Zen Portrait Painting and Its Sino-Japanese Heritage"。根据 Sharf 的研究,大槻干郎与西上实在木陈道忞语录中找到了与这幅画像有关的几段内容。也参见《天童寺志》,ZFS 84: 268。根据这段记录,王国才临摹了这两幅肖像,画中的衣褶,顺治皇帝说是他亲手绘制。

91

图 3-4　顺治皇帝书写于 1660 年,石碑现立于天童寺(吴疆摄于 2006 年 6 月)

大寺院的住持。在京城短暂停留之后,木陈带着皇帝的赐福回到南方,还携带了皇帝的书法作品。如图 3-4 所示,其中一件,写着"敬佛"两字,被刻成石碑,竖立在天童寺内。

明朝灭亡后不久,木陈道忞哀叹于明王朝的陨落,因而结识了许多明代遗民。然而,在觐见顺治帝之后,他成为一位新政权的支持者,公开炫耀与皇帝的亲密关系。对皇家赞助的公开夸耀,引发了他与其他文人、僧人的冲突,因为这些人依旧对已亡国的明王朝充满眷恋。他如此"不知时止"的宣传,也招来了朝廷对他的不满。

1735 年,雍正皇帝谴责他泄露了前任皇帝的个人生活,并查禁了他的这本《北游集》。因雍正皇帝欣赏他的老师密云圆悟且顺治皇帝对木陈道忞感兴趣,使得木陈这一系免于被削除。① 在清朝政权下,木陈道忞很快由原本的遗民僧转为一位新朝国师,因此,他的佛门同好谴责他是一位"宗门罪人"。

可以说,在本书所述的僧诤中,木陈道忞的角色是决定性的。他作为

92　密云的书记,为了维护其师,经常为密云代笔撰写驳论文章和回信,这使得他直接涉入与其他僧人的冲突。举例来说,《禅灯世谱》是一部挑起僧诤的早期著作,这本书引起了两个"道悟"的论争,名义上的作者是密云,但实际上是由木陈道忞编辑的。

费隐通容

费隐通容是黄檗寺所在的福清县之本地人。不同于密云成年后才开

---

① 见《清世宗关于佛学之谕旨》,第 1—4 页。

始比丘生涯，费隐十四岁时就出家了。在他双亲过世后，亲戚送他到当地的一座寺院，虽然他后来成为临济宗师，但起初他是跟着曹洞宗师学习的。从十八岁那年起，他曾师从于曹洞僧人湛然圆澄、无明慧经、无异元来等。①

尽管费隐通容偏好于不拘成法的禅风，但他的兴趣在于演示公案，这与曹洞宗的教义并不能很好地相融；他的曹洞宗同门则倾向于如实坐禅、持咒以及教义研究，因而经常反对并嘲讽他。例如，费隐曾向一位他认为已证悟的知名高僧求法，在他们的对话中，这位僧人问费隐关于无缝塔②的意义，费隐模仿某些公案故事，以拍掌回应。这位僧人告诫他："汝不学老实些。"然而，费隐回复："念关主年老，放汝三十棒。"费隐因此失望离开。③

在曹洞宗门下修行约十年后，费隐离开曹洞宗，转向临济宗。1621年，费隐读到密云的语录，立即为之吸引。由于它反映了一种费隐引以为同调的对于禅宗文献的理解，费隐十分赞赏密云的教法。随后，费隐拜访密云，如此与密云有了一次有意义的相遇：没有掺杂漫无边际的对话，通过猛烈的棒喝交驰的手法以传达他们对于禅的理解。④ 当他在曹洞宗师门下学习时，费隐从未体悟到这种"契合"和被认可的感受。费隐与密云相遇之后，烧毁了自己所写的所有义学文章，开始专注研究禅宗典籍。⑤他非常钦佩密云，于是决定请求密云的传法。

费隐跟随密云圆悟几年之后，终于在密云短暂住持黄檗寺期间，得到

---

① 根据费隐通容自己的记述，他确实由湛然圆澄剃度，并获剃度名"明密"。师从密云圆悟后改为后来的"费隐"。关于费隐通容谈论的这段回忆，参见《费隐禅师别集》卷一二，第12页。

② 关于"无缝塔"，常被用来作为训练禅修的一个公案。这个故事起源于南阳慧忠禅师，他请求唐代皇帝在他死后建造一座无缝塔。见《景德传灯录》，T no.2076，51：245a。

③ 费隐通容《福严费隐容禅师纪年录》，收在《费隐禅师语录》，JXZ 26：183a。

④ 参见费隐通容《福严费隐容禅师纪年录》，《费隐禅师语录》，JXZ 26：184b，及 ZH 101：42120。

⑤ 见费隐通容的早期著作《般若心经斫轮解》，XZJ，no.451，vol.41；X no.548，vol.26。费隐在曹洞宗师的训练下，确实是一位学习佛教义理的好学生。但他很少炫耀他对佛教教义的博学。他反驳利玛窦的论辩文章，证实他擅长使用佛教的因明三支比量反驳天主教。详见笔者的文章"Buddhist Logic and Apologetics in Seventeenth-century China"。

图 3 - 5　费隐通容的肖像画，日本画师喜多元规所绘，重印于《黄檗隐元》（日本宇治：万福寺，1992 年）

密云的传法。① 1631 年，密云从水路到达福清县，是年七月，密云在一个公开仪式中授予费隐付法源流、一把拂尘以及一袭法衣。八月，密云离开黄檗寺，费隐受邀到福建马峰院。但在 1633 年，他又受请回到黄檗寺担任住持。费隐在黄檗寺三年任期之后，弘化事业相当成功。1638 年，他应邀到浙江省金粟寺，1647 年再到天童寺，1650 年住持福严寺，在此期间，费隐的事业似乎达到顶峰。他行走于浙江各大禅寺之间，在丛林事务中发挥着他的影响力。正是在这个时候，他策划了引起争端的《五灯严统》，并造成了佛教界的动荡，也导致他的挫败。他圆寂于 1662 年，传下六十四位受印可的嗣法弟子。由于他的法子隐元隆琦在日本名声昭著，费隐在日本黄檗宗也受到敬重。

第二节　曹洞宗的复兴

17 世纪的曹洞宗僧人宣称他们的传承可以追溯到宋代禅师芙蓉道楷及其弟子。② 这支法脉当时活跃于中国南北两方，特别是在先后被契丹与女真族占领的北方，万松行秀受到游牧民族统治者的供养。他的一个弟子雪庭福裕，被任命为著名的少林寺住持，从而重振了曹洞宗。尽管明代早中期佛教衰微，然而从那时起，少林寺的曹洞宗传承被认为一直延续至今，没有中断。

---

① 费隐的年谱显示，由于他是福清当地人，他确实在引荐密云到黄檗山的过程中起到了作用。根据这段记录，1630 年，费隐回福清半年，便将密云圆悟介绍给当地的文人，经由费隐通容的协商，密云接受了这个职位。见费隐通容《福严费隐容禅师纪年录》，JXZ no. 178, 26：185。
② 关于宋初曹洞宗传承的纷争的细节，参见附录 2. A。

明朝末年,少林寺的曹洞僧人再度活跃起来,他们的传承也很受欢迎。湛然圆澄与无明慧经从少林寺接受传法,17世纪大多数曹洞的世系法统是衍生自这两位人物。这两位禅师吸引了大量信徒,尤其是在文人中。他们被这些文人们视为禅宗精神的复苏者而受到追捧,这在之前的禅宗界是相当罕见的。通过向才干出众的弟子传授法脉,曹洞宗的传法世系在浙江、福建、广东等地扩展迅速。

尽管临济宗与曹洞宗两派僧人皆自诩有能力自发地进行机缘问答,但如果我们比较此两宗,复兴的曹洞传承通常比临济更为保守。举例来说,在使用法脉传承扩展法系方面,曹洞宗师将嗣法门人维持在一个小团体内,他们对于嗣法门人的人选更是谨慎选择。不同于临济宗,曹洞宗的发展主要局限在东南地区。然而,这样一种选择性的策略事实上有助于曹洞宗的传承:该宗的法嗣通常熟稔于义理的研习,许多博学的文人被这种传承吸引。

很多曹洞宗僧人被卷入费隐通容《五灯严统》的僧诤,笔者将在第三部分详细说明。除了这场争论,这些曹洞宗师还与他们的同门僧侣就传法问题进行内部纷争,详见附录2.A。在这一节,笔者将对一些曹洞宗的主要人物进行简单介绍。

湛然圆澄及其法系

湛然圆澄出生在浙江绍兴府会稽县。他受戒于云栖袾宏,也师从许多禅师。在他三十岁时,有过一次开悟体验,并为袾宏所认可。与密云圆悟相似,他在浙江地区崛起,也与一些推广禅宗的著名文人如周汝登、陶望龄等密切地互动。

湛然作为一位曹洞宗禅师,以使用"本色语"钳锤弟子而闻名。[①] 这些话语来自他在上堂时讲授的公案故事。在这些仪式中,湛然经常解释公案的意义。有时候,他也会与学生自发地互动。例如,曾经有个僧人拜

95

---

① 参见陶奭龄为湛然撰写的塔铭,收入湛然的语录,JXZ no.172, 25: 663b。

访他,他问:"你行脚事作么生?"僧人于是在地上画一圆相。湛然画破这个圆,僧人敲桌子两次,湛然又重画了三圆相,然后僧人以手抹却它们。湛然云:"在此上,更转一语。"当僧人刚要说话,湛然立即向他一喝。①

湛然圆澄在祁氏家族的帮助下重建了会稽云门寺。他留下了八个活跃在浙江地区的嗣法弟子,其中以石雨明方(1593—1648)、三宜明愚(1599—1665)、瑞白明雪(1584—1641)最为著名。在某种程度上,他们都参与了1654年的僧诤,并撰写驳文批判费隐通容的传法立场。最后,他们甚至就这一争论对簿公堂。石雨明方的法子位中净符特别为僧诤之事积极奔忙,他撰写了《法门除宄》驳斥费隐通容以及临济一系僧人编辑的《五灯全书》。他也为曹洞宗编辑了一部有争议的新灯谱——《祖灯大统》,在曹洞僧人间引起了纷争(笔者将在附录 2.A 简要地讨论此书内容)。

无明慧经及其法系

另一位著名的曹洞宗禅师是无明慧经(1548—1618)。根据憨山大师撰写的塔铭,二十一岁时,无明慧经在阅读了《坛经》之后,决心出家。为了开悟,他闭关三载,最终于二十七岁证悟。接下来的二十四年里,他在山中务农,显然是效仿百丈怀海(720—814)自力更生的"农禅"传统。1598 年,五十一岁的他才受邀担任宝峰寺的住持。由于他从未像禅宗僧人那样离开家乡去游方行脚,因此他决定开始在中国的参禅之旅。在旅程中,他遇到过许多著名的僧人,包括紫柏真可。他的塔铭记载,他曾向曹洞宗祖师蕴空常忠(1514—1588)参学过。②

回到南方后,他开始公开声称是一位曹洞宗师,并率众恢复了位于江西新城县建昌的寿昌寺。然而,这项重建并非如往常般在文人们的赞助之下完成;相反,他是通过住在寺院僧人的"普请"(共同劳作)完成的。无

96

---

① 见湛然圆澄《会稽云门湛然禅师语录》卷六,JXZ, 25: 631b。
② 然而,没能发现明确提及他的法脉传承的资料。由于证据不足,费隐将无明慧经列在《五灯严统》"嗣法未详"一类。

明慧经甚至在六十多岁时，还维持着百丈的"农禅"传统，他也因此赢得了"寿昌古佛"的称号。[①]

无明慧经的禅法被誉为"单提向上一路"，他的语录尽是与学生的机锋问答。举例来说，在一次上堂的对话中，维那云："当观第一义。"无明慧经喝云："大众会得第一义么？若不会，且向第二义中荐取。"他又喝一喝。[②]

无明慧经不像密云及其弟子一样拥有众多法嗣，他谨慎地在弟子中挑选法嗣，所以他的嗣法弟子人数有限。在他的四位法子中，无异元来、晦台元镜与永觉元贤活跃于江西和福建。永觉元贤与其法子为霖道霈（1615—1702）在恢复福州鼓山寺中发挥了重要作用，鼓山寺因而成为中国东南一处重要的佛教中心，甚至今日还可以感受到鼓山对于丛林规制的影响。[③]

在 17 世纪，晦台元镜的一位法子觉浪道盛（1592—1659）特别活跃。作为一位思想家，觉浪道盛精通佛教与儒家，尝试以佛法与儒家的《周易》思想为基础，建构出一套哲学体系。[④] 他强调五行之中火的宇宙本体的地位，并确信在明清鼎革时期，为了重整秩序混乱的社会，必须依靠火的力量，纠正人们的思想，将对现状的"怨"转化为积极的力量。1654 年控告费隐通容的原告，他也是其中的一位。此外，无明慧经的弟子无异元来，在江西及广东地区也备受欢迎，我们将在下一节详述。

第三节　禅宗的进一步传播

前两节所介绍的禅师，通常被他们所开展的法脉尊为"中兴之祖"。经过几代的传法，一些禅宗法脉跨越了它的原生地，快速地传播到其他地

---

① 由憨山德清撰写的无明慧经的塔铭，收录在无明慧经《寿昌无明和尚语录》，JXZ no. 173，25：683a - 684c。
② 无明慧经《寿昌无明和尚语录》，JXZ 25：670c。
③ 关于永觉元贤的生平与思想，见林子清《元贤禅师的鼓山禅及其生平》。
④ 关于觉浪道盛的生平与思想，见荒木见吾《忧国烈火禅》。

区。一些著名禅宗人物在海外布教也值得一提。同时,明亡以后,许多著名的文人加入佛门行列并接受了既定禅师的传法。

从区域到全国再到海外

97 禅的传播,表现出一种从区域扩展到全国再到海外的清晰模式。1642 年密云圆寂之后,在接下来的整个 17 世纪,他的法系得到空前的发展。在清军的逼迫下,随着人口的内部迁移以及中国人移民海外,他的法系也趁机扩展。

费隐通容与隐元隆琦,都是黄檗山所在福清县当地人。由于这两位子孙,密云圆悟的法系在福建极具影响力。1630 年密云受请担任黄檗山住持。在他离开八个月后,费隐继承了他的职位,之后再由费隐的法嗣隐元隆琦承接他的位置。以黄檗山为根基,费隐及隐元的法子们掌管了福建当地许多寺院。

1644 年以后,当南明政权逐渐从东南沿海地区撤退到西南地区,禅宗也从东南向西南传播,迅速占据并且振兴了当地主要寺院。在所有法系之中,密云圆悟的法系在四川、云南、贵州一带繁衍极盛,经由密云圆悟的法子破山海明(1577—1666)①的努力,他们复兴了中国西南的禅宗。1627 年,破山海明成为密云的首位法子后,于 1633 年回到四川,驻锡于梁山太平寺,遵循着密云机锋棒喝的禅法,吸引大量的信徒。在张献忠(1606—1646)农民起义以及清军入关时期,破山海明的影响持续增强,并且通过丈雪通醉(1610—1693)、象崖性珽(1598—1651)等弟子的努力,他的法脉扩展到整个西南地区。中国学者陈垣对晚明到清初的滇黔佛教进行过细致的研究。根据他的统计,仅仅贵州南部的 121 位禅师中,就有110 位是属于破山海明的法系。②

在北方,禅宗的影响传到北京,引起对佛教有极大兴趣的年轻的顺治

---

① 见陈垣《明季滇黔佛教考》以及王路平《贵州佛教史》。
② 参见陈垣《明季滇黔佛教考》第三章。在云南,鸡足山是最活跃的佛教中心,在那里,似乎法脉的传承发展独立于东南地区。见侯冲《云南鸡足山崛起及其主要禅系》。

皇帝的注意。① 费隐通容的第二代法嗣憨朴性聪(1610—1666)当时正在
北京。1657 年,顺治帝在狩猎期间遇到他,并因此为禅宗所吸引。1658
年,顺治帝要求憨朴性聪推荐南方著名的禅师觐见。清朝皇帝对于禅宗
的兴趣导致了临济宗的北传:首先是密云圆悟的法兄天隐圆修的一位法
子玉琳通琇,他于 1659 年奉诏入京,并被授予"国师"称号。同时,密云圆
悟的法嗣木陈道忞也受邀到北京。这两位僧人的弟子们因而被任命为皇
家寺院的住持。

　　在无异元来的法子宗宝道独(1600—1661)的努力下,曹洞宗在广东
更受欢迎,他吸引一些年轻的文人,如 1639 年受戒的祖心函可(俗名韩宗
騋,号剩人,1611—1659)。明亡之后,祖心函可仍对新政权保持着蔑视的
态度,因此,他因文字狱受到迫害,被流放到辽宁千山。② 另一位宗宝道
独的法嗣天然函昰(1608—1685),进一步在广东扩展他师父的影响力,
1649 年,他驻锡于广州光孝寺。③ 除了道独的法系,他的法兄离际道丘
(1586—1685)与道丘的法嗣在㟃弘赞(1611—1681)将肇庆鼎湖山发展成
一个新的佛教中心。尽管他们延续了无异元来的曹洞法脉,然而,离际道
丘与他的弟子们是以严守戒律、规范传戒而闻名的。④

　　在广东所有的曹洞宗师中,石濂大汕(1633—1702)可能是最负盛名
的。他宣称接受了觉浪道盛的传法,但在觉浪谱系中,他并没有被正式认
可。石濂大汕在广州及澳门相当有名,因为他不只是一位曹洞宗禅师,也

---

① 顺治帝对佛教相当痴迷,甚至曾考虑出家为僧。某些传说甚至声称他退位后在五台山受戒。
　　对此神话的反驳,见陈垣《顺治皇帝出家》,《陈垣史学论著选》,第 482—490 页。也可参见列
　　在参考书目的孟森与彭国栋的著作。
② 祖心函可的流放,与清初官员洪承畴有关,洪氏曾是一位明朝总督,后来降清。根据王成勉
　　的研究,祖心函可在 1645 年南京陷落时受困。因为祖心函可的父亲是一位明朝礼部侍郎,
　　也是洪承畴的老师,他让率领清军南下的洪氏签发"印牌",以便离开南京。不幸的是,出城
　　时他的随身物品中发现了反清书信,他因而被拘。一年后,祖心函可被流放。参见 Wang
　　Chen-mian(王成勉), *The Life and Career of Hung Ch'eng-ch'ou*, pp. 167‑168;又见
　　Wakeman, *The Great Enterprise*, vol. 2, pp. 759‑760; Yim, "Political Exile, Chan
　　Buddhism Master, Poetry Club Founder";谢国桢《清初东北流人考》;汪宗衍《明季剩人和
　　尚年谱》;杨海英《洪承畴与明清易代研究》,第 239—248 页。
③ 参见汪宗衍《天然禅师年谱》。
④ 卜正民以鼎湖山为案例进行研究,见他的专书,*Praying for Power*, pp. 137‑158。

工于绘画和园林设计。他安居在广州长寿寺,吸引了一批明朝遗民,如屈大均(1630—1696)等。石濂大汕追随他的老师觉浪道盛,也写了几篇驳斥性的文章参与这场僧诤,笔者将在第九章简单讨论。

很显然,在清军入关之后,禅宗在中国继续发展。特别是密云的临济宗法系,享誉全国。更值得注意的是,随着明清鼎革之际的政治混乱所带来的中国移民新浪潮,禅宗进一步扩展到越南和日本。

寿尊源昭(1647—1720)是木陈道忞的弟子镶圆本犒的法嗣,临济法系由他传入越南。1665 年,他来到越南,创立了越南临济宗下的元韶宗。根据释天安(Thich Thien-An)的资料,寿尊源昭十九岁剃度。1665 年,因为清军南下,他赴越南避难。他到达平定省并创建了十塔弥陀寺,之后,在阮氏政权的首都顺化安顿下来,并建立了海幢寺以及国安寺。寿尊源昭被越南佛教传统视为越南元韶宗的开创者,因为从他那里衍生出的两支法脉主导了越南的传统佛教。经由他从中国传入越南的临济宗传承,是越南国内最大的佛教团体。①

因为石濂大汕 1695 年的到访,曹洞法系在越南也变得有影响力。在定都顺化的广南政权统治者阮福周(1674—1725)的请求下,石濂大汕于1695 年航行到越南中部。石濂大汕不仅为越南僧众举行了三坛大戒,他还使大越国王皈依,并印可国王为曹洞宗第三十代法嗣。②

凭借日本长崎与中国东南沿海频繁的贸易联系,僧人们在 17 世纪初也到达了日本。1644 年之后,越来越多具有法脉传承的禅师来到日本,传播他们的法系。在这些禅师之中,费隐的第二代法子道者超元(1599—1662)于 1651 年至 1658 年短暂地停留在日本,并与日本禅僧盘珪永琢

---

① 然而,很少有学者论及这位法师。在主要的史料中,他的名字被记作"源"或"元"。根据木陈道忞原来的传法偈,开头写的是"玄"字,由于康熙皇帝的名字包含"玄"字,所有这个字随即被避讳。他在中国的详细生平并不清楚。但越南的史料提供了一些关于他的传记信息。关于源昭的生平,参考 Thich Thien-An(释天安), "Nguyen-Thieu Zen School: A Sect of Lin-chi Tradition Contemporary with Japanese Obaku Zen", in his *Buddhism and Zen in Vietnam*, pp.148 - 161。源昭的一篇简短的英文传记,是建立在释天安的描述之基础上的,见 John Power 的 *The Concise Encyclopedia of Buddhism*, p.150。

② 石濂大汕留下一部游记,书名为《海外纪事》。

（1622—1693）①结为好友。费隐通容的首位法子隐元隆琦，或许是最著名的，因为他于 1654 年到达长崎并创建了日本黄檗宗。图 3-6 是日本画师为他画的画像。

关于隐元离开中国的动机和理由，始终有些猜测。多数学者相信，他对于明王朝的忠诚，是他下决心的一个主要因素。但也有人推测他的移民必然与其师费隐通容 1654 年《五灯严统》的诉讼有关系。② 尽管隐元是在同一年离开，并与诉讼毫无关系，但他在日本出版《五灯严统》，并且在日本史料中发现了一些其他的证据。从这个意义来说，他将僧净带入日本，而且在日本佛教中产生了一定影响（笔者将在第九章讨论该书在日本的影响）。

图 3-6 隐元隆琦的画像，原件尺寸为 138.4 厘米×60.2 厘米，由喜多元规绘，重印自《黄檗文化》（日本宇治：万福寺，1972 年）第 6 页（承蒙万福寺提供）

曹洞宗法系在日本并不彰显，直到觉浪道盛的一位弟子心越兴俦（1639—1695，也称东皋心越）1677 年在长崎登岸。由于他属于曹洞法系，所以没有受到自 1654 年以来就有坚实基础的隐元隆琦的弟子们的欢迎。随后他受邀到水户，并开展出日本曹洞宗之下的寿昌系一派。③

---

① 见 Baroni, *Obaku Zen*, pp. 34-35。道者超元是费隐通容弟子亘信行弥（1603—1659）的法子。

② 笔者已在别处澄清，他迁移到日本长崎是在不同的社会处境下，受到包括中国移民日本的新浪潮以及明忠臣郑成功（1624—1662）孤注一掷的日本乞师等因素的影响。有关细节参见拙文"Leaving for the Rising Sun"。

③ 20 世纪 30 年代，高罗佩留意到这位僧人的重要性。东皋心越也是一位卓越的音乐家，正是他把中国古琴介绍到日本。见 Van Gulik（高罗佩），《明末义僧东皋禅师集刊》；以及陈智超《旅日高僧东皋心越诗文集》。也见永井政之《东皋心越研究序说》。

士大夫"逃禅"

没有士大夫们的支持,禅宗在中国难以获得如此广泛的传播。他们中的一些人不仅是禅宗的支持者,而且成为受戒僧人,甚至在某些情况下成为嗣法弟子。在儒家世界中,这种从公共事务中退出的隐逸姿态被称为"逃禅"。不过,这并非仅是1644年以后才发生的独特文化现象。

早在16世纪50年代,由于王阳明的心学运动开启了佛教加入儒家自我修身的话语大门,一些受到启发的士人有意剃发出家为僧。他们之中最为著名的文人僧是四川的邓豁渠(1489—1578?),他曾是王阳明门人赵贞吉的追随者。1539年,他自称获得了一次开悟的体验后,便以为即使是王阳明的教学方法也不能获得终极真理。从那以后,他阅读佛教典籍,尤其是禅宗文献,并且禅修静坐。1548年,他决心剃发为僧。为了"明心见性",他斩断了与世俗社会的联系。然而,作为一名僧人,他仍然结交士人,积极参与由阳明后学组织的各种讲学活动。在其半自传作品《南询录》中,邓豁渠将自己描述为一位宋儒的率直继承者、具备魏晋玄学自由精神之人格以及唐代诗人超然诗性的后学。[①] 尽管他身着僧袍并以僧人身份游走世间,《南询录》表明他依然处在文人社群的边缘:他虽深受王阳明的启发,却又太执着于如何开悟的精神问题。他因出家为僧的激进行为,被他的一些文人朋友视作一位异人。

在邓豁渠之后的四十年,泰州学者李贽同样剃发并居住在寺院,正如前面章节中所提到的。虽然邓与李声称"出家",但他们都没有严格遵守传统的佛教戒律,很大程度上还保留了作为儒学士大夫的边缘身份。因此,身为儒家的叛逆者,他们的特立独行并未受到社会的肯定:邓悄无声息地死去,而李则死于自杀。士人出家为僧在晚明成为一种显著的社会现象,而朝代更迭正好促使更多拥有进士身份的士人遁入佛门。根据卜

---

① 参见邓豁渠《南询录》第101段,第408—409页。关于邓氏的生平和思想的详细讨论,参见荒木见悟《中国心学と鼓动の仏教》,第261—296页。

正民的研究,云栖袾宏或许是第一位身负科举功名而在 1560 年出家为僧的士人。星朗道雄(1598—1673)1637 年受戒,卜正民认为他是第一位正式遁入佛门的进士。①

这种趋势也为木陈道忞与玉林通琇的弟子茆溪行森(1614—1677)所证实。当他们在 1659 年觐见顺治皇帝时,顺治帝问起木陈道忞为什么选择出家为僧,在一旁的茆溪行森解释说:在过去的三十年中(1629—1659),仅广东一省就有许多出身文士家族的人选择出家,而且佛教在广东的繁荣甚至超过了传统意义上的佛国胜地——浙江。②

对于绝大多数受过高等教育但仕宦生涯并不顺遂的士人而言,寺院生活提供了出人头地的另一种路径。其中有许多人深受佛教文化的熏陶,对参禅也深有体会。一些人通过阅读佛经熟悉佛教义学,因此决心走入佛门。这些士人的皈依更受到禅门的欢迎。由于他们的文学素养,他们经常被指派为寺院住持的书记,负责起草信函、校正住持的文章,甚至经常充当住持的代笔。身为禅僧,他们的僧涯通常比那些缺乏教育的同侪更为成功,原因在于他们与老师的密切关系以及自身杰出的教育背景。

木陈道忞的僧涯正代表了一位文人僧的卓越之道。在他的未刊年谱《山翁忞禅师随年自谱》中,他叙述了自己从年轻的儒生成长为著名禅师的历程。③ 尽管这份年谱已经残缺不全,但它透露了木陈道忞虽然在年轻时就获得了功名,却不喜欢儒家的教学方法,对清心寡欲的佛教生活颇感兴趣。木陈道忞因为没能成功说服双亲允许他剃度,曾经两度离家出走前往寺院,最终在庐山归宗寺剃度出家。他理解的佛教出家生活需要奉献与精进,甚至精进苦行,比如素食和戒律。沿着这种思路,他认为自己通过儒学教育所获得的文学素养,对于个人的开悟并没有帮助。

102

---

① 见 Brook, *Praying for Power*, pp.119 - 126。星朗道雄出生于浙江龙溪一个富裕的家庭,俗姓林。他曾随密云圆悟与湛然圆澄学习,并成为无异元来的法嗣。1647 年,他住持四川泸州治父山。有关星朗道雄小传,可参考 ZFR：819 - 820。
② 木陈道忞《北游集》卷三,JXZ no. 180, 26：296c - 297a。
③ 这份自传可能写于顺治十七年(1660),是年木陈道忞 60 岁,自传内容覆盖了木陈道忞从 1596 年出生开始至 1640 年间人生中的主要事件。

　　然而,当他决定完全放弃文学生涯时,他的师父却说服他文学的成就并不阻碍达成开悟。从 1628 年开始,木陈道忞担任密云的文笔助手和书记长达十年。在寺院事务上以及维系密云与众多文人互动方面,木陈道忞发挥了积极作用。由于木陈道忞出色的文学才能,他与文人圈有着广泛的联系。例如,密云圆悟在浙东地区的弘化,就归功于木陈道忞与黄端伯的友谊。① 木陈道忞的自传也表明,他负责给所有密云圆悟收到的信函撰写回信,也包括涉及僧诤方面的信函。② 如果这种说法是正确的,那么密云的一些文章实际上可能是由木陈道忞代笔的。

　　木陈道忞最终获得了密云的传法,并以其文学成就而出类拔萃。当他前往北京觐见顺治皇帝时,他们讨论的议题并不局限于宗教事务。他们的对话被收录在《北游集》中,涵盖儒家哲学、书法、绘画、诗歌和文学、通俗小说和戏剧等主题。

明亡之后的文人出家风潮

　　明亡之后,特别是在南明政权消亡之后,更多进士功名的获得者与著
103 名文人如果不愿意以身殉国,就不得不考虑以遁入佛门作为降清的另一种替代选择。③ 其中,一些最优秀的知识分子成了禅门宗师。

　　清初,汉月法藏一系僧人因在其寺院收留明代遗民而闻名。例如,原来是著名南明官员之一的熊开元(法名:檗庵正志,1599—1676)即是这

---

① 在木陈道忞的自传中,他声称自己在这些邀请中发挥了作用。早在 1627 年,当他还在庐山开先寺跟随老师若昧智明(1569—1631)学习时,就已经结识黄端伯。黄端伯后来成为宁波地方官员,曾邀请密云前往阿育王寺和天童寺。根据木陈的记录,因为与黄端伯的良好关系,他曾劝说黄端伯邀请密云。

② 几篇重要的辩论文章与其归因于密云圆悟,不如说是经木陈道忞之手撰写或编辑而成。例如,1634 年秋天,密云卷入了与汉月法藏的争辩。木陈承认这些辩论文章实际是由他撰写的。他还编辑了密云的反对天主教文集《辩天三说》。参见木陈道忞《山翁忞禅师随年自谱》,第 300 页。藏于上海图书馆的《辩天三说》的一篇较早序文表明木陈道忞代表密云负责编辑这些文章。这份序文未见于由徐昌治编辑的《圣朝破邪集》通行本。这就是为什么学者推测这些文章的作者是密云。

③ 关于明清之际士人逃禅的简要讨论,可以参考赵园《明清之际士大夫研究》一书,第 289—308 页;廖肇亨《明末清初遗民逃禅之风研究》及近著。

一系僧人。熊开元于 1625 年考中进士,除授吏部给事中,又在南明隆武朝廷中担任左佥都御史。1629 年,他第一次与汉月法藏相遇,就受到汉月教法的吸引。反清失利后,熊开元于 1646 年剃度,随后成为汉月法藏门人继起弘储(1605—1672)的法嗣。[①]

另一位士人,晦山戒显(字愿云,1610—1672),同样是在清军入关后成为具德弘礼(1600—1667)的法嗣的。他年轻时是一位佛教居士,三十五岁时受戒于宝华山。1649 年,承袭具德弘礼的法脉。他因文学天赋而知名,被视为诗僧。[②] 如笔者在第九章所述,在 17 世纪 70 年代初期嗣法问题的论净死灰复燃时,晦山扮演了至关重要的角色。

更为著名的是四大画僧,他们从几位禅门宗师那里接受了法脉传承。石涛元济(1630—1708,),为明宗室后裔,[③]承袭木陈道忞门人旅庵本月(？—1676)的法脉。髡残石溪(1612—1673,法名:祖堂大杲),1638 年出家为僧,1658 年成为觉浪道盛的法嗣。[④] 八大山人(法名:仁庵传綮,1626—1705),也是出身明宗室,1648 年出家为僧,承袭曹洞宗无异元来法嗣雪关智訚(1585—1637)门人颖学弘敏(1606—1671)的法脉。[⑤] 另一位画僧,浙江弘仁(1610—1664)于 1646 年反清失败后,在福建北部出家,从无异元来的法嗣古航道舟(1585—1655)处接受法脉传承。[⑥]

南明官员金堡(1614—1680)成为天然函昰的弟子,法名澹归今释。[⑦]

---

① 熊开元与死难的金声是好友。至于他在抗清活动中的角色,可以参看徐鼒《小腆纪传》卷二四八一二四九;温睿临《南疆逸史》卷二八,第 197—198 页。关于他的小传和著作,可以参看 Lynn A. Struve, *Ming-Qing Conflict*, p.264;荒木见悟《金正希和熊鱼山》。

② 参见林元白《晦山和尚的生平及其禅门锻炼说》。关于他更详细的传记,见野口善敬《遗民僧晦山戒显について》与《晦山戒显年谱稿》。野口善敬论文的依据是日本东京大学东洋研究所藏善本《灵隐晦山显和尚全集》(二十四卷)。

③ 关于石涛的全面研究,参见 Jonathan Hay(乔讯)《石涛:清初中国的绘画与现代性》。

④ 薛锋、薛翔《髡残》。

⑤ 参看班宗华、王方宇, *Master of the Lotus Garden: The Life and Art of Bada Shanren, 1626 - 1705*。

⑥ 相关英文研究,参看 Jason C. Kuo, *The Austere Landscape*。

⑦ 金堡吸引了一些学者的注意,参见廖肇亨《金堡〈遍行堂集〉由来的明末清初江南文人的精神样式的再检讨》与《金堡的节义观与历史评价探悉》;吴天任《澹归禅师年谱》。乾隆下诏禁毁金堡著作,参看周叔迦《清代佛教史料辑稿》,第 141 页。关于金堡传记翔实的英文著作,见 Lynn A. Struve, *Ming-Qing Conflict*, pp.26 - 27, 301; ECCP:66。

金堡于 1640 年考中进士,曾做过山东地方官。1644 年以后,他几度担任南明政权的官员。在 1650 年剃度之前,他担任永历政权(1647—1661)的兵部给事期间,因为尖锐地批评政敌而深陷党争。[①] 1650 年,他被视为党争派系中"五虎"成员之一而受到迫害。之后,金堡决心出家为僧。1652 年,他成为天然函昰的弟子,后于 1668 年成为天然函昰的法嗣。身为僧人,金堡以诗文闻名,表达对明朝的怀念之情。因此,他的作品在 1775 年被查禁。在第九章,笔者将论述金堡因为一篇阐述己见的短文,陷入关于嗣法问题的论诤。除了金堡,身在广州的另一位著名文士屈大均,1650 年在天然函昰门下短暂地出家,法名一灵今种。后来仍改着儒服,并对佛教颇有批评之辞。[②]

由于南明政权撤退至贵州,随后退守云南,许多官员战败之后,拒绝投降或改事清廷。为保忠贞,他们选择出家为僧。陈垣曾研究过云贵地区二十七位此类文人雅士。其中最享盛名的是僧人大错,俗名钱邦芑(1602—1673)。钱氏曾于万历朝考中进士。明末,钱邦芑曾任云南巡抚。明亡后,他继续担任永历政权的贵州巡抚一职。当清军攻占贵州后,钱氏离开南明政权。然而,清政府迫使他改事新朝,钱邦芑别无他法,只好出家为僧。[③] 另一位地方士人唐泰(1593—1673),也在 1644 年后受戒出家,法名担当通荷。[④]

在所有的文人僧中,方以智(1611—1671)也许是逃禅士人中最为著名和最具影响力的知识分子。方以智于 1640 年考中进士,积极参与当时称为"复社"的文人政治组织。明亡之后,他参与反清运动。当为南明政权所做的一切努力失败后,为避免清政府进一步的迫害,方以智于 1650

---

① 关于他在永历政权的政治生涯,参看 Lynn A. Struve, *The Southern Ming*(《南明史》),pp. 132 - 135。

② 他于 1662 年还俗并恢复他的儒者身份。参看覃召文《岭南禅文化》,第 138—141 页。关于屈大均与佛教的关系,参看蔡鸿生《清初岭南佛门事略》,第 73—98 页;以及 Lynn A. Struve, *Ming-Qing Conflict*, p. 340。

③ 关于钱邦芑在南明的角色,参看徐鼒《小腆纪传》,第 320—322 页。涉及他活动的简要英文介绍,参看 Lynn A. Struve, *Ming-Qing Conflict*, pp. 295 - 296。

④ 由于他年轻时参访过湛然圆澄,自称是湛然圆澄的法嗣之一,因此将自己的原名由"普荷"改为"圆荷"。参看陈垣《明季滇黔佛教考》,第 200—203 页。

年披上僧衣。1653 年,方以智从曹洞宗禅师觉浪道盛门下受具足戒,觉浪道盛在明清更迭之际享有遗民僧的声誉,并且获得明遗民的青睐。方以智的法名是无可大智,他也以"墨历"或"药地"比丘而为人所知。[1]　方以智也获得了觉浪道盛的法嗣传承,因此开始了他在几座寺院的住持生涯,其中之一便是青原山。

青原山,是青原行思的僧院之起源地,1534 年之后由王阳明的追随者将之作为儒学讲会的场所而首次恢复。1615 年,这些讲会的领袖决定退出这座佛教寺院,并将其重建归还给僧众。方以智在江西担任几座寺院的住持之后,于 1664 年成功地接续笑(啸)峰大然(倪嘉庆)担任青原山住持。[2]　终其一生,方以智不愧是一位著述颇丰的作家,作品涉及哲学、语源学、训诂、地理学以及天文学和医学的西方科学知识。受到他的老师觉浪道盛的启发,方以智发展出如同卓越的中国马克思主义历史学家侯外庐所说的"火"的哲学。[3]　裴德生(Willard Peterson)称赞他与黄宗羲、顾炎武(1613—1682)皆是清初第一代思想家的代表人物。方以智在1671 年猝死,此事引起了余英时的注意,余氏推测方氏之死是一项有计划的自杀行为。不同于当时在清人征服的动乱之下临时披上僧衣又还俗为学者的这些人,方以智后来并没有恢复他的士人身份。相反地,他致力于成为一位严谨的曹洞宗禅师。他留在青原山,度过了生命中的最后七年。在那里,他不仅重建了寺院,还吸引了一批追随者。除了学术著作,方以智还编纂了一部新版的寺志,用来记录寺院的复兴,并留下了一部他的语录。[4]

---

[1]　有关方以智的英文小传,参看 ECCP: 864,同样可以参考任道斌《方以智年谱》; Willard Peterson, *Bitter Gourd*(《匏瓜》); 余英时《方以智晚节考》。

[2]　1645 年笑峰大然出家,住在江西青原山,于 1648 年成为觉浪道盛的法嗣。他的小传见《青原志略》,《中国佛教志丛刊》第 18 册,第 106—112 页。

[3]　侯外庐《中国思想通史》第 4 册,第 2 部,第 1121—1188 页。

[4]　无可大智《青原无可智禅师语录》,JXZ no.331, 34。余英时关于方以智自杀可能性的猜测,参见《方以智晚节考》。

第四节　17 世纪中国社会中的禅宗

在本书中，笔者将禅宗的变革描述为一种重构，这种对传统的"再发现"恢复了唐宋时期禅宗某些实践的古老形式。笔者的论点是：虽然禅宗传统似乎忠实于它在早期阶段的前身，但实际上来源于近期以来的知识分子和 17 世纪的社会环境。当考虑到禅宗团体的内部变革时，我们应注意到这种重构的禅宗传统根植于 17 世纪的社会文化，并被不同的知识分子和社会力量不断塑造着。在某种程度上，笔者试图描绘 17 世纪禅宗发展的轨迹。笔者所发现的是禅宗复兴从默默无闻到声名鹊起的清晰路径。这表明，禅宗的发展深受 17 世纪中国的文化与社会影响。此处，笔者在这一小节中总结了一些重要发现。

禅宗复兴的路径

晚明和清初，佛教复兴过程中禅宗传统的重构可以分为几个阶段。第一阶段，万历年间的云栖袾宏、憨山德清和紫柏真可，这三位高僧的思想和实践在当时的佛教界占主导地位。同时，教义研习的蓬勃发展以及通行佛经文本的讲学活动也受到欢迎。这一时期，三位大师相比于后来的禅师们，代表了更为融合的教法，他们倡导禅净共修、研习教义以及"话头禅"。对他们而言，法脉继承的任务被淡化，简单地重新演示公案饱受评议，通过渐修和不断的自我修养达到开悟颇受激赏。如笔者在第一章所述，在佛教复兴的初期阶段，禅宗尚未获得独特的特性及地位：僧人在没有得到其师印可的情况下声称得法，并且他们以自家的禅法自由地进行教学。

1620 年之后，明朝的最后 20 年可视为佛教复兴的第二阶段。这一时期，万历三大禅师陆续离世。引人注目的是来自临济和曹洞的禅僧取代了万历三大师而主导佛教界。简单的棒喝在禅寺中被广泛使用，"正宗"法脉传承在禅门中越发受到重视，以此应对"伪滥"嗣法带来的混乱。

其间,针对禅的理解和法脉归属问题的种种争论,发轫于斯。清朝的征服,标志着第三阶段的开始,这一阶段持续到 18 世纪早期。笔者将 1733 年作为转折点,因为这一年,雍正皇帝刊行《拣魔辨异录》用以介入佛教事务,并且公开谴责汉月一系僧人。这一事件后,禅宗丧失了活力:新的杰出禅师不再出现,语录少有刊刻,禅宗灯录也少有编辑。禅宗在第三阶段依然在发展,不过,却受到王朝持续不断的改造。禅宗寺院发展完善,禅师们也不断得到清政府的保护。然而,明末发起的法诤沦落为令人不快的争议,以至于不再反映禅宗修行的真正旨趣。相反,禅宗的表面繁荣掩盖不了它的衰落。

17 世纪结束后不久,复兴的禅宗快速沉寂,在历史记忆中几乎没有留下什么痕迹。这个现象可以从观察禅宗发展的一项重要指标——禅宗文献的产量,窥知一二。对出版在世禅师的语录作品以及再续禅宗灯录的重视,大约止于 18 世纪。僧净的热情在 17 世纪末短暂地复活,然后大约在 1694 年前后,在《正名录》编辑出版后完全消失。卜正民也注意到寺志的出版数量在 1590 年至 1640 年间激增,并在 1690 年至 1710 年间达到顶峰,随即持续下降。[①]

作为思想和社会变革延伸的禅宗

笔者对禅宗崛起的叙述清楚地表明,社会、文化和思想的变化如何深刻地影响禅宗的发展。以下这种说法并不夸张:这一重构的传统源于更为广阔的思想与社会变化,并作为他们的某种延伸而存在。这种观点有助于解释禅宗在特殊时期的崛起与衰落:当有利于促进禅宗发展的思想与社会环境不再存在,禅宗便从历史语境中退出。下文中,笔者总结了一些禅宗转型过程中最为显著的变化。

第一个值得注意的是王阳明的心学运动,这一运动激发了知识分子对禅思想的狂热。如笔者在第二章所述,阳明后学自发地支持禅宗思想,

---

① Brook, *Praying for Power*, p. 182.

认为王阳明对道德知识的直观理解与禅宗关于顿悟的叙述,可以产生共鸣。受到阳明心学的启发,他们广泛地研究禅宗典籍,有意地将禅宗解释成不拘教条形式的精神化身。正如他们在禅宗典籍中读到的一样,他们也寻求志同道合且符合他们期望的真正的禅门宗师。

第二个因素是印刷文化的蓬勃发展促进了禅宗典籍与思想的扩散。社会历史学家观察到,这一时期,私人藏书楼纷纷建立,商业印刷工作坊蓬勃发展。雕版印刷术的简易性和经济性,使许多个人和私人机构如佛教寺院成为出版者和发行者。一般的阅读大众也已形成并且有能力购买便宜的书籍。周启荣准确指出,所有这些活动都与"书籍的生产、实体化、流通、分类以及阅读"形成的"书籍的话语场域"有关,"这一场域为读者提供了多元选择"。① 这一时期,士人编辑的禅宗选集,以及使用佛教,特别是禅宗术语的儒家注疏典籍,广受读者欢迎。1590 年前后,流行印刷文化中出现了一场显而易见的禅宗热。

108   第三个因素是这一时期基于地方本土活动的复苏,带动士绅提高了对佛教寺院的捐赠。社会历史学家发现,由于经济增长和政治变化,地方士绅热衷于通过诸如向寺院捐赠的行为,塑造独立于国家控制之外的地方影响力。统计数据同样显示,明末清初是中国历史上寺院建设最为活跃的时期之一。这些研究表明,禅宗的复兴根植于地方社会的经济和制度基础。

最后,明清鼎革的政治变化对禅宗也有影响,因为一些士人加入了佛教阵营。对于他们之中的大多数而言,出家为僧是替代侍奉清代新朝统治者的一个较为合理的选择。一些著名的士大夫,如方以智、熊开元、金堡等人,获得了法脉传承,并在不同程度上参与了论辩。毋庸置疑,这场逃避现实的新浪潮,不管其动机如何,在那个时代提振了禅宗的发展。这

---

① Chow, Kai-wing(周启荣), *Publishing, Culture, and Power in Early Modern China*, pp. 154-156. 这一研究领域的最新成果,见 Cynthia J. Brokaw, Kai-wing Chow (eds.), *Printing and Book Culture*; Chia Lucille(贾晋珠), *Printing for Profit*; McDermott, Joseph P. (周绍明), *A Social History of the Chinese Book: Books and Literati Culture in Late Imerpial China*。

些由儒入禅的僧人进一步加强了禅宗与社会的联系,并且带给禅宗新的变化。

首先,士人与禅僧之间形成了一个更为紧密的团体,而杰出的禅僧逐渐士绅化。即使是那些没有深厚教育背景的僧侣,也必须致力于诸如诗歌写作、绘画、书法等文学技能,才可以与文人士大夫进行交流。从这个意义上讲,著名的禅僧只是身着僧袍的另一类文人罢了。其次,这些文人僧,甚至在受戒以后,仍然继续研究儒学,并因此将最新的思想变革直接引进佛教界。最后,作为禅师与文人结合体的文人僧觉得可以自由解释禅宗典籍,并根据自己的观点表述禅宗的历史。结果是,通过文字教育形成的文本权威与法嗣传承的精神权威结合,形成一个无缝的统一体。

明清鼎革也加速了已经开始的国内人口迁移与华人海外移民的进程,这一进程促进了禅宗的传播。一方面,随着战场的转移和南明政权由中国东南向西南的撤退,一些战败的明朝士大夫披上了僧衣,禅宗也同样由东南向西南传播。密云圆悟一系僧人在明末最为突出,在四川、云南以及贵州繁衍兴盛。另一方面,清朝在东南沿海的一系列征服活动,迫使部分人口迁徙到日本、越南、马来西亚等海外地区。禅僧随同难民和商人,继续传播禅法以及中国化的寺院生活。

清廷也表现出对包括禅宗在内的各种佛教宗派的兴趣。清朝第一位皇帝顺治帝,召请密云圆悟的法嗣木陈道忞及其法侄玉林通琇前往北京,并给了他们国家级的声望。尽管这位皇帝个人对禅宗颇有兴趣,但他的立场可以被视为整体文化战略的一部分,用以赢得与禅师和僧人有密切联系的南方士人的好感。与宗教政策相对宽松的晚明相比,清朝加强了对于佛教的思想控制。如笔者将在第六章详述的,雍正皇帝声称自己是开悟的禅者,直接介入密云与汉月之间的纷争。

禅宗的重构受到各种知识、社会、文化和政治环境的塑造和制约。这表明禅宗的复兴是一个复杂的现象。沿着这个思路,禅宗可以被视为 17 世纪知识、社会与文化转型的某种产物和衍生。不过,这并不意味着禅宗在 17 世纪的中国不重要。相反,因为所有这些因素都与禅宗关联,禅宗由此成为各种社会关系的中心。虽然这本书关注的是禅宗的内部变革,但它的一些独特之处正反映出滋养其成长并形塑其发展轨迹的社会与文化。

结　语

毫不夸张地说,17 世纪的中国佛教是一个由禅师主导的世界。在禅门中,棒喝作为禅宗修行的标志广为士人接受;法脉传承的考证,也被认为是个严肃的话题。禅宗学人从高僧门下寻求开悟,行脚遍及全国,并聚集在禅宗的大丛林中。在开悟并获得禅师的正式印可后,他们开始有资格收徒并在寺院中担任住持。明亡之后,随着一些士人和遗民加入佛教,禅宗的发展加速。同时,新的清朝皇帝也对其感兴趣,从而庇护禅宗。

110　　笔者本章中提供了一些最为重要的禅宗人物的详细资料。在笔者的两则僧诤研究中,我们将可以看到,许多人以不同的方式有所参与。因为如此之多(至少表面上声称是开悟)的禅师充塞了佛教界,而他们对于某些基础精要话题的理解有着显著的差异,于是他们质疑对手开悟经验的真实性,相互争论禅宗宗旨的意义,而这正是本书下一部分关注的重点。

第二部分

禅悟的宗旨

第四章 觉悟者之间的冲突

伴随着禅宗的复兴,各门争议纷纷涌现。中国宗教史研究巨匠陈垣先生,曾全面而透彻地研究了禅宗复兴时期的佛家论诤,并将 17 世纪禅宗标志性的法门纷争归为四类。在以下归类法门纷争的文字中,陈垣先生也流露出对部分佛教徒道德衰败的哀叹:

> 纷争在法门为不幸,而在考史者视之,则可见法门之盛。嘉隆以前,法门阒寂,求纷争而不得。纷争之兴,自崇祯间汉月藏著《五宗原》,密云悟辟之始,是为宗旨学说之争,上焉者也。顺治间费隐容著《五灯严统》,三宜盂讼之,是为门户派系之争,次焉者也。有意气势力之争,则下焉者矣。有墓地田租之争,斯又下之下矣。①

密云圆悟与汉月法藏这对师徒之间这场号称"法门第一诤"的论战,与世俗利益无关,并且显示出较高的论辩水平。因此,陈垣将密云圆悟与汉月 法藏之争列为明末清初诸多法门纷争中意义深远的上品。②

佛门中的师徒即如俗世间的父子,而密云圆悟与汉月法藏却成了辩论的对手。师父传法于弟子,则为其"父";弟子有责任护法,承其法嗣。因此,在理论上,禅教与禅修的一致性是法嗣传承关系所必需的。但是,笔者接下来会讲明:密云与汉月的师徒关系却是始于一场谈判。一方面,汉月想要从密云处得到正统临济宗的源流,但同时还希望保留发展他自己禅教的权利;另一方面,密云渴望拥有一位如汉月这般与密云自己一样资深的名僧成为他的弟子。结果就是,密云授予汉月承嗣源流,并且许

---

① 参见陈垣《明季滇黔佛教考》,第 48 页。
② 同上书,第 275 页。

可汉月秉持自己的禅道;汉月因此有条件地继承了密云法嗣,并且公开致敬密云以表明自己对密云的从属关系。他们最初勉为其难、有所保留的态度无疑为后来的论诤埋下了伏笔。汉月在自己的著作《五宗原》中阐明了他对禅教的独到见解,并且间接批评了密云。待该书刊行之后,双方便展开了数轮书信论战,信件都是甫一写成便公之于众。直到1635年汉月法藏圆寂,论战也没有结束。为了挽救禅宗佛教,并且捍卫自己师父的荣誉,汉月的弟子潭吉弘忍(1599—1638)写成《五宗救》一书。这本书引起了密云的激烈反驳,他于1638年出版了《辟妄救略说》。

本书第二部分包括三章。在这一章,笔者将笔墨集中于密云圆悟和汉月法藏对于禅的理解,并引介各种论诤的原始材料。在第五章中,笔者将主要讨论论诤的各个方面。最后,笔者将描述雍正帝对于这场论诤的干预。

第一节　汉月法藏对如来禅与祖师禅的区分

由汉月法藏的年谱可知,他能实现禅悟主要是靠自身的研习。在此期间,觉范慧洪(1071—1128)和高峰原妙(1238—1295)这两位早期禅师的作品对汉月法藏思想的形成起到了决定性的作用。汉月甚至曾经效仿高峰原妙的"闭关",以期实现禅悟。"圆相"在汉月的著作中记作一个圆形图案"○",它对修禅者来说,象征着圆满的觉悟。原妙对于圆相的使用,激发了汉月对于禅宗本源的理解。觉范慧洪的著作《临济宗旨》集中讨论了汾阳善昭(947—1024)关于临济义玄"三玄三要"的详解,直接启发了汉月的"宗旨"学说(稍后会对此详细解释)。另一部阐释"三玄三要"的著作——觉范慧洪的《智证传》,成为汉月最喜爱的讲法文本。1616年,汉月品读《智证传》并将其用于教学。1624年,汉月的弟子将他对《智证传》所作的提语另编成册,即《智证传提语》。[1]

---

[1] 关于汉月法藏对《智证传》的使用,参见长谷部幽蹊《三峰一门の隆替》,第109—111页。(译者注:该书应为《于密渗提寂音尊者智证传》,已被黄绎勋教授发现并出版,参见《汉月法藏禅师珍稀文献选辑(一)》,高雄:佛光大学出版社,2019年。另见《汉月法藏禅师珍稀文献六种》,上海:上海古籍出版社,2024年即将出版。)

汉月对于祖师禅和如来禅的区分是他的独特见解之一。[1]"如来禅"的概念出现在禅宗历史的早期,但并未得到充分的讨论。作于803年的慧能传记中记载了皇帝使臣薛简与慧能之间的一段问答,在回答薛简关于坐禅的问题时,慧能以颂扬的态度提到了"如来禅":

> 道由心悟,岂在坐也? 经云:"若言如来若坐若卧,是行邪道。"何故? 无所从来,亦无所去,无生无灭,是如来清净禅。[2]

显然,慧能是将如来禅奉为至高无上的禅教,远超传统的坐禅修行。这种禅教也广泛见于慧能的弟子。举例来说,据《历代法宝记》记载,神会"每月作坛场,为人说法,破清净禅,立如来禅"[3]。神会的弟子宗密也曾试图将五禅中最上乘的如来禅的理论系统化。[4] 据宗密说:

> 若顿悟自心本来清净,元无烦恼。无漏智性本自具足。此心即佛。毕竟无异。依此而修者,是最上乘禅。亦名如来清净禅。亦名一行三昧。亦名真如三昧。此是一切三昧根本。[5]

116

很明显,宗密把如来禅视为最高的教义。然而晚唐时期,如来禅在禅宗丛林中是一个贬义词,反倒是祖师禅彻底否定佛性的存在,并且体现了最华丽的关于超越的禅宗说辞,因而代表着最深邃的禅教。"祖师禅"一词最早见于沩山灵祐的语录:仰山慧寂(808—883)曾以这个概念区分他和师弟香严智闲(? —898)之间参禅的高下。沩山灵祐记录了以下的对话,香严以诗偈起始:

---

[1]　关于禅宗历史上的这一区分,参见参考文献中牟宗三、董群、洪修平以及张文良的著作。

[2]　参见《慧能研究》中收录的校订慧能传记,第45页。这一段内容完全收录在宗宝所编的《坛经》里。参见宗宝《六祖大师法宝坛经》,T no. 2008, 48: 359c。

[3]　参见《历代法宝记》,第154页。

[4]　参见 Broughton, "Tsung-mi's Zen Prolegomenon", pp. 11–52。

[5]　宗密《禅源诸诠集都序》,T 48: 399b.

　　　　去年贫未是贫，今年贫始是贫。去年贫犹有卓锥之地，今年贫锥
也无。仰山云：“如来禅，许师弟会；祖师禅，未梦见在。”

　　　　香严复有颂云：“我有一机，瞬目视伊。若人不会，别唤沙弥。”仰
山乃报师云：“且喜，闲师弟，会祖师禅也。”①

尽管他们的对话晦涩难懂，但是显然仰山和香严都赞同祖师禅胜于如来
禅。笔者认为仰山之所以判定香严最初的诗文代表着如来禅，是因为香
严用从“去年”到“今年”这一时间段的暗指仅仅表明了渐悟的过程。然而
香严在其后的诗文中成功表示领会禅教只需一瞬的灵感，因此仰山认为
这一段才是对祖师禅的体现。这一段机缘问答成了有名的公案，常常为
宋代的禅者诸如圆悟克勤和大慧宗杲提及，用以区分如来禅和祖师禅。
然而，祖师禅的确切含义却从未得到充分的解释。②

117　　　到了 17 世纪，汉月法藏复苏了这一话题，并且将其用作论辩工具，以
推广他的禅教。汉月有言：“参禅贵先抉择祖师禅、如来禅。祖师禅者，透
十法界之外，不堕如来之数，故曰‘出格’。”③

　　　汉月认为如来禅超越了九种法界，但仍停留在第十法界的顶部，并未
完全超越全部法界。如来禅被看作十法界之内的最高禅教，但仍需借助
语言和棒喝等带有象征意义的行为。因此，如来禅属于“格内”，受限于
界。然而，祖师禅则因其超脱尘俗，脱离“文字禅”的语言表达，也无需借
助临济宗提倡的棒喝，而代表了至高无上的佛法。汉月法藏认为正当他
的同辈们，包括他的师父密云圆悟在内，都堕入如来禅的结界之中时，他
自己才最能代表祖师禅。

　　　“格”在汉月的著作中很难定义，因为他常常用举例类推的方法解释
他的观点。然而，汉月对于如来禅和祖师禅的区分，则可以通过他在雪峤
圆信和郭凝之所编《五家语录》的序言中所举的一个例子得以澄清。

　　　在这篇序言中，汉月以一种神秘的方式讲述了他对禅教的理解：他

---

① 沩山灵祐《潭州沩山灵祐禅师语录》，T no. 1989, 47：580b。

② 圆悟和大慧的评论均收录于《潭州沩山灵祐禅师语录》，T 47：580b。

③ 汉月法藏《三峰藏和尚语录》卷六，JXZ 34：154c。

用一座九层宝塔指代佛法。他说建造这座佛塔是为了存放释迦牟尼的舍利。在第九层的顶上，用千丈旃檀香木，以比宝塔本身大数百围的结构"从空锥下"，故而从宝塔的任一层、任一角都能看到塔顶和塔底。此处汉月用整座宝塔指代"格"，塔刹的部分是"出格"。塔刹上添加了"重重宝盘"，宝盘上面还有"锐然金顶"。金顶散发出五色宝光，直射入空中，照亮人心，断绝意识。在汉月看来，这座巨塔的形象有种特殊的象征意义：九层塔身象征着佛陀"五时之教义"，塔刹则是如来禅。然而如来禅并非最高教义。正如他所描述的，祖师禅"向格外转身"，意即已经超出所有佛家窠臼了。尖锐的"金顶"则表示了祖师禅"打翻窠臼"的"直截痛快"。汉月眼中，五色光象征着"五派分宗"。在赞美禅宗五家的同时，汉月对"不能出于九级"的批评禅宗的人们表现出鄙夷之情。① 这些类比生动形象地展现了汉月对于禅宗佛教创新性的、打破陈规的理解。

第二节　汉月法藏与密云圆悟的相遇

虽然汉月对自己的禅悟很有自信，但是他有些担心法嗣继承的问题。他认为一名合法的禅师必须接受正统的法脉。他曾找到憨山德清欲承其法嗣，但不久即发现憨山门下"义学盛甚，宗旨蔑闻"②。困扰汉月的是传统观念"印可"，即从禅师处得到禅悟的认可，通常是由一位权威的禅师授予的正式认证。没有这种认证，禅悟就不能被确认为真。而传承法脉则表示获得了得道高僧的认可。

在同时代的禅师中，密云圆悟复兴了棒喝的传统，因而以临济宗最正

---

① 参见汉月法藏《五家语录序》，XZJ 119：848；Z no. 1326, 69：21a – c。汉月所作的类比遭到雍正帝的批驳，参见作者第六章的讨论。关于中国宝塔的参考资料，参见常青《中国古塔的艺术历程》；Steinhardt, Nancy (ed.), *Chinese Traditional Architecture*, pp. 109 – 120。

② 潭吉弘忍《五宗救》，《中国佛教丛书》第 6 册，第 823 页。由于潭吉弘忍的著作成为雍正帝批评的目标，雍正帝曾下令销毁，因此原版难以确认。现存版本的编者并未具体说明出处。作者猜测编者所用的版本为早期某版的翻印。关于不同版本的描述，参见长谷部幽蹊《三峰一门の隆替》，第 40—44 页。黄宗羲曾提到《五宗救》大部分为文人张岐然（1599—1664）所作。张岐然，1644 年受戒，法号仁庵济义。参见陈垣《清初僧净记》，第 127 页。黄宗羲为张岐然所作碑文，参见《南雷文定前集后集三集》（下），第 53—55 页。

宗传人的形象示人,这对汉月来说有着特别的吸引力,因为汉月最钦慕的
两位禅师——觉范慧洪和高峰原妙,都是临济宗传人。

 密云圆悟体现了临济的教学风格,并且承袭了正宗的法嗣,因而被尊
为一名临济宗禅师。此外,他还以棒喝施行闻名于世,黄端伯曾赞道:"棒
喝交驰,学者无开口处。莫不望风而靡,以为临济再来也。"①

 与将经文注解作为教学基础的晚明学僧不同,密云极少讲授佛门哲
理的奥义。据野口善敬观察,即便当时已成潮流的禅净融合,也没有出现
在他的开示当中。相反,密云圆悟展示了一种以棒喝为特征的"纯粹的"
禅教。② 正如他自己所解释的,他之所以提倡这种简单的教学方式,与他
出家前后均未受到良好的教育有关。当他接任龙池禹门寺住持之时,他
曾坦言所受教育的缺失:

119   出身本非他邦异土之人,即本邑南岳山中一介樵夫耳。况因在
  俗家寒未尝读儒书经史,脱尘年晚,又不曾备历讲筵。③

 当密云圆悟在佛教界声名渐起的时候,他愈加关心招募优秀法嗣的
问题,希望绵延法脉使声名不朽。与某些吝于颁发源流证书的禅师不同,
拥有十二位嗣法弟子的密云圆悟在传法方面十分慷慨。因此,他曾被曹
洞禅师觉浪道盛指责为"滥付非人"。④ 他的法嗣又有更多的法嗣:费隐

---

① 参见黄端伯为密云语录所作的序言,JXZ no. 158, 10:1a。

② 参见野口善敬《明末における主人公论争:密云圆悟の临济禅の性格を巡って》,第164页。
  密云对云栖袾宏的净土修行持否定态度。密云对云栖袾宏的尖刻评论,参见《密云禅师语
  录》卷一二,JXZ no. 158, 10:66a-b。

③ 参见密云圆悟《密云禅师语录》,ZH 37:15401。密云圆悟或许夸大了他对于佛教经典的无
  知。他的论辩文章显示他至少对于同时代的教义论辩是比较熟悉的,例如空印镇澄
  (1547—1617)和其他学僧,包括密云圆悟的传法师父幻有正传,关于僧肇(384—414)《物不
  迁论》的论辩。从他现存的选集《天童直说》来判断,密云圆悟精通如来藏和中观思想,甚至
  是佛教因明。参见密云圆悟《天童直说》卷五。

④ 据惟直智楷所记,密云圆悟受邀前往黄檗山时,曹洞禅师觉浪道盛给密云寄了一封信,批评
  他不加选择地招募法嗣。作为回应,密云圆悟令费隐通容和木陈道忞编辑一部新的禅宗系
  谱,即《禅灯世谱》。智楷认为正是这件事引发了后来关于传法的论辩。参见惟直智楷《正
  名录》卷一四,第210页。

通容有五十多位,隐元隆琦有二十多位(由于禅师数量上的增长,其后的论辩有一部分便是围绕如何在法嗣数量大增的同时保证传法的质量以及严肃性的问题)。在禅师的数量通过传法而增长的同时,真正合格的弟子候选人则相对减少了。因此,禅师要想找到一位能得到普遍认可的候选人就变得十分困难。所以,当汉月法藏这么一位已经拥有相当地位的禅僧来找密云圆悟并表示愿意接受传法的时候,密云乐意之至。

1624 年,金粟寺内,汉月法藏首次谒见密云圆悟。当时汉月已经五十二岁了,成名甚至早于密云。因此,这次会面对密云圆悟来说是一种殊荣。然而,从一开始,他们的关系就不太和睦、夹杂争议。

当代学者连瑞枝透彻地研究过汉月与密云的关系。连瑞枝认为他们会面的气氛并不融洽,因为他们对于临济禅教的基本认识就不同。然而,作为候选人来说,汉月实在是太受欢迎了,因此密云毫不犹豫地授予了汉月正式认证的源流。汉月对于密云过分简单的禅教十分不满,拒绝接受源流,但是汉月的弟子却暗自将源流信拂收下。根据一封汉月写给密云的信,虽然密云慷慨授予汉月源流以及其他证书,但立刻被汉月拒绝了。汉月傲慢地说,自从 1613 年他因听到竹子折裂的声音而觉悟后,就已经通透完全、毫无疑问地理解临济宗旨了。[1] 他相信他的禅法胜过仅仅使用棒喝或知解。在这封简短的书信末尾,他向密云挑战道:

120

> 　　伏乞和尚指示,三玄三要究竟是何等法? 法若相符方敢秉和尚拂,接和尚脉。如或不契,九顿以辞。此系法门大事,谅和尚亦不以佛法当人情也。[2]

此后仅仅过了三年,在汉月没能从别处获得源流的情况下,汉月最终

---

[1]　汉月的开悟经历借由他的年谱的出版而广泛流传。汉月偶感眩晕,大睡五日,忽然被窗外两位僧人砍竹子的声音惊醒。参见陆宽昱(Charles Luk)关于这段事迹的翻译, *The Secrets of Chinese Meditation*, pp. 78 – 79。

[2]　参见汉月给密云的信,《三峰清凉禅寺志》(1892 年版),ZFS 40:335。在另一封给密云的信中,汉月表达了类似的意见。参见《三峰清凉禅寺志》(1892 年版),ZFS 40:335 – 336。这封信也收录在《三峰藏和尚语录》卷一四,JXZ 34:190a。

接受了密云的法脉,但条件是要密云允许他坚持自己对临济禅的理解。正如连瑞枝所示,汉月接受密云传法的过程充满了紧张与妥协。[1]

密云与汉月之间法脉传承的过程从一开始就是尴尬而带有条件的。因为汉月已经在无锡拥有了自己的佛寺网络,并且在文人居士中极为有名,所以除了一纸源流,汉月对密云别无所求。而另一方面,密云渴盼汉月嗣法,即使这意味着他必须要在何谓最本质的禅宗宗旨上作出让步,允许汉月追求他个人的理解。密云圆悟在传法上表现出的灵活性,之后被汉月的在家弟子讥为"以佛法当人情"[2]。

这段曲折的传法经历无疑为他们日后的关系蒙上了一层阴影。作为密云圆悟的法嗣,汉月法藏理应坚持他师父的禅教。然而,汉月公开地发表他对于禅宗的与众不同的甚至离经叛道的理解。为此,密云以一系列的论辩书信作为回应。

两人之间的论战始于 1625 年汉月《五宗原》的出版。在这部著作中,汉月认为禅宗五家各有不同的宗旨,而这些宗旨都是禅师们不应忽视的。就此,他暗批他的传法师父密云圆悟——仅仅使用棒喝而不参照临济宗"三玄三要"的宗旨,是不符合真正的修禅之道的。更重要的是,汉月法藏在书中阐述了他自己的关于"圆相"的理论,并视之为宇宙的起源和所有佛家教义的来源。

第三节　你来我往的书信论战

121

根据惯例,论辩性的文章通常不收录在禅师的语录里。在密云的语录里,完全没有痕迹表明他曾经参与过如此频繁的论战。更确切地说,他将所有的论辩文章都放入另一本叫作《天童直说》的书中,此书仅在一个

---

① 连瑞枝《汉月法藏(1573—1635)与晚明三峰宗派的建立》。汉月在一封信中解释了他接受密云传法的动机,描述了他日后在《五宗原》中发展形成的一些观点。关于汉月给密云的第二封回信,参见《三峰清凉禅寺志》(1892 年版),ZFS 40:336 - 337。这封回信也收录在《三峰藏和尚语录》卷一四中,JXZ 34:190a - b。

② 参见密云圆悟《复刘墨仙居士》,《天童直说》卷三,第 30 页。

小圈子内流传。笔者曾从日本找回这本别集，图4-1所示即为卷一首页。通过阅读他的论辩文章，我们可以清楚地看到论战进行的过程。

总的来说，论战首先由汉月《五宗原》一书激起。虽然汉月寄了一本给密云，但密云并未阅读，因此并不知晓书的内容。与此同时，汉月还写了一封信寄给密云的师弟天隐圆修，分享他对于禅宗宗旨的理解。圆修立即指出汉月的观点已经背离了对临济禅的标准共识。在写信驳斥汉月的同时，圆修跟密云简要说明了汉月的文章的内容。然后，密云便开始严肃认真地阅读汉月的这本书。他发现汉月意图通过将一些《临济录》

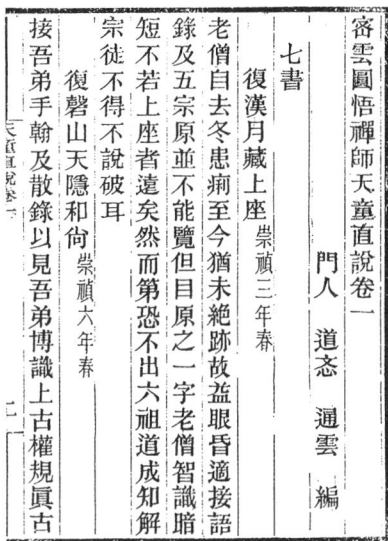

图4-1 《天童直说》的首页，ca. 1642—1643（日本东方文化学院东京研究所藏本，原藏浙江省图书馆，影印件来自日本驹泽大学图书馆）

中常被提及的词语概念化，从而将临济禅的宗旨例如"三玄三要"理论化。这种企图违背了密云棒喝才是禅悟的唯一表达的观点。于是密云连写了七封信驳斥汉月及其弟子。在这一轮攻击过后，密云及其弟子写了数篇文章回应汉月的辩驳。即使在1635年汉月死后，论战的势头依旧没有减弱。确切地说，由于汉月的弟子潭吉弘忍写作《五宗救》，论战逐步升级扩大了。密云即刻令其弟子编纂了一部长达十卷的《辟妄救略说》，予以回击。鉴于论战是以十几部论辩性文本的出版作为标志的，笔者将在下文中依照时间顺序对这些文本的内容展开讨论。①

122

---

① 这里需要注意的是，大多数据称由密云写作的文字在很大程度上都是被他最重要的弟子、密云的私人书记木陈道忞编辑过的。木陈道忞在自传中坦言，1633年秋天，他的师父发表了数篇论辩文章，通常是由他撷取师父的观点进行编写的。他特别提到密云的《天童直说》也是由他编辑的。参见木陈道忞《山翁忞禅师随年自谱》，第300页。

汉月法藏的《五宗原》

　　收录于《大日本续藏经》中的《五宗原》浓缩了汉月的禅宗思想。[1] 这部作品概括了他关于禅宗五家宗旨以及带有争议性的圆相概念的观点——圆相被汉月视为禅宗五家的本源。汉月在序言中提到,他写这篇短文是为了回应圣恩寺信众的问题。问题本身是关于他所处时代的一个普遍现象:某些禅师仅仅专注于那些只可意会不可言传的禅义,譬如释迦牟尼拈花一事,而忽略了禅宗的五家宗旨。这里所指的"某些禅师"很容易让人联想到密云圆悟,因为正是他在提倡不问宗旨的顿悟方式。

　　在回答这个问题时,汉月以强调宗旨的重要性而驳斥这个"谬误"。对他来说,没有宗旨,传法就是无效的;没有宗旨,禅悟就是不可验证的。为了说明这个观点,他以"兵符"作比:将军必须拿出帝王所赐的相契合的兵符,才能号令军队。如果两片兵符不相吻合,那么持符者就是在冒名顶替。汉月想要为弟子阐明五家宗旨,以防因宗旨失传而致使奸人冒认法嗣。[2]

　　正文以他正式所属的临济宗起始,继之以关于其他宗派的讨论。首先,他提出自己关于圆相的想法(在后来的论诤中,圆相成了最具争议的概念)。他评论道:

123
　　　　　尝见绘事家图七佛之始,始于威音王佛,惟大作一○。圆相之后,则七佛各有言诠。言诠虽异,而诸佛之偈旨,不出圆相也。[3]

---

① 《五宗原》共有三个版本:第一个以独立著作形式被收录于《续藏经》中;第二个可在汉月法藏的语录里寻得(卷一一, JXZ 34:175c - 180b);第三个是简略版,收在《三峰清凉禅寺志》(1892 年版)卷六, ZFS 40:155 - 168。笔者依照的是《续藏经》中的版本。关于这几种版本的对比,参见长谷部幽蹊《三峰一门的隆替》,第 37—39 页。

② 汉月并不是唯一一个使用"兵符"作比的人。在他之前,这个比喻被广泛运用于禅宗文学中。例如,宗密也很喜欢使用这个比喻。但是我没有找到宗密对汉月的思想产生过影响的证据。关于宗密对"兵符"的运用,参见 Broughton, "Tsung-mi's Zen Prolegomenon", pp.16 - 17。

③ 参见汉月法藏《五宗原》,Z 65:102。

此处，汉月没有清楚地说明圆相和七佛是如何具体产生的，他在著作中并无一处具体解释宇宙的起源。果不其然，这种含混不清后来成为密云圆悟和雍正帝批判的目标之一（汉月诉诸对放焰口仪式的密宗解读以填补此处漏洞，笔者在下一章节将会解释）。此外，汉月认为圆相还包含五家宗旨，他辩称圆相的不同方面分别代表了不同的宗派。第一个从圆相中衍生出的就是临济宗，汉月法藏视之为正宗，第二个是云门宗，然后是沩仰宗、法眼宗和曹洞宗。

汉月的反对者关于这段文本显露出的模糊与歧义的批判是正确的，因为他的文章确实缺乏解释和论证。他最常用的手法是从禅宗文献中摘录引用他觉得相关的文字，罗列堆砌在一处而不作深层的说明解释。例如，为了证明临济的"三玄三要"是临济宗的宗旨，他查阅了所有临济宗禅师的机缘问答，将其中提到数字"三"的内容归并一处（笔者将在第五章分析他对于数字"三"的类推使用）。他关于云门、沩仰和法眼的讨论相当简短，仅仅提到一些禅师的名句。相比之下，曹洞禅师们在当时还算显赫，因而汉月用了较长的篇幅讨论曹洞宗的宗旨，说曹洞宗的宗旨在于"君臣五位"。借用同样的类推手法，他重申曹洞宗的宗旨也是源自圆相。

汉月法藏致信天隐圆修

虽然汉月向密云圆悟寄送了一份《五宗原》，密云却没有认真对待。反倒是汉月给密云的同门天隐圆修的信引发了论战。信中，汉月重申他认为"三玄三要"是临济宗旨，并且哀叹这条宗旨已在当时的禅者中流失。他在信的开头写道：

> 粤自威音无象，一○为千佛万佛之祖。故七佛以双头独结、四法交加，勒成无文密印。而饮光传二十八代，无非以法印心。此法之不可灭没也，重矣！①

———————————

① 参见天隐圆修《天隐和尚语录》卷一一，JXZ no. 171, 25：574c。

正如他的对手们所指出的,汉月再一次地用极为模糊的语言描述了一段神秘玄妙的演化过程。

在赞颂临济的"三玄三要"为"无文密印"的真正体现的同时,汉月批评了让他看不起的"一概头硬禅、相似野狐涎"之类的禅法。即便汉月没有解释这句话的意思,贬损之意已是显而易见了。[①] 汉月所有的对手都认为这是在直接诽谤他的师父密云圆悟的简易禅道。

在这封信中,他继续控诉作为宗旨的"三玄三要"已经逐渐在中峰明本(1263—1323)之后的临济宗中丧失地位。依汉月所说,在万峰时蔚和宝藏总持之后,就没人听闻过这条宗旨了。汉月对他曾祖师爷笑严德宝的一位弟子三际广通,[②]尤其感到不满。据汉月说,三际广通想要在六祖慧能之后剔除禅宗五家。他批评三际广通不该强调《坛经》中慧能著名的偈句中的第三行"本来无一物"。[③] 汉月认为片面性地强调"空"蕴含了另一种对幻象的依赖。虽然汉月并未有意地批评慧能,他的对手们却把他的文章视作对六祖的直接攻击。[④]

天隐圆修的回信

密云圆悟的同门天隐圆修可能是第一个对《五宗原》作出回应的人。他向汉月去信数封,并且在一次开示中批评了汉月。[⑤] 在他给汉月的第一封回信中,天隐圆修警告汉月对自己的观点应该更加谨慎小心,因为在

---

① "野狐涎"一词源自一则有名的公案。百丈怀海语录中有个关于野狐狸的故事,用以指代一种浅薄的教学。关于这则公案,参见《百丈语录》,T 48:231c - 232b;《新版禅学大辞典》,第1236页。在其后的辩论中,这条一笔带过的评语被单独挑出进行批评。参见笔者在第五章的讨论。

② 他是笑严德宝的弟子,曾编辑了他师父的文集《笑严宝祖南北集》。

③ 敦煌版本和之后流行的版本,例如宗宝版之间的一个最大的不同就是慧能偈句的改变。敦煌版中,记录了两首,但是在之后的版本里只有第一首,而且第三行被改成"本来无一物"。要比较不同版本中的这首偈句,参见《慧能研究》,第284页。

④ 野口善敬提出汉月批评的真正目标可能是憨山德清和紫柏真可,他们的想法与三际广通一致。详情参见野口善敬《本来无一物は外道の法》。

⑤ 关于这次开示,参见他的《天隐和尚语录》卷一一,JXZ no.171,25:575c - 577b。

天隐圆修看来,禅宗应该恪守"一心之法",而不应再分割出什么宗旨。他还担心引入诸如圆相和宗旨这样的概念会成为禅宗弟子可能会依赖的一种实体和一种新的"窠臼"。此外,天隐圆修也完全不赞同临济宗正在衰退的看法。①

汉月法藏必定是回信了的,因为天隐圆修的语录中还收录了另一封驳斥汉月的信。很显然,汉月在回信中为自己辩护并且挑战了天隐圆修的批评,此举激怒了天隐圆修。他在汉月的信中加注了一些尖刻的判语,例如"错""不识""妄语"等,直截了当地批驳汉月关于圆相和宗旨的解读是荒谬错误的想法。② 在他开示时,天隐圆修又一次谴责汉月的理论是"执三去一",意即汉月错误地坚持"三玄三要"而摒弃了"一心"。

在与汉月进行了这些不愉快的通信之后不久,圆修写了一封信提醒密云圆悟。信中,他向密云简述了和汉月之间的论辩,并指出其中一些针对密云禅教的批评,特别是他还将汉月关于"本来无一物"的观点夸大为汉月批判六祖是"外道"。③

密云圆悟的《七书》

圆修的书信成功地将密云圆悟的注意力导向了汉月的《五宗原》,虽然密云一早便收到了这本书,但并没有认真关注过它。从 1633 年到 1634 年,密云写了一系列书信予以回应,这些书信出版后被称为"《七书》",也就是众所周知的《七辟》。④ 其中四封信是答复汉月法藏关于《五宗原》的内容。其余的信中,一封是写给"检举人"——他的同门天隐圆修的,一封是写给汉月的弟子项目弘彻(1588—1648)的,内容是关于瑞光的

---

① 参见天隐圆修给汉月的回信,《天隐和尚语录》,JXZ no. 171, 25: 575。
② 参见天隐圆修给汉月的第二封信以及他的评语,《天隐和尚语录》,JXZ no. 171, 25: 576。
③ 参见天隐圆修给密云的信,《天隐和尚语录》,JXZ no. 171, 25: 577c。
④ 一些禅僧曾怀疑这些书信的真实性。参见长谷部幽蹊《三峰一门の隆替》Ⅱ,第 9 页。

语录,还有一封是写给一位追随汉月的文人刘道贞的。①

　　这些信中,密云努力抑制他的怒气,尽量保持着对汉月法藏基本的礼貌和尊敬。他想要劝说汉月与师父的教导保持一致,不要"私有别法",希望汉月放弃个人观点。② 在其中一封信中,他坦陈自己并没有汉月那么博学,但他同时指出汉月的问题在于"好自高,卖学识以要名"的癖好。③ 密云对待他的徒孙——汉月的弟子项目弘彻可就尖刻得多了。密云嘲讽项目弘彻盲目跟从他师父的解读,全盘否定了项目弘彻关于"三玄三要"的理解。他认为从终极禅教中不能再另行分出"三玄三要"或"主客"了。④ 密云还给汉月的俗家弟子刘道贞写了一封篇幅较长的回信,批判性地评论了刘道贞的作品《圣恩问道录》。该作品详细记录了汉月的开示,但是已无现存版本可考。⑤ 密云觉得这些书信还没能完全表达他的愤恨,于是又在1634年冬天给汉月法藏写了一封信,对汉月批评他使用棒喝进行直接回击。⑥

密云圆悟的《后录》

　　汉月必定读了所有这些公开发布的书信。他写了一封回信,请一位名为济昌的禅僧递送给密云。⑦ 根据密云的说法,汉月未思悔改,仍坚持己见,并且继续谴责密云摒弃了禅宗五家的宗旨。看了汉月的辩驳信之后,密云立即回信,并且将回信冠名以"后录",与他写给徐观复(汉月的又

---

① 刘道贞来自四川,1631年到了苏州。在那里,汉月的禅教吸引了他。后来他受汉月启发而开悟,并且成为汉月法嗣。在农民起义领袖张献忠割据四川时期,刘道贞拒降殉节。关于他的简传,参见徐鼒《小腆纪传》卷五一,第546页;彭绍升《居士传》卷五一,Z no.1646, 88: 280c – 281a。

② 参见1633年夏,密云写给汉月的回信,《天童直说》卷一,第2页。

③ 参见1634年春,密云写给汉月的信,《天童直说》卷一,第5页。

④ 参见1633年夏,密云写给项目弘彻的回信,《天童直说》卷一,第3—4页。

⑤ 参见1634年秋,密云写给刘道贞的回信,《天童直说》卷一,第6—32页。

⑥ 参见1634年冬,密云写给汉月的信,《天童直说》卷一,第32—36页。

⑦ 笔者尚未找到这封信的内容。

一追随者)①和祁骏佳(祁承爜之子、祁彪佳之兄)的三封信一起公开发表。在这些信中,密云大部分在重申他之前的批判。然而1635年汉月圆寂,未能回应这些书信。②

密云圆悟的《三录》

通常被称为"《三录》"的第三部辩论文集在密云对瑞白明雪③和项目弘彻的反驳作出回应之后出版。瑞白明雪和项目弘彻坚守捍卫汉月的教导。在看了瑞白上、下两册的语录之后,密云觉得汉月的弟子没有完全回到正确的禅教上来,不但如此,他们还"务执古之名言以非老僧"。论战持续进行着,关注点投在关于"三玄三要"的解读上。

《三录》还收录了密云在汉月1635年圆寂之后所作的《驳语》。④ 这篇文章详细评论了汉月写给天隐圆修的信以及汉月的《五宗原》。文中,密云集中笔墨回应汉月对棒喝这种修行方式的批评,并重点讨论了圆相的概念。

木陈道忞的回应

127

汉月的《五宗原》立即招致他的师弟木陈道忞的回应。木陈写了《五宗辟》以批判汉月的《五宗原》。虽然这篇文章未能传世,但据与木陈同时代的董含说,他的这篇文章言辞激烈地批判了汉月及其弟子。其结果就是刺激了潭吉弘忍写作《五宗救》。⑤

---

① 参见密云圆悟《天童直说》卷二,第23—30页。

② 虽然这些书信未标明日期,密云给祁骏佳的回信提到了汉月之死,所以这些信应该是在1635年法藏死后所写。关于这封信,参见《天童直说》卷二,第37—38页。

③ 关于他的传记,参见他的语录《入就瑞白禅师语录》,JXZ no. 188, 26: 749–824。

④ 这些资料都被编入《天童直说》的前三卷中。这三篇文章又被称为"《三辟》"。

⑤ 参见董含《尊乡赘笔》卷二,收录于《中国近代小说史料汇编》第20册,第10页。关于对这篇文章的引用,见《三峰清凉禅寺志》(1838年版),ZFS 39: 126。又参见《三峰清凉禅寺志》(1892年版)卷一八,ZFS 41: 606。

潭吉弘忍为汉月法藏辩护

汉月法藏之死并未能结束这场论战。1637 年,汉月的弟子潭吉弘忍写了一部名为《五宗救》的书,再次肯定汉月法藏的教义,并且批判了密云圆悟对他师父的谴责。双方的对抗升级了。

潭吉弘忍是汉月门下的一名来自四川的僧人,后来居住在汉月任住持的安隐寺。在汉月的弟子中,潭吉弘忍以雄辩著称。[①] 根据潭吉弘忍在《五宗救》的序言中所说,写作这部长达十卷的书是他代表已故的师父汉月法藏,针对密云圆悟在师父故去后出版的辩论文集《三录》而作出的回应。潭吉弘忍的书表面上看似一部梳理脉络、简介列位祖师的禅门宗谱,主要是追根溯源地描绘了临济一脉的传承。

此书首卷包括潭吉弘忍的三篇"总论"。其后三卷记叙标准的禅宗既定源流,以七佛和西天二十八祖师起始,以临济义玄的师父——唐代黄檗希运大师作结。他在卷五至卷八中详细介绍了临济宗的各代祖师。对于其他四家,他仅作简单论述,只概述了各家最初几位祖师的生平。在每一条目之下,潭吉弘忍都陈述了他自己的想法,具体评论了一些对临济宗有重要意义的人物。从他为临济义玄和他师父汉月法藏所作的评论中可以看出,他对于密云圆悟给他师父下的判词是很不满意的。

尽管像极了一部传统的禅门宗谱,潭吉弘忍的这部作品确是论辩色彩鲜明。全书的谋篇布局突出了他师父对于各位祖师传记的解读,并与密云圆悟所作的解读形成对比。在第八卷中,潭吉弘忍描述了密云圆悟和汉月法藏之间的关系以及他们对禅宗的不同解读的起源。他引用了密云圆悟论辩文章中的语句,并作出针对性的回应。这部作品激起了密云和之后的雍正帝更为严肃认真的反击。

128

---

① 与汉月相熟的薛寀曾在他的日记中提到潭吉的辩才。参见薛寀《薛谐孟先生笔记》卷二,第22 页上。感谢司徒琳教授与笔者分享薛寀日记的相关内容。

密云圆悟的《辟妄救略说》

这一次,密云圆悟的反应前所未有地激烈:1638 年,他令弟子编了一部《辟妄救略说》。这部作品绝不是对密云之前文章的简单重复,它在结构上仿照潭吉弘忍的《五宗救》,对临济宗的法脉传承进行了概括;但它却是一部全新编撰的作品,收录了几乎所有主要的禅宗人物,还加上了密云圆悟的评注。正文部分显示书的编者是密云的弟子真启(? —1641),[①]密云可能只是为该书作序。

此书分为十卷,这似乎也是为了特意呼应潭吉弘忍的著作:密云的书也始于七佛和西天二十八祖师,但却以汉月法藏结尾,也没有提到其他禅宗四家。在每一位祖师的简单传记之后,都有密云的评注。最关键的部分是关于临济义玄的第五卷、关于密云圆悟自己的第九卷以及关于汉月法藏的第十卷。

密云圆悟在序言中总结了这场论战的过程。通过引用汉月写给圆修的信,密云声明他曾经注意到汉月的危险想法,但是并未采取行动,希望汉月能自行改正。然而当他看到汉月的弟子项目弘彻和刘道贞所写的文章时,他再也不能保持沉默了:在重读了汉月的《五宗原》之后,他出版了《三录》。鉴于潭吉弘忍的《五宗救》延续了他师父的"妄",这部长篇巨制的驳论已是箭在弦上,不得不发了。密云在序言里说道:

> 盖汉月不据自己为宗旨,直指一切,而别寻绘事家图七佛之始,威音王佛,未有出载,无所考据之。一○为千佛万佛之祖。又谓五宗各出○之一面。独临济为正。于是妄认三玄三要等名目为宗旨。硬引三击三撼[②]之类以配之。从上相传。佛法的的大意,岂不为汉月

① 作为这部如此重要的著作的编者,真启应该是密云门下极为重要的一员。然而,关于他的信息极少。据长谷部幽蹊,他是一位来自四川的僧人。1640 年,他回到四川,一年后故去。参见长谷部幽蹊《三峰一门の隆替》Ⅱ,第 17 页。

② 这个用语指的是黄檗和临济之间的三次机缘问答,临济被击打了三次。

129　所混灭。……彼此说梦，魔魅人家儿女。今其人，虽俱已报终，老僧更恐他家别个儿孙，仍落此窠窟。展转相诳，以致后世学者。忘（妄）认一○而不自悟，则灭佛灭祖灭慧命之罪，自汉月始，而老僧坐视不救，则亦老僧之罪也。故不得不略撮大端，辟其妄救者，以救之耳。①

密云在这段文字中简明扼要地指出汉月及其弟子对禅宗思想有三点误读：首先，他们认为圆相是禅宗五家的起源；其次，错误地把"三玄三要"当作临济宗旨；第三，大言不惭地宣称自己是唯一拥有正法眼的人。密云认为即使汉月和潭吉弘忍已经去世，他们的邪念魔说仍然应当接受批判，以免谬解流传。

第四节　密云与汉月两系之间的对立

密云圆悟可以说是获胜了。汉月法藏和潭吉弘忍于 1635 年和 1638 年相继去世，这是无法改变的。汉月的其他弟子，比如继起弘储，并没有将论战继续下去。而他的文人追随者，例如祁骏佳，则提议汉月法藏的书应当付之一炬，以高姿态结束这场论诤。② 据《宗统编年》，在文人们的调停下，密云圆悟于 1641 年宣布论诤结束，密云圆悟重整法门的决心亦随之偃旗息鼓。③

虽然汉月的法嗣继续将密云圆悟尊为他们的祖师，他的弟子与密云一脉之间的裂痕已经无法遮掩。清朝初年，这两派之间的论诤仍然时有发生。然而这些论诤多是关于派系利益和宗教地位，而不是思想学识方面的了。

130　密云的主要法嗣费隐通容，是为其师父辩护的一员猛将。他的同门朝宗通忍（1604—1648）曾对汉月的观点表示同情，费隐便不留情面地批判了他。与此同时，密云的另一位重要法嗣木陈道忞对汉月的主要弟子

① 参见密云作于 1638 年长至日的《辟妄救略说》序文，JXZ 114：219。
② 参见密云圆悟《天童直说》卷二，第 28 页。
③ 参见纪荫《宗统编年》卷三一，Z no. 1600，86：299b。

继起弘储很不友好,这两人也是冲突不断。虽然他们的论诤多是关于琐碎问题和个人恩怨,但也是以他们师父之间的紧张关系作为背景的。此外,17 世纪 80 年代后期,密云的弟子牧云通门也写了一些文章批判汉月及其弟子。这两派之间的对立关系甚至蔓延到他们各自所交往的文人圈。钱谦益在密云的塔铭中作了对汉月不利的评价。作为回敬,汉月的弟子立即请钱谦益的对手黄宗羲为师父作碑文。黄宗羲在碑文中赞扬了汉月,并且抨击了密云的禅风。笔者将在下文中进一步讲述这些事件。

费隐通容对战朝宗通忍

汉月的名望为他在禅宗丛林中赢得了不少同情者,密云圆悟的法嗣朝宗就是其中之一。朝宗通忍先于 1627 年师从汉月,后在 1640 年转投密云门下并获得嗣法源流。因为通忍曾受汉月的影响,所以他倾向于理性地研究临济宗旨"三玄三要"。1634 年,密云给他写了一封信,批评他的这种"错误"的倾向。[①]

朝宗通忍显然并未改变自己的想法。他不仅称赞了汉月关于"三玄三要"的解读,还批评了费隐通容一些对公案所作的评语,特别是费隐发表于 1634 年的《源流颂》(这是他在接受法嗣承接的源流时所作的一篇程式化的颂词)。[②] 此外,他还对大慧宗杲表示深切的仰慕之情,希望能继承他的法脉。费隐通容代表他的师父强烈谴责了朝宗通忍。[③] 1640 年,费隐写了《金粟辟谬》,[④]其中详细阐明了他和朝宗通忍的论诤。

在这篇文章中,费隐认为朝宗通忍对汉月的宽容是在间接诋毁密云和他自己。对于朝宗通忍对大慧宗杲的赞美,费隐则指出大慧宗杲并不像他的师兄虎丘绍隆那样继承正统,他自己是旁逸斜出的一支。因此,通

---

① 密云的年谱提到了这封信。参见 1634 年的记载,JXZ no.158, 10: 83c。根据费隐通容,密云也写了一封信批驳了朝宗通忍。数封密云现存的信证实了他曾写过那封信,但信已不存。参见密云圆悟《密云禅师语录》,JXZ 10: 45a, 47b。

② 参见费隐通容《费隐禅师别集》卷三。

③ 参见忽滑谷快天《禅学思想史》,第 773—774 页。

④ 参见费隐通容《费隐禅师别集》卷四、五、六。费隐时任金粟寺住持,因而被称为金粟大师。

131 忍舍弃密云所属的虎丘绍隆所传正统宗脉是十分愚蠢的。朝宗通忍写了
    一系列文章，对费隐进行反击。1644 年，费隐以另外两篇文章回应，即
    《规谬见长老》和《再规谬见长老》。①

密云、汉月塔铭之争

    密云圆寂之后，如何在塔铭中对其一生进行恰当的评价总结成了临
济宗弟子需要讨论的一个问题。根据陈垣的研究，围绕密云圆悟的塔铭，
曾发生过两起争论。第一起发生在密云刚刚圆寂之时。木陈道忞将他师
父的源流授予了几位和他一同在密云门下学习过的僧人，这些僧人都是
在密云生前没有机会得到认可的。然而，费隐争论道：源流的颁发应当
从严从谨。他坚持只在师父的塔铭中刻录十二位正式法嗣的名字（笔者
在附录 2.C 中简述了此次争论）。第二起争论发生于 1659 年，当时木陈
道忞邀请了著名文人钱谦益为密云作新的塔铭。

    钱谦益(1582—1664)是江南地区最著名的文人。② 观其一生，他的
文学作品，暂不论其文学价值，记录了佛教复兴的诸多方面。其中许多作
品都显示出他与佛门大师的广泛联系，与他交游的高僧有紫柏真可、云栖
袾宏、憨山德清、蕅益智旭和雪浪洪恩等。在这些僧人中，他将憨山德清
尊为他真正意义上的师父。在生命的最后几年，他与佛门特别亲近，并致
力于憨山德清全集的编纂和《楞严经》的研究。③ 他与曹洞大师们也保持
着密切的关系，特别是与无明慧经的法嗣们，例如表明效忠明室的觉浪道
盛和天然函昰。④

    偏好精细教义研究的钱谦益对于当时诸如棒喝的禅修之道持批评态
度，蔑视地加诸"伪禅""狂禅""魔禅"和"盲禅"的标签。他对汉月特别抱

---

① 参见费隐通容《费隐禅师别集》卷七。
② 有关钱谦益的传记，参见 ECCP: 149 - 150。又可参见连瑞枝《钱谦益的佛教生涯与理念》。
③ 1657 年钱谦益亲自编辑了憨山德清的文集并为之作序。关于他对《楞严经》的评注，参见
  《首楞严经疏解蒙钞》，XZJ，vol. 21。
④ 参见吉川幸次郎《居士としての钱牧斋》。

有敌意,将汉月的禅教列为当时的"三妖"之一。[①] 然而,清朝建立后,他和密云的弟子木陈道忞以及汉月的弟子继起弘储都保持着不错的关系。[②]

钱谦益接受了木陈道忞的请求,为密云写了一篇新的塔铭。然而,由于他个人对汉月法藏的厌恶,在密云的塔铭中他极为不快地提到了汉月。钱谦益的评论激起了汉月弟子不悦的回应,反击者中包括继起弘储和在浙江有一定影响力的檗庵正志(熊开元)。为了还击因投降清朝而名声受损的钱谦益,继起弘储请他的劲敌——明朝遗老黄宗羲,为汉月作新的塔铭。[③] 由于黄宗羲和汉月一脉的关系特别亲近,他在新塔铭中对汉月致以最崇高的赞颂。[④]

132

木陈道忞对阵继起弘储

清朝初期,密云圆悟和汉月法藏之间的论净逐渐演化成两个宗派之间的敌对状态。因此,他们各自的主要弟子——木陈道忞和继起弘储之间的关系也变得十分紧张。当时发生了两起事件。第一起与上海图书馆所藏的一件珍本——继起弘储 1651 年到 1652 年间编成的《树泉集》有关系。1651 年,宁波舟山的反清起义遭到镇压,许多效忠明朝的人都就

① 另外"二妖"分别是天主教,以及谭元春(1585—1637)、钟惺(1574—1624)建立的竟陵派。参见钱谦益《列朝诗集小传》集四卷一二"谭元春"条。又参 Darryl Cameron Sterk(石岱仑),"Chan Grove Remarks on Poetry by Wang Shizhen", pp. 117-119;连瑞枝《钱谦益的佛教生涯》,第 331—334 页。

② 他与木陈道忞的关系在所谓的金粟山第二次密云圆悟塔铭之争之后开始恶化。参见连瑞枝《钱谦益的佛教生涯》,第 334—338 页。

③ 虽然钱谦益是第一批在南方自愿投降清朝的明代官员,有新的证据表明,他仍旧参加了一些反清复明的活动。由于他的秘密反清行为,他被卷入好友黄毓祺一案中,并在北京狱中度过了一年。参见王钟翰《柳如是与钱谦益降清问题》,第 412 页。又参陈寅恪《柳如是别传》;Frederic Wakeman(魏斐德),The Great Enterprise, vol. 1, pp. 595-598。

④ 参见陈垣《清初僧净记》,第 34—42 页。又参山口久和《黄宗羲三峰禅师塔铭考》。黄宗羲对于佛教一直是持批判态度,想把儒家中的佛教影响都清理出去。然而,他与僧人们都保持着友好的关系。例如,他曾写过一篇短文试图解决唐代两位道悟之谜(笔者在附录 3 中有详细分析)。关于黄宗羲的传记,参见 ECCP: 351-354。

义了。因为木陈道忞和继起弘储与这些人都有着紧密的联系,清廷传召他们对质。由于个人原因,此二人不能融洽相处,因此,当继起弘储出版《树泉集》时,他在书中自封为"真佛",木陈道忞便指责弘储"欺世盗名"。①

第二起事件的导火索更是微不足道。根据陈垣的说法,争论始于海盐金粟寺内悬挂的一块牌匾。当费隐通容在那里做住持时,一位文人写了"密云弥布"刻于匾上。因为包含了密云的名字,这四字便成了一个抬升密云一脉的绝妙双关。然而,当1661年汉月法藏的弟子继起弘储任金粟寺住持之后,他便以"亲闻室"三字替换了原来匾上的四字,并且以"三峰真子"为印,表明他汉月法嗣的身份。对于一些密云的法嗣来说,这种修改是在公然挑衅密云的权威,所以这块牌匾必须移除。于是木陈道忞带头写了《金粟反正录》《杜逆说》以批驳弘储。②

牧云通门的参与

17世纪后期,五篇论辩文章的发表重新点燃了论净之火。密云的十二位法嗣之一,牧云通门(1599—1671)大约在1662年写下一些非常严厉尖刻的文章。他的弟子们在1671年将这些文章刊印。③ 陈垣认为,这些文章不仅是针对汉月,还攻击了他的弟子继起弘储。牧云通门声称在密云圆悟公开谴责汉月法藏之后,继起弘储仍旧执迷不悟地追随他的师父而蔑视他的祖师密云圆悟,因此,他认为汉月和继起都是"魔"。

牧云通门写了这些文章,出版它们的则是天笠行珍(1624—1694)。

133

---

① 参见陈垣《清初僧诤记》,第48—55页。
② 《金粟反正录》已散佚,但其序言收在木陈道忞的《布水台集》卷六,JXZ no.181, 26:334b。关于《杜逆说》,参见《布水台集》卷二四,JXZ no.181, 26:403a-b。他还给继起弘储写了一封信表达他的不满。关于这封信,参见《布水台集》,JXZ no.181, 26:418c-419c。又参陈垣《清初僧诤记》,第42—48页。
③ 颇具煽动性的标题——《叛师》《讐祖》《恶狡》《悯愚》和《摄魔》,揭露了这些文章的论辩本性。据陈垣,这些文章合称《五论》,收于牧云通门的《懒斋后集》卷六。笔者并未找到这些文章,本书中所作的解释都是基于陈垣的研究。参见陈垣《清初僧诤记》,第56—62页。

天笠行珍隶属临济大师天隐圆修门下,①他与汉月一脉的僧人向来不睦,与雨山上思(1630—1688)②尤其不和。他们曾为如何理解某些公案而陷入争论。于是天笠行珍写了《杜邪说》,雨山上思则写了《正辩录》加以反驳。③

由于关系不睦,当牧云通门的《五论》付梓时,许多汉月的弟子都认为文章是天笠行珍用以攻击对手而捏造的。例如,1690 年檗庵正志(熊开元)的俗家弟子钱陆灿(1612—1698)写了《辨魔须知录》传播这一假设。④钱陆灿指责天笠行珍冒用通门之名编造《五论》。更重要的是,因为天笠行珍是由汉月弟子项目弘彻剃度的,所以他实际上是汉月一脉的剃度弟子。根据钱陆灿的说法,天笠行珍对汉月发起的这一波攻击,实属非难先祖的"邪魔"行径。根据钱陆灿的记载,由于这些文章贻害无穷,文章的印版全部毁于 1688 年农历五月二十三日。

结　语

阅读这些长篇巨制的论诤文本实在是一大挑战。这些文字并非用优雅简洁的文言语体写成,也没有围绕明确的中心论点而经精心组织安排。论诤文本主要是针对对手所提出的具体观点进行回击的文章——无论多么琐细,也要一一驳回。作者会根据对手的文章结构行文,因为这种辩论的"艺术"包含着对论敌每一个词语的攻击。

密云圆悟及其门下弟子显然是深谙此道的大师。他们经常引用禅宗

---

① 他的师父是杭州理安寺的箬庵通问,天隐圆修的法嗣。理安寺由箬庵通问的剃度师父法雨仲光(又名如嵩,号佛石,1569—1636)振兴。天笠行珍在夹山寺做住持时,曾在康熙帝南巡时受到接见。他还曾四次任理安寺住持。他在理安寺的法嗣迦陵性音(1671—1726)后来在北京柏林寺成名,受到雍正帝和乾隆帝的护持。关于他的传记,参见《理安寺志》,ZFS 77：232‐239。

② 雨山上思的师父是其德弘礼的法嗣巨渤济恒(1605—1666)。雨山也曾在康熙帝南巡时受到接见。关于他的传记,参见 ZFR, p.36。

③ 关于他们的论诤,参见长谷部幽蹊《三峰一门の隆替》Ⅲ,第 137—138 页。

④ 关于这篇文章,参见《云林寺续志》卷五,ZFS 62：279‐283。关于钱陆灿的传记,参见 ZFR, p.1057。

著作中的语句为自己的论辩文章进行修饰润色。他们的对手即使出现了些微小错误,也会激起他们长达数页的回击。重复性是这些论辩文章的另一个特征。虽然他们还不至于重复使用同样的语词,但是这些作者们会在整篇论述中不断复述同样的观点,使人难以理解他们的全部意义。

134

尽管如此,如果将这些论辩著作弃之不顾,就会忽视它们的价值——这些文本能够体现当时宣称实现开悟的禅师们的共性。所有这些禅师都相信开悟明心会产生无限的精神权威,这不仅能促使一位僧人宣称获得最为正确的禅义,还能让他判断、评估和批评其他僧人对于禅的解读。因此,禅师们的论辩作品中充斥着尖酸刻薄的言辞、胡搅蛮缠的指责以及不顾脸面的自我吹嘘。毫不夸张地说,17 世纪禅宗的一个面向就是"开悟者"的"傲慢"(the arrogance of the enlightened mind)导致了论战、争端甚至对传统法脉宗谱的蓄意改动。需要注意的是,仔细阅读这些"无聊"的文字材料,能够揭示当时佛教徒们最关注的焦点问题。在下一章中,我将考察由这些论诤生发出来的议题。

第五章　理解的分歧

密云与汉月论诤的关键点在于对禅悟的勘验：禅悟本是一种个人主观体验，那么禅师依据什么来判定禅悟的真实性呢？对于17世纪的禅宗来说，如何确认禅悟是一个意义重大的问题。密云圆悟重新提出将"机缘问答"作为实现顿悟的途径。"机缘问答"是师徒间通过非理性的口头表达和身体动作的实时交流。这种追求顿入真际的方法，依密云圆悟之见，要在师徒双方通过"棒喝"打消认知思维（cognitive thinking）之时才得以生效。对于汉月法藏而言，"棒喝"仅在学生透彻理解"临济宗旨"的层面上才具有意义。因此，论诤即以临济宗创始人临济义玄的禅宗宗旨为中心展开。

在这一章，笔者将重点讨论他们论诤中的三个焦点。第一点，如何通过可察可辨的标准，诸如禅的宗旨，来评定"悟"这一主观体验？第二点，如何理解汉月法藏提出的"圆相"的意义？第三点，当棒喝运用在机缘问答中时，对于棒喝所表示的含义，师徒间是如何达成共识的？

第一节　禅悟主观体验的客观化

修禅的人认为禅悟从根本上就是个人主观的体验，公众无法直接观察。僧人要声明自己已经悟道，那么他的禅悟经历必须以一种能够使同道观察评价的方式呈现。那么问题就来了——我们需要合适的标准来判定禅悟的真实有效性。密云圆悟以"契"作为标准，师徒间是否"契"在机缘问答的过程中是明白易辨的。他还认为禅宗五家共同遵循同一宗旨，没有差别。然而对于汉月法藏来说，确定是否获得真正的禅悟，其根本在于宗旨，而禅宗各家都有自己独特的宗旨，各家的宗旨是不能混为一谈的。

临济宗旨

由于临济宗的创始人临济义玄并未充分阐明不拘成法的宗旨,临济宗的宗旨成了密云圆悟与汉月法藏之间论诤的主要问题。[①] 临济的语录《临济录》在塑造密云圆悟一脉的禅宗传习上起到了重要作用。密云圆悟认为《临济录》恰如其分地表达了他个人的禅学思想。他对于早期禅文本的重视同样也影响了他的法嗣。例如,隐元隆琦抵达日本之时,日本僧人即刻发现隐元那大部分承袭自密云圆悟和费隐通容的禅教,主要依托于对《临济录》而非宋代《碧岩录》的解读。[②]

《临济录》作为最早的禅宗语录之一,对语录发展成为一种文学体裁起到极大的推动作用。[③] 正如《临济录》里所展现的,临济的禅法以对棒喝的广泛应用为特征。棒喝的使用,意在阻断思维定式,触发实时灵感。这种禅的思想否定了任何阐释禅法宗旨的企图。然而临济仍旧留下了一丝对宗旨解读的痕迹。在一次开示中,临济曾给出了以下语句,但并未多作解释:"一句语须具三玄门,一玄门须具三要。"[④]这就是后来被称为"三玄三要"的禅法,其弟子将之发展成为临济宗旨。

在将"三玄三要"奉为临济宗旨的人之中就有汾阳善昭(947—1024)和觉范慧洪。[⑤] 在禅宗历史上,汾阳善昭以使用公案教导弟子的先驱而闻名。他著有《颂古百则》,书中评论了许多则禅学著述中可考的、有名的

---

① 临济义玄是黄檗希运的弟子。离开黄檗希运之后,临济弘法于河北镇州。有关临济的传记,参见 Yanagida Seizan(柳田圣山),"The Life of Lin-chi I-hsüan"。

② 参见 Baroni, *Obaku Zen*, p.86。Baroni 注意到隐元时常讲授《临济录》。

③ 《临济录》最早的版本出版于 1120 年。关于《临济录》的版本研究,参见张伯伟《环绕〈临济录〉诸本的若干问题》;Albert Welter(魏雅博),"The Textual History of the *Linji lu*"。了解语录体的大致情况,参见 Yanagida Seizan, "The 'Recorded Sayings' Texts of Chinese Ch'an Buddhism"。

④ 参见《临济录》,T 47:497a。参见 Burton Watson 对此句的英译,*The Zen Teachings of Master Lin-chi*, p.19。

⑤ 参见慧洪《临济宗旨》,Z no. 1234,63:167 - 169;汾阳善昭《汾阳无德禅师语录》,T no.1992,47:594 - 628。特别是第 597—598、603 页。原文英译参考 Keyworth, "Transmitting the Lamp", pp.169 - 188。

机缘问答。对临济义玄的"三玄三要",汾阳善昭作了特别详细的说明。他认为"三玄三要"不能仅仅作为书面理论来理解,宗旨应当被视作一种实现禅悟的手段。他曾颂道:

> 三玄三要事难分,
> 得意忘言道易亲。
> 一句分明该万象,
> 重阳九日菊花新。[①]

在汾阳善昭阐释的基础上,慧洪写作了《临济宗旨》,具体描述了他对这一至关重要的教义的理解。他指摘一些禅师忽略了禅宗各家的宗旨,认为与其将"玄"和"要"拆分成修行者所要经历的不同阶段,不如说这一教义是用来勘验弟子的工具。[②]

汉月对宗旨的理解

早先曾提到,汉月法藏深受觉范慧洪关于临济禅教义的著作的影响,并迫切想将他所认定的宗旨发扬光大,目的即为提供一种测试弟子的标准。对于他的同辈完全抹杀宗旨在禅悟中所起作用的趋势,汉月法藏深表忧虑。他同辈中的流行观点认为:一个真正的修禅人应该直接回归到六祖慧能和释迦牟尼佛那里去获得真实的禅悟。[③] 而汉月法藏则认为,禅宗五家各自缤纷的宗旨才是弟子们获得最终禅悟的必经之路。

汉月将禅法的传承分为两个方面:个人自悟和师父传法。他曾总结 138
道:"得心于自,得法于师。"[④] 为了区分这两个方面,汉月否认了老师在禅

---

① 参见汾阳善昭《汾阳无德禅师语录》,T no. 1992, 47:597b。此处原文英译改编自 Keyworth, "Transmitting the Lamp", pp. 172-173。

② 慧洪特别谴责了一位名为荐福承古(970—1045)的云门禅师。参见吴立民《禅宗宗派源流》,第293—295页;杨曾文《汾阳善昭及其禅法》。

③ 汉月法藏曾为临济宗作颂,名为《济宗颂语》,收录在《五宗原》中,Z 65:108。

④ 参见汉月法藏《五宗原》,Z 65:106c。

悟中的必要性。他认为师父仅需通过宗旨确认弟子是否悟道。然而,有两种错误的修行可能出现。第一种是将接受师父的传法作为获得禅悟的唯一方式,因而失去自悟的机会。另一种错误的倾向是只依靠自悟,忽视通过与禅宗宗旨相一致的勘验而进行的传法。汉月曾抱怨:"后之悟心豪杰,欲抹杀宗旨,单存悟见也。"①换言之,应当鼓励与禅宗宗旨相符的传法。可是汉月不得不哀叹,在他的时代,禅宗的法嗣传承和宗旨理解却是分开的。

汉月在《五宗原》的附录《传衣法注》里阐明了这种区分。在文中,汉月指出传法衣原本象征着宗旨的传承,但在六祖之后便中断了。他引用了释迦牟尼传法于摩诃迦叶的事迹:在多子塔前,释迦牟尼授予摩诃迦叶"正法眼藏",并将"金缕僧伽黎衣"一并传给摩诃迦叶。这段故事可能是由《天圣广灯录》的作者创作的,②曾出现在许多禅宗史料中,表明传法衣是传法的象征。同时,汉月也注意到《坛经》里记载的,当五祖弘忍传法于六祖慧能之时,法衣已经不再重要。弘忍曾向慧能解释:

> 昔达摩大师,初来此土,人未之信,故传此衣以为信体,代代相承……衣为争端,止汝勿传。若传此衣,命如悬丝。③

这段话暗示了早期禅宗历史上关于传法衣的争议的出现,不少学者业已注意到这一点。④然而,汉月又赋予了法衣新的意义,对他来说,法衣象征宗旨。他摘录了菩提达摩的话为证:"内传法印,以契证心;外付袈裟,以定宗旨。"⑤

139

---

① 参见汉月法藏《五宗原》,Z 65:107c。

② 参见 Foulk, "Controversies Concerning the 'Separate Transmission'", pp. 253 – 258。

③ 参见宗宝《六祖法宝坛经》,T no. 2018, 48:349a – b。原文英译改编自 McRae, *The Platform Sutra of the Sixth Patriarch*, p.35。

④ 这段文字仅见于德异和宗宝的版本。参见《慧能研究》,第 287 页。关于法衣的作用,参见 Admek, "Robes Purple and Gold"。

⑤ 参见汉月法藏《五宗原》,XZJ 114:211。这句话最早见于《宝林传》中的二祖慧可传记。关于此句的另外一种英译,参见 Foulk, "Controversies Concerning the 'Separate Transmission'", p.232。

这种对"心"与"宗旨"的区分，正与汉月以心悟道、以宗旨传法的观点吻合。然而他却发现，六祖之后，很多僧人自己开悟了，法衣的传承却未能继续，再度强调了法衣的重要性。汉月反对传法嗣书，即"源流"的广泛使用。[①] "源流"只记录了一系列人名，上面没有任何关于宗旨的象征。图 5-1 所示为费隐通容 1637 年授予隐元隆琦的"源流"。

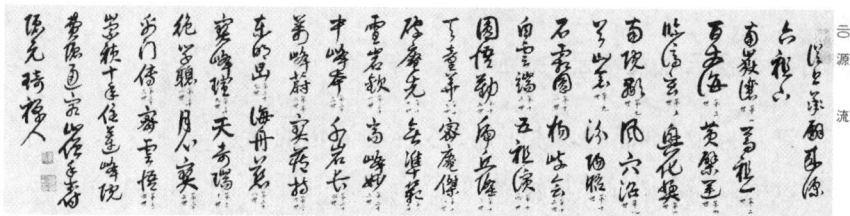

图 5-1　隐元隆琦的源流，1637 年（翻印自《黄檗文化》第 20 期，日本宇治：
　　　　　万福寺，1972 年，第 32 页，由万福寺提供）

汉月法藏的弟子潭吉弘忍曾用一则寓言，进一步阐明汉月关于传法和禅宗宗旨之间关系的观点。潭吉弘忍讲述了一个将死之人和他儿子们的故事，笔者引述如下：

> 譬夫多男之人，病且死，以其券付诸子曰："吾少子多在外，惟此可以验之；与券合者，即吾真子也。"诸子受命，于是展转相验，而误托舍于邻人。彼邻人者，据其舍，焚其券。凡诸子之远游还者，皆拒而绝之。乡党不为怪，朋友不为异。何则？久假不归，其所来渐矣。夫济上之纲宗，券也；祖宗之源流，舍也。自兴化至雪岩、高峰二十余世，即展转相验之真子也。三峰先师，即真子之远游而后还者也。呜呼！彼邻人者，吾不忍言矣。[②]

故事中那位可鄙的邻居明显是指向密云圆悟了。正是这位当时的临济宗

140

---

① 传法嗣书的称谓随时间而改变。宋代时称为"嗣书"，晚明时称为"源流"，根据尉迟酺的说法，现代称为"法卷"。详细参见笔者的文章"Building a Dharma Transmission Monastery"。
② 参见潭吉弘忍《五宗救》，第 683 页。（译者注：《普慧大藏经》本第 73 页，重印本第 303 页。）

名师,才能有颁发传法嗣书的资格。正如汉月法藏和他的弟子潭吉弘忍所阐释的,真正的权威源于临济宗旨,绝非仅仅一纸证书。两者结合才能确证传法。这一独到的解读完美地结合了禅宗的两个方面:个人亲身的禅悟体验和师父传法的中介。通过师父发起的与禅宗各家宗旨相应的勘验,修禅者得以设定一套客观化的印可标准,避免相对性和主观性的隐患。

汉月批评密云以及密云的回应

汉月的详解含蓄地攻击了他师父密云圆悟的禅是"一橛头硬禅",因为密云毕生都在倡导使用棒喝,而忽略了其他更精细得体的传道方式。汉月在写给他的法叔天隐圆修的信中曾用到了"一橛头硬禅"这一用语,天隐圆修十分介意这一说法并写信反驳他。[①] 据笔者所知,汉月是禅宗历史上唯一将这个词赋予确定含义并使用的人。另一次他用到这个词,是在提及唐代两位禅宗大师——洛浦和兴化的禅悟体验的时候。汉月评论说,这两人在被他们的师父夹山善会和大觉"擒下而去缚"之前,"有一橛硬禅之主宰,所以才问便喝",并笃信这种方法才是真正的禅道。[②]

在这一用法中,"一橛硬禅"比"一橛头硬禅"的含义更加明确,具体指完全不考虑情境、一味肤浅地"喝"的禅道。通过查阅禅宗文献,我们发现禅师们经常将"一橛"用作贬义,表示对禅道的理解比较片面。据笔者所知,雪窦重显(980—1052)是第一个使用"一橛"的,这在《碧岩录》中有所记载。在评论云门文偃关于"如何是一代时教?"的回答时,雪窦补充道:"韶阳老人得一橛。"[③]圆悟克勤借用这一说法,时常用以指代那些尚未理解最高禅法的人。此处"一橛"的意思是看起来像棍棒的一截断木。[④] 汉月所创造的一系列词——"一橛禅""一橛硬禅"和"一橛头禅"都明显与之保持一致。

---

① 这封信引起了密云圆悟对汉月法藏《五宗原》的注意。在接下来的回信中,密云圆悟完全否定了汉月对宗旨的解读。参见密云圆悟《天童直说》卷一,第 2 页。

② 参见纪荫《宗统编年》卷一四,Z 86: 171a。

③ 参见圆悟克勤《碧岩录》卷一四,T 48: 154c。

④ 参见《新版禅学大辞典》,第 40 页,密云将"一橛"误作"一镢"。见密云于 1634 年春写给汉月的信,《天童直说》卷一,第 29 页。

由于汉月经常引用临济语录中的"三玄三要",密云圆悟便试图把它解释得不那么重要。他将"三玄三要"视为临济所设计的用来教导修禅者的权宜之计。密云认为宗旨是不能作为获得禅悟的手段而使用的。[①]使用宗旨的真正目的是实现终极,用密云圆悟的话说,是个人的"本色"。而他对于"喝"的使用也是权宜的。密云曾引用临济义玄"有时一喝不作一喝用"[②],并指出"喝"的含义微妙,与仅仅发声是有区别的,因而他认为不应将"三玄三要"视作真正的宗旨。

密云对汉月法藏最严厉的指控是称他为"知解宗徒"。在禅宗历史上,"知解宗徒"一词常指对禅有某种错误理解的人。知解宗徒不能脱离教义研习而理解禅意,他们试图用寻常知识去理解不可言喻的禅法。这些人易于将禅过度理论化,而禅本身是排斥说明解释的。尽管对禅宗的发展作出了巨大贡献,神会(684—758)和他的追随者宗密(780—841)被后世许多禅师定性为知解宗徒,因为他们曾强调了"知"在修禅时的重要性。[③]这是一种曲解,因为宗密选用"知"一词代表如来藏的功能和本质,意为"知觉"而非"知识"。[④]然而,宗密的对手不仅制造了知解宗徒的概念定式,并且将这一说法编入宗宝版的《坛经》——文中慧能训斥神会是"知解宗徒"。[⑤]"知解宗徒"一词与神会、宗密的联系反映出晚唐宗教形势的转移——积极支持顿悟说的洪州宗取代了神会一脉,成为新的正宗。[⑥]

---

① 参见密云圆悟《天童直说》卷三,第 10 页。

② 参见临济义玄《临济录》。原文上下文如下:"有时一喝如金刚王宝剑,有时一喝如踞地金毛师子,有时一喝如探竿影草,有时一喝不作一喝用。"英译参见 Watson, *The Zen Teaching of Master Lin-chi*, p. 98。

③ 据冉云华,禅宗历史上,对于宗密在四明知礼和禅师子凝之间所扮演的角色存有争议。至少在宋代,宗密是被主流禅师认作知解宗徒的。参见冉云华《宗密》,第 228—229 页; Brook Ziporyn(任博克), "Anti-Chan Polemics in Post Tang Tiantai"。

④ 详见 Peter N. Gregory, "Tsung-mi and the Single Word Awareness (*Chih*)"。

⑤ 参见宗宝《六祖大师法宝坛经》,T 48: 359b‐c。很明显,这段插入是菏泽神会一派衰落的结果。这种贬损之意在契嵩的版本里也出现了,但是在法海和惠昕早期的版本里并未出现。参见郭朋《坛经对勘》,第 120—123 页;《诸本对校坛经》、《慧能研究》,第 366 页。关于各种《坛经》版本的介绍,参见 Morten Schlütter, "A Study in the Genealogy of the *Platform Sūtra*"。

⑥ 参见 Mario Poceski, *Original Mind as the Way*。

推崇顿悟的正统禅宗认为汉月法藏已经明确表现出要将禅教系统化
和理论化的倾向。例如,他十分喜爱使用数字"三"去合成禅教不同方面
的内容。在他之前也有许多禅宗祖师使用数字排列(numerology)解释
无法道明的禅意。例如,《临济录》中经常出现数字"三":临济义玄跟随
黄檗希运三年之久而未曾参与机缘问答;临济义玄向黄檗希运三度问法,
三次挨棒;后来,临济在大愚处悟道,拳打大愚肋骨三次;更有临济教导弟
子何为"三玄三要"。[1] 所有这些数字三的出现,在汉月法藏看来,都深有
意味。这也许是为什么汉月法藏,又称"三峰和尚",名号中也带有数字
三,似乎预示着他对临济宗的继承发扬。

  中国传统和佛教传统都把使用数字作为整理知识的方便之法。在佛
教毗昙传统中,努力将错综复杂的佛教教义归类的学者们发现数字非常
有用。用数字整理佛教知识的方法在明代再度出现并且十分流行。[2] 在
中国学术传统中,数字归类法也得到广泛的运用,这和提供了大量使用
数字和图解资料的《易经》密切相关。除了数字,汉月还常常使用圆相
符号"〇"构建一种对于禅宗的新解读。汉月对于数字和符号的喜好可
能来源于他对《易经》的研究。[3] 可是佛教中最显眼的与"三"相关的用
法,却是种子字"伊"(ī),通常写作三个点,称作"三点伊"或"伊字三点"。
根据《大般涅槃经》,"三点伊"代表"法身""般若"和"解脱"。[4] 虽然汉月
并未在他的著作中启用这一符号,他的弟子潭吉弘忍却在《五宗救》中大
量使用。[5]

  在密云批驳汉月时,他也注意到汉月对数字的痴迷。密云以及其后
的雍正帝,都认为汉月法藏频频提及数字"三"是毫无根据的空想。他们

---

① 参见《临济录》,T 47:504c,以及华兹生(Burton Watson)的英译,*The Zen Teaching of Master Lin-chi*,pp.104 - 106。

② 参见一如《大明三藏法数》。

③ 根据潭吉弘忍所写的传记,汉月的禅教也曾受到儒家经典的影响。参见弘忍《邓尉山圣恩寺志》,ZFS 44:113 - 130。

④ T no.12,374:376c;以及佛尔(Bernard Faure)的解释,Faure,*The Rhetoric of Immediacy*,p.197 n44。

⑤ 潭吉弘忍甚至尝试重建仰山慧寂所使用的 97 种圆相。参见潭吉弘忍《五宗救》卷九,第703—704 页。

相信诸如禅师使用数字这样的方便之道,不过是视情况而定、无意识而生的,并不能专门用于理论系统化。同样地,汉月推崇觉范慧洪的《智证传》也遭到密云的批评。密云曾哀叹道:"临济宗至吾徒又一大变为讲席矣。"[1]对于密云来说,唯一对禅修者重要的是"向上一着"。其他任何理论或关于宗旨的猜测都是无用的。

客观性与主观性的对决

143

禅宗传统充满了悖论,同时也以悖论为基础,密云与汉月之间关于宗旨的争论充分地显示了这一点。一方面,不立文字是禅宗的一大特点,却常常使禅宗陷入自相矛盾的境地。这是因为想要与诸如教义研究和仪式主义等长期存在的佛教习俗彻底决裂几乎是不可能的。

另一方面,因为对主观体验进行勘验的需求对任何宣称开悟的合法性都是一种挑战,修禅者要宣称在他有生之年的彻悟或禅悟,无论顿渐,都变得更成问题了。如此说来,要勘验禅悟的真实性,在很大程度上都要依靠师父了,用师父的权威来化解勘验的难题。然而,即使这样,这一问题依旧不能得以妥善解决,因为那些用于证明禅悟的富于机辩的诗偈和饱含寓意的动作,仍旧缺少勘验所需的可察可辨的客观标准。换言之,精神上的勘验若是拘泥于形式,则极易陷入一种相对主义,从而打开滥传禅法之门。

以渐进的、严格的程序来补充、加强禅悟体验或许可以解决部分问题,但是缺乏客观标准的问题一直困扰着历史上不少的禅宗思想家。在17世纪,这一问题愈发严重了。一方面,法脉相传是交接寺院住持之位的前提。另一方面,随着禅宗脉系的繁荣,涌现出相当数量的获得了"源流"或其他开悟凭证的禅师。因此,核实禅师们自称已经获取的本来禅悟体验的真实性,就显得格外必要。禅悟和印证是否得悟的勘验已经不再是师徒间的私事了,因而禅师们都强烈地感受到印可过程中客观性的重

---

[1] 参见密云于1634年春写给汉月的书信,《天童直说》卷一,第5页。

要。公众对禅的兴趣将禅修体验中的主观性带至公共领域内。禅师们通过出版语录和年谱,公布他们自己的禅悟经历。在这层意义上,私密主观的体验突然变得"可供观察",受到公众的检视。在这种情况下,禅师们对禅宗宗旨的探讨便具有重大的意义。

然而,关于临济宗旨的论战揭示出:要确立能够弄清真正禅悟的"客观标准"几乎是不可能的。汉月法藏认为,"三玄三要"的宗旨似乎已经设定了新的"客观"标准。但要实现这一目标,他却没能提供切实可行的方法。他所能做的只是诉诸密宗修行中的神秘体验,如"放焰口",或是颇为牵强地将公案和他的"三玄三要"宗旨进行附会。密云圆悟认为,终极宗旨始终是不可言喻的。他否定任何用推论方式解释宗旨的企图。在这方面,他正确地指出汉月法藏为将宗旨理论化所作的努力已然违背了禅宗顿悟的说辞。

以心印心的完美传法显然只是禅宗的美好愿望。禅宗著作中从未完全揭示禅悟的实际过程,也没有提供客观评判主观禅悟经验的标准。在17世纪,当人们意图将这一愿望落到实地的时候,客观性与主观性之间的角斗却从未得以圆满解决。

第二节　圆相的秘密:汉月法藏的密教修行

汉月法藏新创的禅学理论中最具争议的要数他对于"圆相"的广泛使用。在他看来,"圆相"绝不仅仅是一个符号,它是万物众生的本体,这其中自然也包括禅宗五家。

汉月对"圆相"的使用,并非绝无仅有。禅师们常常采用圆相象征清净本心或是"圆觉"。南阳慧忠(? —775)可能是第一个使用圆相比喻开悟之心的人。沩仰宗的创始人仰山慧寂,也善用圆相,并且使之成为沩仰宗的特色。其他禅宗宗派将圆相视作佛性或本心。例如,宗密曾以圆相作为禅悟的象征。[①] 在后世的禅师当中,令汉月十分敬慕的高峰原妙也

---

① 参见宗密《中华传心地禅门师资承袭图》,Z 63:31a - 36a。

是以使用圆相而著名的。

　　然而,大多数反驳者都不明白汉月法藏为何对于圆相如此痴迷。比如,汉月声称禅宗五家是由圆相的不同方面派生出来的,对此,天隐圆修深感迷惑。他质疑汉月:"今且问他能分得五宗一宗一宗? 从何一面一面而出耶? ……况此圆相,你那里见他方所一面一面来?"①汉月虽然没有公然揭示"圆相"与密宗的关联,可事实上它与密宗修行有着直接的联系。赋予汉月法藏灵感的具体密宗仪式是"饿鬼施食",在这项仪式中,冥修和观想都是以"圆相"为基础的。在 17 世纪,为满足民众的需求,很多僧人,包括禅僧,都曾学习主持施食的仪式,作为一种收入来源。要理解汉月对密宗的看法,我们应当先大致了解一下施食仪式在 17 世纪的新发展。

17 世纪的密教仪式"放焰口"

　　汉月意图将之与禅道相联系的具体密教仪式叫作"施食",通常被称为"放焰口"。在佛教宇宙论中,"饿鬼"这一概念,梵文写作"preta",指的是欲界六道轮回中处于下三层的一种不断受饥渴折磨的生物。饿鬼肚子硕大,而脖颈细小。由于前世作恶,这些饿鬼饱受饥饿折磨,偏又不能进食,因为食物一旦靠近他们嘴边便化为脓血等秽物。通过"放焰口"的仪式,食物方能转化为饿鬼可食之物。

　　密教现于中土乃是中国佛教史上的大事,施食饿鬼这项仪式的早期版本可以追溯到唐代密教刚刚出现的时候。汉月的施食仪轨里描述了"破狱""摧罪"的过程,这些过程与不空(705—774)所译的《佛说救拔焰口饿鬼陀罗尼经》中所描述的实际仪式程序中的咒语和手印粗相吻合。②三位唐代密教大师,善无畏(637—735)、不空和金刚智(671? —741)是否曾意图像日本的遣唐僧空海那样建立一个独立的密宗派别? 这个问题的

---

① 　参见天隐圆修在他语录中收录的致汉月的第二封回信,JXZ 25：577b。
② 　参见欧策理(Charles Orzech)的英译,Orzech, "Saving the Burning-Mouth Hungry Ghost"。

答案仍旧存在争议。① 毫无疑问，自唐以来，密教仪式的传播在中国佛教史上留下了显著的印记。其传播呈发散式，并且没有独立于既有的寺院构建的制度基础。也就是说，中国佛教仪轨基本密教化了，它对咒、印、观等密宗元素的使用是显而易见的。举例来说，禅宗寺院仪轨受密教元素影响尤甚，在禅寺清规和课诵中皆有迹可循。例如《禅门日诵》便是在很大程度上混合了禅宗传说、祖师崇拜、佛教戒律以及净土诵辞，更可惊的是，其中还有密教经典。明清时期，施食饿鬼的仪式盛行，并且并入了编于 17 世纪的禅寺清规中。

146

尽管唐代北宗禅僧人和密教大师之间的确有接触，但是他们早期的往来联系却未能产生显著成果。② 在明代，为逝者举行的密教仪式是受国家支持的。明太祖甚至在佛教寺庙系统之内创设了一个名为"教"的独立的宗教分类，特定为专门致力于密宗仪式的机构。"教"内的僧人必须基于标准化的仪轨掌握多种多样的密教仪式，他们按照国家规定的收费标准为民众服务。③ 此外，许多明代帝王都是藏传密教的热烈支持者。藏传密教作为服务于帝王利益的一种宫廷宗教信仰，在很大程度上受到朝廷的恩惠。④ 当著名的西藏喇嘛获封皇家封号，并住在北京城内指定的寺院中时，也有证据表明更多的不那么有名的"番僧"漫游于乡里，并在

---

① 近来学者们开始严肃地质疑唐代此类密教派别的存在。关于密教宗派的批判性评估，参见 Sharf, "On Esoteric Buddhism in China"。在他的 Coming to Terms with Chinese Buddhism 的附录一中，欧策理认为，唐时密宗传入中国是确信的，参见 Orzech, "Further Notes on Tantra, Metaphor Theory, Ritual and Sweet Dew"。

② 参见 McRae, The Northern School and the Formation of Early Ch'an Buddhism, p.344。

③ 中国学者侯冲认为云南地方上的密教信仰被称为阿咤力教。阿咤力教长期以来被当作印度密教的一种形式，或是一种具有地方民族特色的宗教，而事实上是由朱元璋制定的中国佛教已经体制化了的部门——"教"的残余。参见侯冲《云南阿咤力教经典及其在中国佛教研究中的价值》。

④ 明代人大致把来自中国西藏地区、历史上西夏王朝控制地区，以及西域、印度的佛教徒统称为"番僧"。所谓的中国西藏地区对中国佛教的影响应当进一步仔细讨论。笔者曾推测蒙山施食仪的形成是源于西夏(1038—1227)。这个版本的密教仪式应归功于印度僧人不动，而不动曾做过西夏的国师。他可能曾与沿古代四川汉藏边界流浪的党项群族有关。参见笔者的论文"The Rule of Marginality"（译者注：该文发表于 Pacific World: Journal of the Institute of Buddhist Studies, Volume n. 20 Third Series, 2018, pp. 131-167）。

南方与中土僧人以及当地土人们往来交游。① 虽然中国西藏地区对密宗在中国的影响仍然在研究中，但显而易见的是，在中国封建社会晚期，密教依然活跃在佛教圈，并且产生了一些新的特征。② 例如，詹密罗（Robert Gimello）发现无论是在平民还是在精英中间，对于密教准提的崇拜都是十分盛行的。③

　据欧策理（Charles Orzech）考察，在所有流行于中国封建社会晚期的密教仪式中，民众对"放焰口"的需求尤甚，所出版的仪轨版本众多。这些仪轨指导人们举行密教仪式的正确方法，不同的版本陈述了不同的操作风格和方法。④ 在明代，基于《瑜伽集要焰口施食仪》这本作者不详的仪轨，这一类别的饿鬼施食的仪式迅猛发展。根据书中的文字，仪式始于严饰道场和供养饮食，至"破狱""召请饿鬼"时达到高潮。随着饿鬼的罪孽被摧毁，他们便可皈依三宝。仪式的整个过程表现为念诵真言、摆演手印、观想形象等，其中的密教色彩表露无遗。⑤

　虽然"放焰口"主要作为密教仪式流行于中国封建社会晚期，但却没有证据表明已有任何自觉的努力在推动禅密融合。这里，汉月尝试在两种信仰之间建立联系，为重新解释禅密之间的关系独辟蹊径。

147

---

① 参见卓鸿泽的博士论文，Toh，"Tibetan Buddhism in Ming China"，pp. 175 - 228。除了南方一系列关于西藏僧人与文人的交往记载，齐皎瀚（Jonathan Chaves）还注意到在 1599 年，袁宏道曾参观了北京一座寺庙中专为番僧服务的客栈，并记录下他亲眼见到一尊密宗塑像（据齐皎瀚之见，极有可能是大威德金刚）的经历。参见 Chaves, *Pilgrim of the Clouds*, pp. 105 - 106，135 - 137。

② 关于中国封建社会晚期的密宗，参见严耀中《汉传密教》中的《明清时代的汉传密教》，第 52—64 页；吕建福《中国密教史》，第 514—564 页，特别是第 547—554 页；Daniel A. Stevenson, "Text, Image, and Transformation in the History of the *Shuilu fahui*"。

③ 关于准提信仰的传播，参见 Gimello, "Icon and Incantation"；吕建福《中国密教史》，第 547—554 页。

④ 参见 Orzech, "Esoteric Buddhism and the *Shishi* in China"，p. 65。吕建福认为"施食"仪式的常见流行形式是受西藏仪轨在汉地的影响，参见他的《中国密教史》，第 554—560 页。

⑤ 关于此仪式在中国最全面的研究，参见 Lye Hun Yeow（黎辛佑），"Feeding Ghost: A Study of the Yuqie Yankou Rite"。

汉月的禅密融合

汉月在 1626 年出版的短文《于密渗施食旨概》中系统地阐述了他对于饿鬼施食仪式的理解。① 在附于此文的一条简短注解中,汉月阐明他之所以撰写这本仪轨是因为他顾念到一个未能兑现的誓言——他青年时期曾发愿要举行一百场"放焰口"仪式。他承认他年轻时曾学过如何举行仪式,但是后来他下决心致力于禅宗,对这一密教实践置之不理。因为他的誓言没有兑现,汉月时常在梦中受到鬼怪的侵扰。为了安抚这些饿鬼,汉月开始学习不同版本的仪式操演并编写了他自己的仪轨文本。惋惜于一味模仿通俗戏曲腔式的刻板表演风格,他认为冥思与观想才是密教仪式操演的力量之源,故而在此文中完全集中精力与笔墨于此两者。②

文中,汉月表明他知道施食焰口的仪式属于密教传统,他将"瑜伽"解读为"相应"。具体的意思,他解释为"以身口意三业与所悟之法相应"。于是汉月将施食一法描述为通过观想而"心到",通过真言而"口到",通过手印而"身到",从而实现每一阶段的相应。

总的来说,汉月认为观想始于密教中一个基础的冥想形象——"月轮",他用圆圈作为代表。虽然汉月没有着力解释这第一步,但月轮却是汉月尝试整合禅密所用的基本比喻。在他大部分著作中,汉月直白地用画圆来表示"圆相"的意义。笔者已经表明,汉月将圆相认作万物之本、五宗之源。他认为通过密教冥想月轮,才能参透禅宗玄妙的原貌。

由于汉月并未进一步解释月轮冥想,不空的描述也许能帮助我们加深对此的理解:

148 　　　诸佛大悲,以善巧智说此甚深秘密瑜伽。令修行者,于内心中,

---

① 笔者猜想"渗"字是"参"字的误印。有关这篇短文的日文简介,参见长谷部幽蹊《三峰一门の隆替》Ⅳ,第30—36页。长谷部幽蹊认为这篇短文是汉月另一篇密宗文章《瑜伽集要施食仪》中的片段。在《续藏经》中,《瑜伽集要施食仪》是紧接在《于密渗施食旨概》之后的。

② 参见汉月法藏《于密渗施食旨概》,Z no. 1082, 59:302c。

观白月轮。由此作观,照见本心湛然清净,犹如满月光遍虚空无所分别。亦名觉了,亦名净法界,亦名实相般若波罗蜜海,能含种种无量珍宝三摩地,犹如满月洁白分明。[1]

观想月轮是比较基础的一种观想,可为更为复杂的密教观想作背景铺垫,包括较为流行的关于"种子"(梵语为 bīja)字,例如纥哩(hrīḥ)、唵(oṃ)、嚂(ram)的冥想。这种修行类似于日本真言宗以满月轮为背景的"A"字冥想"阿字观(Ajikan)"。[2]

值得注意的是,日本《续藏经》的编者在重印汉月文中的种子字时使用了悉昙字体。我猜想那些文字原本是用兰扎字体书写的。尽管悉昙字体在唐代密宗文献中占主要地位,但是兰扎字体比悉昙字体更加棱角分明、更具装饰效果,并且由于藏传佛教的影响,在中国封建社会晚期,兰扎字体渐渐取代了悉昙字体。[3] 图 5-2 为中国封建社会晚期常用的兰扎字体音节表。

基于一系列对于"种子"字的观想,汉月敦促修行者净化法界。他解释:因为法界尽出自"圆相",即月轮,僧人应当先观想以须弥山[4]为中心的法界创出,继而把自己转变成宝生佛,为举行仪式做好准备。然而,此时此刻,汉月认为必须

图 5-2　晚明密教仪式中使用的兰扎字体咒符,来自云栖袾宏《瑜伽集要施食仪轨》(1606 年,Z no.1080-A,59：25)

---

[1]　参见不空《金刚顶瑜伽中发阿耨多罗三藐三菩提心论》,T no.1665,32：573c。
[2]　关于宋代之后兰扎字体在中国使用情况的简史,参见田久保周誉《梵字悉昙》,第100—110 页。
[3]　参见 Richard K. Payne, "Ajikan: Ritual and Meditation in the Shingon Tradition"。
[4]　关于须弥山的细节,参见 Ian W. Mabbett, "The Symbolism of Mount Meru"。

清除施食的意愿,因为施心会阻碍进入空境。甚至"空"这一概念也是应当消除的阻碍,故以"双金刚之毒拳正交放火再烧之"。

至此,汉月抓住机会扩充他对于禅的解读。他认为消除"施心"、消除"空"的过程正与禅修是相应的,充分证明了临济义玄"杀佛杀祖"的精神。换言之,正如临济义玄想要摧毁"佛"和"祖"的概念,密教大师们也想尽力通过观想来消除"空"的概念。这里汉月提及了临济义玄的名言——《临济录》中临济在回答徒弟关于禅悟的提问时,曾说他实现禅悟的正道是"杀"掉所有的祖师——"逢佛杀佛,逢祖杀祖,逢父母杀父母,逢亲眷杀亲眷"①。临济说这句话,意在提倡即刻开悟,不主张在佛与祖师上多作思虑与停顿。有趣的是,汉月发现临济的想法正好与密宗用金刚拳和观想火来扫除幻想的做法不谋而合。

配合相应的手印完成对种子字"纥哩"hrīḥ、"阿"ā、"哞"huṃ 的复杂观想,法界便完备了。此时,修行者即等同于观音菩萨并"即卢舍那位",念诵《心经》,以请诸佛。文中指示继续关于种子字的观想。当修行者将自己定位为观音菩萨之后,则进入至关重要的"加持"环节。修行者进入观音和卢舍那的位置之后,便可通过观想不同的种子字,分别加持自身的口、顶、脐、心、喉。加持起作用之后,修行者化身为威势巨大的观音,打破地狱释放饿鬼,并招请饿鬼进入坛场。随着地狱破开,饿鬼的罪孽顿时喷涌而出、堆积成山。随后,施食者发出一声巨吼,将罪山摧毁成细尘。

仪式尚未结束,接下来是向饿鬼播洒甘露,再次对一组悉昙字体或兰扎字体种子字进行观想。完成了这一步,所有饿鬼,包括阻碍施食仪式顺利进行的鬼众,尽皆具足三宝,回归圆相。

以上描述是对汉月的《于密渗施食旨概》的提炼,他的原文则更为明确地表现以"圆相"为基础从而融合禅密的意图。他认为参禅与密教仪式是相应的。汉月以月轮观想为根本隐喻,在文末推测,体现在"圆相"中的施食之法的宗旨,经由西域传至南阳慧忠(?—775)和仰山慧寂(807—883)处(这两位禅宗祖师都常常使用"圆相"作为终极禅悟的象征)。汉月

---

① 参见临济义玄《临济录》,T 47: 500b。

的原文如下：

> 然此宗旨出于西域诸祖祖传，东流至于忠国师，三传而为仰山宗
> 旨，具有九十七圆相。故知施食一法，略见相应之用，参禅之旨，宁非
> 一大事因缘者哉，良以此法迷失宗旨已久，兹因究五家宗而及之。[①]

这里汉月法藏明确地想要借禅道之光去阐明这一密教仪式的意义。他以
施食饿鬼为"用"，以禅道为"体"。通过使用"体"与"用"这一对属于哲学
范畴的术语，汉月认为他对于禅宗和密教之间的紧密联系的理解是一个
重大发现，而这一发现可归因于他对禅宗的参究。汉月还推测，在历史
上，密教之道曾被并入禅道，具体体现在禅师们对"圆相"的使用。然而，
汉月的想法大大偏离了正统禅宗的意识形态。在 17 世纪，禅宗是作为
"教外别传"的佛法被广泛接受的，在印度时即有二十八位祖师，传入中国
后则由中国祖师们完整连贯地承袭流传下来。对于禅宗传入中国的说
法，汉月却提出了一个与众不同的版本：在他看来，南阳慧忠和仰山慧寂
才是真正得法于西域的祖师。尽管他没有详细说明是哪一位或几位西域
祖师将禅法传入中国的，但当时唯一显著的来自印度和西域的传法是善
无畏、金刚智和不空引入的密教。南阳慧忠和仰山慧寂都生活在皇室大
力支持密教的时期。[②] 尽管没有清楚的历史证据表明禅宗与密教之间的
互动，汉月依旧大胆推测是密教大师将"圆相"的秘旨传给了禅宗祖师。

密云圆悟和雍正帝均未觉察到"圆相"的这一密教视角，因为汉月关
于密教的写作在禅宗圈子里并非众所周知。为了批驳汉月法藏，密云圆
悟辩称：存在于宇宙万物之源"圆相"之内的威音王佛是直接存在于人们
的本性中的，并且是一种超越人类思维的存在。密云认为汉月只是在字
面上做文章，因而汉月已然堕入魔道。此外，密云圆悟论辩道：汉月法藏
将禅宗本源归结于"圆相"的做法实属异端，理由是能够证明"圆相"或者

---

① 参见汉月法藏《于密渗施食旨概》，Z59：302。显然，汉月法藏的推论包含历史知识上的错
误，并非所有大师均来自西域。

② 参见 Orzech, *Politics and Transcendent Wisdom*。

威音王佛的真实性的历史来源是不存在的。很显然,密云的批评比不上
汉月理论思辨的精致,并未击中汉月的要害。

第三节　论诤中的机缘问答

　　如果密云圆悟和汉月法藏在关于禅法的诸多方面均争执不下,那么
密云起初何以传法于汉月,而汉月却也接受了呢? 表面上,通过基于机缘
问答的印可即可确认法嗣的传承。1624 年,汉月在金粟寺拜会密云,两
人展开了一段别开生面的机缘问答。这段机缘问答不仅在他们的语录中
有记载,日后更成为争论的焦点。根据双方的记录,尽管密云授予汉月承
接法嗣的源流,原本的机缘问答却显示出他们并未就各自对于禅的理解
达成共识。通过下面的文字,我们可以清楚看到他们对于同一事件的不
同解读,并一瞥 17 世纪的参禅之道。

当密云遭遇汉月

　　潭吉弘忍提供了关于这次机缘问答的最详细的记述:

　　　　三峰藏来参请升座,示临济宗旨来源。师举至百丈再参马祖,黄
　　檗吐舌。丈云:"子已后莫承嗣马祖去么?"檗云:"不然。今日因师
　　举,得见马祖大机之用,且不识马祖。若承嗣马祖,以后丧我儿孙。
　　故临济三度问佛法大意,檗只棒三顿。后临济出世,惟以棒喝接人,
　　不得如何若何,只贵单刀直入。"

　　　　三峰出众礼拜,起便喝。师云:"好一喝!"峰又喝。师云:"汝试
　　更喝一喝看。"峰礼拜归众。师乃顾峰。复举僧问古德云:"朗月当空
　　时如何?"德云:"犹是阶下汉。"僧云:"请师接上阶。"德云:"月落后相
　　见。且道月落后,又如何相见?"峰便出。

　　　　次日上堂,峰为座元。出问:"海众云从,慈霖天霔,现跃飞腾即
　　不问。如何是驱雷掣电底句?"师便喝,进云:"恁么则金粟花开,宝林

果熟去也。"师又喝。峰礼拜归众。

　　师举起拄杖云："举一不得举二。放过一着，落在第二。"掷下拄杖云："老僧落二去也。且一又如何举？"便下座。峰掣拄杖便行。师归方丈。峰以杖呈云："此是打尽天下人的拄杖，今日还却和尚。"师接得便打，云："先打汝一个起。"进云："幸得还和尚杓柄。"师云："犹嫌少在。"又打数下。峰礼拜而出。

　　三峰问云："济上门庭即不问，如何是堂奥中事？"师曰："汝即今在什么处？"峰云："此犹是门庭边事。"师指云："汝且坐。"峰云："唉。"未几，师以源流付之。[1]

　　这些场景生动描述了机缘问答的情景，因此值得我们特别注意。密云与汉月之间的这段机缘问答持续了数日，所包含的几段情节都是互相联系的。汉月第一天面见密云的地点不详，但根据后文"三峰出众"可以看出，他们极有可能是在上堂仪式的时候进行机缘问答的。引文最后还提到密云请汉月就座，可见他是十分尊敬汉月的。

　　汉月首先以临济宗旨发问，毫不掩饰地向密云发起挑战。密云立即举出百丈怀海、黄檗希运和临济义玄这三位有助于临济宗形成的禅宗祖师的公案予以回应。密云有意选取了那些暗示传承法嗣和使用棒喝的重要性的用词。他挑出黄檗拒绝承接马祖法嗣的段子，特意强调了黄檗所坦陈的理由是自己未与马祖当面进行机缘问答。这个例子的用意，密云和汉月都很清楚：众所周知，在汉月拜访密云之前，汉月敬慕觉范慧洪与高峰原妙，甚至考虑过声明自己"遥嗣"他们的法系。显然，密云此处暗示汉月应当找一位尚且在世的禅师，比如密云自己，作为他的师父。举出黄檗这个公案之后，密云马上将话题转移到临济身上，重点指出棒喝是临济宗的精髓。再一次借临济举例，密云意指自己得临济宗真传，因为大胆使用棒喝正是他的一贯风格。

　　密云讲完之后，汉月并未说话，仅以一喝作为回应。我们很难知道汉

154

---

[1]　参见潭吉弘忍《五宗救》卷八，第696页。

月对于密云的回答究竟作何感想。但据汉月对临济宗旨的一贯看法，我们可以大胆地推断汉月这一喝中夹带着不满。"三玄三要"是汉月心中日益凸显的关键词，可是密云并未对此加以评论。密云可能也不知道汉月这例行公事的一喝背后的意味，于是他称赞了汉月，逼得汉月又作了一喝。当密云提出要求让汉月作第三喝的时候，汉月并没有回应，而是回到了自己的座位上。

然后便轮到密云试探汉月了，他于是举出曹山本寂语录中的一则趣闻。趣闻中的师父指出弟子用功不足，提议月落后与弟子相见。没有月光，漆黑一片，彼此看不见对方，"月落后相见"显然是不可能的。密云特意摆出这个两难的命题，想看看汉月作何反应。可汉月一言不发，头也不回地离开了。对此，密云一定十分满意，因为汉月的不言语正表现出他不愿意将自己的思想概念化。

在他们机缘问答的首日，汉月充分地展示出禅宗不拘成法的精神。我们必须记住：虽然汉月不认同密云，但他并不反对使用棒喝。或者说，他与密云的不同只在于这个问题：当人们使用棒喝的方法时，是秉持着对临济宗旨的恰当理解，还是毫无目的地胡喝乱棒？汉月认为如果摒弃宗旨，那么即使密云能够使用棒喝，也不算是自发任运的真禅师；而自己因为一直坚守临济宗旨，所以能够有的放矢地使用棒喝。

155　　机缘问答继续进行，到了第二天，根据潭吉弘忍的记录，当时正值"上堂"。汉月被尊为"座元"，坐在最受住持青睐的弟子的位子上（座位的主人通常会继承法嗣）。显然，这个位子上的人应当发起对话。因此，汉月首先诵诗一首（笔者在电子禅籍中并未找到诗文的出处，故而推测该诗为汉月本人所作）。诗文的前三句，互相之间毫无联系，只有最后一句包含了诗偈的中心思想。汉月提出了一个问题，密云却仅仅喝了一声作为回答。汉月又提了另一个问题，密云又喝了一声。汉月便不再提问，回到众僧行列之中。

接着，密云又向汉月出招。这一次，密云拿他的拄杖做文章。他先举起拄杖，说他同一时间只能举着一根拄杖。然后，他把拄杖扔到了地上，问他如何才能捡起地上的拄杖，同时又保有之前在他手中的拄杖。这又是一个不可能完成的任务——之前在他手上的拄杖和现在落在地上的拄杖是处于两个时间段的同一个物体。明明仅有一根拄杖，却被说成两根拄杖。密云将处于过去的拄杖和当下的拄杖看作两个独立的个体。他想知道，如果他去捡地上的拄杖，那么在此之前的拄杖哪里去了（这个推理和僧肇《物不迁论》中的诡辩不谋而合）？接着，密云便离开了他的座位，这是最让人捉摸不透的地方。这个举动的含义应当这样理解：密云虚位以待一位有能力的候选人继承他的法座。这个人必须举起地上那根象征着密云精神权威的拄杖。汉月肯定已将这一切看得明明白白：他随即捡起地上的拄杖，将其归还密云。但是密云用拄杖击打了汉月，甚至责骂他挨打挨得还不够多。

如果笔者的理解是正确的，那么当密云离开座位的时候，汉月应当捡起地上的拄杖并大胆地坐上那个位子，以表示他愿意接受密云的传法并接替他的职位。但相反，他将拄杖归还给了密云，意味着对密云的拒绝，这一举动着实让密云吃了一惊。即便密云后来用拄杖击打他数下——极有可能是用力真打——汉月却始终没有"觉醒"。

很明显，汉月不愿意接受密云的传法。在机缘问答的最后一回合中，汉月再次就临济宗的根本教义向密云提问。密云再一次指向空空的高座，催促汉月从身边寻找真正的佛法。但是汉月直接叫道"咦"——不确定自己是否需要接受密云的传法。[①]

156

此次机缘问答中，密云和汉月主要围绕着几则呈现出较高文字水平的公案或诗文进行问答，尤其是集中精力探讨了话头的意义。对于熟悉禅公案的读者来说，密云、汉月的语言和举止显示出很清晰的模仿痕迹。正如笔者所指出的那样，他们的用词和动作与禅宗文献中机缘问答的情景非常相似。从 16、17 世纪的禅宗批评者，如云栖袾宏、憨山德清那里我们可以得知，数量相当的禅僧相信正宗的禅教应当与密云和汉月的这例机缘问答类似。

---

① 感叹词"咦"为禅师们广泛使用。这个词首次被有意义地使用出现在云门文偃的语录中，云门用它来答复一位弟子的提问。参见云门文偃《云门匡真禅师广录》，T no. 1988, 47：553c。

两种不同的解读

　　这段机缘问答似乎完美地体现了临济禅的精神：不作阐述、不作解释；在可能用到日常理智思维回答问题的节点上便作一"喝"；密云和汉月的话语总是令人不解，外人很难立即明白，也很难真的明白；拄杖的使用被赋予象征意义，举起拄杖象征获得祖师的权力。在印证弟子是否有资格承接法嗣的层面上，这次机缘问答似乎实现了它的目的，因为密云圆悟最终授予了汉月法藏源流嗣书。然而，正如其后两人之间的论诤所揭示的那样，这场交锋未能达成它的最终目标，因为传承法嗣的先决条件是"契"，但在当时，这并没有发生。

　　尽管笔者已经从一个现代学者的角度尝试解析了他们的这段机缘问答，我们也应当听听这两位主角事后是如何评价对方的。根据汉月在机缘问答中的反应进行判断，密云认为汉月没有明白他的教导，并且显示出对禅法本义的无知。机缘问答的最后一轮，当汉月问及"堂奥中事"之时，密云反问道："汝即今在什么处？"密云将"堂奥"作为"主人"居住的地方（密云通常用"主人公"指代人的真我）。因此，他的回答是想直指汉月法藏自己。然而，汉月完全不得要领，并把这个问题看作"门庭边事"。密云评道："贫道提汉月立地处，而汉月向外打之远。岂非业识茫茫，无本可据者乎？此又岂非汉月不识贫道之用处者乎？"①

157　　对于密云对宗旨的回答，汉月同样不满意。根据汉月弟子潭吉弘忍的记载，汉月有一次问密云什么是临济宗的根本教义。密云沉默许久才道："宗旨太密，嗣续难乎其人，不若已之。且先师不曾提起。"汉月对这个回答不甚满意，他声明：

　　　　古人建立宗旨，千牢百固，尚有乘虚接响者混我真宗。若师家大

---

① 参见密云圆悟致刘道贞的回信，《天童直说》卷三，第 21 页。

法不明,无从辨验,则胡喝乱棒,群然而起,吾宗扫地矣。[1]

需要指出的是,汉月并非不同意将棒喝作为一种培养弟子的训练,密云圆悟和汉月法藏都大量地使用这种方法。然而,汉月觉得棒喝的目的或意图必须明晰,否则,棒喝就失去了意义。而密云则认为一切都取决于由人们内心的真我所呈现出的自发的反应。这种解读上的分歧正是汉月法藏不愿接受密云圆悟法嗣的主要原因。很明显,这两人之间的法嗣传承并非成功的机缘问答瓜熟蒂落的结果,而是出于实际的考虑:保全一宗血脉以及获得印可的需要。

17 世纪的机缘问答

大量的 17 世纪禅宗史料为我们的研究提供了便利,通过阅览禅僧论诤的文章就可以揭露事件的真相。毫无疑问,至少在 17 世纪,机缘问答已经不仅仅是一种文学体裁了。具体来说,那个时期的禅僧大都相信禅悟是通过顿悟和机缘问答实现的。机缘问答作为师徒间的一场真正的表演,已成为禅师引导弟子得悟的一种方法。笔者所作的关于论诤的研究表明:当机缘问答开始进行之时,禅徒们认为"棒、喝"这两种带有表演性质的行为标志着他们的信仰的真实可靠性。

上文笔者所检视的那场机缘问答在当时是具有典型性的。史料表明,17 世纪的禅师们十分倾向于演练机缘问答。诸如密云圆悟等许多禅师能够以频繁使用棒喝作为手段进行机缘问答的表演,因而被认作真正的宗师。除了棒喝之外,其他类似的表演动作还包括离席不语、持扇微笑、翻筋斗等。然而,所有的禅宗复兴时期特有的机缘问答都存在一些类似的问题,正如密云的一些批评者所指出的那样。

首先,即使师徒尽全力将机缘问答演绎得像是自然自发的,也常被批评说他们的自发性是牵强的、假装的。这是由于他们的表演对禅宗文献

---

[1] 参见谭吉弘忍《五宗救》卷八,第 698 页。

中已经存在的公案有着很重的模仿痕迹。从这个意义上来说,表面上看起来有创造性和自发性的表演,其实是缺乏原创性的,而且有时候还会显露出拙劣的模仿痕迹。例如,著名的曹洞大师湛然圆澄曾将自己对机缘问答表演的批判性观察体会写在他 1607 年所作的《慨古录》中。湛然圆澄认为,与他同时代的禅师们只会"依本谈禅"。作为表演者,他们"大似戏场优人"。因此,禅法就变得特别简单容易:听几场关于他们师父已经评注过的禅籍的讲座,禅门弟子便声称自己已经通禅了。然而在古时候,没有经年累月的努力,禅悟是不会实现的。因此,湛然圆澄总结道:"今之谈宗者,实魔所持耳。"①

很清楚,当时通过对禅籍进行更为字面上的理解,原来文本化的表演便能被复活并跃然纸上。然而,要使禅宗复兴显得真实可信,禅师们必须重复或模仿禅宗文献中的记载。在这个意义上,重复和模仿帮助我们重新创造出了一个想象的过去并使人们感到它的真实可信。

其次,正如湛然圆澄正确指出的那样,机缘问答的形式与戏剧表演类似。以旁观者的角度来看,密云和汉月在上堂时进行的机缘问答确实是具有戏剧特点的。根据记载,我们可以想象出以下发生在寺院中的剧院般的场景:僧人们穿着色彩缤纷的袍子聚集在堂上,排好的队列自然空出精心布置过的大堂中心。密云,饰演禅师的角色,坐在正中的座位上,手握着他那象征祖师权威的拄杖。这里的拄杖也可以被视作一个道具。一位僧人踏出队列,走上"舞台"中心,诵出一段文学性很强的诗歌——极有可能是用高亢的腔调念出的。接下去的交流便由引自既有公案中的词句组成,公案中的词句可能起到台词的作用。禅师没有回答僧人的问题,而是以突然爆发出的一声怒喝作为回应,原先提问的僧人也回以一喝。僧人抓住禅师的拄杖,转身离去,将事件推向高潮,等僧人再次露面已经是"下一幕"的内容了。

整个过程清楚地显现出几个戏剧化表演的特征:明显的舞台感、庄

---

① 参见湛然圆澄《慨古录》,Z no. 1285, 65:371c;亦可参见江灿腾的著作《明清民国佛教思想史论》(第48—56页)中收录的他本人关于晚明佛教衰落的论文《晚明佛教丛林衰微原因析论》。

重的动作、高度程序化的声音、道具的使用以及以戏剧化高潮作为结尾的情节编排。一百年之后，当雍正帝看了潭吉弘忍在《五宗救》中所记录的密云和汉月的机缘问答之后，当即便将这段交锋与流行戏剧联系起来。密云圆悟和汉月法藏，在雍正帝笔下只是在"搬演杂剧"。在这位帝王眼中，喝喊、棒打以及师徒间模仿前人的对话，使他们成为"一双傀儡"。①

17世纪的著名文人钱谦益推崇诸如天台宗与华严宗之类带有义学风范的佛教思想，而蔑视禅宗修行。他曾尖锐地批评禅宗的机缘问答极其拿捏造作，与戏剧表演并无二致。以下这段可能是钱谦益作于1634年的对密云圆悟的批评：

> 今之禅，非禅也，公案而已矣，棒喝而已矣。河东之论密公曰：禅者，六度之一耳，何能总诸法哉？本非法，不可以法说；本非教，不可以教传；岂可以轨迹而寻哉？以禅门言之，应微笑而微笑，应面壁而面壁，应棒喝而棒喝，皆所谓非法非教，不可轨迹寻者也。今也随方比拟，逢人演说。上堂示众，譬优人之登场，礼拜印可，类俳童之剧戏。……彼所竞相夸诩者，曰徒党之众也，声闻之广也，利养之厚也。②

160

在钱谦益眼中，他那个时代的禅宗不仅没有复兴古时的修行，反而处于一种倒退的状态。禅已经失去了自发任运的精神，并且使"上堂"等修行趋向程序化。

对于某些观众，尤其是习禅者和有禅心的文人来说，机缘问答的表演具有一种特别的真实感，因为通过对宗教象征符号的运用以及再现文本化的问答场景，一种"表演性地创造出的现实"与观众对于过去的集体想象相符合。在这层意义上，当观众的心中充满了禅的理想，机缘问答的再造就是成功的。如果这个条件不存在，那么再现的表演就与反映现实的

---

① 参见雍正帝《拣魔辨异录》，Z no.1281, 65: 230c。
② 钱谦益为杭州一处佛寺重建写过一篇记，即《武林重修报国院记》，收录在他的《笺注钱牧斋全集》卷四二，第5—6页。

"粗俗"大众戏剧无异了。讽刺的是,正如笔者在前文中已表明的,这种再创造的禅修方式甫一出现,一些反对禅宗的人,比如钱谦益,就认定再现的过去与真实的过去之间有着明显的差异:当身临其境的复古感觉被"表演出来"的时候,它总是拿捏造作的。

在17世纪,禅僧们生动的表演确实被看作"搬演杂剧"。人们能如此直接地由禅门机缘问答联想到通俗戏剧,说明将机缘问答作为实现禅悟的合法方式是缺少一定合理性的:如果宗教仪式能像戏剧表演那样刻意地呈现在舞台上,那么争议便油然而生了,因为通过操作宗教符号而营造出的现实感将荡然无存,而且观众们能明显感受到师徒间的种种表现是程序化的表演,而不是"真实"自发的事件了(在宗教仪式研究中,这种情况被定义为"仪式失败[ritual failure]",这个概念对研究仪式表演的机制以及现实体验的内部构成是大有用处的)。由于本身是靠模仿禅籍中已经文本化的类似例子而进行的重演再现,很大程度上,17世纪禅门机缘问答的表演,在向某些观众传达现实感时是失败的。

事实证明,17世纪过后,曾经热热闹闹的棒喝表演便从主流僧团中完完全全消失了。换言之,它只获得了短暂的成功——从一些丛林清规中也可看出,棒喝表演日渐式微,而正如尉迟酣(Holmes Welch)所观察到的:在近现代中国佛教中,它已经悄无声息地退出了寺庙日常生活情景。①

结　　语

带有论辩内容的文献恰恰是具有启发性的,因为这样的文字可以让不同的观点发声,而规范的文献则有意无意地抑制了各方的争鸣。从这些材料中,我们可以看到对于当时禅宗修行迥然不同的理解。

为了区分禅悟的真假,汉月想要以禅宗宗旨作为强制性的客观标准来勘验禅门弟子,然而密云则拒绝将其概念化。对他来说,任何为宗旨理

---

① 参见 Welch, *The Practice of Chinese Buddhism*。

论化所做的尝试皆与禅悟的真意矛盾——禅悟应当是超脱于任何人类知识的,不能被具体化或客观化。汉月对圆相的密教解读,在大多数禅者眼中是另类的,但这种解读在禅宗历史上确是创造性地糅合了禅、密二宗。与此同时,汉月对于圆相的解读还透露了密教仪式在现实丛林中的流行情况:即便最有名的禅师也是主持密教仪式的能手。

除此之外,密云与汉月之间的论诤显示出机缘问答已从"文字理想"(textual ideal)转化为实况演练。这种转化使得一系列需要解释的议题浮出水面:何为禅悟? 如何在主观体验中寻求能够印证禅悟的客观标准? 禅师印可弟子的精神境界需要依照哪些标准? 顿悟本身是否即能确保成佛?

虽然这些问题久久萦绕在 17 世纪真参实修的禅者的心头,关于顿悟有效性的论辩已然渐渐平息,因为中国禅宗信徒已经在某种程度上解决了这些问题,总结出修禅之志必须经历种种修行实践日积月累的打磨,这些渐进的修行包括教义学习、净土祷祝、深度冥想等。圭峰宗密、永明延寿以及云栖祩宏都至少在理论上确证了这种"互融"导向与禅宗精神理想的兼容。与修禅者之间达成的共识形成对照的是,密云圆悟和他的追随者们代表了一种激进、强硬、不妥协的临济禅。

第六章　雍正帝与王朝干预

密云与汉月的争论并没有随着两人的圆寂而停止。当禅宗在清朝宫廷中崛起，它的影响便超出了中国南方佛教丛林的范围。不久，自封为禅师的雍正帝出现了。他在统治的十三年中，不仅巩固了满族在中国的政治统治，在思想领域里也施加了极大的控制。在他对佛教事务的一系列干预中，雍正帝因撰写八卷本《拣魔辨异录》驳斥汉月而著称。[①] 他对佛教的干预不能简单地从政治动机理解，因为雍正帝在宗教上是非常认真的。因此，雍正帝的言论为密云与汉月之争增添了一个新的维度。

第一节　雍正帝的禅悟之路

清朝帝王十分善于操纵宗教。在他们多样而复杂的信仰系统中有儒家思想、藏传佛教、禅宗、道教，还有满族的萨满教。正因为如此，他们试图重建一个能够代表大清帝国的多元文化符号系统，而这个系统正是以自诩为圣君的清帝的政治和宗教权力为中心的。

清朝入关的第一位皇帝——顺治帝，在很年轻的时候就表现出对禅宗的极度向往。在费隐通容的高弟憨朴性聪的建议下，他将木陈道忞（1596—1674）与玉林通琇（1614—1675）召入宫中并极大地提升了他们所在宗派的地位。而康熙帝在1684年和1689年的两次南巡中访问了诸如扬州天宁寺、苏州圣恩寺、杭州灵隐寺等诸多禅刹。康熙帝不但为这些寺

---

① 除了他对汉月的批驳外，雍正帝对佛教的干预也被记录在他关于佛教的上谕中。请参阅《清世宗关于佛学之谕旨》，《文献丛编》第三、四辑。另见野口善敬《雍正帝の佛教资料について》。

院题写匾额,而且将许多禅宗高僧召入宫中,其中不少是密云圆悟禅师的弟子。[1] 在清初诸帝中,除顺治帝外,雍正帝和他的儿子乾隆帝是对宗教,尤其是禅宗,最为热心的帝王。[2] 他们广泛阅读禅宗文献,在宫中组织参禅,而且与禅师为伍。作为帝王和自认为觉悟的宗师,他们积极地干预宗教事务并加入僧诤,而且利用敕命推举他们所喜爱的禅师,打压他们所不齿的僧徒。

雍正帝的佛教事业

作为清军入关后的第三位皇帝,雍正帝以他的勤奋与强权巩固了满族对中国的统治。除了他的文治武功之外,他对佛教——尤其是禅宗——的沉迷引起了许多历史学家的兴趣。[3] 在他任内,雍正帝对佛教施加了巨大的影响。当他还是皇子时就与第二代章嘉活佛——章嘉呼图克图阿旺罗桑却丹(或名阿旺罗桑曲殿,1642—1714)——为善,而且他还在 1723 年登基后不久,邀请第三代章嘉若必多吉(1717—1786)入京。[4] 这两位藏传佛教宗师在宫廷政治中起到重要的作用。正如笔者后面要提到的,第二代章嘉活佛印可了雍正帝的觉悟,而第三代章嘉在雍正帝的亲自呵护下,成为僧众领袖和各种佛藏的翻译者。

雍正帝与他们的继承者们和雍正帝原来的府邸雍和宫附近的柏林寺保持密切的关系(作者按:此寺并非赵州从谂禅师[778—987]所建河北

---

[1]　关于康熙帝游览这些寺庙的情况,可参阅纪荫《宗统编年》,XZJ 147:506 - 511;高晋《南巡盛典》。另见周叔迦著、江灿腾编辑《清代佛教史料辑稿》,第 3—8 页。

[2]　关于他们对宗教符号的政治利用,详见 Wu Hung(巫鸿),"Emperor's Masquerade: Costume Portraits of Yongzheng and Qianlong"; Patricia Berger, *Empire of Emptiness: Buddhist Art and Political Authority in Qing China*。

[3]　关于雍正帝与佛教的关联,请参阅冯尔康《清世宗的崇佛和用佛》;塚本俊孝《雍正帝の佛教教团批判》和《雍正帝の儒佛道三教一体观》;张文良等《雍正与禅宗》。

[4]　关于二世章嘉活佛的传记,请参阅喻谦《新修高僧传四集》卷二。关于三世章嘉活佛的研究,请参阅 Wang Xiangyun(王祥云),"The Qing Court's Tibet Connection" 和 "Tibetan Buddhism at the Court of Qing"。章嘉活佛世系属于格鲁派,源于青海佑宁寺,第二世和第三世章嘉活佛都曾作为国师供职朝廷。

柏林寺）。这是因为雍正帝曾经与该寺住持迦陵性音交好，并且在 1712
年与该寺僧众一起参禅。

165　　　迦陵性音出生于辽宁沈阳望族。他二十四岁时剃度并南游至杭州理
安寺（亦称南涧）修行。1707 年，他的师父梦庵超格（1639—1708）应邀成
为北京柏林寺住持。第二年，梦庵超格圆寂，迦陵性音继任住持。他正式
的宗派属于密云圆悟的同门天隐圆修的法系。由于该寺的特殊位置，这
里成为雍正帝未登基前喜爱的参禅之所。

　　雍正帝对于柏林寺的支持也同样施加于迦陵性音与其师父所由来的
杭州理安寺。1714 年，当雍正帝从迦陵性音那里得知理安寺已经破败不
堪，以至于其中的一位住持超彻（1659—1709）竟然饿死，作为皇子的他便
上奏康熙帝，请求赐额放赈，图谋恢复。从此以后，北京的柏林寺与杭州的
理安寺便与清室形成了一种特殊的关系：理安寺不仅在清中期享受皇家恩
宠，而且柏林寺绝大多数住持是从理安寺的法派中挑选的。例如，乾隆帝在
1751 年、1757 年、1762 年、1780 年的南巡中曾经四次到访理安寺。①

　　雍正帝不仅像其他帝王一样资助佛教寺院，还发起了一些重要的佛
事活动并制定了特殊的佛教政策。比如，他在 1734 年敕令编修所谓的
《龙藏》，后来由他的儿子乾隆帝于 1738 年完成。

　　他的宗教政策还大大地削弱了政府对僧人剃度受戒制度的控制。顺
治元年（1644），清政权刚刚确立，新政府仍然试图恢复中央政府对度牒发
放的传统控制，并用有偿发牒的方式限制私度现象。1660 年，顺治帝改
变了这一政策，允许寺院无偿发放戒牒。这样，僧人的数量大幅增加。不
久，他又允许戒牒在师徒中私相传授，条件是不再领取新的度牒。雍正帝
也很重视僧人的剃度制度。他大大地提高了宝华山律宗的地位。1733
年，他从宝华山召请律师文海福聚（1686—1765）主持皇家授戒仪式并敕
令多种有关三坛开戒的著作入藏。② 在雍正帝统治的晚期，这位帝国的统
治者已经意识到度牒制度已经变为一种俗套。1735 年十二月，他颁布了一

---

① 参阅《理安寺志》，ZFS 77：97-104。

② 参阅《宝华山志》，ZFS 53：1-2。

道上谕,鼓励对于官办僧伽制度的讨论,并表露了废除度牒制度的想法。①
虽然他还来不及采取任何行动就驾崩了,但他的儿子乾隆帝终于在 1754 年
下令停止统计僧道人数,并于 1774 年正式废除官方垄断的度牒制度。这一
在中国历史上前所未有的举措是由以下两个客观因素决定的:第一,雍正
帝实施了摊丁入亩的财税制度,从而使得国家财政依赖田亩的数量而不是
人口的数量。因此,继续控制僧众人数的做法已经不再需要。② 第二,正如
笔者在本书第二章所述,由于明末以来三坛开戒已经在各大寺院中自由
举行,国家对剃度受戒的控制已经不再可能。③ 这意味着清政府最终放
弃了设立官办戒坛的想法并允许僧人自由合法地举行三坛大戒。

　　雍正帝不仅大力扶持佛教,而且他可能是中国历史上唯一一位自称
获得彻底觉悟的皇帝。他的儿子乾隆帝就曾在一则撰写于 1744 年的雍
和宫碑文中这样称赞他父亲对佛教的高超见解:

　　　　我皇考向究宗乘,涅槃三昧,成无上正等正觉,施洽万有,泽流尘
　　劫。帝释能仁,现真实相。群生托命,于是焉在。④

　　戴维·法库阿尔(David Farquhar)认为这一描述是"过度的佛教夸
张的典型"。但是在笔者看来,乾隆帝只是在试图告诉我们他所了解的父
亲是什么样的。作为雍正帝宫廷法会中的一员,他曾目睹他的父皇是如
何像彻悟的宗师一样参禅。正如戴维·法库阿尔所指出的那样,"乾隆帝
是在暗示,他的父亲通过自己的修证而成佛。这与一贯的菩萨圣王的说

---

① 　周叔迦《清代佛教史料辑稿》,第 175 页。

② 　关于这场财税改革,详见 Madeleine Zelin, "The Young-cheng Reign"。

③ 　尉迟酣注意到清末民初的僧人都持有盖有官印的戒牒。但是这些戒牒都是授戒寺院自己印
　　行的。据笔者所知,清政府从来没有设立过官方戒坛。

④ 　David M. Farquhar, "Emperor as Bodhisattva in the Governance of the Ch'ing Empire",
　　p. 32. David Farquhar 的这段引文出自 Ferdinand Diederich Lessing, Yung-ho-kung: An
　　Iconography of the Lamaist Cathedral in Peking, with Notes on Lamaist Mythology and
　　Cult, Sino-Swedish Expedition (1927 - 1935), p. 10。Lessing 译自 O. Franke and Laufer,
　　Epigraphische Denkmäler aus China, erster Teil (Berlin 1914), Mappe I, plate 2 and 3。
　　(译者注:本文原文还原自金梁编撰、牛力耕校订《雍和宫志略》,第 313 页。)

法多少有些不同"①。确实，在这个过于夸张的禅悟声明中，乾隆帝暗示雍正帝并没有通过与菩萨的简单认同来为自己增势。相反，他是靠自己艰苦的修炼，更为具体地来说，是通过禅悟来获得自我成就的。

雍正帝的禅悟

当雍正帝还是皇子的时候就已经对禅宗表达了浓厚的兴趣。雍正帝的研究者黄培认为，由于雍正帝母亲的低下出身，他从小就相对于他同父异母的兄弟有一种卑微感。② 这种根植于雍正帝内心深处的不安全感促使他发展出一种"内省的性格"（黄培语），从而引导他对哲学思想——尤其是禅宗——进行研究。根据雍正帝自己的说法，他在早年就喜读佛经。他还将自己喜欢的禅语逸事、名言警句记录下来，编为《悦心集》。虽然这并不是一本纯粹的禅宗著述，但是它的编辑和出版（1726 年）表达雍正帝超凡脱俗的文人情趣。因为他的府邸（即后来的雍和宫）邻近柏林寺，他便于 1712 年开始，和那里的僧人一起习禅。

据他自己讲，他刚刚开始坐禅不久便出现了觉悟的征兆。在 1712 年一月二十日这一天，他坐了大约两炷香的工夫。第二晚，当第三炷香点上的时候，雍正帝有了彻悟的感觉。当时，寺院的住持是迦陵性音。③ 一般来讲，根据禅宗的传统，真正的大悟必须由一位禅师印可。但是，虽然他已经认可了雍正帝的大彻大悟、明心见性，年轻的雍正帝并不十分相信这位禅师。不久，第二世章嘉活佛——一位来自青海的藏传佛教大师——印证了雍正的禅悟。

雍正帝之所以对他的禅悟体验有所怀疑，是因为在他与迦陵性音的交往中并没有感到一丝疑惑，而这正是彻悟的先决条件。在那次坐禅之后几

---

① David M. Farquhar, "Emperor as Bodhisattva in the Governance of the Ch'ing Empire", p. 32.

② Huang Pei(黄培), *Autocracy at Work: A Study of the Yung-cheng Period*, 1723 – 1735, p. 30.

③ 虽然雍正帝曾经很推崇他并给了他很高的地位，但他后来却遭到雍正帝的贬损。详见《清世宗关于佛学之谕旨》第一篇。

天里,他的不安驱使他向二世章嘉求教,而这位活佛给了他如下建议:

> 若王所见,如针破纸窗,从隙窥天。虽云见天,然天体广大。针
> 隙中之见,可谓遍见乎? 佛法无边,当勉进步。①

根据这位活佛的建议,雍正帝在这一年的二月十一日重新开始坐禅。仅
仅三天之后,他就感到突然浑身冒汗并体验到了佛与众生的合一无二。
同样,他向二世章嘉咨询。这位活佛说:

> 王今见处虽进一步,譬犹出在庭院中观天矣。然天体无尽,究未　168
> 悉见。法体无量,当更加勇猛精进。②

当雍正帝带着二世章嘉的意见去向禅师迦陵性音征询时,这位禅师只是
回答说,这是喇嘛惯用的"回途"伎俩。③ 但是,这却使雍正帝对他的话产
生了极大的怀疑。出于对他的喇嘛师父的崇信,他继续坐禅。终于,在
1713 年一月二十一日这一天的坐禅中,他突然感觉到自我与万物的统
一。在这之后,当雍正见到章嘉,刚刚准备开口询问时,这位藏传佛教高
僧不等雍正帝开口,便说:"王得大自在矣。"正因为如此,雍正帝把二世章
嘉看作自己的印证师。

第二节　宫廷中的参禅法会

现在还不清楚究竟雍正帝的参禅体验对他的性格有多大的影响,抑
或是间接地有助于他日后登基。我们所知道的是,他的父亲康熙帝虽然
一开始册立他的长子胤礽(1674—1725)为皇储,但是他却逐渐认识到雍

---

① 关于雍正帝的跋文,参阅《御选语录》卷一八,Z no. 1319, 68: 696b。

② 同上书。

③ 雍正帝在《圆明居士语录》中解释了这一术语的意义,见 Z 68: 696a; XZJ 119: 422a - b。雍
正帝认为"回途"指的是彻悟后的继续修行。

正帝的才能和成熟。他经常称赞雍正帝的学问以及书法,还有他的谦逊、真诚与孝顺。① 最后,他选择了雍正帝作为他的继承者。

黄培提到,雍正是中国历史上一位独特的君主。"他有坚强的性格,并有一种被召唤的使命感。"而且,他善于内省的个性为这个国家提供了所需的自检精神。更重要的是,雍正用几种独特的方式履行其天子之位:

> 他用自己的灵感和激情召唤他的臣民去改过自新。他更使用高压铲除异己并要求他的官员对自己绝对服从。由于他对自己的政策不遗余力地推行,他的行政风格贯穿着一种狂热的宗教精神。他改变了他的父皇和祖先遗留的官僚体制以便和他的理想相适应;他改善了平民的生活条件以便完成他身为国君的使命。此外,他发表著作来弘扬禅宗,甚至自称达到了禅僧所渴求的最后阶段——顿悟。在雍正帝统治的最后几年,他还积极组织参禅法会。他身上集中了君权与神权。②

正如黄培在这里所指出的,雍正帝对禅宗的兴趣并没有在他觉悟之后减退。他甚至还在生命的最后几年里召集了参禅法会来钻研禅理。实际上,在很长一段时间里,雍正帝已经在这样的法会中扮演起禅师的角色。在 1712 年的夏天,作为皇子的雍正帝就曾在热河行宫开始他自己的禅师生涯,并组织了一个由僧人和他的随从参加的小型参禅法会。他在这些法会上的言行以及他对禅修和坐禅的系统表述都被收录在后来印行的《圆明居士语录》中,之后又被收录在《御选语录》中。

雍正帝对禅的理解

雍正帝的禅学反映了他的参悟体验。他强调真参实悟,反对文字禅

---

① Silas H. L. Wu, *Passage to Power: K'ang-hsi and His Heir Apparent*, 1661-1722, p. 167.
② Pei Huang, *Autocracy at Work*, p. 34.

的虚华不实。在他看来,真正的禅悟是对空的意义的理解——不仅是法空,而且是我空和心空。对他来说,迷悟之差来源于是否达到心无的心理状态。因此,他把参禅划分为三个阶段,或参修者所必须经过的"三关"。虽然宋代的一些禅师已经使用"三关"的说法,但是雍正帝也许是第一次对它们作系统的阐述。① 在他看来,如果一个初学者成功地越过了第一关,那么他将体验到洞彻万物之理。他写道:

> 夫学人初登解脱之门,乍释业系之苦,觉山河大地、十方虚空并皆消殒,不为从上古锥舌头之所瞒。识得现在七尺之躯不过地水火风,自然彻底清净,不挂一丝。是则名为初步破参。②

然而,雍正帝认为初参之人很容易误认为这种体验是终极的彻悟,而这还需要更多的努力。那么,正确的方式是对此一体验升起一团疑情并矢志向上。根据雍正帝的说法,在第二关时,参禅人应该体悟到了万物皆空,万缘皆灭。此刻,疑情消失,参禅人对外物自如自在,充满智慧。他说:

> 破本参后,乃知山者山,河者河,大地者大地,十方虚空者十方虚空,地水火风者地水火风属。乃至无明者无明,烦恼者烦恼,色声香味触法者色声香味触法,尽是本分,皆是菩提。无一物非我身,无一物是我己。境智融通,色空无碍,获大自在,常住不动。是则名为透重关。③

然而雍正帝继续说道:参禅者必须通过第三关,即此觉悟之心在日常生活中的体现。雍正帝用中国传统的形上观念——"体"和"用"——来

---

① 比如,宋代禅师黄龙慧南(1002—1069)就以"三关"的使用而著称。他在机锋问答中用三个问题来勘验学人。

② 见雍正帝《御选语录》总序,Z 68:523-524。

③ 同上书。

描述日常生活的方方面面都是"体"和"用"的高度统一。最后，雍正帝提醒参禅者，参透三关也只是方便施设，而在终极层面，实际上已是无参可参了。

宫中说禅

雍正帝在即位之后依然痴迷禅宗，尤其是他生命的最后几年，他竟然能发展出一个由官员和亲王组成的参禅法会以致力于禅宗的修炼。在他们这些参禅法会中，雍正帝已经足够自信到充任禅师的角色。虽然一些佛教僧人和道士也被邀请参加，但是他们仅仅起到微不足道的作用。以下这些僧人和道士曾参加了雍正帝的法会：

171

> 雪鸿圆（元）信（1664—1750）：即著名的文觉禅师，怀光灿法嗣，雍正十一年（1733）被雍正帝派往天童寺任住持。
>
> 楚云明慧（1664—1735）：雍正十一年（1733）奉召入京。
>
> 若水超善：临济宗僧人，住北京万寿寺。被雍正帝赐紫衣并住持龙藏的编撰。
>
> 玉铉超鼎：临济宗僧人，住北京拈花寺，同时传授华严学。
>
> 如川超盛：玉林通琇法嗣茆溪行森（1614—1677）的传法弟子，雍正十一年（1733）年被雍正帝赐紫衣。[1]
>
> 娄近垣（1689—1776）：龙虎山道教天师。雍正五年（1727）随其师张锡麟（五十五代天师）入京并亲近雍正帝。除了以道士的身份出现，他还随雍正帝参禅。他的禅语被收入雍正帝的《御选语录》中。[2]

除了以上这些僧人和道士，这个排他的小团体还包括以下固定成员：

---

[1]　关于以上提到的僧人的简历，参见 ZFR：66，370，700，701，702。雍正帝与若川超盛的一些来往书信尚存。参见张文良等《雍正与禅宗》，第 119—174 页。

[2]　关于他的情况，参见卿希泰《中国道教》第 1 卷，第 395 页。

张廷玉(1672—1755)：安徽桐城人,大学士张英之子,康熙三十九年(1700)进士。雍正时被任命为太保,曾任吏部和户部尚书,翰林院掌院学士。雍正七年(1729)被提升为军机大臣。[1]

鄂尔泰(1680—1745)：鳌拜之子,满族人,曾任云贵及广西总督。[2]

福彭(？—1748)：满族贵族,曾任靖边大将军,平定和硕特部(厄鲁特四部之一)叛乱。[3]

胤禄(1695—1767)：康熙帝十六子,雍正帝兄弟,曾任内务府大臣。[4]

胤礼(1697—1738)：康熙第十七子,雍正帝兄弟。

弘历(1711—1799)：雍正帝之子,即后来的乾隆帝。[5]

张照：康熙四十八年(1709)进士,曾任军机处大臣。[6]

172

这个小集团中所有的人都是雍正帝的亲信。通过参禅,他们的关系无疑会得到进一步巩固。他们的关系如此亲密,以至于他们在最为机密的密折中也谈论参禅的体验。[7] 在这些密折中,雍正帝甚至放弃了君臣之间的一切繁文缛节,直呼他的臣子为"老徒弟"。他的这些"徒弟"把持高位,这正如黄培所指出的,这个宫中的参禅法会不仅是一个宗教团体,还起到了"政治咨询"的作用。[8] 但是,因为这个团体在雍正朝的政治影响超出了本书研究的范围,笔者将着重讨论它的宗教意义。

---

[1]　ECCP: 54‑56. 关于张廷玉的研究,参见 Kent Guy, "Zhang Tingyu and Reconciliation: The Scholar and the State in the Early Qianlong Reign".

[2]　ECCP: 601‑603.

[3]　Ibid. , p.234.

[4]　Ibid. , pp.825‑826.

[5]　Ibid. , pp.369‑373.

[6]　Ibid. , pp.24‑25.

[7]　雍正帝发明了密折制度,用来和他的近臣直接沟通。但是,在与福彭的密折来往中,有几份是讨论禅宗的修行。参见张文良等《雍正与禅宗》,第27—53 页。

[8]　Pei Huang, *Autocracy at Work*, p.45. 其中著名的文觉禅师成为雍正帝的政治助手并参与了雍正帝与政敌的斗争。参见冯尔康《雍正传》,第446、507—552 页;杨启樵《雍正帝及其密折制度研究》,第20—26 页。

雍正帝的禅语和与臣子的问答都被收录在《圆明居士语录》(《圆明百问》)和《当今法会》(《御选当今法会》)中。① 在这个小团体中,雍正帝扮演了一个彻底觉悟的禅师的角色。他的任务是帮助他的弟子觉悟。这些参禅法会以问答的方式进行。通常是雍正帝先给臣子们下一"转语",或公案中的关键语。然后,臣子们以诗歌或偈语的方式呈上他们的答案,以供雍正帝考评勘验。比如说,雍正帝曾经提出过这样一个问题:"历代佛祖中有一人超佛越祖,且道是那一人?"以下是他的臣子们提交的答案:

> 张廷玉:是佛。
>
> 鄂尔泰:无名氏。
>
> 福彭:土块。
>
> 胤禄:一手指天,一手指地,道不远人。
>
> 天申(弘昼):无佛祖二字就是超佛越祖。
>
> 圆寿(弘历):饶他释迦老子一按指海印发光,也只得向他道这老汉不识好恶。
>
> 胤礼:一个鼻孔者。②

在这次禅会中,雍正所指的问题并不是有关某个佛祖,而是指相对报身和化身的佛的法身。根据大乘佛教的三身理论,只有法身才是常住不变的。但是,参禅问答的规则是不能直接回答提问。参禅者应该用隐晦但睿智的方式把他们对问题的理解有效地表达出来。比如,张廷玉的回答表明他理解了佛与其法身的统一。鄂尔泰展示出他考虑到了人佛无二。而福彭却认识到佛性与万物无碍——即使是一团泥土,这说明他对这个问题有更深的理解。然而,胤禄的回答却更加微妙,因为他同时引证了佛教和

173

---

① 《当今法会》收入雍正帝的《御选语录》卷一九,见 Z 68:722-749。

② 原文出自中国第一历史档案馆所藏《雍正朝各朝臣禅机奏对折片》,共 121 件。本文转引自张文良等《雍正与禅宗》,第 181 页。这些问答与早期禅宗公案以及日本临济宗的下语练习相似。关于日本临济宗所用的下语,参见 Victor Hori, *Zen Sand: The Book of Capping Phrases for Kōan Practice*。

儒家的内容。他的第一句话明显指向佛陀的出生,而他的第二句话却出自孔子的《论语》。如果我们把这两句话连在一起考虑,那么,胤禄也许是在说释迦牟尼佛是超越所有佛祖的。但是,根据儒家的说法,超验的天道必然内显于人心中,因此也就没有人与佛的分别。这样,回答说佛陀是超越的存在就是说众生也是超佛越祖的。

第三节　雍正帝的佛学著述

在雍正帝任内,他自封为海内第一禅师。为了把自己对禅的理解强加于人,他甚至参与整理禅宗文献和其他佛教经文,以便为所有佛教徒提供标准的佛教读本。

雍正帝的禅宗编年史

作为国君和一位所谓的觉悟者,他把自己对觉悟的理解作为标准改写禅宗史,并以此为己任。出于对当下流行的包罗万象、不分拣择的语录禅集的不满,他于1733年编撰了《御选语录》(注:他在前一年还摘录了瞿汝稷的《指月录》等禅宗文集,并编撰为《宝筏精华》二卷和《金屑一撮》一卷)。在这部集子中,雍正帝并没有被禅宗宗派的观点限制,而是有意识地按照自己的标准对禅宗人物及其作品进行筛选。正因为如此,他的编撰方法与许多禅集中约定俗成的做法相左。

雍正帝对这部文集的编排是非常特别的。它的正集包括了他所选择的十五位"禅僧"的语录和著作。这些人中有永嘉玄觉(665—713)、沩山灵祐(771—853)、仰山慧寂(807—883)、赵州从谂(778—897)、云门文偃(864—949)、永明延寿(904—975)、雪窦重显(980—1052)等。令人感到奇怪的是,雍正把僧肇(384—414)放在这些禅师的首位。几位诗僧,如寒山和拾得,也被包括进去。当代禅师中则包括玉林通琇及其弟子茆溪行森,还有雍正帝本人。自认为是天下第一禅师,他把自己未登基前所撰的《圆明居士语录》放在第十二卷。

　　最为奇特的是,他的语录选集中还包括了道教大师张伯端(987—1082)的语录。这是因为雍正帝非常欣赏张伯端的著作,比如《悟真篇》。他认为《悟真篇》体现了对禅宗的高超见解。虽然云栖祩宏因为主张禅净合一而不算是纯正的禅师,他还是把祩宏的有关著作放在了第十三卷,并题为"外集"。他称赞祩宏是一个有"正知正见"的人,以此来证实自己这样做的合理性。很明显,雍正把祩宏作为一名真正的禅者,而17世纪绝大多数灯录因祩宏没有嗣法而把他排斥在正统法系之外。雍正的做法显然不同。

　　该书的第十四、十五卷是所谓"前集"。它包括了雍正帝认为见地比正集中人物稍有逊色的一百五十六位禅师的语录。但是这份名单中缺少了禅宗史上几位著名的禅师。他们是德山宣鉴、兴化存奖、汾阳延昭、大慧宗杲、觉范慧洪和高峰原妙。这是因为这些禅师没有达到雍正帝所谓觉悟的标准。例如,他极其厌恶丹霞天然(738—824)和德山宣鉴(782—865)的禅法,是因为他们呵佛骂祖的禅风,如丹霞烧佛的典故,隐含了对现存等级制度的严重挑战。[1] 至于明末清初法派争论中具有关键意义的两道悟的问题,雍正帝在前集中列入了一些天王道悟的语录。这表明他也许接受了两道悟的说法。[2] 为了补充《前集》,雍正帝还增加了《后集》(卷十六、十七和十八)来容纳新编禅集如《教外别传》和《禅宗正脉》中的内容。这一禅集中的最后一篇(卷十九)就是他的《当今法会》,记录了他的臣子们在他指导下参禅彻悟的体会。

　　这样违反常规和任意取舍的禅集也反映了雍正帝的三教合一观。在他眼中,三教中的派系区分是不存在的。一位禅师应该根据他对真理的把握来判别,而不是根据他所享有的名气。他的三教思想可以一个他所喜爱的隐喻来说明。在他为批驳汉月法藏及其弟子所发的上谕中,雍正帝提议用太阳、月亮和星星的关系来模拟三教的关系。即,所有这三种星体都能发光但却保留了各自的属性。同理,虽然三教的功用不同,但其本

---

① 雍正帝《御选语录》卷一四,《卍续藏经》卷一一九,第508页。雍正帝公开抨击德山宣鉴和丹霞天然的棒喝机锋。参见圣空《试析雍正在〈拣魔辨异录〉中对汉月法藏的批判》;《清世宗与佛教》;刘元春《明末禅门僧诤与清雍正帝〈拣魔辩异录〉评析》。

② 雍正帝《御选语录》,卷一四,XZJ 119：537。

质是一致的。三教之间毫无矛盾并参赞至道，或者说，这个道正是由一位"觉悟的君主"指定的。①

雍正帝对佛教义理及佛经的研究

在推扬禅宗的同时，雍正帝并没有忘记研究佛教义理。在他觉悟之后，他意识到自己对佛典的忽略并开始有意识地阅读大量佛教经典。

他努力的成果体现在其所编纂的两部佛经选集中。1734 年，他编撰了《御录宗镜大纲》，将永明延寿的《宗镜录》从原来的一百卷压缩到二十卷。1735 年，他从二十种佛经中选出他认为重要的片段，完成了《御录经海一滴》十三卷（注：台北故宫博物院还藏有雍正十三年武英殿本《二十八经》，其中包括雍正帝所选的全部二十种经，可能是为方便雍正帝编辑此书而刊刻）。

显然，雍正帝对佛典的痴迷使他有成为"知解宗徒"之嫌。但是，在这两部经集的序中，他为自己的行为作出了辩护。他认为钻研佛典与明心见性并不矛盾，因为佛典是佛说的方便诠释。他用永明延寿的《宗镜录》为例来为自己辩护，因为永明延寿曾被汉月法藏的弟子潭吉弘忍评为"义解沙门"，雍正帝因此站在永明延寿的立场上为义理之学辩护并诘责所谓呵佛骂祖的禅风：

> 若谓《宗镜录》是义解者，则佛之三藏十二分，尽是义解矣！且世间凡有一文一字，一点一画，皆是义解，又何者为非义解耶？必擎拳竖拂，扬眉瞬目，胡喝乱棒，方非义解乎？若作是会，则是义解之尤！更且无义可解，同于狂痴耳。况从上宗师为人语句，亦不过是经典中词组单词，取以为人，逗机应节，何尝离经一字？乃词组单词，则谓非义解，整章全偈，即斥为义解，可乎？既斥为义解，则古今宗徒，又何得上堂说法？②

① 参见雍正帝 1733 年所发上谕，Z no. 1281 - A, 68: 194a。
② 史原朋编《雍正御制佛教大典》卷一，第 3—4 页。

这段文字说明雍正帝对研读佛典持一种宽容的态度。他不仅认为研读佛典与禅修不相矛盾，而且认为禅宗的机锋问答也是从佛经中演变而来。因此，对于雍正帝来说，那些自称具有呵佛骂祖之风而鄙夷佛典的禅师根本算不上理解了禅宗的精义。他的这一看法与他在《御选语录》中的思想一致，在这本书中，他排斥了许多反传统的禅师。

第四节　雍正帝的辩论文本：对汉月法藏的批判

雍正帝对禅师的态度总是模棱两可和有选择的。他大力扶持自己喜爱的禅僧，同时又敌视一些上一任皇帝所垂青的禅师，并逐步取消了他们或他们的弟子所取得的荣誉和特权。1733 年，他一连发布了几道关于佛教的上谕。他首先贬低了密云圆悟的法嗣木陈道忞的地位，而木陈曾被顺治帝隆重地召入皇宫。事情的原委是这样的：当雍正帝读到木陈在他的《北游录》中所记与顺治帝的奏对机缘时，感到非常不快。雍正帝认为这些描述揭露了过多的皇家秘密。他觉得那时的顺治帝只有十八岁，并不如他一般在政治上成熟老练，因而他想合情合理地改正顺治帝所犯的错误，并褫夺顺治帝赐给木陈的封号。就在同一年，雍正帝还命令逮捕曾为顺治帝所重的临济宗僧人国师玉林通琇的两名弟子，因为他们被发现在从北京回南方的路上竟然打起龙旗来炫耀他们所得到的皇室恩宠。这两位不幸的禅师在被押解回京的途中双双自尽。[①] 但是，最富有戏剧性的事件是雍正帝对密云圆悟与汉月法藏之间僧诤的直接干预。

177　　1733 年，雍正帝撰写了八卷本《拣魔辨异录》。此书从头至尾讨论密云与汉月的争论。在评价此书在禅宗史的重要性时，雍正帝的另外一本书也许可以用作参考，那就是史景迁(Jonathan Spence)已作深入研究的《大义觉迷录》。该书成书早于《拣魔辨异录》三年。根据史景迁的研究，该书是根据 1728 年至 1736 年间审理的曾静案编撰的。曾静是明遗民吕留良(1629—1683)的学生，而根据官方的说法，吕氏的著作中充满了反清

---

① 　见《清世宗关于佛学之谕旨》。

文字。由于被牵扯进反叛密谋,曾静被捕并被官府以散布反清言论的罪名审讯。这个关系到满族在中原统治合法性的案件惊动了雍正帝。经过往复多次的书信问答,这位皇帝与一位因犯对一系列讳莫如深的政治问题进行了认真的讨论。这些重大问题包括中国历史上的华夷之辨、当前的宫廷政治、治国之术以及地方管理等。结果是,这些"问答"把这个"叛逆"曾静改造成了一个"悔过自新之人"。雍正帝因此决定将这些书信问答以及有关上谕结集成册,并作为指定阅读材料发给各级政府官员和官学书院的学生。直到雍正帝死后,他的儿子乾隆帝才收回此书并加以销毁。

《大义觉迷录》的风格是极端个性化的。正如史景迁所述,该书充斥了"关于皇室成员和雍正帝本人的令人浮想联翩的隐私细节以及恶毒而又亲密的个人攻击"[1]。而《拣魔辨异录》正有着同样的风格。该书把雍正十一年(1733)五月的上谕置于篇首来解释本书编撰的原因。雍正帝说,他在阅读密云圆悟和天隐圆修的语录时第一次接触到有关密云与汉月辩论的记述。这些记录中提到汉月对临济宗旨的理解,而汉月的偏狂使雍止帝大为惊骇。他在上谕中写道:很清楚,汉月既不理解禅宗,也不理解他师父密云的见地。更骇人听闻的是,他的弟子潭吉弘忍竟然写作《五宗救》来传播他师父的荒谬见解。作为一位"有德有位"之人,雍正帝决定采取行动,永远剪除这些魔见谬论。[2]

在该书的八卷中,雍正帝从潭吉弘忍的《五宗救》中选出大约八十个片段来加以评论和攻击。这些选段被印成小字,而雍正帝的评语则随后列为大字。与密云圆悟的《辟妄救略说》不同,《拣魔辨异录》并没有紧随《五宗救》的结构来构思谋篇。雍正帝没有按照历代禅师的谱系顺序逐一评论,而是把弘忍的有关文字检出再加上自己的评语。在每一个选段的开始处都加上"魔忍曰"来标示出潭吉弘忍言论的异端性。

与密云的观点一致,雍正帝认为汉月和他的弟子们代表了禅宗史上

178

---

① 见史景迁的著作,Spence, *Treason by the Book*, p. 160。
② 雍正帝《拣魔辨异录》,Z 65:191。

所谓的"知解宗徒"。他们所谓的"细密"宗旨正是他们的谬误所在。雍正帝评论说,禅宗只有单传之说,而无"私授秘传"之旨。为了维护禅宗的正统性,虽然他对密云的禅法也颇有微词,他却策略性地选择捍卫密云的棒喝禅风作为成佛作祖的方便法门。在雍正帝看来,真正的禅宗应该是这样的:

> 佛祖之道,指悟自心为本。是此说者,名为正知正见。用之以利人接物,令人直达心源,方得称佛祖儿孙。所言外道魔道者,亦具有知见。因其妄认识神生死本,以为极则,误认佛性,谤毁戒行,所以谓之外道、魔道。[①]

在雍正帝眼中,一位名副其实的禅师必须符合顿悟的宗旨,而与此相反则会转而成魔。汉月对圆相的带有调和禅宗与密教意味的创见正清楚地说明他并不符合这一不落知见文字的禅宗宗旨。

根据雍正帝的说法,汉月甚至自设了一个圆相的概念窠臼。雍正帝将汉月对圆相的应用追溯到仰山慧寂和他早年的师父耽源那里。在他们之间的机锋问答中,耽源将南阳慧忠的九十七种圆相的图本传授给了仰山慧寂。而仰山看过这些图像后,立刻将这些图本付之一炬,但却很快从记忆里将所有的圆相描摹出来。[②] 在另外一次机锋问答中,当仰山还是沩山灵祐的侍者时,他曾迅速地在地上画出一个圆相,又马上将它擦掉。沩山灵祐看后,也哈哈大笑。[③] 在这些机锋对峙中,圆相被用来作为导向觉悟的工具。然而,在汉月对圆相的论述中,雍正帝注意到他只是关注到这一工具的作用本身,而不是最后的结果:仰山最终涂抹圆相而沩山也哈哈大笑。他们的行动说明终极真理已经超越名相,归于寂灭。还有,雍正帝并不认为圆相如汉月所说的那么奇特。他指出,如果需要,他可以立

---

① 雍正帝《拣魔辨异录》,Z 65:191。
② 仰山慧济《袁州仰山慧寂禅师语录》,T no. 1990, 47:582a。
③ 沩山灵祐《潭州沩山灵祐禅师语录》,T no. 1989, 47:579c。

刻变现出无数圆相并随心所欲地翻转变化。[1]

对雍正帝来说,汉月和潭吉弘忍的错误正是在于他们对历代禅师所做的许多具有象征意义的行为作出过于字面上的机械理解。他们对"三玄三要"的解释正是一个绝好的例子。雍正帝反问道:"佛法不二。岂可执定三四而更有密传三四之宗旨?"

为了论证他的观点,雍正帝广泛征引了各种公案故事。他的写作风格是权威的、夸张的而又犀利的,充分展现了他对禅宗文献的博学。雍正帝还使用了许多带有嘲讽意味的中国俗语和佛教成语来加重他抨击的力度。比如,为了反驳汉月和潭吉弘忍对他们的师祖密云圆悟的批判,雍正帝引用了《四十二章经》中的一个著名典故"仰面唾天,反污其面"。为了驳斥他所谓的"知解宗徒",雍正帝把汉月和他的弟子比作释迦牟尼佛的大弟子阿难。阿难是《楞严经》中的主角。尽管他多闻殊胜,却被妖女摩登伽女所惑。[2]

正如笔者在本书第五章所揭示的,汉月法藏对圆相的痴迷有一些密教的背景,因为他同时也会登坛施法,主持放焰口或施食的密教仪式。由于汉月密教方面的作品流传不广,而且他的禅宗著作也未提及他与密教的关系,所以可以肯定地说,雍正帝并不知道,也不可能了解汉月的这一密教背景。[3] 比如,雍正帝提到了汉月给一部叫作《五宗录》的书所作的序言。[4] 在这篇序中,汉月认为祖师禅要高于如来禅。同时,汉月又神秘地说宝塔的金顶所现的五色光象征着禅宗的五宗。[5] 笔者在本书第四章已经解释了汉月如何用宝塔的结构作为隐喻来揭示祖师禅与如来禅的关

---

[1] 雍正帝《拣魔辨异录》,XZJ 114:381。

[2] 《楞严经》始于阿难为摩登伽女所惑而佛陀试图拯救阿难。参见拙作,"Knowledge for What? The Concept of Learning in the *Śuraṃgama Sūtra*"(译者注:中译为《多闻无功论:〈楞严经〉中佛教的知与学》,刘小艺译,发表于《康德与儒家智慧》)。

[3] 考虑到雍正帝也与藏传密教有接触,他也许会欣赏汉月对禅宗和密教的综合。但是,在目前的情况下,雍正帝试图利用这一案例来树立他的宗教权威和他对禅宗的正统诠释。因此雍正帝即使完全理解了汉月的思想,也不可能对汉月的密教成分有所赞扬。

[4] 此序可能就是汉月为雪峤圆信和郭凝之的《五家语录》所写的序。关于笔者对此序的简短讨论,请参见本书第四章。

[5] 本书第四章对汉月所用的木塔比拟进行了详细讨论。

系。但是,雍正帝并不了解这一背景以及汉月所惯用的模拟法,因而他直言他自己完全困惑于汉月的这些文字。

雍正帝对汉月的批判与密云圆悟的相比,其中一个最显著的不同是对汉月在道德伦理上的贬损。在雍正帝看来,在批评密云的同时,汉月又愿意接受密云的嗣法,这是十分自相矛盾的,子诤父也是极端不孝的。① 更重要的是,在雍正帝眼中,汉月还对六祖慧能不恭,批评慧能"落入顽空邪见"。②

在雍正帝看来,汉月最严重的罪行是违反了佛教戒律。雍正帝列举了汉月及其弟子的一系列罪状:不修禅,不结夏也不结冬,饮酒啖肉,还耽于文字以讨好士大夫。在雍正帝眼中,这最后一条罪状已经使他们与娼妓为伍。③ 虽然我们没有证据证实雍正帝对汉月师徒道德上的指控,但是我们知道汉月师徒与士大夫有极其密切的联系。于是,有些学者便猜测雍正帝对汉月的指控实际上是指明遗民与禅宗丛林的相互关系。比如,长谷部幽蹊认为,对汉月一系的镇压与曾静案有关。这是因为曾静的老师吕留良是黄宗羲的朋友和亲戚,而黄宗羲为汉月题写了塔铭(吕留良的女儿许配给了黄宗羲的兄弟的儿子)。虽然雍正帝在上谕中对汉月的指控并无真凭实据,但是他对汉月一系寺院修行的批评透露出他隐秘的政治意图:汉月的罪行不仅在于他思想的异端性,还根植于他与士大夫广泛和密切的接触。对于雍正帝来说,汉月和他的嗣法弟子在士大夫中所受的欢迎是对现存社会秩序的严重挑战,特别是考虑到很多与汉月来往的士大夫都是明遗民。

雍正帝命令将汉月法藏与潭吉弘忍的所有著作从大藏经中去除并销毁。而雍正帝批驳《五宗救》的《拣魔辨异录》将取而代之,成为佛门弟子的必读书。属于汉月法藏传法弟子的法系也要完全铲除,他的法嗣将不

---

① 雍正帝《拣魔辨异录》,Z 65:254b。

② 雍正帝《拣魔辨异录》,XZJ 114:382b。汉月确实对《六祖坛经》中慧能的著名偈语"本来无一物"有所微词。但是,野口善敬认为汉月实际所指是憨山德清。参见野口善敬《本来无一物は外道の法》。

③ 参见雍正帝《拣魔辨异录》中所收上谕,Z 65:191a-b。另见长谷部幽蹊《三峰一门の隆替》Ⅲ,第144—146页。

允许住持丛林。但是,在这道上谕的末尾,雍正帝摆出了一个他自认为有仁者风度的姿态:

> 如伊门下僧徒固守魔说,自谓法乳不谬,正契别传之旨,实得临济之宗,不肯心悦诚服,梦觉醉醒者,着来见朕,令其面陈。朕自以佛法与之较量。如果见过于朕,所论尤高,朕即收回原旨,仍立三峰宗派。如伎俩已穷,负固不服,以世法哀求者,则朕以世法从重治罪,莫贻后悔。①

181

这一判决显示出本案与早先的曾静案有着连续性。雍正帝似乎喜欢和他的敌手辩论,并用他的智慧和推理而不是用赤裸裸的政治手段来压服他们。正如在曾静案中一样,雍正帝选择公开他的个人看法并与所有臣民共享而勿论其社会地位。而且,他自己的禅悟体验更使他相信人是可以改邪归正的。这种对人性完美可造的信念似乎可以解释他为什么这么热衷于与异端分子进行个人接触:先是曾静,后来是禅宗丛林中的"邪魔"汉月法藏和潭吉弘忍。

虽然雍正帝个人对密云与汉月之诤有着极其浓厚的兴趣,不可否认的是,在他所标榜的中立立场的背后,存在一个无处不在的政治和意识形态的企图。如果我们把这部著作放在18世纪早期雍正帝统治的背景下,那么它和《大义觉迷录》一道揭示了雍正帝对刚刚被征服的江南士大夫的反抗情绪的深切关注。虽然清政权在政治和军事上对南方的统治是成功的,然而不时从士大夫文字中所流露出的反清情绪却始终提醒着这些少数民族统治者,他们并没有征服这些汉族士大夫的内心。而这正是雍正帝所想要达到的:他故作姿态地放弃了使用强权来应付对手,而摇身一变成为道德的说教者。他相信这些不顺服的"罪犯"终有真心悔悟之日,因而敢于加入纷繁复杂的僧诤中,并不惜"与匹夫搏"(陈垣语)。

在笔者看来,雍正帝在这场僧诤中的政治意图是在佛教领域内创设

———————————

① 参见雍正帝《拣魔辨异录》中所收上谕,Z 65：193c。

一个新的宗教权威：它完全由雍正帝直接控制，而不是受士大夫，特别是那些心怀异己之见的危险分子所左右。这样，他的干预正可以防止禅宗成为桀骜不驯的士大夫们的精神庇护所。雍正帝至少部分地完成了这一目标。在把密云圆悟提拔为新的禅宗正统的同时，他自封为最伟大的禅师，并有权对别人的禅法和体验进行甄别。

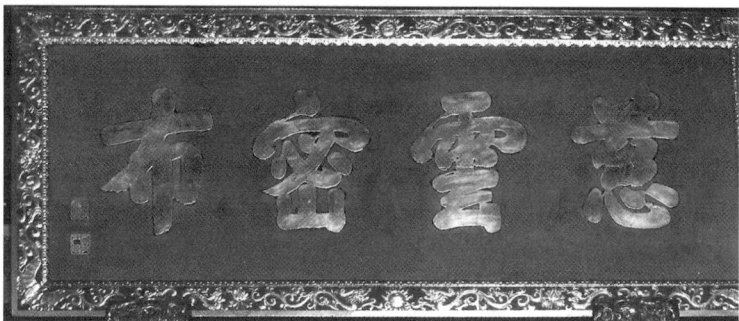

图 6-1   雍正 1733 年颂扬密云圆悟的书法作品，匾额上写的是"慈云密布"，至今仍悬挂在天童寺的佛殿上（吴疆摄于 2006 年 6 月）

182   正因为如此，雍正帝在佛教界的影响是可畏和长远的。直至今天，由雍正帝题写的赞美密云的匾额仍然高悬于天童寺。雍正帝对这场僧诤的直接干预还使佛教丛林流传出这样一个传说：因为雍正帝以密云圆悟的名义破斥汉月法藏，因而他本人正是密云的转世。①

结   语

雍正帝对这场僧诤的干预是饶有意味而又令人费解的。他撰写了八卷本的驳书来抨击汉月的异端，实际上是在利用他的政治权威打压汉月，抬高密云。但是，如果雍正帝仅仅是出于政治上的考虑而在 1733 年撰写此书，那么这场辩论似乎又不足以让一位皇帝投入如此之多的精力。这是因为这场辩论在八十多年以前就已经结束。但无论如何，雍正帝对禅

---

①   关于这个传说，参见南怀瑾为重印《御选语录》和《心灯录》所作的序，收入张文良等《雍正与禅宗》，第 346—347 页。

宗的青睐却又为禅宗复兴增加了一层政治上的含义。

雍正帝的干预不仅最终结束了密云和汉月之间的争论,也改变了争论的性质。争论中有关禅悟标准的宗教课题也在雍正帝干预之后有了政治上的意义。雍正帝与禅宗的亲密关系也预示着一种新的肯定政治权威的模式。在中国历史上,也许是第一次有一位帝王自称已经大彻大悟,至少是根据他自己的标准。因而,他把自己打扮成一位可以裁定佛教事务的裁判者。

雍正帝的干预揭示出,一个隐蔽的权力结构可以被极其容易地转换到政治领域。这一发现帮助我们解释了僧净中两个相互关联的主题:开悟与传法。两者是一个建立在师徒关系上的权力结构中同样重要的组成部分:开悟给予禅师权威,而传法则在徒众中建立了一个分配精神权威的等级制度。如果开悟的合法性受到质疑,传法的权威也同样变得具有争议性。按照这一思路,本书第三部分将揭示由费隐通容所挑起的关于严格传法的漫长而凶险的意识形态斗争。

183

第三部分

传法世系的问题

第七章 晚明"两道悟"之争

在 1654 年，浙江巡抚萧起元受理了一场不同寻常的诉讼——曹洞宗大师三宜明盂控告临济宗大师费隐通容。这场官司是远远超出诸如田产和寺院的所有权等物质利益的僧净。其之所以特殊，是因为这场官司是一次思想上的论争：密云圆悟的法嗣费隐通容被指控故意篡改了已成定论的谱系。在他的新禅宗谱系中，某些曹洞宗师被列入"嗣法未详"的类别之下。

费隐对于禅宗法脉打破常规的编排，改变了许多历史人物的世系隶属，主要影响到当时的曹洞宗师。而这是依靠重新诠释唐代两位僧人天皇道悟和天王道悟的身份来实现的。对比先前章节中记录的早期僧净，法脉之争在范围和强度上升级了。之所以出现这种局面，主要是因为费隐通容企图通过审查整个禅宗法系来决定法脉传承的可靠性。

在接下来的部分中，笔者检视了这次针对费隐通容《五灯严统》的非同寻常的诉讼的背景，以及一些晚明关于"两道悟"的最初争论。笔者试图通过聚焦于天皇道悟和天王道悟身份的考证研究，来弄清文本或碑刻证据是怎样被佛教僧人用于核实或者辨伪模糊不清的禅宗法脉。在本章中，笔者将会首先介绍僧净涉及的主题并概括来自争论双方的相关证据。尔后，关注晚明诉讼案开始之前的争论阶段，当时文人首次发现"两道悟"的问题，并在他们编辑的禅宗文集中作了相应的改变。不久以后，密云和他的弟子们在他们的谱系灯录中沿用了经改动的禅宗传承世系。这些草率的改动引起一位来自宁波并支持禅宗的地方官员黄端伯的激烈响应。在第八章，笔者将会聚焦针对费隐的诉讼。第九章则关注 1654 年后这场诉讼的余续。

第一节 "两道悟"之谜

本章关注一个特殊的案件——关于唐代两位道悟禅师身份的争论。这场争论构成了对费隐通容《五灯严统》的诉讼的内核。而《五灯严统》则从根本上改变了表现在《景德传灯录》中、已被普遍接受的禅宗历史编纂方式。《五灯严统》之所以有这种认识乃是因为发现了另一位名为道悟的唐代僧人。根据《景德传灯录》,六祖慧能之后的禅宗传承主要分为两支,各自的代表人物分别是青原行思和南岳怀让。青原行思将衣钵传给石头希迁,而石头希迁的其中一位法嗣即名道悟。道悟驻锡于荆州府治(今江陵县)的天皇寺,又将衣钵传给龙潭崇信。龙潭崇信门下衍化出两个禅宗派别——云门宗和法眼宗,分别由龙潭崇信的四世法孙云门文偃(864—949)和六世法孙清凉文益(885—958)创立。这种官方的世系版本如图7-1所示。

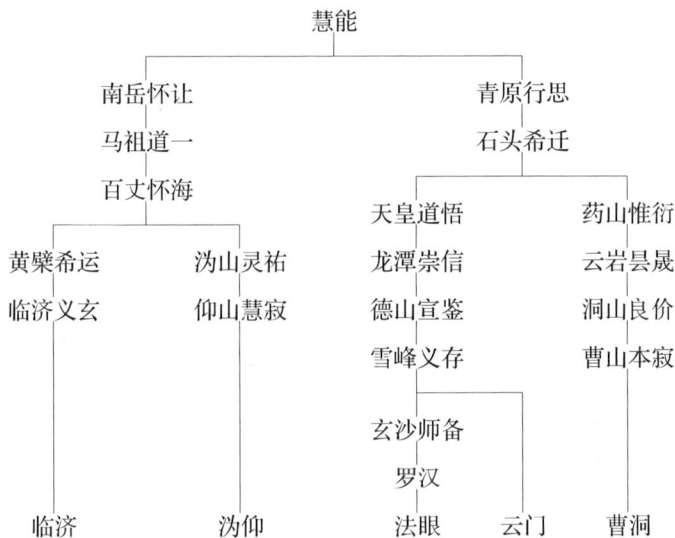

图7-1 根据道原《景德传灯录》所绘禅宗法脉图

很长一段时间,这种官方版本在佛教界被广泛地接受。但被接受并不意味着它没有受到一系列挑战。例如费隐通容即认为道悟的身份存在

疑问,道悟以下的法脉传承需要彻底修正。他找到了一方碑刻,据说由不
甚为人所知的唐代官员丘元素(或丘玄素)①撰写,其中记载了一位也叫
道悟的僧人,并且宣称这个新道悟实际上是马祖道一的法嗣。根据这方
碑刻,龙潭崇信是此道悟而不是那个属于石头希迁一系的道悟的法嗣。
因此,源出于青原行思的云门宗与法眼宗两大禅系应该被改到马祖道一
一系下,因为龙潭崇信是新发现的道悟的法子,而非生活在天皇寺的道悟
的法子。有趣的是,费隐通容发现,根据碑文,这位新发现的道悟与先前
的道悟活动于同一城,但居住在城西的天王寺。

　　简言之,唐代存在两位名叫道悟的僧人。一是天皇道悟,传统观点认
为法眼和云门两宗派生自他。另一个是天王道悟,费隐通容相信他是龙
潭崇信真正的师父。这就意味着源自天王道悟的法眼、云门两宗应该改
回马祖道一一系。费隐通容基于新碑文重新编排的禅宗世系,如图 7-2
所示。总之,隶属于密云临济禅系的僧人,支持存在两个道悟的新主张。

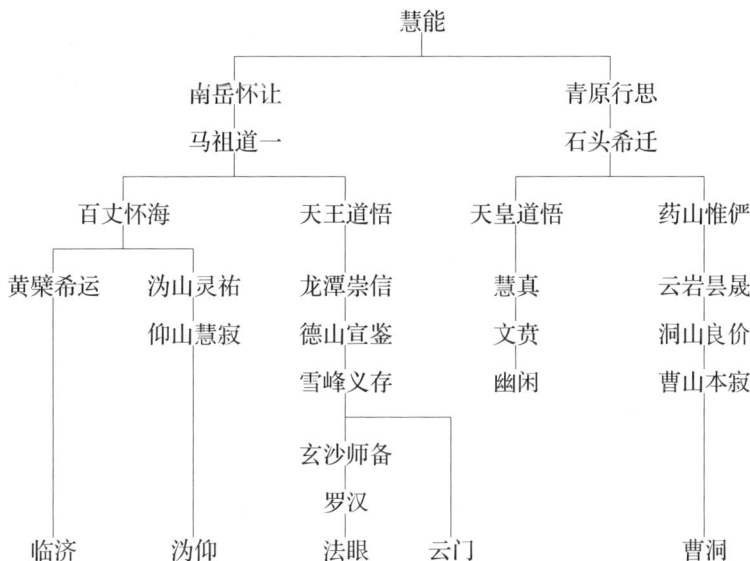

189

```
                              慧能
              ┌────────────────┴──────────────┐
          南岳怀让                          青原行思
          马祖道一                          石头希迁
     ┌────────┴────────┐            ┌────────┴────────┐
  百丈怀海          天王道悟        天皇道悟          药山惟俨
┌────┴────┐
黄檗希运   沩山灵祐       龙潭崇信        慧真            云岩昙晟
          仰山慧寂       德山宣鉴        文贲            洞山良价
                        雪峰义存        幽闲            曹山本寂
                     ┌─────┴─────┐
                       玄沙师备
                        罗汉
  临济      沩仰        法眼    云门                      曹洞
```

图 7-2 根据费隐通容《五宗严统》所绘禅宗法脉图

---

① 为避宋太祖父亲的名讳,"玄"字被改称"元"字。在清代,这种避讳继续存在,因为康熙帝名
　　中包含"玄"字。参见陈垣《史讳举例》,第 153、169 页。

与此同时,曹洞宗僧人强烈反对这一主张。双方都通过深挖禅宗历史、梳理历史资料来寻找证实或证伪"两道悟"主张的新证据。

第二节　主要证据概要

关于法脉的论战,本质上是对禅宗历史编纂和版本考证的怀疑。大量充满辩论的文章中,禅宗僧人通过他们对禅宗史料的调查,整理出太多的证据。在先前的部分,笔者简短介绍了两位道悟的论题,而没有回顾一些关键证据。早期禅宗史的学者们应该会对这些证据感兴趣。这是因为这些证据显示,南北禅宗派别的论战平息之后,争论的中心开始集中到此后晚唐时期洪州宗禅师的传承。因为这场辩论包含了许多易混淆的人名、地名和复杂关系,笔者在附录 3 中列出了所有争论证据,以便有兴趣的专家使用。在这里,笔者仅仅简要概述一下内容的几个要点。这些要点看上去很琐碎,但却非常重要。

这种新的主张首先是建立在由丘元素撰写的天王道悟碑确实存在的基础上。碑文上清楚地记载了天王继承马祖的衣钵,他的法嗣即是龙潭崇信。在这份文献中,丘的官衔被记作"荆州节度使"。密云的追随者们还发现了碑文中的内容可以被记载在觉范慧洪《林间录》中的一条注释证实。觉范慧洪不止确认了天王道悟的存在,而且以和碑文相似的口吻撰写了他的传记。此外,他还提供了他的信息来源,即他的老师达观昙颖(989—1060)所著的禅宗谱系《五家宗派》。此书现在已经亡佚,但书中首次基于碑文记录了天王道悟。在注释最后,慧洪给出了一单来自唐代的证据,这些证据都表明第二位道悟的存在。

密云的追随者们发现,至少在宋代,"两道悟"的主张已经由文人檀护提出,比如张商英(1043—1121)及他的友人。张氏赞成"两道悟"的主张,而且根据一条来源不明的史料,张氏从达观昙颖处看到了天王碑文的原件。另外,新主张的支持者们通过搜寻禅师世系隶属中前后不一致甚至矛盾但对他们有利的叙述,试图加以证明。经过对唐以后禅宗语录和谱系的梳理,他们发现在一些著名禅师们的相关记载中存在表明其隶属于马祖一系的线索。例如按传统应该放在石头法系之中的雪窦重显(980—1052),尽管《景德传灯录》将他列为云门宗的后裔,但在惟白的《建中靖国续灯录》中,他被列为马祖一系的第九世孙,这可从吕夏卿撰写的雪窦重显的塔铭得到确认。对于密云的支持者们而言,唯一可能的解释就是雪窦重显通过天王道悟源出于马祖一系,而不是通过天皇道悟。虽然这些大师们清楚地知道他们自身的法系归属,但是禅宗谱系的编纂者们错误地安排了他们的法系归属。

　　"两道悟"的主张看起来似乎已经牢固建立在碑刻证据的基础上,将其证伪变成一项艰难的任务。然而,曹洞僧人们使用同样精细的考证手段,甚至更彻底地研究了禅宗史料,以便反击上述新假定。他们的策略是详细审查他们对手提出的证据,确认它们与历史背景材料相违背,由此确定它们伪造的实质。曹洞僧人们随后发现以下五个方面存在漏洞。

192

觉范慧洪的记录

　　首先,天王传记最早的文本记录来自慧洪的《林间录》。尽管这份记录由慧洪本人撰写,曹洞僧人们还是发现,慧洪在很大程度上是将其作为一则奇闻轶事甚至是一则笑话来收录。因此,慧洪对于他的新主张并不是认真对待的。其次,一些曹洞僧人推测,这一错误主张的源头肯定是达观昙颖,而他捏造了全部的"证据"。其他人指出了该主张与张商英的关系。张是一位护法居士,但他作为王安石(1021—1086)变法的支持者而名声不佳。他们还识别出达观昙颖和张商英生卒年的时代错误,充分证明张商英不可能面见达观昙颖,因而也就不可能从达观昙颖处得到天王的碑文。当确认张商英确实卷入造假,曹洞僧人便因张商英宣扬了这样一个错误的主张而指责他。考虑到张氏有污点的政治名誉,他们推断张商英肯定企图以此抬升临济宗并压制它的对手们,比如北宋时期的云门宗。

天皇和天王的碑文

其次,曹洞僧人聚焦于两块在此次争论中举足轻重的碑刻。经过仔细研究,曹洞僧人很轻易地就降低了两块碑的重要性,因为它们作为《五灯会元》新版本的附录或者备注,出现不会早于元代(两块碑文后来未经深考,被错误地当作唐代文本被收入清代编修的《全唐文》中)。由于两碑并非来自唐代的可靠的早期材料,因而它们不能被用来证明唐代大师的存在。甚至对于天皇道悟的传记,一些曹洞高僧认为赞宁在《宋高僧传》中的叙述比通常在标准禅宗谱系中使用的碑文更为可信。

曹洞僧人还详细审查了天王碑文的内容,以便找到可能表明碑文伪造的内在证据。他们识别出关于天王临终之言的一段文字完全抄袭了
193　《景德传灯录》中另一位僧人的传记(这位僧人也生活在荆州)。对曹洞僧人而言,这使他们确信,天王的碑文完全是伪造的。他们甚至指出元代的禅宗僧人可能是伪造碑文的元凶。尽管一些文人,如黄宗羲,此后争辩:基于已有的证据,还是不能判定哪份文献的作者是真正的剽窃者。

丘元素的身份

虽然天王的碑文被证明无效,曹洞僧人不会轻易放过这个靶子。他们随后审查了碑文作者、被认作"荆州节度使"的丘元素的仕宦经历。由于在《唐方镇年表》中没有迅速检索到这个人物的信息,因此,曹洞僧人们宣称这位言之凿凿的作者丘元素仅仅是一个虚构人物:荆州根本没有这样一位宰官。

这一轻率的结论招来了一些文人学者的批评,他们对历史作了更广泛的研究。这些学者们发现,中唐政治非常混乱,并且现存的唐代地方长官的记录并不完整。关于丘元素的身份,一些人找到他的名字被记载在宋代早期的材料中。例如欧阳修(1007—1072)曾看到丘氏的名字被刻在三峡的峭壁上,并在他的《集古录》中作了一条记录。

天王寺的存在

这一争论的考据研究还涉及历史地理学。相比于荆州城中建造精良的天皇寺，一些曹洞僧人发现历史记载上没有天王寺的痕迹。他们检索了当地地方志，上面也没有关于天王寺的只言片语。一些临济僧人则并未被文献说服，比如水鉴慧海（1626—1687），他实地探访了该城并找到了一个据当地人报告是天王堂的地点。他们随后重建了天王寺并宣称该寺在唐代由天王道悟住持。

后世谱系中的世系所属

来自后世禅僧对其传承世系的证词也能作为强有力的证据使用。如果"两道悟"的主张是正确的，许多禅宗大师的语录中一定会有痕迹，这便会显示改动是事出有因的。当临济僧人找到了一些对他们有利的证据，曹洞僧人也仔细阅读了这些记载，发现目前《景德传灯录》中概述的世系隶属可以被证明是合理的。举例来说，如果原先归为天皇后裔的禅师的世系隶属肯定被改为天王的，德山宣鉴现在就应该安排在马祖之下。然而，曹洞僧人检查后发现，在德山宣鉴的后裔雪峰义存的语录中，雪峰义存在闽王面前清楚陈述他的老师属于石头一系。这便马上反驳了关于德山宣鉴世系的新编排。对于曹洞僧人而言，这也证明了新主张在逻辑上难以自洽。

第三节　考证在争论中的使用

在先前的部分，笔者概述了出现在辩论中的主要证据，而省略了诸多细节。对于禅宗史学者，关于法脉的争论是最没有价值的研究课题，因为它们的意义被它们背后无所不在的意识形态上的企图削减了。这些写于17世纪的论战鸿文言词冗长而极端，与富于思辨的佛教思想家们的著作一经对比，便表现出它们等而下之的思想水平。不过，这些争论对于我们理解那个时期僧侣的思想情况，能够传递非常多信息。例如，篇篇不同的争辩形式，蕴含了那个独特百年的思想特征。在此，佛教徒互相争论的方式是最为有趣的：什么是他们关心的精神问题？他们怎样证明一个正确的观点？他们引入什么证据来支持他们的争辩？此外，争论为禅僧们提供了一种探索新的知识领域，包括那些并不属于佛教但对于那个时期所有博学的学者而言应该拥有的知识的动力。在与法脉有关的争论中，考证学作为一种有力的思想工具被僧侣们广泛使用。

这种思想现象似乎在佛教学术中是全新的。先前，佛教学者们尽管从事于历史编写，但从未以如此细致的方式处理历史和文本证据。事实上，如果我们在 17 世纪更广阔的知识背景下考虑这一现象，以下论断就清晰了：辩论中考证的大量使用，与儒家的考据学有着明显的联系，而儒家的这种学术倾向在 17、18 世纪极为兴盛。预示着一种脱离哲学思索和道德培养的思想转型，儒家考据学强调一套不同的学术活动，例如辑佚、辨伪、校勘和版本研究等。忽略宋明儒家思想的形而上学的问题和王阳明心学，考据学展现了余英时（Ying-shih Yü）所谓的"智识主义"（intellectualism）。[①] 正如艾尔曼（Benjamin Elman）所言，这种学术运动的崛起，肇始于 17 世纪，并在 18 世纪的文人社群中形成共同的"认识论视角"（epistemological perspective）。[②]

如在佛教争论中显示的，随儒家传统而出现的思想变化在禅宗关于法脉的争论上留下明显的标记，这导源于 17 世纪佛教僧侣和文人之间的相互影响。不过，僧人们从事这类研究的动机与儒家学者们相当不同，儒家学者们对材料的精确性与敏感性体现了学者的专业精神。在佛教争论的语境中，考据学背后有一种意识形态上的主旨，指导着这种新学术工具的使用。具体地说，严格的传法原则——就如费隐通容所主张的——成

① 参见 Yü Ying-shih（余英时），"Some Preliminary Reflection on the Rise of Ch'ing Intellectualism"。

② 参见 Benjamin Elman（艾尔曼），*From Philosophy to Philology: Intellectual and Social Aspects of Change in Late Imperial China*。

为僧人们调查大量禅宗史料的最初动机。

在笔者已经检视过的争辩著作中,佛教僧人以一种看上去专业的方式处理材料:所有涉及法脉的禅宗史料被仔细地审查,全神贯注于碑文的发现,将来自不同版本的材料比对,从事研究的僧人们便能够通过归纳得出他们的结论,还能够确定在某一特殊版本中法脉内在的逻辑混乱。与儒家考证的研究技术类似,"辨伪"成为首要任务,因为所谓"新"石刻文献往往源出于来历不明的史料,包含别有用心的文字调整、插入和篡改。为了加强他们的论点,佛教僧人甚至计划对古代寺院进行实地考察,以期找到新的碑刻材料来证实文本证据。[①]

然而,诸如此种证据的广泛使用在佛教世界中极为短暂。因为其直接为法脉的争论服务,故当辩论停止之时,考据研究就不再对佛教学术传统产生持久的影响。不像儒家考据学给现代考古学和语文学留下了清晰可辨的影响,禅宗考据学研究没能在佛教世界中作为一种持续不断的学术传统延续它本身。不过,现代禅宗史学不该轻视辩论过程中的证据发掘,因为在对史料的细究之下,僧人们澄清了禅宗史中的模糊不清之处。

196

第四节　儒士的角色

在 17 世纪,考据学研究作为文本实践(textual practice)的一种新的时尚出现,佛教僧人们也能够将它吸纳进佛教知识体系中。对僧人们而言,证据代表了一种基于文献考据的特殊权威。不过,当他们开始着手考据学的研究,便超越了自己的领域,进入一种并不源出于佛教文献传统的新的学术世界。这是因为考证的学术基本上是一种知识工具,它从身处中国文献传统中的儒家学者那里发展起来。在这个意义上,佛教僧人的文本权威(textual authority)服从于儒家学者的终极权威。这就意味着关于法脉的争论并未被佛教僧侣垄断,只有通过儒家文士的工作,证据才

---

① 根据惟直智楷的说法,位中净符委付的弟子,包括惟直智楷,在古代寺院旧址进行田野调查以便发现新的碑铭证据。参见惟直智楷《正名录》卷六,第 73 页。

可能变得清晰而可被接受。

在很大程度上,考据学并非僧侣的传统训练,除非在进入佛教僧团之前接受过儒学教育,否则佛教僧人们便是业余的考据学者。只有精通古典知识的儒家文士才能够为僧净提供材料。僧人在政治上和学术上对儒家文士的依赖,可以从费隐通容《五灯严统》的编纂中发现:尽管本书事实上由费隐通容和他的弟子百痴行元(1611—1662)编成,但在《五灯严统》开头,费隐通容却史无前例地列出五十八位在家文人居士作为合作者。费隐通容及其弟子百痴行元,作为仅有的两名僧侣编纂者,则被列在最后。[①]

从这个意义上说,在僧净中,证据的使用依靠儒家考证学的研究,因为儒家学者们能够很容易地将考证研究的工具应用在同属他们控制领域内的宗教事件上。历史上到处都是中国佛教徒试图打通僧侣和文士的分别,通过完善自身的文学素养有意识地向儒家文化理念靠近的事例。早在宋朝,他们就有意识地追求儒家"文"的理念,即一种讲究润饰辞藻的文字传统。于是,文人的思想观点和文字活动被吸收进佛教文化。[②] 因此,当古代遗迹和碑铭的考证研究在欧阳修出版于1061年的《集古录》中形成时,佛教史家也开始认真搜集佛教遗迹和碑铭。例如,赞宁,一位如魏雅博(Albert Welter)所称非常"文"气的佛教大师,是一位经过儒家文字功夫训练的突出的佛教史编纂者。举例而言,他的《宋高僧传》即是基于他所收集的墓志和碑铭。[③] 在中华帝国晚期,由于佛教史已经融入中国历史传统,儒家学者们对与佛教有关的碑文有了同样的兴趣,并因此对清代考据学的形成作出了贡献。

尽管绝大多数中国学术思想史的学者把清代考据学的崛起归于江南地区儒家传统内在的转型。但是宗教论争和论战可能也在一定程度上激发了这些儒家学者们在考证研究上的兴趣。在晚明时期,碑文的研究变

① 参见《五灯严统》目录中的内容,Z 86:547-548。
② 参见 Albert Welter, "A Buddhist Response to the Confucian Revival: Tsan-ning and the Debate over Wen in the Early Sung"。
③ 赞宁《宋高僧传》,T no.2061, 50:767-770。

得流行,其中关于伪作的讨论则是稍后考据学的思想学术运动的前兆。除了关于天王道悟碑文的辩论,还有其他两次关于碑文的辩论深深影响了晚明的中国知识分子。首先是很快便被证明是一件赝品的所谓古本《大学》的石刻碑文,①另一次是西安景教(Nestorian,基督教聂斯托利派)碑文的发现。这块碑可证明早在唐代,基督教中的一派已经传播到中国。②两方碑文的真实性都在文人间引起辩论。两个案例中的关键问题都是伪造碑文的可能性。

古本《大学》石刻碑文和景教石碑的考察超出了本书的研究范围。但是关于两个道悟身份的辩论显示,文人学者涉足了佛教论战圈。儒家学者之所以扮演了至关重要的角色,是因为许多关于道悟的重要证据实际上是由他们而不是佛教僧人发现的。

第五节　文人关于"两道悟"的最初发现

在晚明时期,许多儒家文人被禅宗佛教吸引并逐渐卷入佛教论战。因为他们经过经学和史学方面的严格训练,已经具备了考证学方面的高超能力,所以首先是由他们经常在禅宗记录中发现一些值得注意的矛盾,而后禅宗僧人们在他们的引领下开始跟进并编纂新的谱系。关于天王道悟的证据,即是经文人发现的其中一例。在接下来的部分中,笔者将会介绍大量由文人编纂的关于这个问题的著作。

198

瞿汝稷关于天王道悟的发现

晚明"两道悟"的重新发现首先由著名文士瞿汝稷在 1602 年编修的

---

① 根据周启荣的叙述,丰坊(1523 年进士)以曹魏时代(220—265)的《大学》版本伪造了石碑。参见 Chow, "Between Canonicity and Heterodoxy: Hermeneutical Moments of the Great Learning (Ta-hsueh)", pp. 154 – 157. 也参见 Bruce Rusk (阮思德), "The Rogue Classicist: Feng Fang (1493 - 1566) and His Forgeries".

② 参见 Saeki(佐伯好郎), *The Nestorian Documents and Relics in China*。

禅宗选集《指月录》中公之于众。① 此书卷九一个特殊章节记录了天皇道悟和天王道悟悬而未决的法脉,包括两方碑刻的全文和所有相关材料。② 尽管瞿对《景德传灯录》持怀疑态度,他还是不敢根据"两道悟"的主张改变官方确认的谱系。不过,他发明了一种独特方式去调和"两道悟"。因为道悟的后世可能属于天皇或天王,故在每个名字之后,瞿汝稷简单写上汉字"天",即"天皇"和"天王"的首字,并附上数字标示世代。例如,为避免关于龙潭崇信世系归属的争论,瞿汝稷在龙潭崇信的名字后标上"天一",意为"天"禅师之后的第一代。又在龙潭崇信的弟子德山宣鉴的名字后标上"天二",意为"天"禅师之后的第二代。这样,瞿汝稷避免了给"天王"或者"天皇"命名的困境。

因为这本禅宗选集出现的时间甚早,瞿汝稷肯定是第一个系统审视这个问题的人,他的研究为后来的辩论提供了素材。瞿汝稷发现"两道悟"的首功在一篇重建天皇寺的序言中被确认。天皇寺建于梁代天监年间(502—519),也被称作"乾明寺"。在明代早期,这座寺院重建并被命名为护国寺。在17世纪早期,它再一次重建,瞿汝稷应邀撰写了一篇新的碑文。在此文中,他陈述了荆州事实上生活着两个道悟,并且住在不同的寺院。③ 他批评《景德传灯录》将两位道悟混成一人,并由天皇道悟将龙潭崇信的世系错误地追溯到青原行思。他骄傲地宣称袁宏道(1568—1610)是正确的,因为袁氏说:"人知释之福儒,而不知儒之能庇释也。"④ 瞿汝稷想以此来说明儒家学者能够用他们的专长清理混乱的法脉,进而保护佛教。在这个个案中,儒家文人确实帮助澄清了禅宗史上模糊的法脉传承。

199

----

① 瞿汝稷是一位对禅宗有兴趣的儒家学者。
② 参见瞿汝稷《指月录》卷九,第55—57页。但这部分在日本《卍新纂续藏经》中被修改。作为比较,参见 Z 83:509a‑c。
③ 瞿汝稷的著作可能已在1606年前后完成,因为袁宏道在该年为天皇寺写作了一篇相似的文章。
④ 黄宗羲编《明文海》卷一四〇,第15—16页,见《景印文渊阁四库全书》第1454册,第491—492页。

郭黎眉对禅宗谱系的更改

与瞿汝稷相似,郭黎眉(也使用"郭凝之"这一名字),一位小有名气的文人,在一本新的灯谱《教外别传》中公开支持"两道悟"的主张。基于《五灯会元》,该书被编成十六卷并于 1631 年出版。它记载了从佛祖释迦牟尼到南岳第十七世和青原第十五世之间传承的禅宗谱系。郭黎眉试图将天王道悟重新定义为马祖道一的法嗣,相应地,也就改变了传承的脉络。[①]

密云圆悟和汉月法藏都用为此书撰写序言的形式认可了郭氏的观点。密云用一种高度夸张的说法,强调禅者应该"超佛越祖"。他警告禅宗学徒,祖师的语录并不只是文字。而一个人(应该)"不滞玄妙理致"。密云说:如果一些学人坚持从写成的文字中寻求真理,他将用他的挂杖敲醒他们。汉月也赞许郭黎眉作为一名儒家士绅对于佛教有着极高的领悟。他认为禅宗的关键是对"教外别传"中所谓"别"的理解,因为内在的禅修胜过写成的文字。[②]

郭凝之(郭黎眉)重新定义禅宗法脉

在晚明,雪峤圆信和他的俗家弟子郭凝之,即前述著作《教外别传》的作者(他只是在书中使用了不同的名字),在 1632 年编纂并出版了《五家语录》。这五家大师是沩山灵祐、仰山慧寂、洞山良价、曹山本寂和法眼文益。在本书的开头,郭凝之插了一张"五宗源流图",其中将天王道悟列为马祖道一的法嗣,并将龙潭崇信转接到他的世系之下,与此同时排除了天皇道悟的名字。根据郭凝之的注释,这张图是他在请教密云圆悟和雪峤圆信之后,基于《五灯会元》中关于天王道悟的附注制作而成的。[③]

---

① 参见郭黎眉《教外别传》卷七,XZJ 144：139 - 140。
② 关于密云圆悟和汉月法藏的序言,参见 Z no.1580 - A 和 1580 - C, 84：158。
③ 雪峤圆信、郭凝之编《五家语录》,XZJ 119：849 - 850；Z 69：21c - 22b。

200　**朱时恩灯谱中的天王道悟**

　　朱时恩的《佛祖纲目》，一本四十一卷的灯谱著作，是另一种由文人居士为重塑禅宗法脉所做的努力。根据朱时恩的序言，他花费了超过二十年的时间(从 1610 年到 1631 年)研究和撰写本书。朱时恩的努力受到著名艺术家董其昌(1553—1636)的赞扬，他为本书撰写了一篇序言(根据这篇序言，朱时恩的著作出版于 1634 年)。作为一名儒家学者，朱时恩勤勉于收集证据来阐明模糊不清的法脉。他强烈地支持天王道悟的存在，不仅列出了每一份他可以找到的证据，而且据此大胆地修改了禅宗法脉。[①]

第六节　关于木陈道忞《禅灯世谱》的论战

　　正如笔者已经展示的，"两道悟"的问题首先由对禅宗文献感兴趣的文人提出。他们用批判的眼光和专业的判断阅读了禅宗谱系，着力于文本中的问题。早在 1602 年，瞿汝稷就看出了在禅宗文献中关于"两道悟"的矛盾，并且做了修正这一问题的首次尝试。然而，在当时并没有许多羽翼丰满的禅宗僧团对法脉感兴趣。正如笔者在本研究中已经反复指出的，诸如以密云圆悟为首的禅宗僧团要到 17 世纪 30 年代才走向成熟。当法脉的宣扬对构建禅宗僧人身份变得重要时，他们开始在禅宗文献中寻求文字上的支持。

　　木陈道忞在 1632 年根据密云的建议出版《禅灯世谱》时，早期"两道悟"的发现逐步演变成一场论战。在这本书中，木陈道忞基于"两道悟"的主张重新安排了禅宗法脉。他也承认，关于"两道悟"的问题，他接受了一位来自福清的地方文人的建议。因为这种新编排不仅修改了传统的禅系法脉，而且否定了一些曹洞宗师的法脉传承，原本赞扬此书的宁波地方官

---

①　参见朱时恩《佛祖纲目》，Z no. 1594, 85：556b。

员黄端伯,之后公开谴责了此书。密云圆悟和他的俗家弟子们迅速响应,密云和黄端伯的私人关系也恶化了。以下,笔者通过介绍一些重要的辩论著作来详细叙述这场论战的来龙去脉。

木陈道忞的《禅灯世谱》

201

木陈道忞可能是第一个把"两道悟"主张编入禅宗灯谱的僧人。他的《禅灯世谱》,在密云的指导下写成并出版于1632年,书中公开认可"两道悟"的主张。根据木陈道忞的后序,他写作这个新版谱系是在他陪伴密云圆悟去福建黄檗山的时候。在黄檗山,木陈道忞得到了一份地方文人吴侗的禅宗灯谱,并且参考了明代大藏经中的资料加以校订。他为现存的灯史都是传记式而非谱系式的而感到遗憾。因此,木陈剔除了语录和机缘对话,将整个禅宗谱系编排成一份连续的谱表,上列禅宗大师的名字,毫无含混的世系从属关系。①

《禅灯世谱》卷二正式将天王道悟列为马祖道一的法嗣,并将龙潭崇信归入他的法脉下。丘元素的碑义也被附上。② 与此相似,描述青原行思法脉的卷九,列出天皇道悟,附上由符载撰写的碑文的缩略版。更有挑拨性的是,一些同时代继承曹洞法脉的僧人被归入"嗣法未详"的分类当中。③

黄端伯的批判

文人居士不仅澄清了含混不清的文献资料,而且,就加剧这场僧诤而言,扮演了至关重要的角色。黄端伯,一位有名的明末忠烈之士和士大夫,也曾有助于提升密云圆悟在浙江的名望,却变成了一系列激烈论战中

---

① 根据木陈道忞的说法,吴侗也作有《祖师图》,该图也遵循"两道悟"的主张。参见木陈道忞《禅灯世谱》,Z 86:319。
② 木陈道忞《禅灯世谱》,Z 86:340。
③ 木陈道忞《禅灯世谱》,Z 86:457,472。

的决定性人物。起初，黄端伯支持"两道悟"的主张，认为这是禅宗历史编纂中的新突破。

《禅灯世谱》刚出版时，黄端伯应邀为此书撰写了一篇序言。在这篇序言中，黄端伯赞扬了木陈道忞的努力，并传达了他调解临济宗和曹洞宗之间不稳定关系的愿望。作为一名曾跟随曹洞大师无明慧经学习的学生，他回忆起无明慧经曾经告诉他，无明慧经的开悟事实上由临济宗师瑞峰印证，瑞峰则是笑岩德宝的弟子。基于这条信息，黄端伯争辩说无明慧经也是一位合法的临济法脉后裔，并且他归属于曹洞仅仅是名义上的。黄端伯因他的发现而欣喜，因为根据他的发现，两宗法脉在表面上并不冲突。①

然而，当他意识到密云否定其他法系的合法地位的意图时，他公开反对这种主张。崇祯十年五月十三日（1637年6月4日），黄端伯在奉化县雪窦寺发布了一份公告，即通常被称为"《黄司理考订宗派告示》"者，谴责密云诽谤前贤以及排除曹洞法系以抬升临济宗的做法。② 他在这份告示的开头表明了他的态度：

> 余阅《景德传灯录》直载天皇悟得法于石头，而云门、法眼俱列青原宗下。此确案也。乃《五灯会元》复称荆州有两道悟，一住城西天王寺，一住城东天皇寺。遂疑龙潭为天王法嗣，而历引塔碑以证之。然备小注于旁，而不敢径换其宗派。盖以云门、法眼之嗣未尝认马祖为师翁也。③

黄端伯直接指出密云圆悟和木陈道忞在《禅灯世谱》中将天皇道悟的名字改成天王道悟，于是将云门和法眼的法系改到马祖一系。该告示明确揭示了密云圆悟排除曹洞法脉以便提升他自己的临济法脉的目的（笔者将黄氏的告示收入附录1.A中）。

---

① 木陈道忞《禅灯世谱》，Z 86：318。
② 《护法正灯录》，第1—3页，此公告在书中题为《黄司理元公发雪窦告示》。
③ 《护法正灯录》，第1页。

黄端伯突出《景德传灯录》作为法脉的正统版本并质疑密云在《禅灯世谱》中武断插入天王道悟。当然,如他所述,他没有找到任何坚实证据来反驳密云,直到他1637年读到《雪峰广录》。黄端伯指的是雪峰义存和闽王之间的谈话。在他们的谈话中,雪峰义存提到他是德山宣鉴和石头希迁的弟子。这就意味着德山宣鉴的师父龙潭崇信属于石头法脉。据此,龙潭崇信一定是天皇道悟的法嗣。黄端伯认为这个新发现是反对被篡改的法脉版本的最有力证据。而且,他分析了两块碑文的真伪,将它们与《宋高僧传》中天皇道悟与龙潭崇信的传记对比。黄端伯的结论是,天皇道悟的碑文比天王的更可靠,因为它与赞宁的著作相符。黄端伯也表达了他关于密云对青原行思的法系存在偏见的不满。他以密云涉及青原行思的诗为例,在这些诗中,密云不甚满意地批评青原的禅悟经历并嘲笑他对禅修的一知半解。密云将青原行思视作仍有"情识"。

涉及密云与汉月的僧净,黄端伯嘲笑密云对临济宗旨的无知。读了密云的语录之后,黄端伯意识到密云企图激起与其他僧人的论战并诽谤过去的师祖。作为地方官,黄端伯在争论之前已经准备邀请密云担任雪窦寺住持。不过,由于此次事件,黄端伯公开宣称他改变了他的想法。尽管黄端伯曾与密云交好并支持了他所属的禅系,但这篇告示标志着他们友谊的结束。①

余大成给黄端伯的书信

黄端伯对密云的尖锐批评,得到了他的朋友余大成(字集生)的赞同。余氏同时也是一位明代官员,以及曹洞大师无明慧经和无异元来的追随者。在一封寄给黄端伯的信中,余大成表达了他对木陈道忞武断添加天王道悟的强烈反对。因为他将包含在《五灯会元》中的两块碑文都视为伪造的,所以对这种缺乏证据的改动而感到惊骇。与其相信这些虚假文献,

---

① 有关此事的叙述也被保存在密云圆悟的《天童直说》卷七。

他建议还是从那些距天皇道悟时代不远的道悟后裔中查找证据。举例而言,他确认那份记载雪峰义存称其是石头一系的弟子的声明是一份强有力的证据。另外,在《鼓山玄要广集》的序言和附言中,他找到了禅师神晏从雪峰义存处得法并且属于石头希迁法脉第六代的叙述。① 如果这一自我认定的谱系是正确的,余大成推断龙潭崇信必定继承了天皇道悟的衣钵,而天皇道悟则是石头希迁的法嗣。

而且,余大成给予契嵩的《传法正宗记》极高评价。他认为此书是宋代所作最具权威性的禅宗历史著作。契嵩的著作没有给天王道悟留下任何地位。在余大成看来,去修改钦定佛教大藏经中已经树立的权威谱系是错误的。②

王谷对黄端伯的回应

密云圆悟的一位俗家弟子王谷,在 1637 年写下了他的《宗门正名录》作为对黄端伯的回应。③ 他声明他的老师仅仅是因袭了《佛祖历代通载》和《释氏稽古略》,他反对黄端伯对密云圆悟的指控。关于雪峰义存称他的禅修方式来自德山宣鉴和石头希迁,王谷反击:雪峰义存并没有提到这可作为他所属法脉的证据。不止如此,雪峰义存在他幼时经常拜访曹洞大师投子大同和洞山良价。因此,对雪峰义存而言,提到曹洞大师作为他曾经的老师,而不是作为他的嗣法老师是可能的。此外,王谷指出雪峰义存的禅修更接近德山宣鉴而不是曹洞法系。这表明雪峰义存属于马祖一系。近来的研究表明,雪峰义存的禅法确实类似于马祖。④

---

① 这篇写于 965 年的序言清楚地记述了神晏是雪峰义存的法嗣及石头之下的第五代。参见《古尊宿语录》,Z no. 1315, 68:245c。

② 这封信已被重印在《雪峰义存禅师语录》。参见 XZJ 119:943;《护法正灯录》,第 4—6 页;忽滑谷快天《禅学思想史》,第 503—505 页。

③ 参见王谷《五灯严统序》,Z no. 1567, 80:546c - 547b。

④ 王谷的观察确实是正确的。根据魏雅博的研究,雪峰义存及他的追随者们清楚展现了一种模仿德山宣鉴禅法的倾向。因此他们的禅法接近于马祖。参见 Albert Welter, "Lineage and Context in the *Patriarch's Hall Collection* and the *Transmission of the Lamp*"。

密云圆悟的回应

十二月初七的晚上（1637 年），密云圆悟得知黄端伯在雪窦寺的公告。他的反应是不敢置信。根据他本人在《天童直说》中的解释，他立即赶到雪窦寺亲眼去看那张告示。当看到告示后，他写下了《判黄元公天皇道悟禅师考》来捍卫己见。在这篇辩驳中，他逐次评论了黄端伯的论点。密云坚持自己关于"两道悟"的观点和他已经认可的新法脉的准确性，并嘲笑黄端伯的目光短浅，宣称黄端伯自己犯了对密云圆悟所作的控告的同样错误。密云圆悟批判了几封黄端伯写给他和别人的信，显示出足够的自信来宣布这一轮辩论的胜利。①

结　语

205

17 世纪关于法脉的论战显示出与早期论战不同的特征。如果在早期，从事论战的目的是建构一个新的传承脉络，17 世纪禅宗僧人最初关注的则是重建已经存在的法脉和重申它的正统性及合法性。他们重建的资料源是积累了数个世纪的大量禅宗文献。这些资料为禅僧提供了灵感和线索去厘清早期模糊的世系隶属关系和禅师们的身份，去查考不清晰的传承并建议修正已有的世系图。由于海量的禅宗文本成为法脉辩论的焦点，佛教僧人相互争论的方式很大程度上被 17 世纪流行的文本文化（textual culture）影响，这种文本文化培养了一种搜集古物（比如碑刻）和运用这些古物考证已有历史记载的嗜好。因此，关于法脉的论战令人印象深刻地展示了文本证据的泛滥以及佛教徒历史批判的能力。

根据这些证据可以清楚地看到，早期关于二十八位印度始祖的身份的辩论及北宗和南宗之间的对抗已经不再是焦点。僧净的领域逐渐转移到晚唐禅宗五家形成的时期。在已有的禅宗历史著述中，重要人物如天

---

① 参见密云圆悟在《天童直说》中的评论。《天童直说》卷七，第 1—9 页。

皇道悟和天王道悟的身份仍然引发歧义,留给17世纪的佛教徒进一步辩论的空间。尽管辩论的环境和焦点改变了,令人印象深刻的证据展示背后的动机是一样的:禅宗史上法脉的改动,意味着已有禅宗教团中权力和权威的重新洗牌。

第八章　清初费隐通容《五灯严统》的诉讼

1644 年清军征服中原，中断了这场论战。密云圆悟死于 1642 年，而黄端伯在南京陷落时拒绝投降，于 1645 年被处死。当局势稳定之后，论战重新掀起。密云圆悟的大弟子费隐通容，出版了他的著作，其中包括基于"两道悟"理论修改的法脉传承。这立即招致一场诉讼，由此激起了陈垣的名著《清初僧诤记》中所称的甲午年（1654）和乙末年（1655）的"甲乙两宗大哄"。

在所有关于法脉的争论中，费隐通容的诉讼是一个极端案例。这些争论的中心议题是相似的：僧人们写了一本关于他们发现有关某位特定禅师所属禅系新证据的新书，而从这位禅师下派生出来某些主流法系。改动这位禅师的法脉将改变当时禅僧们的世系隶属，因而是有争议的。

在本章，笔者将通过审查涉及由僧人及文人居士所写的有关费隐的《五灯严统》的各种辩论性文章，呈现争论的错综复杂。特别是，笔者将基于新发现的《护法正灯录》来重构这场诉讼。根据《护法正灯录》，这场诉讼由浙东相邻四府的文人请愿开端。审核此案之后，地方当局判决费隐有罪，于是颁布政令，逮捕费隐并焚毁刻板。

第一节　《五灯严统》的出版

1642 年密云圆悟死后，他的法嗣继续通过法脉传承以几何数量级的高速增长。这个相当庞大的僧人群体很快掌握了中国南方许多著名的禅宗寺院，并将它们转变为他们控制之下的传法丛林。于是，禅宗的发展建立在一种世系宗族形式的基础上。这种世系形式模拟中国普遍存在的宗族组织，但通过法脉的连续性繁殖自身。在此方面，禅僧们强调法脉的重

要性,并以法脉作为一种制度化的工具去界定和护持禅宗。他们所采取
的一种方式是编纂新版禅宗谱系,并要求所有禅师经过勘验印可,这包括
那些已被公认为精神领袖而广受尊敬的禅师。其结果是,这种严格的嗣
法观念给佛教世界带来了争论和不满,因为普遍接受的传承脉络被更改
了,并且许多著名禅师由于缺少证据被排除于禅门之外。

受其师父密云的启发,费隐多年来一直反复思考酝酿一本雄心勃勃
的世系灯谱之作。像他的老师一样,费隐意识到他作为一名禅师的责任,并且经常挑起与其他僧人之间的论争。从他鲜为人知的辩论性文章合集,即名为《费隐禅师别集》(图 8-1 展示了此书卷四首页)的书中来看,他确实卷入了那时几乎所有的僧诤。费隐对挑战他及他老师在禅宗僧团中的正统地位的企图尤为敏感。促使他完成《五灯严统》的直接动力,是曹洞宗禅师远门净柱(1604—1654)所撰禅宗灯谱的出版。远门的书将曹洞宗提升到高于临济宗的位置。因此,费隐著作首先是要对其曹洞宗的论敌进行回应。

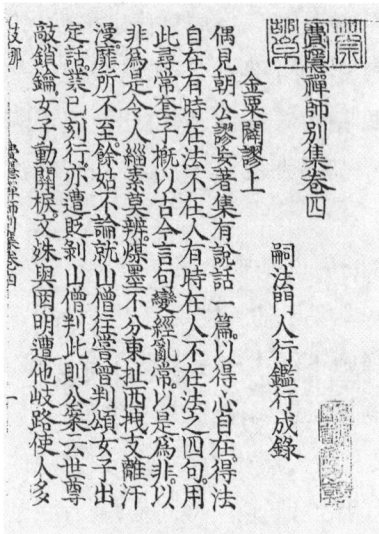

图 8-1 《费隐禅师别集》卷四首页,该
书序言作于 1648 年(这份稀
见文献现藏于日本驹泽大学
图书馆,本图复印自万福寺)

远门净柱对《五灯会元》的补充

费隐的著作最初是对曹洞宗禅师远门净柱《五灯会元续略》[①]的回
应。石雨明方的法嗣远门净柱惋惜于明代禅师记载的匮乏,打算将此项
工作作为《五灯会元》的补充。此书于 1644 年完成并于 1648 年出版,仅

209

——————————

① 此书参见 Z no. 1566, 80: 443-540。

仅聚焦于临济和曹洞的世系。因为据他所知，沩仰宗和法眼宗的世系已经中断，也没有发现可信的云门宗世系材料。作为《五灯会元》的一项补充，此书描绘了一幅清晰的从宋末到 17 世纪的传承脉络。首卷列出了从青原下十五世到三十六世的曹洞宗世系。其中包括许多远门净柱的老师及同时代的曹洞僧人，如无明慧经、湛然圆澄、无异元来、永觉元贤和觉浪道盛等。卷二到卷四记录了南岳下十六世到三十四世的临济宗世系。

尽管远门净柱提供了有价值的禅宗法脉材料，但他将曹洞传法世系列在前，其后才是临济世系。在费隐看来，这种排序暗含着曹洞宗凌驾于临济宗之上。而且，费隐认为因为缺少证据，从未中断传承的曹洞宗法脉是可疑的。

费隐通容的《五灯严统》

210

在 17 世纪出现的禅宗谱系之中，费隐通容的《五灯严统》提倡一种严格界定法脉的标准，并将此标准应用于禅宗历史编纂，因而是最具争议的。他不仅根据"两道悟"的主张修改了法脉，还试图修正两种广泛传播的法脉传承做法："代付"和"遥嗣"。如笔者在导言中所描述的，"代付"意味着一名僧人从另一位大师的代理人处得法，而这名大师也许已经过世；"遥嗣"意味着一名僧人从未亲见生活在前世的大师，却仅仅基于他自己对那名大师禅法的倾慕和私淑而宣称自己成为那名大师的合法法嗣。费隐通容否定了这两种流行的做法，强调某人与大师的个人机缘是法脉传承唯一有效的凭证。

现存二十五卷本的《五灯严统》，是由费隐的大弟子隐元隆琦于 1657年在日本重印的。[①] 其中包含了五篇序言：开头两篇由相对不知名的官员撰写，两篇分别由费隐的俗家弟子徐昌治[②]和李仲梓撰写，另一篇由费

---

① 　关于此书在日本的影响，参见笔者在第九章中的论述。

② 　徐昌治是费隐最忠诚的俗家弟子。他出生于浙江海盐县并随密云和费隐学习。他监理了几项由他老师发起的出版活动，包括流行的反天主教选集《圣朝破邪记》。至于他与反天主教运动的关联，参见拙作 "Orthodoxy, Controversy, and the Transformation of Chan Buddhism in Seventeen-century China"。

隐自己撰写。序言之后是"凡例",其中费隐概述了他关于法脉的观点和他所作的主要改动。而后费隐列出了七条关于天王道悟的证据,以支持他对世系的修改(在附录3中,笔者考证了这些证据)。

此书的主要内容(以下将要简要概述)[①]遵循了一种典型禅宗谱系的组织惯例。读者们应该注意的是,由于费隐相信天王道悟的存在,此书的卷七、八、十、十五和十六与标准禅宗谱系的编排不同。这些卷帙中的禅师世代应该被标明属于"青原"而不是"南岳"。

卷一:七佛;西天祖师;东土祖师。

卷二:四祖大医(道信)禅师旁出法嗣,第一世至第八世;五祖大满(弘忍)禅师旁出法嗣,第一世至第四世;六祖大鉴(慧能)禅师旁出法嗣,第一世至第五世。

卷三、四:南岳怀让法系。第一世至第五世。

卷五、六:青原行思法系。第一世至第七世。

211

卷七、八:南岳下二世至九世(云门宗和法眼宗形成之前)的天王道悟法系。

卷九:沩仰宗法系。始南岳下三世,终南岳下八世。

卷十:法眼宗法系。始南岳下八世,终南岳下十二世。

卷十一、十二:临济宗法系。始南岳下四世,终南岳下十五世。

卷十三、十四:曹洞宗法系。始青原下四世,终青原下三十四世。

卷十五、十六:云门宗法系。始南岳下六世,终南岳下十六世。

卷十七、十八:临济宗黄龙派法系。始南岳下十一世,终南岳下十七世。

卷十九至二十四:临济宗杨岐派法系。始南岳下十九世,终南岳下三十四世。

卷二十五:曹洞宗法系。始青原下三十五世,终三十六世。

---

① 下列各卷目录是基于陈士强的概括。参见氏著《佛典精解》,第669—670页。

费隐的著作更新了禅宗谱系,将他同时代的禅师列入最后,但早期的传承脉络经过重大的修正。如他在"凡例"中宣称的,编写一本新的禅宗谱系的动机是阻止"代付""遥嗣"这两种错误做法,因为大多数难以查证的所谓法脉正是建立在这两种方法之上。费隐提出唯一可以接受的传承方式是"面禀亲承"。因此,如果一名弟子没有机会面见老师的话,传承的主张是无效的。费隐担心这些自我认定的传承可能会与一名禅师亲自授予和印可的真正的传承相混淆,因而试图通过撰写《五灯严统》澄清已经混乱的传法脉络,消除伪滥的自我冒认。他不仅质疑当时曹洞宗师的法脉,而且怀疑天童如净之后的整个曹洞宗传承已经变得没有根据了。因为在现存的禅宗祖师碑铭和语录中缺乏证据。①

费隐将那些被严格法脉传承标准淘汰下来的当代僧人列入"嗣法未详"的类别中,作为《五灯严统》卷十六之后附录的一个特殊部分。从历史的观点来看,这种分类容纳了经调查之后法脉传承仍难以确定的禅师。其应用首先出现在《景德传灯录》(1204 年版),而后出现在《五灯会元》(1252 年版)中。因为在这一分类中的禅宗人物往往并不显赫,于是从未引起过禅宗史家的充分关注。在作于 17 世纪的许多禅宗谱系中,禅僧分类中的这一列,虽然通常包括三位晚明高僧紫柏真可、云栖袾宏和憨山德清,但一般并未引发严重问题。然而,费隐使用这种分类却成为问题,因为他将著名曹洞宗师无明慧经及他的法嗣无异元来编入此类。这一安排引来曹洞僧人的不满。②

费隐通容对曹洞宗僧人编著的禅宗谱系中自我认定的法脉传承提出挑战。令费隐感到不快的是,无明慧经被指为蕴空常忠(1514—1588)的正式法嗣,而后成为一名公认的曹洞宗僧人。以他个人与无明慧经相处的经历为证,费隐争论道:他几乎没有听闻无明慧经甚至湛然圆澄提及过他们的法系。据他所知,无明慧经确是蕴空常忠的弟子,但仅仅是蕴空

212

---

① 费隐通容《五灯严统解惑篇》,Z no. 1569, 81: 318b - 320a。
② 关于对禅宗史上这一范畴的详细分析,参见长谷部幽蹊《明清佛教教团史の研究》,第 669—670 页。

常忠的剃度弟子,而不是嗣法弟子。[①] 如果遵从曹洞谱系的安排,将会有人利用遥嗣和代付这两种并行的方式混入禅门。在费隐看来,这种随意宣称的危险是,由自我认定的伪冒嗣法会混淆合法世系。因此,费隐将无明慧经列入"嗣法未详"。尽管他承认无异元来是慧经的法嗣,但他完全排除了无明慧经的其他法嗣,例如永觉元贤,并把他们视为非法。他将湛然圆澄列为合法的曹洞宗师,因其有真实的法脉传承。但是他质疑湛然圆澄是否真的从他老师那里获益。这种对曹洞法脉安排的用意是一目了然的:整个法脉可能导源于某位禅师,如果这位禅师在法脉中的地位受到质疑,那么后继的法嗣将不再被认为合法。

费隐通容甚至将他严格的嗣法原则应用于同门法嗣。他尤其对木陈道忞感到不满,因为木陈试图将密云圆悟的衣钵授予一位与他熟识的僧人,那位僧人除此之外没有任何途径获得密云的传法。[②] 在一封1644年夏天写给檀护徐之垣(字心韦)的信中,费隐抱怨木陈道忞在其师密云圆悟1642年圆寂后不久所作的塔铭中,仅仅提及法嗣的数量,却没有详细列出他们的名字。这给木陈提供了一个欺骗同门并将他代付衣钵行为合法化的机会。[③] 费隐极其固执,以至于在为1642年圆寂于天台通玄寺的密云服丧期间,公然焚毁了他师父遗留的禅拂,并毁掉了师父的印章,以此避免任何从密云处获得伪冒传法的可能。[④] 他担心如果他师父的印章或其他遗物留存,这些东西可能会被其他人利用作为妄称传法的凭证。

在《五灯严统》中,费隐对远门净柱的《五灯会元续略》也有意见,因为《五灯会元续略》将一位名叫普明妙用(1586—1642)的临济宗僧人作为南明慧广(1539—1620)的法嗣。而南明慧广的师父是无幻性冲(1539—1611),与禅师笑岩德宝同时代。费隐本人的法脉即源出于笑岩德宝。

① 费隐通容《五灯严统解惑篇》,Z no. 1569, 81:318b。

② 关于笔者对这次辩论的叙述,参见本书附录 2.C。

③ 参见费隐给徐之垣(心韦)的信,《费隐禅师语录》,JXZ no. 178, 26:163c - 164a。

④ 费隐通容《福严费隐容禅师纪年录》,《费隐禅师语录》,JXZ 26:187b。关于此次僧净的详细叙述,参见费隐通容针对木陈道忞的两篇反驳文章,《费隐禅师别集》卷一五,第8、11—15页。

由于缺少证据,费隐否认普明妙用作为临济法嗣的合法地位。在他的
《五灯严统》中,他简单将普明列入"法嗣未详"的类目下。[①] 通过这样的
处理,他意图消除其他临济法系的法脉,以便宣示他对临济正宗的名分的
独霸。

　　1652 年,在他住持径山寺的时候,一位檀护询问起费隐已经写作经
年的《五灯严统》。这位文人居士建议,许多当下的僧侣有着极好的佛教
修行,因此这本书应该记录那些拥有至高禅悟体验的高僧,而不是那些仅
仅持有法脉凭证的禅僧。他建议,如果佛教高僧仅仅由传法来判断,这本
书就没有写作的价值。费隐倔强地回答:"从上来源,俱有统系。若无根
瑞草,智者弗贵耳。"[②]显然,在费隐通容看来,传法世系意味着排他性。
权衡对佛教义理的至高领悟与法脉之间的轻重,费隐倾向于把合法的法
脉传承作为判定优劣的标准。

第二节　诉讼和回应

214

　　当篡改法脉成为僧净的焦点之一,禅僧们如费隐通容那样过度使用
"嗣法未详"来实现对那些有成就的禅师的分类,实际上刺激了那些禅师
的后人。1654 年费隐通容著作诉讼案的原告是湛然圆澄和无明慧经的
法嗣,他们的法脉受到费隐的质疑。来自曹洞宗阵营的这般回应是可以
预见的:如果一位大师的法脉受到质疑,他的法嗣如何能够宣称他们传
承的合法性? 由三宜明盂领导的一群曹洞宗僧人发起了首轮攻击。作为
回应,费隐通容和木陈道忞不得不为他们自己辩解。

曹洞宗僧人的反驳文章

　　当费隐通容的《五灯严统》在 1654 年发行的时候,曹洞宗僧人三宜明

---

① 费隐通容《五灯严统》,Z 80: 531b。

② 费隐通容《福严费隐容禅师纪年录》,《费隐禅师语录》,JXZ 26: 189a。

孟引领反对浪潮。三宜明盂于 1623 年嗣法湛然圆澄,而且被委以管理曹洞法系的重任。他与远门净柱合写了三篇文章:《明宗证伪》《摘欺说》《辟谬说》。此外,笑峰大然还作有《熄邪辩》。尽管这些文章没有存留下来,但是费隐的反驳中保留了他们的一些论点。[①] 根据费隐的论述,曹洞宗僧人指控费隐篡改了保留在钦定大藏经中、由官方承认的谱系,因而犯了"谋逆"罪。列出了大多数证据后,曹洞宗师们争辩称,所有关于"两道悟"的碑文都是毫无历史基础的伪造。

这些曹洞宗师的反驳肯定得到了他们的文人护法的强力支持,正如一些现存的、文人为僧侣的辩论性著作所撰写的序言所显示的。举例而言,祁熊佳——祁承爜的其中一子——为《明宗证伪》撰写了序言,并且为费隐通容怀疑原典和历史而近乎"藐视先祖、毁谤圣贤"感到遗憾。[②] 王瞿,一位曹洞宗的护法,将费隐通容的理念比作著名的古代儒家论敌杨朱和墨子,以及佛教徒所指的异端和恶魔。他挑出了他认为费隐通容所犯下的三重罪:"乱统""灭祖"以及"芟宗"。[③]

费隐通容对《五灯严统》的辩护

作为对这些批评的回应,费隐于 1655 年前后撰写了《五灯严统解惑篇》来为他的《五灯严统》辩护。[④]

在正文中,费隐声明他的理论有来自钦定大藏经中文本的充分支持。对于曹洞宗师指控他否定传统禅宗谱系而藐视朝廷权威,费隐澄清说他的材料来源是《五灯会元》,而《五灯会元》则被包括在钦定大藏经中。在他看来,《五灯会元》比其他谱系著作更为优越,因为其他著作没有清晰描绘出法脉的顺序和不同世系的高下。费隐信赖此书的另一原因,是它首次附上了有关"两道悟"的碑文。

---

① 这三篇文章的序言保存在《护法正灯录》中。
② 参见祁熊佳《明宗正伪序》,《护法正灯录》,第 6 页。
③ 参见王瞿《摘欺说序》,《护法正灯录》,第 8 页。
④ 参见 Z 81:318c - 320a。

在本文中，费隐首先挑出了曹洞宗师三宜明盂和远门净柱的《明宗证伪》《摘欺说》和《辟谬说》作为他反驳的对象。如他所述，这些曹洞宗师抱怨他根据天王道悟的碑文改变了世系隶属，指控他"改易龙藏，是无君之过"。费隐还击说，他的观点受到文人外护的强力支持，因为天王和天皇的碑文都由唐代著名的儒家士绅撰写。而且，在费隐看来，来自碑文的证据与其他文本记载相比，更有分量。此外，所有这些证据已经并入《佛祖历代通载》，此书可在钦定大藏经中找到。他说道："（汝等）不胜横恣，略无忌惮。如此排讪，非惟不尊龙藏，亦且辟毁俞旨。则无君之罪，又当何如耶？"①

在解释为何不遵循《景德传灯录》中的传统世系图时，费隐争辩称，作为一名作者，他有权调研先前关于禅宗谱系的著作并纠正错误。更为重要的是，政府从未禁止这样做。他举出两个先例来支持他的个案。首先，宋代禅宗史家契嵩——《传法正宗记》的作者——恰好做了费隐所做的同样的事情：拒斥伪冒妄称并纠正失实的世系隶属以及关于禅师年代、世代和禅师机缘对话中的错误。

费隐提到的第二个例子是，中国正史也被反复努力修正过，如儒家传统的《春秋》。直到明代，官方史家已经修成 17 部断代正史。然而，根据费隐所说，这并不意味着这些官修正史不能被批判和改进。事实上，许多儒家学者已经尝试校订先前的历史出版物。此类作品中，最流行的著作之一是吕祖谦的《十七史详节》，此书根据作者本人的标准裁剪正史。宋儒朱熹也写了一本名叫"《通鉴纲目》"的历史著作，还有司马光不朽的历史著作《资治通鉴》。费隐声称，所有这些作者增删了原著内容。他建议他的对手们去书肆购买这些版本的一种，以便获得一些深刻了解。费隐讽刺道：

> 顾于秘阁之板，曾无以功罪议之者，而谓改易大藏乎？若窃取其板，擅自改易，则罪在冒死。于不曾禁之功令，敷文演义以修其不足，补其未逮，便谓改易大藏？则从上是僧若儒，博达高人，亦多皆依内

---

① 费隐通容《五灯严统解惑篇》，Z no. 1569, 81: 317a。

典,著书立言。特加分释,商确淄渑,皆坐其罪。可乎?①

在此,费隐对于他的著作的重要性装作无辜和天真的样子。不过,他和他的对手们肯定都已经意识到关键问题不是学术批评,而是在传法丛林内,具体体现在住持继位系统中的实际制度上的权力。

217   捍卫完他作为一名作者的权利之后,费隐回到禅宗历史编纂的议题。他选择了 3 部著名的禅宗史来比较,以便显示不同作者的编辑倾向。这3 部著作是道原的《景德传灯录》、契嵩的《传法正宗记》和大川的《五灯会元》。在编辑原则方面,费隐看到了三者之间的巨大差异。例如,费隐说《景德传灯录》列出了六祖之后的 1 434 位人物,而《传法正宗记》则列有1 496 位。《景德传灯录》给出了这些禅师们的世系和传记信息,而《传法正宗记》仅仅描述了法脉和世代。这两部著作普遍都没有根据禅宗宗旨和修行方式深入划分分支的世系。根据费隐所说,这两部著作因此都不完美。在他看来,只有《五灯会元》为禅宗史编纂提供了一个范例。

他高度赞扬了《五灯会元》的作者南宋禅师大川。他看到大川的贡献在于大川努力判定源自南岳和青原世系的优先定位。在费隐的理解中,将南岳排在第一、青原排在第二,显示了南岳世系的优越性。由此进一步,附上了法号、世代和机缘对话,如同《景德传灯录》和《传法正宗记》做的那样,大川把禅宗世系划分成五家,这便解决了今后无尽的争议和论战。"五宗既定,支派攸分",费隐充满敬意地赞扬道:

> 纵千子万孙,于百亿世,皆见其有宗有派,有原有委。修集众典,成一大部书,以作禅宗定史,功不在禹下。所以流通五百余年以来,无不赞为盛典。②

费隐对《五灯会元》的信赖显示出此书在中华帝国晚期受欢迎的程度。更

---

① 费隐通容《五灯严统解惑篇》,Z no.1569, 81: 317b。
② 费隐通容《五灯严统解惑篇》,Z no.1569, 81: 317a‒318b。

为重要的是,天王道悟碑文及相关证据被首次记录在元版《五灯会元》中。在本文最后,费隐向文人外护恳求:

> 伏祈诸大台台,以人天正眼,严赐护持。则不特容一人荷蒙覆庇。即普天禅衲,当祝赞诸大檀护,与震旦初祖,于大圆镜中,同受法供矣。夫既植佛祖之因,同居三界之内,因果报应,不爽丝毫。稍有私心,能不负之而趋乎? 至于《严统》一缉,彼辈辟书横出。海内盍有定评。想列位台台,亦不我遐弃也。潦率布复,统希始终护持正法,原谅不宣。①

《五灯严统解惑篇》收入了费隐写给杭州和越州地区文人居士的两封信。这两封信解释了他将曹洞宗师如无明慧经和无异元来以及临济大师雪峤圆信阐述为"法嗣未详"的原因:作为一名与这些大师熟识的僧人,他没有看到他们法脉传承的证据。在这本简短著作的末尾,他增加了附言,再一次列出了他所认为重要的证据。

木陈道忞对于《禅灯世谱》的捍卫

由于增入天王道悟并将无明慧经及其他曹洞宗师贬入"嗣法未详"的做法起始于木陈道忞本人的著作《禅灯世谱》,木陈道忞感到需要解释他在论战中的立场。1654 年,他为二十二年前出版的《禅灯世谱》写了一篇简短的附言。② 他承认费隐通容在很大程度上遵循了他在《禅灯世谱》中对于禅系的安排。但是他强调他的初衷并不是想要激起两个宗派之间的僧净。而且,他争辩称,天王道悟的所属不会改变任一宗派的伟大。因此,关于天王的僧净是无意义的。对他而言,将曹洞大师放入"嗣法未详"的类目下,是迫于当时缺少证据的一种暂时措施。

---

① 费隐通容《五灯严统解惑篇》,Z no. 1569, 81:317a-318b。
② 木陈道忞《布水台集》卷二三,JXZ no. 181, 26:400a。

218

第三节　地方政府的调停

在中国宗教的范围内,政治力量经常介入宗派论战。例如雍正帝,最终裁决了密云圆悟与汉月法藏之间的争论。不像前面的例子,1654年的诉讼从未上达中央朝廷。在公堂上,费隐输掉了官司。在1654年,当新的清朝政权尚在忙于巩固被征服的南方领土,地方政府似乎已延续遵循了明代的法律条文。根据这些条文规定,宗教应该被置于不断的监督之下,而不能违反任何世俗法律,例如关于建造寺院和剃度出家的限制。然而,官方介入的情况,按照法律条文所述,是保持限度的,没有提到调停一本禅宗谱系的宗派论战之类。对于地方官府而言,看起来好像并没有一定的理由去审问此案。事实上,这场诉讼,正如以下记录表明的,是由地方的文人居士挑起的,这些人影响到地方上的实权人物。

恰如先前提到过的,这场论战的结果是一场很不光彩的诉讼案件。不过,学者们因为缺少材料,到目前为止,还没有深入考察诉讼的过程。新发现的古籍《护法正灯录》,大约作于1655年,提供了一份关于官方如何涉足的详细叙述。

据笔者所知,《护法正灯录》从未在任何历史研究中被提及。例如陈垣和长谷部幽蹊关于清初佛教论战的研究,均未引用此书。不过,2001年夏天笔者访问上海图书馆的时候,偶然发现此书。此书为进一步研究禅宗法脉的争论提供了新的线索。现存的版本是浙江初印本的重刊本。曹洞大师永觉元贤的护法居士林之蕃撰写的序言,讲述了此书重印于福建是出于担心费隐的追随者可能在那里传播了他关于法脉的理论。林氏谴责费隐通容的书为"伪书",认为他本人的工作是纠正"不实",或者更直接地说,是"消除异端"。① 编纂和再版的确切年代并不清楚,不过笔者猜想此书编成于1654年之后不久,并于数年后在福建重印。其中提到"费隐之徒",可能暗指在黄檗山的隐元隆琦及其弟子,因为众所周知,黄檗山

① 参见林之蕃的序言,载《护法正灯录》,第1页。

是密云圆悟和费隐通容寺院网络中的
中坚之一。

　　《护法正灯录》内含十五篇与论战
直接相关的文件和驳文,包括由地方官
员签发的告示、辩论性文章的序言、地
方文人的请愿书以及逮捕费隐通容的
通缉令。由于本书突出了文人护法和
官员的角色,故其省略了最初由佛教僧
侣撰写的辩论性文本。此外,本书列出
证据以否定费隐通容关于"两道悟"说
的推测,将费隐及他的追随者描绘为拥
护一种在儒家和佛教主流之外的新异
端。笔者在图 8-2 中展示了这本稀有
文集的部分目录,并且转录了本书的所
有篇名如次:

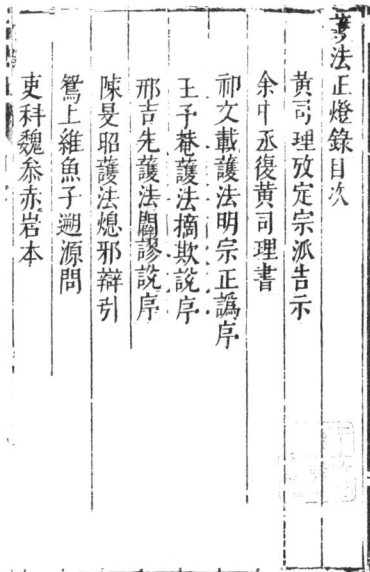

220

图 8-2　《护法正灯录》目录,大约作
　　　　于 1654 年(拍摄自上海图
　　　　书馆)

　　　黄端伯《考订宗派告示》(《发雪窦告示》);

　　　余大成《复黄司理书》;

　　　祁熊佳《明宗正伪序》;

　　　王疊《摘欺说序》;

　　　邢吉先《辟谬说序》;

　　　陈丹衷《熄邪辩引》;

　　　维鱼子《溯源问》;

　　　吏科魏《参赤岩本》;

　　　《四郡护法乡绅上抚司道诸公祖启》;

　　　《各郡护法上抚司道公呈》;

　　　按察使吕(李日芳)《禁饬严统伪书勘语》;

　　　布政使萧(萧起元)《详允批语》;

　　　《总捕厅告示》;

余杭县戴《告示》；

《闽中诸护法公檄》。

根据这些资料,诉讼案在明末已经激化。余大成和黄端伯发现了密云圆悟和木陈道忞编定的《禅灯世谱》的"恶劣"影响。作为明州府的地方长官,黄端伯公开抨击了"两道悟"的主张及由此对法脉的篡改(由于此事发生在晚明,笔者已经在前章中介绍了余氏和黄氏的论著)。

在清初,此事由费隐通容的《五灯严统》再次挑起。正如《护法正灯录》中所证明的,曹洞宗师们写作了一系列文章来反驳费隐,这些文章笔者在早前已经探讨过了。更严重的是,辩论逐步升级为司法论战,大量由代表曹洞宗僧人利益的文人撰写的请愿书被呈送给地方官,展现了曹洞宗僧人统领的广泛的统一战线。一封来自浙江的请愿信,列有四个府过百名文人的签名:三十五位签名请愿者来自杭州,三十七位来自嘉兴,二十二位来自湖州,十八位来自绍兴。另一封来自福建的请愿信列有四十五名地方士绅的签名。这些请愿信一致控告两名《五灯严统》的牵头编纂者——费隐通容和他的弟子百痴行元"藐朝廷"和"灭佛祖"。这些请愿书建议焚烧此书并毁版。[1] 另一封请愿书将费隐通容此书和邪魔之言等同起来。[2]

1654 年,浙江的公堂上,费隐输掉了官司。这些记载表明,这场诉讼由地方文人护法发起并最终由地方长官审理,[3]浙江的执政者根据文人请愿书审理了这个案件。本案看起来似乎并没有涉及认真的审讯,取而代之的是,地方官府发布了禁止费隐通容著作流通的判决。审理此案的首席地方官是萧起元和李日芳。萧氏于 1646 年到 1655 年间担任浙江布政使,李氏则于 1654 年担任浙江按察使。[4] 形势对费隐通容非常不利,

221

222

---

① 参见来自浙江四府的文人所写的请愿书,载《护法正灯录》,第 22—23 页。

② 参见来自福建的文人所写的请愿书,附在《护法正灯录》最末,并重编页码为 1—4 页。

③ 此事的另一种叙述,参见纪荫《宗统编年》卷三二,Z 86:306a。

④ 潘耒也记载了此事。参见《救狂砭语》中潘耒写给石濂大汕的信,第 26—27 页。亦可参见周铮关于地方官员的考释,载周铮《费隐禅师手扎考释》,《世界宗教研究》1985 年第 4 期,第 145 页。周铮令人信服地提出"吕"字是"李"字的错印,他考定唯一可能的官员名字是李日芳,李氏 1654 年前后在浙江任职。

萧起元和李日芳最终作出裁定,这份判决的全文收录在本书附录1.B中,
此处援引结论如下:

> 费隐师心自用,法律难宽。《严统》原板既追,是非可灭,余板一
> 并严追。并严追原书,严行禁饬。费隐脱逃,案候获日再究结缴。①

这次法律行动对费隐通容是一次沉重打击。至少在嘉兴府和杭州府余杭
县,公告被张贴,他被判刑并作为通缉犯被列出。

　　笔者在附录1.C中收录了由嘉兴府通判发出的其中一张告示。王
通判撰写的这张告示将一场宗派论战抬高到威胁国家安全的正统与异端
斗争的高度。采取儒佛合一的修辞手段,王氏为《景德传灯录》中的传统
法脉辩护,称费隐和他的弟子百痴行元篡改了已被接受的惯例而且缺乏
明显的证据。这篇告示还透露,一个相关案件已经震动了更高层的官员。
王通判提到了一位名叫赤岩的僧人,他声称是费隐的弟子。② 他上京乞
求官员们撰文支持他师父编著的《五灯严统》。赤岩已经被逮捕了,王氏
想同样逮捕费隐。③

　　尽管官府并没有认真地试图逮捕费隐通容,但总计达八百块的书
板④确实被毁了。书板被毁并未经官方强迫,而是与曹洞宗僧人谈判的
其他临济僧人所为。如费隐《年谱》所示,顺治十一年(1654)十月,费隐访
问了杭州。那里的地方文人,不管是杭州的还是绍兴的,关于《五灯严统》
的意见有分歧。费隐再次展示了自己编列的证据并说道:"立义不当,板
从公劈。考核无凭,书从损益。何必以有司势力相倾夺耶?"⑤继起宏

---

① 《护法正灯录》,第24页。《护法正灯录》所引文字与潘耒写给石濂大汕的信中所载稍有不
　 同,参见《救狂砭语》,第26—27页。
② 赤岩事实上是继起宏储的弟子。
③ 参见《护法正灯录》,第19页。
④ 这个数字由徐昌治提供。参见他1661年在《无依道人录》中的记载,JXZ no.127, 26:335-
　 356。
⑤ 参见费隐通容《福严费隐容禅师纪年录》,《费隐禅师语录》,JXZ 26:190a。

(弘)储,汉月法藏的大弟子,最终还是将书板送到灵岩寺并焚毁。① 这条
材料显示来自费隐本系的僧人,出于对和解的渴望,自愿执行这一安排。

结　语

　　1654 年费隐通容卷入的这场僧诤标志着 17 世纪禅宗佛教的一个转
折点:论战在诸如世系隶属和住持继承等世俗利益的问题上,变得更具
宗派主义和实用主义的色彩。在关于费隐著作的论战中,考据学的研
究——一种儒家学问中的主流思想工具——成为禅僧们建构和瓦解法脉
的主要手段。关于唐宋时代早期禅宗历史编纂,禅僧们勤勉的考据学研
究尽管出于宗派动机,但还是揭示了令人震惊的和有价值的发现。这些
发现目前还未被当今的学者充分利用。在笔者看来,这次僧诤带给佛教
界的动荡,起因于针对费隐通容的不光彩的诉讼。因为地方官府被引入
来判定一件宗教事务,揭示了看上去"超然"的寺院佛教其实和世俗世界
一样平凡。

　　禅系的论战所揭露出的 17 世纪中国禅宗的实际情况,比我们所期待
的更多:不仅大量的辩论性著作中充斥着树立自身为正宗的意愿(will to
orthodoxy),而且通过 1654 年诉讼的周边事件,展现了新形式的正统性
的构建过程,而这一过程基本上是一次禅佛教权力结构的重建。

---

① 　关于此事,参见徐昌治 1661 年在《无依道人录》中的记载,JXZ no. 127, 23：344b。

第九章 余音回响

来自两个禅系的许多高僧卷入关于《五灯严统》的论战,其影响甚至在诉讼案结束后仍然回荡在佛教界。一些费隐的追随者在编著新的禅宗谱系时,继续维护费隐的主张和编纂原则。他们中的一位甚至重建荆州天王寺,并宣称那里是天王道悟在唐代的驻锡旧址,给受质疑的唐代人物天王道悟增加了一重特别的现实光环。更有意义的是,最具综合性的禅宗谱系《五灯全书》的付梓,在 1693 年重燃起关于《五灯严统》的论战,因为它以一种不同的形式重新演绎了费隐的主张,所有这些费隐追随者的努力,遭到曹洞宗僧人的严厉批判,这些僧人从未放弃通过考据学证伪费隐主张的努力。在辩论期间,儒家文人继续作为观察者和参与者介入其中。

第一节 重建可疑的天王寺

尽管费隐 1654 年输掉了官司,他对禅宗谱系的修订继续激励着他的后来者。在他死后,他的一些法嗣坚持他那部饱经劫难的书中所传达的观点,并且寻找一切能使他们师父恢复名誉的机会。一个例子是,费隐的支持者水鉴慧海重建天王寺。他走访了荆州城,并选择了一个莫名其妙的地点作为这个有争议寺院的地址。水鉴慧海的鲁莽举动把著名文人僧晦山戒显牵扯进来,戒显为新建的寺院撰写了碑文,却没有深刻理解此举在"两道悟"辩论中的影响。经一些曹洞宗僧人的提醒,晦山戒显被劝说收回了他的撰文。

水鉴慧海重建天王寺

水鉴慧海曾随密云圆悟和费隐通容学习,最后从费隐的法嗣独冠行敬(1613—1672)处得法。在其跟随密云学习期间,密云曾经传递出一种期望:希望水鉴慧海某天可以修复天王道悟在荆州的寺院。[①] 密云的话一直保留在他的脑海中,直到 1658 年受请住持荆州铁佛寺,水鉴慧海实现了密云的愿望。他坚信自己找到了天王寺的原址并报告说:

> 清顺治戊戌夏,余始至荆,搜求(天王寺)遗迹。见七百年无主之铁尚存。当年节使抛(天王道悟入)水,乃在江边。又访周围十里社祠二十处,俱名天王堂。[②]

水鉴慧海"遂拽入寺内,书一额曰'天王古迹'。命匠以金刚钻镌之。往来观览者如市"[③]。于是,水鉴慧海的发现挑起了新一轮的论战。

晦山戒显的碑文

　　水鉴慧海重兴天王寺使得名僧晦山戒显处于尴尬位置,因为他在 1662 年受邀撰写碑文纪念此事。这篇题为《荆州天王寺中兴碑记》的碑文,应水鉴慧海的建议而作,主张天王道悟的存在并赞扬了水鉴慧海复兴寺院的努力。然而,这篇碑文立即引来那些曹洞宗师,如位中净符和石潮大宁(? —1720)等的批评声。承认受到水鉴的欺骗,晦山戒显表现出他的懊悔,并阻止他的文章镌刻于石。不过,在 1684 年,晦山戒显死后十二年,水鉴慧海最终还是竖起了刻有晦山碑文的石碑。[④]

---

① 刘献廷《广阳杂记》,第 191 页。
② 参见水鉴慧海《天王寺碑文》,《天王水鉴海和尚六会录》,JXZ no. 230, 29:283b。
③ 参见水鉴慧海《题天王寺遗迹古铁》,《天王水鉴海和尚六会录》,JXZ 29:245-284。
④ 碑文内容参见水鉴慧海《天王水鉴海和尚六会录》卷一〇,JXZ 29:284a-b。亦参见晦山戒显给剑叟空旻的回复,《法门锄宄》附录,XZJ 147:46b。关于此次僧诤的叙述,参见陈垣《清初僧诤记》,第 16—24 页。也参见刘献廷《广阳杂记》,第 191 页。

第二节　曹洞宗僧人对于"两道悟说"的不断证伪

宣告对费隐诉讼的胜利之后,曹洞宗僧人保持着对任何新的恢复"两道悟"主张的警惕。为了永久解决此事,他们继续搜寻新证据并撰写新文章,汇总他们的发现。在这些著作中,位中净符的《法门锄宄》是反驳"两道悟"主张最系统的论著。

位中净符的贡献

位中净符 1677 年的著作《法门锄宄》系统地保留了曹洞宗的论据。[①]作为曹洞大师石雨明方的法嗣,位中净符是一位活跃的僧人史学家,曾写过几本关于禅宗历史的著作。基于他对禅宗历史的细致研究,他创作出版了一部名为《祖灯辨讹》的历史著作来澄清禅史记载中的历史错误。他的许多观点反映在他的禅宗谱系《祖灯大统》中,此书引发了一场曹洞禅系内部的争论(参见笔者在附录 2.A 中的论述)。

现存的《法门锄宄》是日本 1690 年重印本。它包括了若深道人、位中净符和石潮大宁的序言。石潮大宁极长且充满辩论意味的序言引用契嵩的《传法正宗记》和道原的《景德传灯录》作为证据来反驳"两道悟"的主张,提出天王道悟的碑文是由丘元素伪造,以便向张商英献媚。此外,他宣称荆州不存在天王寺。他甚至查明,一位名叫业海子清的元代僧人是将此段碑文插进 1364 年重印本《五灯会元》的元凶。[②] 位中净符的正文,概述了反对"两道悟"主张的论据,笔者在附录 3 中进行了论述。

位中净符提供的证据抛出了对天王道悟存在与否的重大怀疑。举例来说,他指出部分天王道悟的碑文与白马昙照的生平事迹完全相同,并且

228

---

① 位中净符《法门锄宄》,Z 86：486 – 495。

② 位中净符《法门锄宄》,Z 86：488a – 489b。

天皇道悟之后嗣都宣称属于青原一系。位中净符引用赞宁的《宋高僧传》来说明荆州确实存在天皇巷,在那里,龙潭崇信曾经居住过并见到了天皇道悟。他进一步论证张商英不可能从达观昙颖处获得天王道悟的碑文,因为张氏还非常年轻的时候,达观昙颖就已经死了。[①]

因为水鉴慧海已在荆州建成天王寺并重燃论战,故《法门锄宄》收录了两封曹洞宗僧人剑叟空崶(1593—?)和晦山戒显之间的往来书信。如先前提到的,剑叟空崶批评晦山戒显卷入这场论战后,晦山戒显收回了他对水鉴慧海的支持。

永觉元贤对"两道悟说"的认可

尽管永觉元贤是位杰出的曹洞大师,但他关于"两道悟"论诤的看法,并没有与同一宗派的那些强烈反对费隐通容的僧人保持一致。在辩论期间,他接受了觉范慧洪的《林间录》中保存的证据,并承认确实存在两个道悟。不过,他认为,按照碑文所述,龙潭崇信应该是天皇道悟的法嗣,而不是天王道悟的法嗣。他的证据与余大成(字集生)搜集的一样。余大成的立场在第七章中作过介绍。

根据永觉元贤所说,禅师如雪峰义存和神晏都声称是天皇道悟之后。由于这些禅师生活在五代时期,与唐代相距不远,永觉元贤认为他们的证词是可信的。此外,他引用赞宁在《宋高僧传》中为龙潭崇信所作的传记,当中清楚记载了龙潭崇信由天皇道悟传法和开悟,而不是天王道悟。根据永觉元贤所论,龙潭崇信是天王的法嗣的错误主张,定是被篡改入天王的碑文,由此引发争吵和论战。[②]

---

① 位中净符《法门锄宄》,Z 86:486b - 488a。位中净符重复了他在《祖灯辨讹》中的相似论点,参见《祖灯辨讹》,第93—94页。

② 此文可在智昭《人天眼目》卷六中被找到,见 T no. 2006, 48:333c - 334b;Z no. 1267 - C,64:763a - c。也参见永觉元贤《永觉元贤禅师广录》卷一六,Z no. 1437, 72:480b。此文被完整地重印在忽滑谷快天《禅学思想史》,第506—508页。

澹归今释的折中观点

澹归今释（金堡）的《五灯是非两遣说》大约作于 17 世纪 70 年代中期，因为澹归今释自述此篇作于发生论战的 1654 年之后二十年①。澹归今释没有发掘出任何新证据，只是想用他的文章提供一种关于这场论诤的新观点，即他认为论战是混淆公和私的界限。根据澹归今释所说，尽管费隐通容表现出为公共利益争辩，但他在辩论中有一种私人利益，那就是抬高临济、贬低曹洞。最后，今释提出，禅僧真正的禅悟体验决不会依赖他们的师父，并且争夺正统的斗争不能保证某一系的长久兴旺。事实上，正如今释指出的，所有当时的禅系都出自旁系而不是正宗那支。举例而言，当时临济禅系派生自虎丘绍隆而不是大慧宗杲，曹洞禅系派生自云居而不是曹山本寂。在澹归今释看来，这表明禅宗法脉不如真正的禅悟体验重要。

来自觉浪道盛弟子笑峰大然和无可大智（方以智）的回应

在曹洞禅系中，觉浪道盛和他的法嗣积极参与这场论战。以他的弟子笑峰大然（倪嘉庆）为例，他写作了现已亡佚的《熄邪辨》。根据惟直智楷《正名录》中叙述的《熄邪辨》内容，我们知道他的著作考察了唐代制度史，证实丘元素并不是唐代节度使中的一员。②笑峰大然还在他的师父觉浪道盛的指导下，起草了《传灯正宗》。该书的内容不得而知。根据一些材料，笑峰大然在他死前并未完成此书。随后，他的师弟无可大智（方以智）完成了此书，石濂大汕最后于 1676 年出版了此书。③

① 参见澹归今释《遍行堂集》卷三，《禅门逸书续编》第 4 册，明复编第 103—105 页。

② 惟直智楷《正名录》，第 13、44—46 页。

③ 无可大智（方以智）遵循他师父觉浪道盛的指导编成此书。但他没有机会在他 1671 年死前印刷该书。最后，石濂大汕助其完成这项工作。1696 年，石濂大汕从越南归来后，被指控与越南人违法贸易。随后，他死于流放之地。他卷入关于法脉的论战，可能也是针对他的控告罪名之一。参见姜伯勤《石濂大汕与澳门禅史：清初岭南禅学史研究》，第 173—174 页。

第三节　关于《五灯全书》的辩论

在 17 世纪早期,来自密云系的临济宗僧人控制了中国南方的许多寺院。明亡之后,他们迅速投向新政权,并且获得了来自顺治帝和康熙帝的皇家护持。这一优势给了费隐的支持者一个证实"两道悟"主张的机会。1693 年,在康熙帝的庇护下,两位临济宗僧人编定了"史无前例"的《五灯全书》,并由此引发了另一场论战。①

230　《五灯全书》的出版

一百二十卷本的《五灯全书》或许是最全的禅宗灯史。霁仑超永和轮庵超揆(两人都是密云圆悟的三代法孙)于 1693 年编成此书,进呈康熙帝并由朝廷印刷出版。本书的主要内容可被简要描述如下。② 读者们应该注意到,从卷十三开始,沩仰宗、云门宗和法眼宗世系被列在天王道悟之下,采用了与《五灯严统》相似而与传统法脉图不同的编排。

卷一至五前部分:七佛、西天二十七祖及其旁出法嗣,东土六祖及东土六祖旁出法嗣。

卷六至八:南岳怀让法系,第一世至第六世。

卷九至一二:青原行思法系,第一世至第七世。

卷一三至一六:天王道悟法系,南岳第二世至第九世。

卷一七:沩仰宗法系,南岳第三世至第八世。

卷一八至二○:法眼宗法系,南岳第八世至第十四世。

卷二一至二五:临济宗法系,南岳第四世至第十五世。

卷二六至三○:曹洞宗法系,青原第四世至十七世。

---

① 关于此次僧诤的叙述,参见陈垣《清初僧诤记》,第 24—33 页。
② 以下所列根据陈士强的概括。参见其《佛典精解》,第 699—700 页。

卷三一至三六：云门宗法系，南岳第六世至第十六世。

卷三七至四〇：临济宗黄龙派法系，南岳第十一世至第十七世。

卷四一至六〇：临济宗杨岐派法系，南岳第十一世至第三十一世。

卷六一至六三：曹洞宗法系，青原第十八世至第三十六世。

卷六四至一〇八：临济宗杨岐派法系，南岳第三十二世至第三十七世。

卷一〇九至一一八：曹洞宗法系，青原第三十七世。

卷一一九至一二〇：未详法嗣。

基于过去的禅宗谱系编辑，本书包括了南岳和青原之下三十四世的七千余位禅宗人物。特别是，此书更新了清初禅宗的法系发展，呈现了完整的17 世纪禅宗法脉图景。本书大约一半篇幅（卷六一至一一八）用在对活跃在 17 世纪的禅僧活动的描述上。 231

本书"凡例"略述需要读者注意的主要问题，其中多数与确定新增加的禅宗人物的正确法脉相关。但是，在最关键的"两道悟"问题上，两位作者决定遵循费隐《五灯严统》提出的论证，并将天王道悟的存在视作一个已被解决的问题。因此，本书结构与《五灯严统》类似，在南岳怀让世系下列出了所有云门宗和法眼宗大师。天王道悟的记载出现在关键的卷一三中，天王被列为马祖的法嗣。这显示本书作者关于天王的叙述很大程度上是以丘元素的碑文为基础的。此外，两位作者加入了一段天王和龙潭崇信之间的简短的机缘对话，作为两者法脉传承关系的证据。不过，这段简短的对话实际上采自《五灯会元》，并且本来属于天皇道悟。[1] 两位作者还在他们关于天王的叙述之后加上了一条注释，其中列出所有相关证据。

尽管两位作者并没有列出费隐的《五灯严统》作为他们参考文献的一种，这种新的编辑明显受到费隐著作的影响。两位作者肯定知道数十年前关于《五灯严统》的辩论。更重要的是，两位作者属于临济宗，与费隐一样关注相同的宗派利益。不过，这两位作者缓和了费隐对曹洞禅系的批

---

① 参见霁仑超永《五灯全书》卷一三，Z 82：515a。

评态度。不像费隐的《五灯严统》,在这本新著中,无明慧经和他的法嗣们完全恢复为正当的曹洞宗师,而没有更多的怀疑。对于同时代曹洞宗僧人的记载来说,此书的作者小心地陈述道:他们遵循可获得的由曹洞宗师编纂的资料,以避免进一步的僧诤。

石濂大汕在论战中的角色

由于《五灯全书》延续了《五灯严统》中的错误,曹洞宗僧人予以迅速回应。如宣称为觉浪道盛弟子的石濂大汕撰写了几篇辩论性的文章,比如《证伪录》《不敢不言》及《源流就正》,攻击了《五灯严统》和《五灯全书》。因为这两部书都基于伪造的天王道悟碑文。在他的《证伪录》中,他指出四条内在证据证明碑文是伪造的:

1. 丘元素的名字并未出现在唐代史书中。

2. 根据觉范慧洪所说,在南岳怀让的墓碑中,道悟的名字作为南岳怀让的法孙被列出。这意味着写作这篇墓碑时,天王道悟肯定作为南岳怀让的后嗣而为人知。但是,南岳怀让死于天宝三载(744),其时天王道悟仅十八岁。因此,石濂大汕提出,如果天王道悟没有机会见到南岳怀让,他怎么能够在南岳怀让的墓志铭中作为其法孙之一出现?

3. 这篇伪造的碑文指出,天王应该生于727年,并于760年,即他三十四岁的时候参见马祖。但是,其时马祖尚未出生(我们肯定注意到,一般认为马祖生于709年,卒于788年,除《全唐文》中引他的碑记作卒于786年。肯定还存在另一种马祖传记的资料,石濂大汕以此为基础建立论证。或者潘耒所述石濂大汕的观点是错的)。

4. 根据觉范慧洪的记载,张商英从达观昙颖处获得了两篇碑文。但是,当达观昙颖1060年去世时,张商英还是个少年,没有任何一点佛教法脉传承的知识。①

---

① 石濂大汕的《证伪录》现已亡佚。潘耒关于天王道悟的文章和他给石濂大汕的信中保存了《证伪录》中的一些内容。参见潘耒《救狂砭语》,第26—32、65—70页;陈垣《清初僧诤记》,第31—33页;姜伯勤《石濂大汕与澳门禅史:清初岭南禅学史研究》,第166—173页。

惟直智楷的《正名录》

有关"两道悟"问题的考证研究,在惟直智楷十四卷本的《正名录》中达到顶峰。此书提供了绝大多数辩论的全面调查和概述。[①] 在上海图书馆,笔者从印刷于1945年的《普慧藏》中找到了此书的重印本(图9-1中笔者展示了这份稀见史料的封页)。此书编成于1694年,汇集了一些文章,好些文章的作者已经在先前提到过。该书抓住了17世纪关于法脉辩论中的所有问题。尽管作者惟直智楷鲜为人知,但是以下事实是清楚的: 在全书中,他经常自称来自湖南衡阳,并且是位中净符的弟子。

正如《正名录》的题名所示,惟直智楷借用儒家的"正名"理论,要求传法的名与实相符。为了体现一种对法脉的严谨的批判态度,所有的卷名被命名为"考"。惟直智楷使用大量历史资料和碑文证据,展示了在考据研究中的卓越技巧,令人信服地阐明当严格的法脉原则变得极端时,甚至密云圆悟及他前辈们的法脉的合法性也会受到质疑。

以史无前例并在很大程度上遵循费隐对法脉的重新安排的《五灯全书》为攻击对象,惟直智楷试图澄清被认为可疑的法脉。总之,惟直智楷在三个关键处不同意《五灯全书》的两位作者。

首先,根据惟直智楷所述,关于受争议的"两道悟"的身份,《五灯全书》很大程度上接受了密云和费隐的安排,将云门宗和法眼宗转接到南岳怀让的世系下。《正名录》的起首四卷调查了这一问题,提供了所有源自南岳怀让

233

経藏大

正
名
録

校行經大普
印會刊藏慧

图9-1 《正名录》书名页,1694年,1945年重印(本图影印自上海图书馆)

---

① 这本稀见文献仅被收录在1945年在上海出版的《普慧藏》中。参见长谷部幽蹊《明清佛教研究资料》,第82—88页。也参见氏著《智楷撰〈正名录〉について》。

和青原行思两支禅系的有关证据。这部分给予关于"两道悟"僧诤充分的

234 关注。智楷相信,关于这个关键问题,《五灯全书》的作者们与费隐没有什么不同。因此,对他而言,新出版的《五灯全书》仅仅是《五灯严统》的再版而已。①

僧诤的第二处是《五灯全书》对曹洞法脉的处理。如笔者上文提到的,为了防止与曹洞宗僧人的冲突,《五灯全书》的两位作者故意遵循了一些由曹洞宗名僧,如永觉元贤和远门净柱编定的流传最广的谱系。然而,《五灯全书》的作者有意或无意地,并没有查阅有争议的禅宗谱系《祖灯大统》。该书由惟直智楷的老师、曹洞大师位中净符创作。在位中净符此书中,他作的最重大的修改是消除了曹洞祖师芙蓉道楷和鹿门自觉之间的五世传承,即所谓"五代叠出",并声称是一位北宋曹洞大师身份的混乱引起了这个错误。他发现这位大师最初被认为是天童如净的法嗣,但事实上他是芙蓉道楷的法嗣。而芙蓉道楷比天童如净早五世(笔者在附录2.A中详细论述了这一争论)。《五灯全书》的作者没有接受该修正,可能是因为这一新主张受到了一些有影响的曹洞僧人的反对。惟直智楷作为位中净符的弟子参与他老师的研究,感到有必要发扬他老师的新发现。因此他书中的卷五至七与该问题相关。

惟直智楷感到《五灯全书》中被不适当地处理的第三处,是临济禅系的传承。如两位作者在他们的"凡例"起首处所述,《五灯全书》重构了明代的临济传承法脉,根据的是一位明初僧人——海舟永慈,而不是海舟普慈的法脉。两位作者此处指的是关于明代早期临济法脉的一场新论战。早前,密云圆悟及他的弟子们相信他们的法脉传承经由一位名叫海舟普慈的僧人。但是此后,由于一篇新碑文的发现,他们改变了他们的立场,转而相信这位僧人应该是海舟永慈。不过,惟直智楷尖锐地指出,这种立场的改变仅仅是临济宗僧人试图掩盖推算他们自身法脉的错误(参见笔者在附录2.B中的论述)。② 此外,他指控临济法脉,特别是在明代,充满

① 惟直智楷列出了最全面的证据。其中大部分,笔者将在附录3中予以论述。

② 关于此次僧诤更详细的概括,参见笔者在附录2.B中的论述。

混乱和错误的内容。甚至密云圆悟和他的师父幻有正传的法脉也受到怀疑。① 然而,《五灯全书》的两位作者,由于他们的宗派偏见,并不愿意去仔细审查他们的临济法脉。惟直智楷把关于这些有问题的临济法脉的考证收录在他书中卷八至一四中。

235

　　惟直智楷对众多世系争论的批评考查,涉及一些已经亡佚的辩论性著作。正如他所指出的,在《五灯全书》编纂之前,他已经写作了十卷本《卫灯录》。《正名录》也包括了一部拙庵智朴(湛然圆澄的第三世法孙)的著作,名为《存灯录》。该书传达了对《五灯全书》相似的关注。② 惟直智楷将《存灯录》中提到的证据吸收入他书中的开头。此外,他频繁引用曹洞宗僧人笑峰大然的《熄邪辨》来证明丘元素不是唐代节度使。③

　　关于费隐的《五灯严统》的辩论,在惟直智楷的著作中受到最全面的检讨。此书也标志着论战的结束。在 17 世纪末此书出版之后,再也没有关于法脉争论的有分量的著作出现。显然,僧人们失去了对这种辩论的兴趣。惟直智楷的著作指出,许多当时的禅僧属于生于清初的新一代,已经被始于晚明的这些僧诤所呈现的错综复杂的局面给弄得眼花缭乱。正如惟直智楷指出的,他们经常弄错著名人物和事件。辩论性文章在数量上的急降反映出 17 世纪末这场关于法脉的精密考证已经开始在禅宗教团中变得越来越没有意义。

第四节　文人的参战

　　没有文人的支持,清初持续的僧诤是不能够长久维持的。许多加入辩论的高僧,如笑峰大然(倪嘉庆)、无可大智(方以智)和澹归今释(金堡),出家前都是成就卓著的士大夫。此外,其他文人如黄宗羲,通过撰写关于"两道悟"问题的文章,也直接或间接加入了辩论。一些文人学者倾向费隐一边,因为他掌握同等有力的证据来支持"两道悟"主张。

---

① 参见惟直智楷《正名录》卷一四,第 209—227 页。
② 关于他卷入《五灯全书》的僧诤的情况,参见陈垣《清初僧诤记》,第 24—33 页。
③ 惟直智楷《正名录》,第 13、44—46 页。

236   **黄宗羲对丘元素和天王道悟存在的支持**

诉讼的结果并没有终结论战。恰恰相反,它吸引了更多儒家学者卷入其中,引发了更为深入的研究。比如黄宗羲,在一封写给隐士汪魏美的信中表达了他的观点。在这封题为《答汪魏美问济洞两宗正段书》的信中,他引用欧阳修《集古录》中的资料反驳了流行的观点,即丘元素不是一个真正的历史人物。他承认丘元素碑中关于天王道悟之死的叙述和《景德传灯录》中白马昙照之死的情节相似,但指出《景德传灯录》的作者肯定剽窃了天王道悟的碑文而不是相反。因此,他倾向于相信天王道悟身份的真实性。

他还质疑天皇道悟碑文的准确性,因为其作者误读了人名(参见笔者在附录 3 中的详细探讨)。不过,在他的结论中,他传达了他对整个佛教深深的怀疑。他认为,即便碑文是真实的,但其记载的神迹故事也不可信。①

刘献廷关于"两道悟"的注释

刘献廷(字继庄,1648—1695)是一位对历史和地理抱有兴趣的博学之士。② 在 17 世纪 80 年代晚期,他被召入北京的明史馆工作。除历史著作外,他还用杂记记录下他对周围事物的观察和看法。他的五卷本的杂录成为关于明清易代时期事件和人物的资料来源。作为一名社会关系众多的学者,刘氏没有忽略有关"两道悟"的巨大争论。他写作了名为《天王道悟考》的简短札记,在文中,他详细叙述了辩论的历史并提供了一系列相关证据。其中,他提到了两份稀见的明代史料,即拱辰的《祖源通要》和《少林联芳碑记》。他还提到吴定的《定祖图》和保存在北京大兴善寺的

———————

① 参见黄宗羲给汪魏美的信(《答汪魏美问济洞两宗正段书》),收录于《梨洲遗著汇刊·南雷文约》,第 43 页。

② 关于他的传记,参见 ECCP, pp. 521 - 522。

《一花五叶图》。据他所说，这些材料将天王道悟列为马祖道一的法嗣之
一。① 显然独立于黄宗羲的研究，刘氏发现丘元素的名字被辑录在欧阳
修的《集古录》跋中。从他呈递的材料判断，刘氏同情费隐的处境。他的
观点认为，辩论远没有定论。

潘耒与石濂大汕的争论

　　早先已经提及的石濂大汕的观点，事实上是根据潘耒的反驳文章《天
王碑考》复原的。潘耒（1646—1708）是一位文人，最初在广州时与石濂大
汕交好，随后因石濂大汕奢侈的生活方式和远走越南而抨击石濂大汕。②
他于 1678 年作为"博学鸿儒科"（该科作为一个考试科目，为博学的明遗
民所设）被诏举，在朝廷的明史馆工作。③ 他在 1684 年被降职并退隐。
由于他与石濂大汕的关系因为一些个人原因恶化，1699 年，他写作并
出版了《救狂砭语》，其中包括了屈大均、为霖道霈和他本人的一些书信
和文章，以攻击石濂大汕。大汕以文章《惜蛾草》回击，可惜此文已经
亡佚。④

　　收录在潘耒《救狂砭语》中的《天皇碑考》，是为针对石濂大汕的《证伪
录》所作。在简短回顾有关"两道悟"的辩论之后，潘耒聚焦于大汕所说四
点错误，笔者先前已经提到过。关于丘元素的官衔"荆南节度使"，大汕称
地名"荆南"仅在宋代才被使用，而不是唐代。然而，潘耒在故意炫耀他的
历史知识，贬低僧人们忽视了唐帝国的行政制度史时，发现唐朝于 757 年
设置荆南节度使，治所在荆州，管辖着十个府州的地区。该藩镇于 832 年

---

① 笔者尚未查找这些资料的出处。参见刘献廷《广阳杂记》，第 238—239 页。
② 根据姜伯勤的论述，石濂大汕从越南返回时携带着获自贸易和国王捐赠的可观财富，潘耒从
　他那儿要钱，但是只收到一点点。参见姜伯勤《石濂大汕与澳门禅史：清初岭南禅学史研
　究》，第 91—101 页。
③ 关于潘耒简短的英文版传记，参见 ECCP, pp. 606‐607。
④ 石濂大汕最终被收监并死于流放之地。潘耒的《救狂砭语》也于 1780 年被朝廷列为禁书。
　为霖道霈给大山童学写了一封信讨论石濂大汕，该信保留在潘耒的《救狂砭语》中。见《救
　狂砭语》，第 87 页。

被废,又于 838 年复置。潘耒相信,在它长达一百五十年的存在期间,或
许有一位叫丘元素的节度使。关于天王道悟和马祖道一的时代错误,潘
耒指出,石濂大汕应该接受觉范慧洪《林间录》所载的天王道悟卒年,即
818 年,而不是《五灯会元》所载的 808 年。于是,天王道悟世寿便可与马
祖道一的生平完美重叠。关于石濂大汕提出的将道悟的名字列在归登
撰写的南岳碑文中的问题,潘耒讥讽石濂大汕不懂碑文撰写的惯例:
一块在大师死后多年才被竖立起的石碑碑文,可以涉及大师死后发生
的事件。

　　石濂大汕关于天王道悟碑文最后的疑问,是重复位中净符在《法门锄
238　宄》中的观点。他称张商英没有机会见到达观昙颖并从他那里获得两方
碑文。潘耒认为石濂大汕误读了觉范慧洪(实际上是觉梦堂)为达观昙颖
的《五家宗派》所作的序言,他相信有关碑文的相关段落并不意味着两个
人曾当面接触。相反,文中指出,张商英是通过阅读达观昙颖的著作而获
得碑文的。潘耒承认白马昙照和天王道悟几乎一致的临终遗言所引起的
困惑。[1] 但是,他指出碑文比其他材料更可靠,因为一些材料在传抄过程
中可能混淆人名和地名。最后,他提议使用更明智的方法防止未来的论
战:从六祖开始计算世代序列,无须进一步划分南岳世系和青原世系。
同时,所有关于"两道悟"的证据应该被保存在新编谱系中。[2]

第五节　"两道悟"之争在日本

　　尽管《五灯严统》的原刻板在中国被毁,但是新版本却经由 1654 年到
达日本长崎的隐元隆琦在日本找到了出版的渠道。关于隐元移居日本的
原因,一种推测是起因于他的师父费隐通容在诉讼案中的挫败。[3] 这一

---

① 参见笔者在附录 3 中对这些记载的论述。
② 参见潘耒在《救狂砭语》中对天王道悟碑的考证(《天王碑考》)。见《救狂砭语》,第 26—
　32 页。
③ 桂林崇琛是妙心寺一系的僧人。在他的《禅林执弊集》一书中,他怀疑隐元隆琦移居日本的
　动机。参见 Baroni, *Obaku Zen: The Emergence of the Third Sect of Zen in Tokugawa
　Japan*, p.39。

推测受到日本黄檗宗的批评者如桂林崇琛(1652—1728)等的支持。事实
是,诉讼案在当年十月发生,但隐元隆琦在六月已经离开黄檗山去往日
本。尽管隐元知道他的师父正在写作一本关于禅宗谱系的重要历史著
作,但是他没有机会参加随后的辩论,因为他已经离开了中国。他所能做
的是将他师父的著作在日本重版,并将印本送回中国。

　　重印本于 1657 年出版,当时隐元隆琦居住在摄州(大阪附近)的普门
寺。隐元在该书日本版的跋文中宣称,驱使他做此事的动机是他本人的
责任感,而不是他师父的要求。当他看到费隐给早先抵达日本的逸然性
融(1601—1668)的一首禅偈时,他感到这是一个让他传播法脉的秘密暗
示。与逸然性融和其他外护一起,隐元隆琦在百日之内完成了再版
工作。①

　　在离开中国后,隐元依然与他师父费隐保持联系。日本万福寺至今
保存着 1652 年至 1660 年间费隐写给隐元的五封信。在一封 1660 年写
给隐元的信中,费隐通容要求隐元寄回新版的书:"《严统》每年得寄数十
部此土流行,吾徒德莫大焉。"②他甚至为他的书在海外印刷这个事实感
到骄傲,并向他的批评者夸耀:

　　　　黄檗琦公应扶桑君请。君见《严统》不胜欣然,乃命刊刻以布诸
　　国。呜呼! 慧命斯寄,祖灯赖传!③

显然,费隐通容夸大了他的书在日本受欢迎的程度,因为隐元并没有提到
日本政府在该书出版中的作用。④ 虽然如此,《五灯严统》的出版可能对
日本佛教的影响更为深远。比如,柳田圣山认为,费隐通容的书在日本出

239

---

① 参见隐元隆琦为《五灯严统》重印本所作的跋和赞,Z 86：315c。
② 陈智超、韦祖辉、何修龄编《日本黄檗山万福寺藏旅日高僧隐元中土来往书信集》,信件编号
　　005,第 65 页。
③ 参见由水鉴慧海撰写的费隐传记,《天王水鉴海和尚六会录》卷二,JXZ 29：277a - 279a。
④ 在此,费隐假称隐元受到日本天皇的邀请。但事实上,隐元受邀于长崎地方的华商外护。参
　　见拙文 "Leaving for the Rising Sun：The Historical Background of Yinyuan Longqi's
　　Migration to Japan in 1654", pp. 97 - 100。

版对黄檗宗的传播有重大意义，因为此书宣传了黄檗宗宣扬的临济正宗。根据柳田的观点，这种正统性的宣扬，正如费隐通容的著作《五灯严统》所清晰表达的，由于它反映了日本对禅宗的渴望而吸引了日本的黄檗宗追随者。他评论道：

> 日本人追求正统性，并热爱纯洁和整齐划一。这种思考的倾向符合费隐和隐元的宣传。有时，日本人比中国人更古怪，他们思维的习惯倾向于滑落到一个狭窄的死胡同。这与隐元开启的现代日本佛教有关。日本人喜好"一系单传"，透露出黄檗宗文化在日本本土化的秘密之一。①

《五灯严统》对日本佛教的影响超越了本章的讨论范围。但是，隐元隆琦从日本资料中找到了证实其师关于法脉的观点，特别是"两道悟"的主张的重要证据。他发现日本临济大师虎关师炼（1278—1346）写作了一篇名为《五家辨》的文章，该文可以支持他师父的观点。② 虎关从未在中国学习过，但是他的文学素养和有关中国禅宗的知识是超乎寻常的。虎关的观点，由一位名为日庵一东（？—1486）的日本僧人在 1485 年前后归纳起来，③甚至比费隐通容的观点更激进。虎关师炼不仅完全接受关于道悟的两方碑文的真实性，由此将龙潭崇信划归马祖一系，而且他还认为整个曹洞世系应该归属于马祖道一，而不是石头希迁。

他的论点是基于收录在《佛祖历代通载》中的另一方碑文，该碑称曹洞祖师药山惟俨（751—834）也属于马祖道一一系。根据唐伸在 836 年撰写的这方碑文，药山惟俨跟随马祖道一学习将近二十年，他的禅悟体验事

---

① 柳田圣山《隐元东渡と日本黄檗禅》，"日中文化交流丛书"4，第 285 页。
② 关于虎关师炼的简略研究，参见 David Pollack（波拉克），"Kokan Shiren and Musō Soseki：'Chinese' vs. 'Japaneseness' in Thirteenth and Fourteenth Century Japan"；Carl Bielefelt（比勒菲尔德），"Kokan Shiren and Sectarian Use of History"。虎关师炼的《五家辨》见于《五山文学全集》卷一，第 196—198 页。
③ 关于他的小传，参见鹫尾顺敬等编《日本佛家人名辞书》，第 14 页。

实上也是由马祖道一而不是石头希迁印证的。[①] 于是,根据虎关师炼对这方碑文的解读,所有后出的禅宗世系实际上都派生自马祖道一一系,而青原行思的法脉在唐代天皇道悟之后就断绝了。[②] 图9-2描绘了虎关师炼对禅宗法脉的彻底修改。

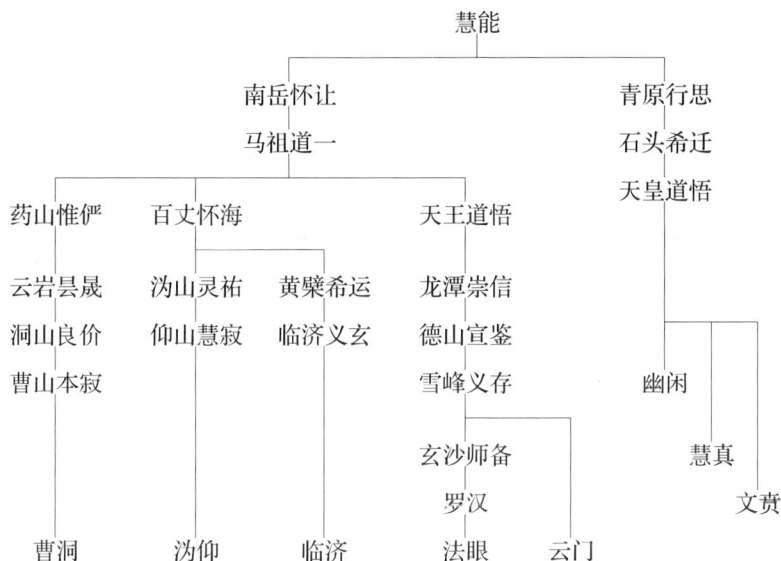

图9-2　根据虎关师炼《五家辨》所绘禅宗法脉图

　　虎关师炼在日本提倡的颠覆性改变,肯定在中国有它的源头,因为一些编成于宋元时代的佛教史书认可这种新变化。例如,正如唐伸所作碑文记载的那样,祖琇在他的《隆兴编年通论》中支持药山惟俨是马祖道一弟子的说法。他的理由是,唐伸的碑文在药山惟俨死后仅过八年便写成,因此可信度高。[③] 本觉在他的《释氏通鉴》中仅仅记载天王道悟的世系,

---

① 由唐伸撰写的药山惟俨碑铭,参见《全唐文》卷五三六,第2410—2411页;也参见徐文明《曹洞宗归宗青原一系的原因初析》。
② 两篇文章《五家辨正》和《五派一滴图》,作为附录被编入《法门锄宄》,参见 Z 86: 490a - 494c。
③ 参见祖琇《隆兴编年通论》,XZJ 130: 660a。

而完全忽略了天皇道悟的法脉。^① 虎关的观点，与中国的禅僧遥相呼应，显示宗派辩论的影响早在虎关师炼生活的 13 世纪和 14 世纪就已经扩散到日本。^②

结　语

　　本章很清楚地表明，关于《五灯严统》的辩论是 17 世纪禅宗佛教的决定性事件。不仅 1654 年的官司轰动一时，而且其在中国佛教的余续和在日本的回响也突出了其重要性。广义上说，它展示了明末清初禅僧对于他们由传法所确定的禅者身份有着一种共同的集体意识。

　　大量证据背后的问题之一是对权威的争夺。仅仅炫耀一系列可疑来源的证据和展现某人的考据学技巧，显然是无意义的，除非谁有意识形态上的企图。关于费隐所作《五灯严统》的论战，在禅宗世系、地方政府和盛行的文本文化三个层面发生。正因为如此，三种"权威"交织在一起：嗣法禅师所拥有的祖师权威（patriarchal authority），世俗世界的司法权威（legal authority），以及基于处理禅宗文献和历史考据的专业知识而产生的文本权威（textual authority）。尽管祖师权威和司法权威在论战中显示出决定性的作用，文本权威同样对处理此案的终结发挥了重要作用。

　　关于费隐通容的《五灯严统》的论战还揭示了禅师的祖师权威正处在深刻的危机中。这个危机表现在禅僧们追求他们自身的历史来源和他们对于其他僧人法脉合法性的挑战。然而，没有一般意义上的祖师权威：权威的领域处于不断的流动中，而且界定权威的方式变化不定。在此，我们必须重新考虑祖师权威如何在历史不断的流转过程中被构建以及它的

242

---

① 本觉《释氏通鉴》, XZJ 131：954b。

② 虎关的观点受到日本曹洞史学家如忽滑谷快天和宇井伯寿的激烈批评。在当今的日本，一些日本临济宗僧人对此有所不满。参见鸟越文邦《费隐禅师とその著：五灯严统》。笔者尚未找到他的这本书，但是他的同名文章可以在《黄檗文华》88（1987 年 6 月）第 3—6 页和《黄檗文华》89（1987 年 9 月）第 3—5 页中查找到。

力量和意义的来源。在 17 世纪中国佛教的语境中,笔者提出一种由禅僧引入的非常特殊的权威形式来解决祖师权威的危机:业已在儒家世界中行之有效的文本权威,在论战中扮演了决定性的角色。换言之,通过文本权威的行使和文字证据的操纵,禅师们将自己树立为一种新的正统。

第四部分

批判性分析

第十章　有关禅宗兴衰的解释

如前所述,17 世纪末期,禅师的僧净热情跌落至低谷,以至于整个 18 世纪几乎没有重要的禅籍问世。文本产出上的沉寂,反而相应地表明了寺庙扩张的结束。在当今禅林,有关僧净的记忆似乎已从僧众的集体意识中完全淡出了。威胁寺院的生存压力,必然促使禅林的发展另辟新径。然而,整个 17 世纪的禅宗在当今已被遗忘的事实,要求我们再作一番解释。当然了,现代佛教史学者并非特意压制了此一时期禅宗复兴的资料。之所以有意忽略,最为显著的原因在于 17 世纪禅僧过多涉入了关系复杂、不很光鲜而又有损丛林和谐的论争之中。此外,这些冗繁乏味的论辩文章往往卷帙浩繁但文笔拙劣,对于解决佛教义理问题也贡献甚微。

但是,不管出于什么原因,17 世纪的禅宗确实被忽略了。在本章,笔者将试图解释禅宗的兴衰大势。笔者的论证始于考察禅林论争的文本性质,所有这些文本皆是基于古代禅籍的重新解释和再次编排。这些禅宗文本(计有灯录、禅谱等),其实反映的是文本化的禅宗理念,而非对禅林现实样态的完全实录。在这种意义上,彻底改造后的禅宗,实际上是文本意义的重构。由于禅宗传统的文本性质,那些舞文弄墨的文人学士在禅宗复兴中扮演了重要角色。他们对于禅宗的喜好,改变了禅林各种传统之间的平衡,也影响了禅师们的共同心态(collective mentality)。[①] 由于文人和禅师在禅宗文本方面有着共同的偏好并试图一起重塑禅宗传统,可以这样说,禅师和文士共同创造了各式各样的禅宗文字社群。在这些文字社群内部,一种打破旧习、反对传统的禅风把禅宗文字理想,从想象

---

① 在这儿,笔者使用"心态(mentality)"这一术语,显然是受到"年鉴学派"的影响。有关年鉴学派的介绍,详见 Stoianovitch, *French Historical Method*；Burke, *The French Historical Revolution*。

带入现实。然而,由于一些自发的棒喝机锋、严格的法脉传承等实践方法
只是一种理念,禅僧们也未必能够在丛林现实中按照常规维持下去,因
此,禅宗的复兴虽然随着阳明心学运动达至高潮,却又在 18 世纪早期思
想转向的关口跌落。

第一节　文字理想和禅林现实

中国素以"文字的帝国"(the empire of the text)闻名于世。[①] 以中
华文明早期阶段业已发展完备的独特书写体系为基础,书面文字、文本实
践连同文学手法的应用共同创造了一个以优先使用文字为主要交流方式
的强大传统。不仅如此,书写的成熟,至少在中国早期历史上,创造出了
陆威仪(Mark Lewis)所说的"文本的二重现实(a "textual double" of
reality)"。这一特征指的是由书写创造的平行现实,它映照着实际世界,
充当一种中华帝国的统治手段。从这个意义上说,掌控文本世界者必然
从他们能够书写和解释文本的行为中获取权利。[②]

禅宗作为中华文明之一部分,正是凭借自己开创的文本传统和精心
构造的"文本的二重现实"完成的。虽然这种文本的二重现实是与寺院现
实相似的,并在一定程度上忠实地代表了禅寺的生活,但是证据显示,两
者之间还是存在明显的断裂:文本的二重现实完全被理想化,而丛林日
常运行却处在另一个层面上。

17 世纪禅宗的兴衰,表明这一重构的传统并不是牢固建立在现实禅
宗修行和实践的基础之上。它更多是一个想象的传统,因为过去与现在
的历史断裂,允许人们的思想采取创造性诠释的立场假设历史是连续的。
247　没有实际地体验古代禅宗的实践,禅僧只有用他们自己对于过去的浪漫
想象来弥补认知上的缺陷。然而,这些浪漫的视角,并非完全没有历史基
础,或者是脱离历史的。与此相反,正如围绕费隐通容那本命运多舛的灯

---

① 　该术语引自 Connery, *The Empire of the Text*。

② 　可见 Lewis, *Writing and Authority in Early China*。

谱展开的争论所揭示的,禅僧的历史意识(historical consciousness)达到了前所未有的程度。这场争论表明,有关传法的考据调查,牢固地建立在禅宗文本传统之上,这一禅宗文本传统包含格里高利·肖宾(Gregory Schopen)所讲的"精心构造的理念范式(carefully contrived ideal paradigms)"。[①] 故而,禅宗文本之所以能够成为想象或重构的最终来源,乃是因为这些文本被理所当然地视为对于过去的令人信服的陈述。正如欧洲历史学家布莱尔·斯托克(Brian Stock)评析的,"通过文本,或者更为精确地说,是通过对文本的解读,那些之前没有多少交集的个体环绕着一个共同目标被结合起来"[②]。

为了重接禅史的连续性,禅僧不得不借助重新解读前贤创作的禅宗文本达成此目的。尽管禅宗在说辞上宣称"不立文字",然而还是有不可胜数的禅宗文本被创作和再创作。在这些禅宗文本中,有两类禅籍在重新解读禅宗的历史传统中至关重要,它们是语录和灯录——这些材料所反映的禅宗传统的叛逆(iconoclastic)理念,实际上很少能够在中国主流禅林生活中看到。

正如许多研究早期或中古佛教的学者所指出的,禅宗,虽然宣称打破了旧习、反对传统,然而在禅林实践中却按部就班,过着高度仪式化的丛林生活,在寺院的现实生活中,很少能够发现禅籍中所描述的那些不拘成法的激烈行为。[③] 17 世纪的中国禅宗亦是如此。因为只有在成熟的禅宗社群吸收了当时所有的寺院规式,比如义学研究、传戒制度等之后,禅僧主导的寺院才有可能出现。除此之外,许多禅僧,年轻时曾受过义理研究、密教仪轨、律宗戒律等方面的良好训练,然而,在那个时代主流知识话语的影响下,他们却选择把自己表现为正宗的(authentic)、不拘成法的禅师,而不是去凸显在传统丛林教育中所掌握的精湛才艺。如汉月法藏就

---

① 可见 Schopen, "Archaeology and Protestant Presuppositions in the Study of Indian Buddhism"。

② Stock, *Listening for the Text*, p.37. 一些佛教学者已经注意到文本实践在佛教传统中的地位,举例来说,Anne Blackburn 借用 Brian Stock 的"文字社群(textual communities)"概念来解释 18 世纪斯里兰卡佛教的崛起,详见其书 *Buddhist Learning and Textual Practice*。

③ 关于这一对比的详细讨论,可见 Faure, *The Rhetoric of Immediacy*。

是一位身兼禅、律、密于一身的大师。正如他所承认的，在小沙弥时，他就已知晓密教各种仪式了，二十九岁时致力于研习律宗。然而，在他人生的第四个十年，他成了一位禅师。[①] 但是，在著述中，他选择把自己归于禅宗谱系的一分子。甚至，汉月法藏的传记都未曾提及汉月曾经重新创制三坛大戒和践行施食饿鬼的密教仪轨。虽然那些打破旧习、反对传统的自发的棒喝禅风，确实在公开的禅林生活曾占一席之地，然而它们很快就被程式化了，仅剩下它们的象征意义。相比禅宗理念的消退，我们发现，禅僧更大程度上沿袭了一种高度综合化的融合型佛教传统。下一章，笔者将讨论佛教仪轨实践的传播，这也是 17 世纪中国禅宗众多遗产之一。17 世纪的禅师，除了在公众视野中展现禅的精神，更多的精力是用来按部就班地实施三坛大戒以及诸多复杂的佛教仪轨。然而，禅僧，一旦被称为禅师并获得文人认可，他们所表现出的行为就要与那些仅在禅籍中才能读到的想象中的理念(the imagined ideals)保持一致。

如前所述，禅宗文本是禅师和文人两大群体重新解读和创作的源泉。因此，他们的宗教性，正如本书第二章所讲的，实际上是一种"文字境界(textual spirituality)"，因为它主要是以文本为基础，并由阅读、书写等一系列文本性活动催生出来的。伴随这种文字境界一起兴起的，是为了亲近文本而有意寻求的一种崭新的诠释策略。依赖于选取的诠释策略，可以以不同的方式理解文本的意义：一种隐喻式的阅读将禅宗文本记录的所有事件视为看似"真实"，或者说"教学策略(pedagogical devices)"，以此来引发那些禅籍研习者的觉悟体验。或者，正如佛尔(Bernard Faure)所建议的，禅宗文本，从根本上来讲，是书写行为(writing-act)的产物，它本身也必须遵守文本生产的规则，因此也必须被看成"自我指涉的文字作品"(佛尔尤其强调"自我指涉"这一点)。[②] 然而，从更为字面的意思理解，人们倾向于相信禅宗那些文本中的事件原型或文字本身的记载更加"真实"。该种阅读所隐含的意思是，那些理想化事件是可表演

---

① 可见汉月法藏《于密渗施食旨概》，T no. 1082, 59：302c。

② 可见 Faure, *Chan Insights and Oversights*, p. 233。

(performable)且可以实现的。

　　因此,采用字面意义上(literal)的诠释策略成为禅师们再造现实的途径。① 17 世纪的禅宗,与它早期的历史阶段相比,在思想上缺乏任何精神上的创新。正如禅籍所反映的那样,这一事实恰恰表明禅宗更倾向于忠实过去的历史。一系列僧诤,无非揭示了这样一个事实,17 世纪的禅师们提倡的正是这种字面意义上的解释模式能够真正考虑禅籍中记载事件的真实性和有效性。举例来说,机缘问答,仿佛一个真实发生的事件,不断被重复模仿;严格意义上的传法印可,必须以"面禀亲承""真参实证"的原则为基础,如此才可以付诸实践。简而言之,禅僧从字面上阅读禅籍,无非是试图在当下复兴那种想象中的过去。

　　鉴于此一视角,在本研究中,笔者所观察到的僧诤,源于解读禅宗文字理想的分歧。正如我在本书自始至终所要表明的,这些争论夹杂着大量源自古代禅籍的注释和引文,这些注释和引文被当作支持特殊解释立场的证据。在很大程度上,这些争论是通过一系列阅读、写作和注释等文字操控的方式进行的,完全没有脱离任何一个精心建构的文本界域(textual realm)。陷入僧诤的禅师是如此地沉迷于文本世界,以至于达到这样的程度——他们试图活在禅宗文本所描述的理念中,即使在那些对这样的理念缺乏同情之了解的旁观者看来,这些禅师已经到了荒谬的境地。比如笔者在第五章提及的,一些文人在观察了机锋问答的表演之后得出结论,那就是在很多方面,这些机锋辩禅的故事像极了那些曾经上演的戏剧套路,不过是种令人尴尬的模仿。简而言之,大量禅宗典籍的运用,揭示了 17 世纪僧诤的独特文本性质(textual nature)。根据笔者的观察,这些以文本为基础的僧诤,实际上成为禅宗重构的标志。更进一步讲,禅师频繁地援引文字记载中已经文本化的历史,很大程度上反映了禅

---

① 在一定程度上,他们的理解,明显类似于坚持"新教预设(Protestant presuppositions)"的早期印度佛教学者。肖宾(Gregory Schopen)对这些的假设性描述在澄清文字诠释策略方面非常适用:"他们理所当然地认为,这些文字理想,要么曾经运作过,要么过去一直实际运作着,既然文本上这么写着,那么在实际情况中也应该如此。"可见 "Archaeology and Protestant Presuppositions in the Study of Indian Buddhism", p. 3。

宗传统的断裂而不是延续。

第二节　禅宗文字社群的形成：僧人和文人

根据笔者的研究，这些都在表明，对于禅宗文字理想的浪漫想象，明显受到文人的青睐，这些文人主要是通过阅读禅籍接触禅宗传统，甚至以此认识整个佛教世界。虽然学者们已经令人信服地证明，宋代禅宗组织的实际情况不像禅僧们在文辞上宣称的那样纯洁和正宗。但从何复平（Mark Halperin）颇具启发性的研究所给出的线索来看，宋代文人大体上接受禅宗独特的说辞，因为大部分文人主要是通过阅读禅宗新近流行的语录而为佛教所吸引。[①] 这表明虽然禅宗的日常丛林实践与文本的描述有所出入，然而通过禅学文字，文人们的脑海中仍成功地印上了对于禅宗的浪漫看法。相比宋代文人参禅的程度来说，明末清初的文人更为积极，他们不仅重新解释并再次创作禅宗文本，甚至还直接参与了僧诤。举例来说，正如何复平认为的那样，宋代文人一般不去理会禅僧之间诸如大慧宗杲的看话禅与宏智正觉（1091—1157）的默照禅之类的论诤。[②] 对比之下，17世纪的文人，常常对于僧诤做出快速的反应并紧跟事态的发展，这些行为都表明他们跟禅师之间的联系空前紧密并深陷丛林事务之中。

这种在文人和禅僧之间的紧密关系在魏雅博的大作《僧侣、帝王与士大夫》（*Monks，Rulers，and Literati*）中得以展示。该著提供了大量细节，展示了北宋时期僧人、统治者和文人之间的三角关系。他令人信服地指出，在北宋时期，禅宗，尤其是临济宗，正是主要借上层文人之手而跻身政治中心。禅宗，设法通过分支众多的传法（dharma transmissions）方式来寻求全国性地位。在五代时期，他们首先在中国东南获得地方统治者的肯定，随后又取得北宋政权的支持。对于宋朝当局来讲，禅宗的扩展符合依靠佛教统一帝国的政治意图。更为重要的是，北宋朝廷给予文人所

---

① Halperin, *Out of the Cloister*, pp. 9-11.

② Ibid., p. 110.

把持的官僚系统巨大的权力,而这些文人对于禅宗的兴趣,自然会反过来影响禅宗在朝廷中的政治地位;文人甚至通过直接参与禅宗灯史的编纂,塑造了禅学在文献中文字上的表现方式。魏雅博认为,以"文"等文化理想为代表的宋代文人,曾受到禅宗,尤其是临济宗不拘成法的精神的影响,因为在诸如棒喝的行为中,"禅师们展现出了强势的权威,完全不为习俗所拘,他们所表达的一切行为皆'恰到好处',因这些都是依他们开悟的本性流出,任运而发"①。

　　魏雅博的结论,毫无疑问可以扩展到 17 世纪。在本研究中,笔者已经揭示了禅僧、文人和清朝统治者三者之间错综复杂的关系。正如笔者所揭示的,受到对禅宗思想和文化的特殊兴趣的驱动,文人们不仅护持禅僧,还帮助培育发展了早期禅林。禅僧,在文人的影响下,也有意无意地调整他们的教学来适应人们对于打破旧习、反对传统的禅风的想象。在这一意义上,文人和禅僧一起重构了禅宗传统。

　　有许多纽带能将禅僧和文人连接起来,在这里,笔者想再一次强调文本对这种关系的维护作用。毕竟,禅籍是文字理想重构的最终来源。

　　本书导言和第三章结尾暗示,繁荣的印刷术在 17 世纪为读者与文本的直接相遇提供了机会。兴盛的书籍文化(textual culture),理所当然地会影响积极参与佛书重印和传播的佛教徒。这其中,抱负最大的佛教印刷事业,当属编印持续一百多年的《嘉兴藏》了。它不依靠政府的资助,完全按照商业经营的可持续模式运行。除此之外,许多与寺院关系紧密的印刷作坊,也致力于佛书的印刷和流通。所有这些努力极大地加强了佛教文献的利用程度。众多规模严整的寺院,都可以承担购买整套藏经的费用并建立自己的基本佛典收藏。一般来说,禅僧和文人生活在一个共同的文本文化传统(textual culture)之中,在这一文化传统中,佛经,尤其是禅籍,被视为由文本构成之历史的一部分。毫无疑问,争论引起了禅僧和文人两方面的反应,他们对于禅宗文本有着共同的兴趣。在寻找宋元珍稀古籍的诱惑驱动下,古书或碑铭的发现也刺激了思想上的讨论与争

251

---

① Welter, *Monks, Rulers, and Literati*, p. 207.

鸣。由于文人高超的文学技巧,一些对于争论至关重要的文本证据,实际上就是由文人捷足先登发现的——例如"两道悟说"的资料,就首先被瞿汝稷公之于众。不仅如此,在争论过程中,文人从阅读中搜集到的新证据和新材料为僧诤的论战输送了源源不断的"弹药"。

现在已经很清楚,对于禅僧和文人来讲,由语录、灯谱等构成的禅宗文本的主干是通过再诠释的方式认同理想化的过去,由此构建出一个共享的文字传统(a shared textual tradition)。基于一个共同的文本传统和相似的阅读诠释方式,文人和禅僧形成了独特的文字社群,在其中,一个共同的禅宗心态取向(a collective Chan mentality)形成了。

正如上文提及的,笔者借用了欧洲历史学家布莱恩·斯托克(Brian Stock)的"文字社群"(textual communities)这一概念,借以解释由文本交流所定义的公共领域结构。作为一位研究欧洲中世纪历史的专家,布莱恩·斯托克援引"文字社群"这一概念来描述11世纪与欧洲教廷正统教义相左的各宗教团体的形成,而导致这一状况的原因是当时识字率的提升。根据他的研究,11世纪各式各样的文字社群的出现是一个识字率颇高的社会的产物。在这些文字社群中,研读文本能够导致个体成员行为的改变。斯托克论证,权威性文本以及解释这些文本的识字者,有助于组成新的宗教社群。这种宗教社群往往力量比较薄弱,有异端之嫌,他们与众不同之处在于他们拒斥未经文本认可的信仰和修行方式。斯托克认为,在11世纪的欧洲,文字权威(textual authority)成为一种新的精神权威(spiritual authority)。[①]

在17世纪中国佛教的语境下,笔者发现禅僧和文人也生活在各式各样的文字社群中,这些文字社群主要以阅读、写作和流通佛教典籍等作为寻求精神权威的方式。这些禅宗文字社群并不一定囿于寺院丛林或儒家学术圈。他们甚至不需要以宗教组织的形式时常聚会——虽然这些文字

---

① 详见 Stock, *The Implications of Literacy*。亦可见 Blackburn, *Buddhist Learning and Textual Practice*, pp. 10 - 11。对于这些概念更深一步的讨论,详见 Stock 的 "Textual Communities: Judaism, Christianity, and the Definitional Problem",出自其大作 *Listening for the Text*, pp. 140 - 158。

社群的成员可能在生活上彼此分开，不能经常碰面，但是，通过写信、印刷和出版等方式扩展各种不同种类的交流网络，这些社群仍旧可以保持活力。比如，在 16 世纪晚期，围绕反对传统的儒家异端李贽，通过密集的"交流网络"，形成了一个知识社群(intellectual community)。首先，李贽 1569 年在南京遇到焦竑，然后两人成为好朋友。1572 年，一位活跃的儒家领袖人物耿定理(？—1584)也来到南京，加入了社交网络。1581 年，李贽弃官，很快就搬到湖北黄安(今红安)的耿定理及其哥哥耿定向家中客居，而许多像管志道那样的朋友，远道而来，讲学论道，切磋儒、释。在黄安，僧人无念深有成为李贽的弟子，并时常代表李贽为北京、南京以及其他地方的朋友送信。1589 年，李贽派遣无念深有至北京会晤焦竑，通过焦竑，无念深有又被介绍给短暂停留北京的三袁兄弟。1591 年，通过无念深有，袁宏道加深了对于李贽的了解，去湖北芝佛院初次拜见李贽后，就为之倾倒。自此以后，他变成李贽的追随者并与李贽保持密切的联系。在袁宏道 1594 年被任命为嘉兴府吴县县令的时候，这一社交网络又延伸至浙东。在袁宏道的短暂任职期间，他与泰州学派管志道以及陶望龄成为好友。虽然这些知识精英彼此并不经常碰面，但是从他们的文集中还是能够找到其相互之间维持密切关系的证据。在这些好友之中，不少是僧人。1602 年李贽死后，这一社交中心，逐渐转移至浙东，在那儿，周汝登和陶望龄成为活跃的领导人物，两人对于僧侣尤为关照。正如笔者在本书第二章解释的，1588 年，周汝登和陶望龄遇到了湛然圆澄，1607 年，遇到密云圆悟——湛然圆澄和密云圆悟后来都成为颇有影响的禅宗祖师，复兴了临济和曹洞的两家法脉。

　　笔者阅读他们的作品时发现，尽管他们作为文字社群成员的身份是游离变化的，然而，有形或无形的文字社群之影响在僧净的脉络中仍旧清晰可见。在很大程度上，那些挑起争端的文本，是僧人以及支持他们的文人共同努力的集体作品。换句话说，撰写挑起争端的书信或文章来参加僧净，可以看成文字社群内部的一项文字交换(literary transaction)，尤其是当禅宗文本的作者和读者同处于相通的"交往回路(communications circuit)"(为罗伯特·丹顿[Robert Darnton]所用术语)中时，这些文字

253

社群的轮廓就变得更为清晰了。[①] 虽然 17 世纪的中国存在各种各样的交流方式,然而通过阅读、书写和出版等文本手段建立的联系,仍旧占据主要地位。更为重要的是,任何受过教育的僧人和文人都可以自由加入此类社群,通过文本研究(textual investigations)界定自己的精神权威。在这些社群中,有一条共同的诠释策略为大家所分享:禅宗理念是从禅宗文本中抽离出来的,并被理所当然地想象成真实的。事实上,受这些理念的激励,一些禅师试图按照这样的理念表现自己,进而重新创造了一个想象的世界,这个世界必须通过不断的文本操作和生产复制来维持,这些努力包括诸如出版新的语录文本和传法谱系等。

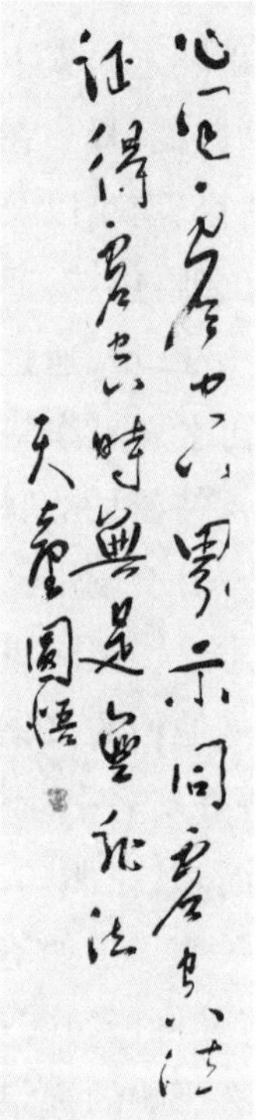

图 10 - 1　密云圆悟的书法,原件尺寸为 176 cm×35.9 cm,日本东京兴福寺所藏(影印自《黄檗文化》第 19 号,日本宇治:万福寺,1972年,第 31 页)

　　若想加入禅宗文字社群,文字功底和文学素养至关重要,所以在 17 世纪的中国,禅僧受到鼓励而积极参与儒家经史子集等方面的世俗教育是非常普遍的现象。他们对一些能够标志精英地位的实用技能,例如写诗、书信、绘画和书法,非常看好。举例来说,密云圆悟和费隐通容两个人尽管出身卑微,但都是颇有成就的书法家,作品详见图 10 - 1、10 - 2。他们的弟子隐元隆琦及其追随者将这种明朝的精英艺术风格带到日本,开创了所谓的“黄檗文化”。一些僧人,甚至与儒生一起练习科举考试的时文。所有这些努力表明,在禅宗文字社群中,高水平的文字技能是十分重要的,禅僧要尽力赶上文人所取得的超绝的文字才华。在本书第三章,正如笔者在一些杰出文人僧的传记中所指出的,有士大夫背景的僧人,通常会作为师父的书记而迅速在禅林中脱颖而出。因此,所有他们师父的法语和文书,实际上经过了文人僧的筛选和编辑。在这一意义上,于写作技能上相对缺少专业训练的高僧就会请求文人在文字上予以帮

---

① 可见 Darnton, “What is the History of Books?”, p.65。

图 10-2　费隐通容 1655 年写给隐元隆琦的书法，原件尺寸为 29 cm×134.5 cm，日本万福寺原藏（影印自《黄檗文化》第 21 号，第 32—33 页）

据传，在明朝陷落时，费隐通容的右手为土匪砍断，因此，他用左手创造了一种独特的书法风格。

助，期待获得高水平的共同文字素养（collective literacy）。

假如从根本上，我们把禅林视为文字社群，在文本的生产、构思和写作方面，这种视角就会为禅宗研究打开一个全新的领域。① 在这里，笔者目前的目标就是运用这一概念理解 17 世纪中国禅宗的兴衰变化。根据本书展示的证据可以确定，禅宗，在没有成为制度体系时，首先形成于文人和受到激励的禅僧共同参与的文字社群。经过活跃的阅读、书写和注释，一个随缘任运的禅宗心态取向（mentality of Chan）在这些群体成员的头脑里逐渐发展起来，他们中的某些人甚至重演根据口头说教写成的书面语录，或者在公开场合展现机锋，因而声名遐迩。在这些社群中，口传、书写和行事表演相互作用，从对于过去的浪漫想象中创造了一种真实感。②

在这里必须指出的是，禅宗文字社群仅仅是在晚明形成的佛教文字社群中之一种，还有许多其他更小的关注义理研究的社群。比如，学识渊博的僧人常常组织讲经说法的活动并投入对经书的注疏之中。然而，由于禅僧有效地使用了传法谱系作为组织原则，最终禅宗文字社群演化成

---

① 欧洲学者对于宗教出版、阅读和写作的作用有着丰富的研究，相比之下，中国学者尚缺乏实质性的研究。有关此问题的讨论，可见凯瑟琳·贝尔（Bell）的论文，Bell, "A Precious Raft to Save the World" "Printing and Religion in China"和"Ritualization of Texts and Textualization of Ritual"。

② 笔者在一篇未发表的论文中，分析了禅宗公案的表演。参见拙作"Problems with Enlightenment"。

254

255

一个更加制度化的禅宗僧团（a more institutionalized fellowship of Chan monks），而参加这一团体的禅僧中很多人成为著名佛教丛林的住持。可以这样说，禅宗的兴起，实际上是因为这类社群的蓬勃发展。然而，当文人对于禅宗文本和理念失去兴趣的时候，这类禅宗文字社群就难以为继了。这是因为，经过17世纪的动荡，儒家知识分子和学者需要重新定义儒学的理论和实践。渐渐地，王阳明的主观主义哲学不再流行，朱熹的思想重获官方正统地位。与此同时，儒学恢复元气，考据学兴起，这种学问强调辑佚、辨伪、校对、版本考证等多种学术技能。没有谁用说教和论学的方式试图挑起有关道德修养的议题，这本来是在阳明后学中司空见惯的学习方法。关于这一转向，艾尔曼（Benjamin Elman）将其特征总结为"从理学到朴学（from philosophy to philology）"的转变。

256　　这场新兴智识主义运动的领袖人物，大都认为禅宗破坏了儒学的正统性，因此也就理所当然地贬低禅宗。失去了文人的思想支持，反对传统、打破旧习的禅风也注定烟消云散。事实是，为了适应18世纪儒家世界的思想转向，禅宗社群停止了自己的扩张，文人也撤回了参与寺院事务的积极性。若干信号表明了这一变化：很少有禅僧会对棒喝这一禅宗特有的做法有强烈兴趣；禅宗系谱的编纂越来越少，禅宗语录的生产也变得少之又少。

第三节　划界：僧人和帝王

鉴于僧人和文人在文字社群中的紧密交往，清朝统治者切断这一联系的干预，是导致禅宗衰败的另一因素。清初禅宗，尤其是密云一系，获得朝廷前所未有的赏识。虽然清朝统治者对于禅宗怀有浓厚的个人兴趣，然而一旦涉入佛教事务，他们的动机就经常变得更为复杂。

自从佛教进入中国，中国佛教就一直寻找与政治权力合作的方式。佛教徒与王权挂钩最为方便的方法，就是援引佛教"转轮圣王（cakravartin）"的观念为当权者进行宗教上的合法性论证。早在公元419年，北魏帝王就被僧人法果宣称为如来佛。梁武帝（约502—549），一位虔诚的佛教徒,被称为"奉佛天子"或者"皇帝菩萨"。这一观念后来在唐代很快为密教所推广。欧策理(Charles D. Orzech)教授研究指出,"转轮圣王"的佛教观念经由密教大师不空金刚(Amoghavajra)的解释,与儒家的"圣王"(sage-king)观念精巧地结合起来。在这里,连接的逻辑非常简单,就是把转轮圣王直接等同于帝王。[1] 然而,在以后的岁月里,根据大卫·法夸尔(David Farquhar)的研究,很少有中国的统治者会正式地将自身与佛菩萨等同。然而,在非正式的场合下,将自己等同于文殊菩萨这一中国的特殊保护者,却时常被采用。例如,1640 年,清朝统治者皇太极(1592—1643)就被五世达赖加冕为"文殊师利大皇帝"。从此之后,清朝统治者,包括雍正皇帝在内,都以非官方的方式继续支持这种政治观念。[2]

在考察雍正帝干预僧净的时候,笔者就曾指出,雍正帝把自己塑造成一个觉悟的禅师角色,试图为天下的禅师印证开悟体验。对于雍正帝来说,王权与神权是交织一体、密不可分的,因此,相应地,雍正帝也就成了中华帝国的君主、天下所有禅师的导师。通过公开废止与文人保持密切联系的汉月法藏一系,统治者暗中将注意力放在僧人和文士之间的紧密联系上。

统治者的担忧在以下事实中得到验证——清朝统治中国的最初几十年里,南方的文人还没有被完全征服。正如本杰明·艾尔曼指出的,在17、18 世纪,清政府大范围干预文人的生活,不过是为了"促使中国文人的非政治化,并动员他们支持新政权"罢了。清朝统治者为了达成此一目的,间或兴起文字狱,还启动了宏大的文化工程,比如 1679—1699 年编修《明史》,1772—1782 年编《四库全书》,这些工程都吸引了中国南方最好的文人和学者。[3] 雍正帝在佛教领域的作为,理所当然地与这一总方针保持一致。为了分化文人集团并征服他们的思想,统治者巧妙地选择禅宗作为目标,成功地将王权施加于知识分子赖以合作和逃避的禅门,干预

---

[1]　Orzech, *Politics and Transcendent Wisdom*, p. 115.

[2]　Farquhar, "Emperor as Bodhisattva", pp. 5 - 34.

[3]　Elman, *From Philosophy to Philology*, p. 15.

密云圆悟和汉月法藏的僧诤,成功地分离了僧人和文人之间的联合,创造出有利于"分而治之"政策的局势。

从这一意义上说,帝国统治者理想的宗教类型,不过是一个能够被牢固控制的意识形态和组织存在罢了,它最好是与世隔绝的,尤其要与文化和知识精英阶层保持界限。毕竟,他们是帝国官僚体系的后备力量,放任自流的话,也会成为帝国统治的潜在挑战者。帝国的统治者希望在分化僧人与文人之间关系的同时,成为这两大集团的绝对领导者。在雍正帝的眼里,理想的禅师类型,肯定不是汉月法藏所代表的与文人和官员都有密切合作的僧人。在 1726 年 12 月 30 日(编者注:即农历腊八),皇帝发布了一道敕令,以追悼他曾前往参禅的柏林寺的前任方丈迦陵性音的圆寂。雍正帝赞扬他为天下僧道的榜样,因为迦陵性音不仅严格遵守清规戒律,而且有意识地与世俗社会保持距离,甚至隐瞒了与帝王的特殊关系。雍正帝登基之后,特别欣赏迦陵性音在此节点自动从京城退隐,因为统治者不希望臣民传播皇帝佞佛的流言蜚语。甚至,迦陵性音在庐山圆寂时,竟然没有一个地方官员知道这位僧人实际上是帝王身边关系最为亲密的人之一。[1] 非常明显,迦陵性音的所作所为非常符合雍正帝的心意。与之形成鲜明对比的是,雍正帝根据其偏爱,把大慧宗杲这类与文人保持紧密联系的杰出禅僧从禅宗谱系中排除出去。

自从 17 世纪 80 年代以后,在继续支持佛教的同时,清朝统治者复兴了正统的话语,以便吸引更多文人回到国家议程的轨道。显然,一个禅僧和文人联合起来的阵线威胁了帝国对于最优秀的精英的控制。在这一意义上,雍正帝的态度,非常类似于明太祖朱元璋,后者管控佛教,禁止僧人与官员交流,导致佛教与世隔绝。这一分化瓦解的总方针非常有助于从另一个视角解释禅宗的兴衰:当禅宗扩张到全国水平时,限制佛教继续发展的措施早就或明或暗地安排好了。

---

[1]   可见《理安寺志》,ZFS 77:23-24。虽然他被雍正帝褒奖并被授予很高的地位,然而后来还是被清朝皇帝谴责。可见,《清世宗关于佛教之谕旨》,第 1 号。

第四节 传法的制度寓意

禅学的力量在于当下直接的说辞表达,它强调超越诸如文字、义理以及任何可能的精神权威等所有中介方式(mediation)。然而,事实上,作为佛教寺院系统的一部分,禅宗必须与各种中介达成协调,因为丛林生活是依靠权力结构的中介力量来维系的。传法恰好为禅宗提供了这样的力量结构:祖师通过传法分配精神权威,在想象的谱系中实现等级的合法性。当一个新兴的禅宗正统力量,比如密云圆悟一系,开始形成的时候,这一点对其显得尤为重要。

正如此处讨论的僧诤所揭示的,17 世纪,僧人有很大一部分精力都耗费在传法的问题上了。这一史无前例的努力,反映了寺院住持继任(abbot succession)制度合理化的组织性需求。密云圆悟及其弟子就坚持严格传法的理想化原则。传法的核心价值,正如费隐通容在《五灯严统》中所描述的,是面禀亲承,而不是模糊不清的冒认,比如遥嗣、代付等。除此之外,根据这些禅师的说法,一座禅宗寺院,要想真正体现禅宗的精神,应该一直由一系单传的禅师来领导。

这也就意味着,有关传法的论诤有着清晰的制度性寓意。虽然研究早期禅宗历史的学者已经意识到禅宗谱系可能的制度功能,但还没有完全考察在佛教丛林中涌现的禅宗系谱化的产生与寺院组织变化之间的相互关系。[①] 正如笔者在其他地方揭示的,17 世纪大量的寺志资料显示,传法的争论完全展开的同时,一场制度性革命也在静悄悄地进行:禅师为了建立所谓"传法丛林(dharma transmission monasteries)",执行着严格的传法。[②]

然而,传法的原则,实际上是非常理想化的,因为,要想实现它,就要承担难以克服的困难。在实践中,传法丛林也不能保证自身就是所有禅

259

---

① 对于禅宗制度的一些反思,可见 McRae, *Seeing through Zen*, pp. 115 - 116。

② 详见拙文"Building a Dharma Transmission Monastery"。

师都应该支持这一原则的真正体现。换句话说,正如传法在后世实践中所表现的那样,传法丛林注定因为各种妥协的传法形式而受到侵蚀。比如,理想地说,一个徒弟只能从一位师父那儿接受一个法脉传承,然而在现实中,许多有能力的禅僧从多个师父那儿接受多个宗派的法脉传承。更具有讽刺性意味的是,与严格传法的原则相反,禅师们还正好采用了密云圆悟和费隐通容大加挞伐的遥嗣或代付等方式。

首先,严格的传法形式,如密云圆悟和费隐通容的追随者所理想化的那样,经过几次代际传承,从数学的角度就不可能了。这是由于作为一个组织再生的方式,传法很容易在给定的时段内用尽所有可能的候选人,这也会迫使禅师们对从单一师父处嗣法的原则采取折中的方案。这一推论是以一个简单的数学计算为基础的,可以考虑一下 17 世纪的禅师,尤其是临济宗禅师嗣法弟子不可思议的衍生速率。比如说,密云圆悟有十二位法子,此为密云系第一代,每一位法子皆枝繁叶茂,其中传承最为繁多的三位法子是破山海明(九十位法子)、木陈道忞(八十四位法子)和费隐通容(六十五位法子),平均下来,密云圆悟的十二位法子,每一位有四十一位继承者。[①]

假如法脉繁衍一直保持这种势头,我们可以估算如下:从密云圆悟开始,假如他的 12 位嗣法弟子每一位都有 40 位传承人,按照同样的法嗣繁衍速度,第二代就有多达 480 位继承者,到了第三代会有 19 200 人,第四代会有 768 000 人,以此类推。不用说,这简直是不可能的,因为根据清政府对于寺院人口的普查,在 1667 年,僧人数量约为 118 907 人,至1736—1739 年期间,僧人数量约为 294 897 人。[②] 到了第四代,密云一系的徒子徒孙数量就会超过当时全国僧侣的总数。除此之外,考虑到还有其他法系,比如曹洞宗在同一时间也有传法,短短几代之内,要想找到合适的候选人嗣法极其困难,因为每一位有才干的僧人都会被给予至少一个传法。

260

———————————

① 长谷部幽蹊《明清佛教教团史研究》,第 343 页。
② 1667 年僧道度牒统计资料显示为 140 193 人,而 1736—1739 的黄册调查则宣称总共有340 112 人,其中约有 13%—15% 为道士。可见 Goossaert, "Counting the Monks"。

换句话说,为了法系扩展不加限制地提供嗣法机会,就会导致这样一个局面,那就是愿意提供法脉传承的禅师将比愿意接受嗣法的合格僧人更多。显然,从单一师父处嗣法的抽象原则,必须作出调整:要么,大幅减少嗣法者的数量;要么,允许任何一个候选者接受多个法脉传承。这种事情,在随后几代确实发生了——当代许多禅师有多个法卷,每一位禅师持有法卷的嗣法者的数量也降至个位数。

其次,即使严格的传法能够暂时维持,由于从有名禅师那里嗣法的需求不断增加,传法延续几代之后也会衰落。费隐通容在《五灯严统》中描述,密云圆悟及其后继者,尤为坚定地反对"遥嗣"和"代付"这种流行做法。在密云他们看来,这些做法会玷污禅宗系谱的纯洁,带来欺诈和瞒骗。然而事实上,一定是有不可抗拒的理由来支持这些做法的。当一位僧人自认或公认有资格成为某一禅师的合法继承人,但是本人却没有机会嗣法,这种情形下就会发生"遥嗣"或"代付"。举例来说,在禅林中,很快传法给更有能力的徒弟通常是众望所归的。然而有时候,由于不可预见的原因,比如说师父猝死,嗣法就会戛然中止。在这种情况下,法脉传承就要运用代付。虽然原则上,临济宗禅师坚定地高举"传法"的严格理念,但当情势有必要放宽"当机面印"的规则时,他们就不得不折中立场。

事实上,1642年密云圆寂之后很快就发生了代付的事情。由于密云的离世,一些服侍并跟随圆悟学习多年的弟子一下子失去了从圆悟那里获得印可的希望。为了平息这些人的失望,密云的弟子木陈道忞圆通地修改了嗣法方式:木陈宣称,除了密云圆悟的十二位公认的付法弟子外,还有十几位弟子也已经获得密传。除此之外,他还代表离世的师父以个人名义为其中一位同修传法。费隐通容是"当机面印"做法最为坚定的支持者,他立即攻击木陈的行为已经彻底违反了传法的原则。费隐通容坚持十二位合法继承者的名字应该刻在密云圆悟的塔铭上,而且师父的印章也应该毁掉以防滥用。[①] 在中国黄檗寺和日本万福寺,费隐通容的大

261

---

① 费隐的判语,出自《费隐禅师别集》卷一五,第12—16页。有关此争论的简短评论,可见附录2.C。我发现在日本万福寺收藏中,有关隐元隆琦的印章也被抹平了,表明正如费隐所做的那样,隐元的徒弟也有同样的担忧。可见 Addiss, *Obaku*, *Zen Painting and Calligraphy*。

弟子隐元隆琦看起来没有违反并依旧坚持乃师的教导。然而 1673 年隐元圆寂后不久,其后代法子,尤其是日本万福寺第五代住持高泉性潡(1633—1695)勉为其难地打开了传法"滥付"的大门。高泉的变通态度,难以避免地引起了争论。①

最后,作为禅林组织原则的严格传法实践活动引起了本地檀越的坚决反对。理论上来讲,正如佛寺在日本的发展那样,如果某一禅系持续发展,跨区域地建立更多的传法丛林子孙寺院,就有可能组建成一个更为系统化的形式,为成立宗派做好预备。然而,中国的传法丛林从来没有形成一个独立的宗派,因为这些寺院的发展是以传法实践为基础的,这意味着一个跨地区的寺院网络更有可能威胁当地士绅对于寺院的控制。

这一组织化构架暗示,传法丛林是这样一个垂直的结构:它凌驾于每一个体寺院坐落其中的地方社会之上。②法脉传承形成了一个能够连接数量庞大地方寺院的等级制度。在这一垂直的结构中,这些迎合当地民众需求的地方寺院,必须在管理上由一个中心总部控制。尽管,这一垂

---

① 这一风波在日本被称为"代付事件"或"代付论争",它导致了日本黄檗宗的一个著名事件,同时也反映了坚持传法原则的保守派与那些愿意妥协于时势的人士间的斗争。海伦·巴洛尼(Helen Baroni)对此有详细研究,皈依黄檗宗的后水尾天皇(1596—1680)也卷入了此法脉纷争之中。此风波肇端于原属妙心寺派并对日本黄檗宗厥有贡献的龙溪性潜(1602—1670),在 1670 年,他非常不幸地死于大阪的海啸。龙溪性潜的死亡造成了一个传法的问题。因为除了后水尾天皇这一弟子之外,他没有其他法嗣;而非常不幸的是,后水尾天皇由于其帝国最高统治者的特殊政治地位,无法传法。然而,当天皇于 1680 年驾崩的时候,高泉性潡就被委托作为天皇的代付者去选择正式的法脉继承人。这一做法造成一个困境,正如巴洛尼明确指出的,黄檗宗的传法实践,仍旧遵循费ором容废止"代付"的严格原则。万福寺第四代住持——独湛性莹(1628—1706)仍旧坚持这种保守的观点。尽管充满争议,然而在天皇驾崩五年之后的 1685 年,高泉还是将后水尾天皇的法脉传给了晦翁宝嵩。这一争论最终是以幕府裁决高泉胜利而告终的,并且导致高泉在 1692 年继任万福寺住持。可见 Baroni, *Obaku Zen*, pp. 176 - 180。

② 社会历史学家就中华帝国晚期诸团体纵向与横向的交错关系展开了一系列讨论。例如,在针对地方社会如松江府(上海)的研究中,岸本美绪认为 16 世纪晚期,以当地绅士阶层和政府为中心形成的纵向社会是靠依赖性关系的宗族团体组织在一起的。与此相反,她用"横向的"这一术语来描述文人与底层社会按照契约关系(contractual)组成的诸团体。这些团体包括各文人社团、秘密组织、农民帮会等。依我之见,当佛教寺院以地方为基础时,就代表了一种横向的组织类型。然而,当这些地方寺院被传法等级关系组织起来时,就形成了一个具有纵向结构的传法丛林式的组织。详见岸本美绪《明清交替と江南社会:17 世纪中国の秩序问题》,第 3—10 页。

直的系统结构在 17 世纪的日本是有可能存在的,正如日本黄檗宗所取得的成就,它发展成为一个覆盖日本全境的寺院系统;然而这样一种理念,在中国却与当地士绅的利益产生抵牾。究其原因,正如社会历史学家告诉我们的一样,在 16、17 世纪,中国的寺院没有任何来自内部层级的自我管理,大部分属于地方精英控制的领域。卜正民对于中国寺庙状况的观察可谓不言而喻:

> 明代佛教是一盘散沙,生灭自然,它没有等级制度,没有内部组织,除了国家所能提供的之外,也没有其他任何管理主体。除了兄弟寺院之间的有限交流和共同拥有的朝谒圣地,佛教组织在任何层面上都没有参与更大的组织架构。与欧洲的基督教不同,明代佛教没有被编入世俗的权力网络。[1]

由于佛教组织很大程度上以地方为基础,属于当地士绅的势力范围。这就意味着,由于当地士绅涉入寺院重建的事务,17 世纪佛教<u>丛林</u>在不断地方化,这表明当地士绅对于<u>丛林</u>事务有更大的掌控权力。对于当地士绅而言,假如传法的施行导致寺院的领导权从属于本土以外的宗教势力,就会引来他们的激烈反对。

在研究中,笔者就碰到过这样一则例子。这起事件大约发生于 1640 年。随着密云圆悟的影响力扩展到宁波天童寺和海盐金粟寺,密云离开金粟寺至天童寺,其法子费隐通容成为金粟寺的继任住持,正如他在一个传法丛林中应该做的。这样,在同一时间,费隐通容成为金粟寺住持,而密云圆悟成为天童寺住持。金粟寺和天童寺,过去一直是并列于中国最富声望的禅宗五山,互不隶属。然而,密云和费隐的亲密关系在两大寺院本地檀越之间生起有关寺院体制改编的谣言:因为密云及其徒子徒孙同时掌控这些寺院,金粟寺极有可能成为天童寺的下院。

当地士绅的反应清晰地表明了这样的恐惧:跨地区的寺院等级制度

262

---

① Brook, *Praying for Power*, p.29.

有可能危及他们掌控的地方寺院。最终,根据徐昌治的记载,密云不得不亲至金粟寺向当地士绅解释,不会改变该寺的地位,并向当地士绅保证他们担心的事情不会发生,以此消解人们的疑虑。[①]（鉴于密云圆悟和费隐通容两位禅师重振正宗的强大意志,笔者推测两人确实计划促使两大寺院更加紧密地联系在一起。）从这层意义上说,虽然传法丛林能够通过住持的传法关系更加牢固地联系在一起,然而这些寺庙必须仍旧是地方性组织,于是,法脉传承的制度影响力就被限制住了。

结　语

在本章中,为了解释 17 世纪中国禅宗的兴衰,笔者已经确定了以下几个要素: 文本操作(textual manipulation)的全面依赖,文字理念的浪漫想象,与文人的密切联系,禅宗"文字社群"的形成,法脉传承的内部矛盾,等等。总的说来,笔者认为,作为一个重构的传统(a reinvented tradition),17 世纪禅宗在本质上能够解释它自身在学术上被忽略的原因,这是因为,17 世纪的禅宗就是由这些禅僧对于模糊不清的过去的浪漫想象创造出来的,而那些模糊的过去是用语言悖论的形式记录的。这些理想化的记录,包含矛盾和含混。当能够刺激这种浪漫想象的社会文化氛围不复存在的时候,这一重构的传统也会自然消失,代之以更为程序化的丛林制度。

263

---

① 　在《无依道人录》(卷一,ZH 90: 37532 和 JXZ no. 127, 23: 336a)中,徐昌治记载了自己从密云圆悟和费隐通容处接法的详情。

第十一章　历史上佛教复兴的模式

在结束对 17 世纪禅宗的考察之际,正可以提出一些问题,以助于我们对中国佛教作一概观性了解。首先,假如 17 世纪的禅宗仅仅是一种重构(reinvention),那么它是否在佛教界中残存了一些可供笔者评估这一传统重要性的遗产呢? 其次,禅宗不拘成法的禅风,仅仅在中国佛教历史上特定时期流行,但是为什么它如此重要? 在中国佛教历史上,禅宗的地位又如何呢? 最后,假如禅宗传统的革新是佛教更大复兴的一部分,我们能否发现禅宗发挥了作用的这一佛教复兴的一般模式?

第一节　17 世纪中国禅宗的遗产

正如笔者反复论述的,这一重构的禅宗传统立足于禅籍所创造的浪漫文字理想。当这些理想的光环消退时,对于机锋棒喝的机械模仿、法脉传承的批量复制就显得脱离现实、毫无意义了。正如本研究所示,对一些佛教徒来讲,那些看似真诚但言之无物的论争不过为儒者及后人提供了一些娱乐罢了。虽然这场争论的两大主角密云和费隐,已经在很大程度上在当代禅宗历史中被遗忘了,但是他们仍然在地方传统中受到纪念。在今天的天童寺(详见图 11-1、11-2),密云圆悟仍作为祖师被供奉在神龛之内,密云时代的文物依然见证着天童寺 17 世纪的辉煌。在重建的黄檗寺(详见图 11-3、11-4),费隐通容的舍利塔已经得到恢复,来自日本的朝圣者还修建了一座纪念亭。尽管残留了如此之多的象征物,然而,17 世纪重构的禅宗传统似乎只是一个对于佛教世界没有留下积极影响的短暂现象。但实际上,正好相反,如下所示,这一重构的禅宗传统法脉流长、影响深远。

图 11-1   天童寺弘法泉,据传,密云凿泉,木陈请求
顺治帝赐名(吴疆拍摄于 2006 年 6 月)

尉迟酣为现代汉传佛教的研究提供了一个卓越的回顾视角。根据尉迟酣的研究,我们可以这样说,这一重构的禅宗传统,其遗产仍旧存活在两百多年后的丛林世界中。尉迟酣认为,尽管有些偏见认为当时的佛教处于财政薄弱、道德滑坡的状态,不过在 1900 年至 1950 年之间,佛教在中国社会仍在发挥功能。尉迟酣与一些僧人的访谈揭示出,中国佛教机

图 11-2   "宏法泉"石碑,重修于 1836 年,镶嵌于天童寺
佛堂后墙(吴疆拍摄于 2006 年 6 月)

构,从根本上是本地化的,没有来自中央的管辖,每一寺院皆各自为政,绝少外地干涉。根据 1930 年的统计,全中国约有一万多座寺庙,其中大部分是子孙庙,通常这些寺院只有很少的僧人常住。

在这些小型组织中,寺庙财产的所有权是由剃度关系的师徒代代相传。相比之下,还有许多更大的寺院,云游僧人汇集。十方丛林的寺产不是私人占有的,寺院的规矩通常能够很好地建立并被严格遵守。寺院住持的选举是公开的,不过常在同一法脉传承的候选人基础上进行。尉迟酣观察了大部分寺院,甚至那些名义上属于天台、华严或净土的寺庙,在法脉上也归于禅宗体系,因为这些寺院住持的法脉传承,要么是临济,要么是曹洞,而以临济法脉遍布最广。然而,在实践上,就很少有这种宗派区分了,因为很大程度上,这些寺庙都在象征性地遵循据传为唐代百丈怀海禅师所创制的统一清规,但是每座寺院又增补了更加详细的规章准则。僧人想要受戒,须受三坛大戒,但受戒方式在流传过程中在不同地域又各不相同。由于僧人可以从民众的丧葬仪式中获利,因此救度饿鬼的密教仪式最为流行。①

尉迟酣没有继续向更早的时期追溯这些仪轨的历史根源,实际上,中国佛教的现代实践,与 17 世纪有着极深的渊源。当然了,在 18 世纪,机锋棒喝在公开场合的自发表演已经一去不复返了,只有一小部分禅僧对于编纂充满冗繁句子和奇怪典故的语录有着认真的兴趣,传法变得有名无实,因为太多的禅师急于出让贬值的嗣法头衔,最终

图 11 - 3　费隐通容的寿塔,建于 1641 年,位于福建省福清黄檗寺(吴疆拍摄于 2001 年 6 月)

---

① 可见 Welch, *The Practice of Chinese Buddhism*。

268　　每个嗣法候选弟子都会接受多个法卷。仅仅估算一下传法徒众和禅灯作品出版的数量就可以知道，17世纪以后，这两个数据都急剧下降了。这表明一个势力扩张、联系密集、组织重构的时代已然结束了。

　　在笔者看来，17世纪禅宗延绵不断的遗产，为汉传佛教的持久发展奠定了基础。笔者认为，在禅悟的说辞掩盖下，正涌动着巨大的制度变革。当禅师们以纯粹的、打破旧习的禅法名义来控制丛林的时候，实际上，他们是在通过同化所有尚存的佛教传统和仪式要素，来改造丛林制度。这些遗产具体表现在三个方面。

　　首先，在17世纪，禅宗急剧扩张，这不仅是一场将佛教组织恢复至原先水平的复兴，它早就跨越了国家法律和社会规范为佛教设定的一般界限：佛教寺院在大范围内得以重建或重修；禅僧成为社会名流，而且与护

269　持佛教的文人一起参与社会事务；禅宗的思维方式也渗透进文学和艺术的表达中。最终，禅宗成为失意文人的避难所，而这些沮丧的文人正好夹在满族征服的现实和失去文化地位的留恋中。由于禅宗的魅力，许多历史上有名望的禅寺得以重建，其规模宏伟，至今巍然屹立，无言地见证着17世纪中国禅宗的辉煌。

图 11-4　黄檗山万福寺的费隐亭，1999年日本朝圣团建造
（吴疆拍摄于 2001 年 6 月）

其次,禅宗的扩张,是建立在密集的关系网络(intensive networking)基础之上的,这一强大的网络能够将那些曾经完全独立又业已本地化的寺院连接在一起,构成一场声势浩大的复兴运动。在丛林世界,诚如先前一章所示,法脉传承是扩展寺院组织网络的强有力工具,它能够笼络许多中国最为著名的佛教中心。非常清楚,传法的实行形成了一个由传法丛林构成的网络。通过住持的传法,这一网络能够连接一大批地方寺院,但是其力量又弱于正式形成的宗派或教派。当代中国佛教,这一法脉传承的网络依旧存在。根据尉迟酣的研究,在民国时期,传法仍旧在各大佛教中心实行。在一些地区,正如 17 世纪那样,法脉传承与住持升任制度紧密联系。虽然,住持制度在不同地区有所差别,但是传法在住持的选任上一直发挥着重要作用。尉迟酣相信,传法,作为潜在的纽带,最终有可能将全中国的佛教联系成一体。[①] 尉迟酣评论道:"所有这些从属的网络,叠床架屋,纵横交错,盘根错节,就这样,中国数以百计的大型丛林和成千上万的小型寺庙就松散而杂乱地绑定在一起了。"对于尉迟酣来讲,这种由传法编织的关系,比民国佛教改革者创建的全国佛教协会等外在强加的力量更为自然有效。基于这种观察,尉迟酣预测:"如果情况有利的话,传法的联络关系可能会更加强健。"[②]

17 世纪中国禅宗的第三大遗产,是通过创立地区性甚至全国性的寺院网络,一系列共享的价值观念和实践仪轨就能够在更加整合的佛教世界中得到传播和接受。从这一意义上讲,禅宗的兴起,导致整个佛教世界的重新整合,因为在"顿悟"的话语背后,禅师们还运用组织化的工具同化并改造了所有的佛教遗产,这些工具包括丛林清规的编纂以及至今仍为当代佛教徒使用的仪轨课诵读本。在这一过程中,佛教仪式和日常功课被系统化并得以条例化。不仅如此,禅僧还能够通过广泛的寺院网络推广这些新兴的丛林清规。

举例来说,当代中国寺院中通行的某些仪轨就是 17 世纪由禅师们制

①　可见 Welch, "Dharma Scrolls and the Succession of Abbots in Chinese Monasteries", p. 144。

②　此处两次引用皆同上书,第 146 页。

定和推广的。其中一项即是三坛大戒,它不再为律师(Vinaya masters)
所垄断。这种显著的变化发生在17世纪早期,并且,在接下来的几十年
里,三坛大戒不仅可由主要的禅寺组织,也经常为禅僧所主持。正如本书
第一章简要介绍的,这一仪式仅仅是为了应对晚明时期官方关闭戒坛的
权宜发明。在调整和推行新创的三坛大戒仪式方面,禅师们深涉其中。
比如,汉月法藏——本书研究的主角——在推动新的三坛大戒标准化方
面亦声闻遐迩。① 在汉月法藏著作的基础上,其法侄隐元隆琦出版了
《弘戒法仪》。这本著作与汉月法藏的受戒仪轨《弘戒法仪》的名称一模
一样,它在日本成为推行新的受戒仪式的指导原则,对于新兴的黄檗宗
永续发展起着至关重要的作用。② 禅师在授戒方面的积极作用,也可以
从曹洞僧澹归今释(金堡)处得到证明,澹归批评禅师代替律师授戒(开
戒)。③ 澹归的批评直接表明,在17世纪,禅师授戒变得非常普遍。虽
然一些学者业已指出,早在唐代,一些律师已经与禅宗有密切往来,比
如慧能创作《坛经》,可能就与禅师试图运用戒法来推广禅法有关。然
而,禅师和律师之间的交流,是在中华帝国的晚期才前所未有地蓬勃起
来的。④

　　另外能证明佛教仪式持续性的例子是超度恶鬼的密教仪式。笔者曾
经从密教的视角解释了法藏的"圆相",研究表明,汉月法藏对于"圆相"的
理解,实际上是以其超度饿鬼的仪式为基础的。虽然对于一位禅师来讲,
在实践中加入密教仪式元素,已经不是什么新鲜事了,然而,禅宗组织大

271

---

① 汉月法藏的《弘戒法仪》是勾勒三坛大戒仪式程序的第一本著作。有关明清时期授戒仪式的
发明以及其他类似作品,详见长谷部幽蹊《明清佛教教团史研究》,第157—168页。

② 隐元隆琦的著作,重印于《禅学大系》第7卷,第1—68页。对于这两份作品的文本分析,可
见长谷部幽蹊在《明清佛教研究资料》中的解释,第95—100页。

③ 澹归今释写了一份反对禅师授戒的文章(《宗门不必开戒说》)。根据澹归的解释,当时的禅
师们相信,通过主持传统上由律师主导的授戒,禅宗能够极大地增强自己的势力。今释为
这种愚见感到痛心,并抱怨这种混乱的三坛大戒仅八天就完成了,受戒的庄严受到严重伤
害,禅宗也不能复兴。可见澹归今释《遍行堂集》,《禅门逸书续编》第4册,第85—87页。澹
归还暗示,当密云圆悟在天童山首次授戒的时候,甚至"三师七证"的要求也没有达到。直
到三昧寂光律师警告之后,密云圆悟才开始遵循正规的仪式。

④ 详见Barrett(白瑞德),"Buddhist Precepts in a Lawless World",尤其是第114—117页;
Groner,"The Ordination Ritual in the Platform Sutra"。

力强化密教影响,甚至把密教元素纳入禅宗的仪式中,仍旧是一种创新。比如,这些密教仪式中有名的一类是"蒙山施食仪"。这一仪轨要感谢来自印度的不动和尚,不动在唐古特(西夏)声名卓著,随后驻锡在蒙山。[①]这一仪式表明,在中华帝国后期,密教仪式的影响早就贯穿于丛林世界。密教仪式,至今仍在汉传佛教丛林中被普遍使用,不过,直到17世纪才正式进入禅门仪轨。

在当代丛林规制中,汉传佛教徒的早晚功课一般使用被称为《禅门日诵》的仪式手册。[②]在众多版本中,天宁寺版最为流行。对比现存各种不同的仪式手册,陈继东认为当代禅林早晚功课可以追溯至18世纪。[③]早在之前,虽然云栖袾宏编纂了一本名为《诸经日诵》的课诵本,但是这一版本的内容与今天仍旧使用的《禅门日诵》大有不同。事实上,当代中国禅林的仪式传统最早成形于17世纪,1662年日本京都印刷的《禅林课诵》这一珍稀材料可以作为证据(图11-5展示了这一珍稀材料的首页和尾页)。这一文本应该是隐元隆琦带到日本的,因为它的题名可见于中国黄檗山印经坊目录。将这一版本与天宁寺本《禅门日诵》进行对比可以发现,天宁寺本是从《禅林课诵》发展而来。这就意味着,在17世纪,佛教徒的早晚功课仪式已经得到革新,禅僧们大力推广《禅林课诵》这一新的综合版本,而像隐元隆琦这样的高僧,甚至将其带到日本。

佛教仪轨的系统化,可以从禅僧创造新版丛林清规的努力中看出。在16、17世纪,佛教寺院生活的复兴,创造了对新型清规前所未有的需求,以便管理日渐增多的丛林僧众。举例来说,1600年,憨山德清成为广东曹溪寺住持,为寺院禅堂编纂了十条清规。[④]这些规则,与其说是规范了寺院本身的仪式生活,不如说是强调了如何将曹溪寺作为十方丛林加

272

---

① 更多细节,可见本书第五章有关17世纪密教实践的论述。

② 有关中国佛教仪式传统,可见陈碧燕(Chen Pei-yan)的博士论文"Morning and Evening Service"和"Sound and Emptiness",第24—25页;亦可见 Müller, "Buddhistische Morgen- und Abend liturgie Auf Taiwan"。

③ 陈继东:《〈禅门日诵〉の诸本について》,第212—217页。

④ 可见憨山德清《憨山大师梦游集》卷五二,XZJ 127: 941 - 946。

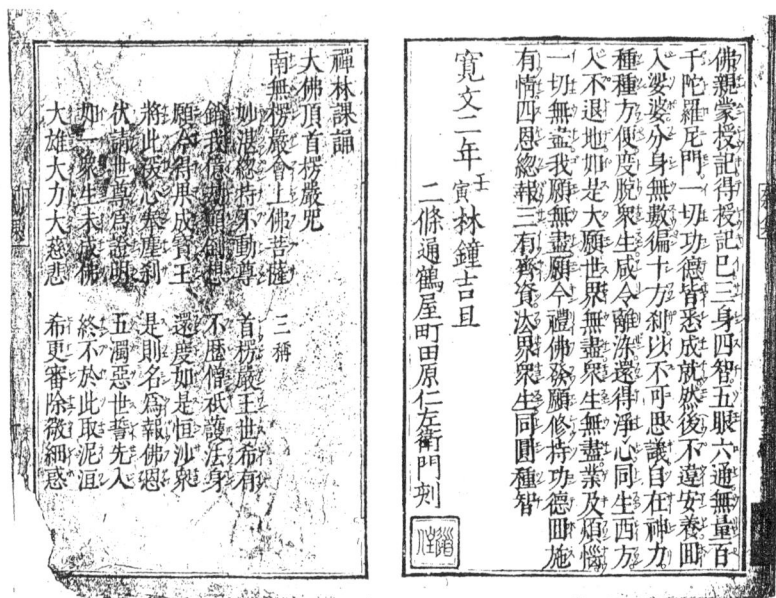

图 11-5a　《禅林课诵》首页（1662年，摄　　图 11-5b　《禅林课诵》尾页（摄于
于日本驹泽大学图书馆）　　　　　　　日本驹泽大学图书馆）

以管理。密云和费隐，也重新制定管理寺院的规范。① 在 17 世纪，最为
完整的丛林清规版本当属隐元隆琦的《黄檗清规》。这一丛林清规的版
本，虽然是在 1673 年在日本最终完成，但是仍旧可以看作中国禅林寺院
实践的系统化表现。②

　　禅僧编纂课诵范本和丛林清规的强烈兴趣，表明他们非常需要常规
化的丛林生活和规范化的日常仪式，而非自发式的机锋棒喝。这是因为，

---

① 密云圆悟的清规，以"丛林师训条规大约"为标题，保存在《黄檗清规》之中。在这份文件中，
　密云强调要想管理大型丛林，就要严格遵守戒律。举例来说，僧人不能违背师志、涉足经
　商、侵吞寺产、隐匿不法分子等。可见隐元隆琦《黄檗清规》，T no. 2607, 82：777b-c。费隐
　通容编纂了《丛林两序须知》，把每一个寺院执事的作用具体化了。此文本可见 XZJ 112：
　150-168。有关晚明丛林规约编纂情况的介绍，可见长谷部幽蹊《明清佛教团史研究》，第
　342 页。

② 根据 Helen Josephine Baroni 的研究，虽然这一作品发表于 1673 年，主要归功于隐元隆琦，
　然而其实际工作是由万福寺第五任住持高泉性激负责的。可见 Baroni, Obaku Zen, p. 88。
　正如隐元本人所承认的，本书是在日本创作的，内容也必须适应日本寺院环境。然而，这些
　在丛林清规中详尽说明的基本仪式却全部来源于中国。

实践的常规化可以为精神培养提供经久的范式。然而,禅宗作为中国佛教传统的主流力量,把所有现成可用的仪式元素以禅宗的名义系统化了。这些仪式元素是佛教在中国流传多个世纪以来积累的遗产。这个系统化过程的结果,不是禅宗说辞所期望的"纯正性(purity)"。相反,不可否认的是,禅宗在中国的丛林生活中是禅、密、净的融合。①

　　表面上,17 世纪重构的禅宗,在说辞上表现为机锋棒喝的夸张风格,不近人情地严格强调了法脉传承。但在这一表象背后,禅宗更为关注组织建设,实际上,这些禅师在处理丛林事务,启动新建和翻新整修工程等方面极有天赋。这一特征使他们与晚明四大师区别开来。晚明四大师将心思放在了佛教义学和禅修实践上,却没有兴趣扩大自己对丛林组织的影响。在这层意义上,17 世纪的禅师,不是原创思想家。相反,他们是"实干家"(entrepreneurs),对于僧伽制度贡献良多且影响深远。

第二节　禅宗在中国佛教中的地位

　　正如许多学者观察的那样,假如中国佛教在根本上就没有宗派,而是融合的,为什么大多数中国本土寺院以"禅寺"命名? 为什么临济宗的剃度和传法特别流行? 假如禅宗不拘成法的说辞方式,对于现实的丛林实践毫无意义,在某些历史时期,为什么有如此之多的有创造力也有天赋的佛教徒推崇禅宗说辞,还希望在实际行动中展现禅宗精神? 正如先前部分所讨论的,禅师在综合寺院规范方面的角色似乎为这些问题指出了可能的答案。即,禅宗的复兴,不仅对于禅宗传统自身有意义。更确切地说,因为禅宗在中国社会和文化中有着优势地位,它能够在丛林和社会以及各种佛教传统之间搭建起独特的桥梁。因此,禅宗的话语,在中国佛教历史上有着独特的地位。在某种程度上,它已经成为佛教在中国历史上

①　有关禅净合流的研究,可见 Sharf,"On Pure Land Buddhism and Ch'an/Pure Land Syncretism in Medieval China"。

若干转折时期的生存策略了。鉴于以上观察,研究禅宗复兴,不能仅仅关注禅宗本身。

为了更好地理解禅在中国佛教中的特殊地位,我们需要对佛教组织在中国的实存状况有透彻的了解。如前所引,卜正民认为,中国佛教与欧洲基督教相比,其内部缺乏专门用来监督和规制寺院日常运转的有力机构。因此,为了维持道德水平和严格戒律,像禅宗这样提供整合力量就十分必要。

卜正民不是首位注意中国丛林此一特征的学者。根据许理和(Eric Zürcher)的研究,佛教自公元 1 世纪进入中国伊始,佛教组织就以独立的地方寺院的形式存在了,而这些寺院之间并没有以任何有组织的方式相互连属。许理和将耶稣会士在 17 世纪中国的传教策略,与佛教在汉代传入中国的早期策略作了比较,发现这两大宗教代表着不同的传教模式。佛教的传播是自发地延伸到每一地区,换句话说,即使没有领导核心,佛教仍能用吸收和同化的方式成为地方传统的组成部分。然而,17 世纪的耶稣会士,在中国采取了"指导式传播(guided transmission)"策略,耶稣会把中国本地教会的行政事务置于中央教廷的管理之下,而中央教廷是由罗马教皇政权的外国人直接控制的。[①]

这里有两个观察中国佛教的视角,一个是早期,另一个是晚期,不过两者都揭示了佛教之于中国社会的一个面向:佛教组织仅仅是地方机构,没有任何层级制度联结它们。那些由国家强加在佛教之上的各种类型的国家机构,仅仅被动地执行着涉及佛教寺院的国家政策而已。此一组织特征意味着中国佛教的教理修行应该像地方社群的数量那样丰富多彩。然而,尽管有地区性差异,中国佛教在丛林实践和义学教育上还是存在高度同质化的倾向。这表明在中国佛教内部,必定存在一个整合性的力量,能够周期性地更新以觉悟为目标的精神追求,重整慢慢变得多元化和地方化的修行方式,重新连接一度互相游离的地方寺院。在此研究的基础上,笔者大胆猜测,从历史上讲,禅宗之所以能够起到这一作用,在于

---

① 可见 Zürcher, "Buddhisme et Christianisme", p.19。

运用传法作为一种组织原则,因而能够整合某一地区没有交集的独立寺院,并通过提供一种不拘成法的中国化的说辞(sinicized rhetoric of iconoclasm)桥接佛教与中国文化,尤其是联结佛教与士大夫精英文化之间的关系。接下来笔者将进一步说明。

首先,禅宗通过传法谱系编织的权力结构以及重新制定约束僧人行为的丛林规范,为本来各自为政的地方寺院提供整合的力量。如笔者所揭示的那样,禅宗在丛林建设方面的遗产,事实上与禅宗说辞无关;丛林规范的重新调整,也不是用来维护不拘成法(antinomian)的精神目标。相反地,禅僧在组织建设方面的努力完全是作为恢复日常的禅院生活的重要一环,为了实现此目标,禅僧吸收了佛教修行的所有方面,比如义学、密教、禅修、净土信仰等。这一过程与发生在北宋的情形类似,正如格里菲斯·福克(Griffith Foulk)指出的,大部分寺院在皇家"格律为禅"的敕令下达的时候,仅仅换上了"禅寺"的匾额。然而,这些改头换面的禅寺,仍然维持着融合的修行方式。[①] 而在这一过程中,禅寺确凿无疑地失去了它们的本色。因此,宣称禅寺事实上都消失了也无可厚非。但是,从反面来看,禅宗对于整个佛教丛林的健康发展显得至关重要:禅林失其本色之时,恰为中国寺院得其特质之时。这是因为,借助有利的思想和社会运动,禅宗可以为中国佛教寺院提供一种内部自组织的机制,并把松散的修行方式整合成为某种能够为所有寺院共享的统一规范。因此,禅宗的组织性作用对于中国佛教的发展尤其重要。

其次,禅宗提供了一套容易为中国文化精英接受的、文字表达精致的说辞手法,有助于整个佛教世界社会、文化、经济和政治地位的提高。在文人护法的支持下,禅宗佛教徒往往会利用这种世俗力量,从所有现存传统中统合丛林实践;与此同时,在传法世系的结构下,重整松散的佛教组织。

通观整个 17 世纪,要判定禅宗在中国佛教历史中的地位,可以从共

---

① 可见 Foulk, "Myth, Ritual, and Monastic Practice in Sung Ch'an Buddhism"。释依法在其 *Pure Rules of Chan Monasteries* 一书的分析中表达了类似观点。可见 Yifa(释依法), "From the Chinese Vinaya Tradition to Chan Regulations"。

时性和历时性两个角度进行考察。从共时性上讲,在文人的精神生活中,伴随着对禅宗随缘任运的话语的推动,禅宗社群开始成形。因此,在禅宗语言诠释策略的掩护下,一系列丛林改革发生了。从历时性上讲,由于学术和政治大势的变迁,与精英文化牵连在一起的禅宗,注定会衰落下去。然而,重整中国佛教的努力结果,则会长久存在。

最后,在传法的基础上,禅宗提供了寺院实存的谱系模式。这一模式倾向于通过传法网络扩展自身并整合佛教世界。这与许理和和卜正民已经确认过的地方化模式有鲜明的对比。按照这种地方化模式,单个的寺院机构是以地方为基础的,而没有一个外部强加的权力结构。① 然而,正如笔者在研究中指出的,按照禅宗的宗族模式(the lineage model),有关法脉传承的论诤,正可表明僧人十分渴望出现一个高度整合和组织化的佛教世界。② 这一宗族模式使禅僧能够将自己安排在一个祖师的权力等

---

① 一些学者已经注意到禅宗作为地方传统组成部分的重要意义。举例来说,佛尔指出了两个不能够比较,然而在同一个世界中并存的图像:一方面是作为普遍义理的佛教非地方化(unlocalized;或者"乌托邦的",英文为utopian)构想,另外一方面是作为仪式实践的地方宗教的本地化(方位化,locative)的信念。可见 Faure, *Chan Insights and Oversights*, p.156。尉迟酣在 *The Practice of Chinese Buddhism* 中也注意到丛林世界中地方性(local)和区域性(regional)的强有力联系。

② 在一定程度上,我对于中国佛教世界两种模式的提议,与韩明士(Robert Hymes)有关中国宗教中两种相似模式的讨论有联系。在研究宋代道教宗派兴起的基础上,韩明士提出了两种不同的人神关系的模式。一种是在道教仪轨和律法中有清晰的描述的官僚等级模式(bureaucratic model),它将道教诸神(极度神化的历史人物,或者用韩明士自己的话来说,"他们是一小部分属于精英人物的教徒和热心者的精致的思想构造")组织成神府天官的等级体系,这些神府天官从高到低委任权力,并通过道士作为媒介联系人间。然而,正如韩明士所定义的,还有另外一个流行的个体模式(personal model)在当地传奇故事中也有所揭示,那就是他们很少求助于位列仙班的神仙,崇拜者们倾向于不必经由专业道士作为媒介与这些神灵建立私人关系,激发他们"内在(inherent)"的超越品格。道教宗派建立在官僚等级模式之上,是一个超越地区限制(translocal)的不断扩张的现象,它不会依附于某一特殊地区。对比之下,在当地人看来,地方神灵与本地人有着紧密的联系。或者如韩明士所述,诸神"是通过'预先选择'(pre-adapted)好了的,以体现地方的权威:以一个在个体之间而非官方传播知识、文本学习、自我修炼、德性培养、神仙下凡的立场来看,这种权威基于当地,与它服务的地方社群有着紧密的联系,从某地聚集力量,就会尽力留在某地,并按照直接且个人的方式而非官僚或司法的规则(bureaucratic or judicial terms)行事。这种力量来自其内,而非其外"(详见 Hymes, *Way and Byway*, p.130)。

为了更好地理解这本书,笔者从韩明士 2001 年春季在美国哈佛大学举办的研讨班中获益匪浅,在这一研讨班中,我们阅读并讨论了该书手稿。

级之中。

　　然而,这并不意味着宗族模式能够最终取代地方模式(the local model)而趋向一个将不同的佛教寺院绑定得更为紧密的具有扩张性的宗派模式(sectarian model)。事实上,宗族模式只是在特定时期和地区流行,而地方化模式作为中国佛教存在的基础形态在中国佛教史的大部分时期都很强盛。宗派的论诤时常伴随着传法丛林组织化的过程,而谁来领导这些寺庙就需要按照宗派来安排,这也表明传法论诤更多是渴求一个以宗族为基础的组织。然而,在法脉传承真正被引入地方寺院之后,该寺院就融进了更大的传法谱系,那么它就逐渐失去了在地方的重要性。所谓的传法丛林又会重新被各种地方势力拉回至地方寺院的境地。然而,这也并不意味着法脉会从丛林生活中完全消失。不过,它也表明传法的引介,必须与各种地方势力协商之后才能具有价值。在这一意义上,中国佛教的现实存在,是两种模式的交互作用。

　　根据这两种模式之间的转换,笔者所考察的僧诤,可以看成是一个建立在合理化的传法宗族模式上,来重塑权力结构的尝试。然而,这一尝试并没有成功,因为争论的双方都会严格检查法脉传承方面的证据,以便揭示其不一致的地方,这些都会实际上破坏一个以宗族模式为基础的等级制度的稳定性。无意之中,深陷争论的禅僧,帮助佛教走向了一个地方化导向的存在模式,这一模式确实在 17 世纪之后发生了。

第三节　佛教复兴的意义再探

　　在《中国的佛教复兴》(*The Buddhist Revival in China*)一书的结尾,尉迟酣对佛教复兴的意义提出了疑问。这是因为他在研究中发现,"复兴"这一术语在西方文字上有创造(creation)的意思,在传教士还有太虚(1890—1947)这类佛教改革家那儿应用得最为频繁。"复兴",更应该称为"复活"(revitalization)。尉迟酣认为,中国佛教根本没有恢复至先前,尤其是唐代的水平。复兴,与其说是对于过去的恢复,还不如说是一系列

277

革新,或者说是"从宗教性到世俗化的转向"。① 尉迟酣对于佛教复兴意义的怀疑,有必要在此重提,因为笔者的研究也在处理类似的宗教现象,有时候,笔者称之为"佛教的复兴"或者"禅宗的复兴"。

研究表明,禅宗的兴衰是一种在禅宗发展过程中如循环模式般的存在。这一模式,在传统上称为"复兴"(revival)或"衰落"(decline)。虽然这些术语在描述佛教状态的时候,确实便捷,笔者也在整个研究中使用这些术语来指称观察到的禅宗兴衰趋势。不过,我们应该意识到,这种表述不能够精确地描述禅宗的实际情形。当使用这些术语时,人们通常赋予"复兴"以积极意义,而将"衰落"看成是不受欢迎的,表明人们更期望看到发展,而对衰落充满遗感。因此,研究者过多地关注了复兴时期。

然而,正如尉迟酣正确地指出的,尽管在观察丛林时存在一些"衰落"的偏见,然而丛林本身在民国时期依然运转良好。换句话说,在所谓的复兴之前,其实佛教已生机勃勃,实在没有什么地方需要复兴。② 不仅如此,这些被看作"革新"(innovation)或"复活"(revitalization)的阶段,也仅仅是暂时的现象。在笔者看来,把历史上所谓佛教复兴之前的整个丛林世界假想成彻底荒芜,或者跌到糟透了的状态,都是不正确的。比如说,笔者在研究中引用了许多有关明中期所谓佛教衰落的史料。然而,这些材料大部分是百年之后中国东南地区一些受过教育的高僧对于过去的反思性追忆。然而,从另一些史料所了解到的情况来看,说佛教完全从公共视野中消失了肯定是不真实的。例如,喻谦在民国时期编纂的《新续高僧传四集》,提供了一个与禅宗谱系显著不同的描述。喻谦此著主要记载了许多中华帝国晚期名不见经传的僧人,从中可以看到,即便在明初和明中叶,僧侣们仍维持着传统修行风格:研究义理、虔诚修行、行脚朝圣等,而不是将注意力放在法脉传承、机锋辩禅和文字创作上。因为,明朝的缔造者朱元璋已经成功地切断了禅僧与文人之间的联系,僧人无法染指文人的写作了。只有在16世纪中期以后,文人才再一次燃起对于禅宗的兴趣,他们的文集中开始浮现一些

---

① Welch, *The Buddhist Revival in China*, p. 264.

② Ibid.

僧人活动的记载。然而,并不是所有的僧人都想与文人和俗世发生关联。举例来说,瞿汝稷曾为之作传的别传慧宗(1489—1569),就是一个经常逃避文人邀请、拒不接受文人给他安排寺院职位的僧人。在峨眉朝圣后,别传慧宗变得小有名气,受到泰州学派赵贞吉的邀请。然而,别传慧宗还是飘然离去,继续苦行的生活。随后,致仕的宰相徐阶(1494—1574)邀请别传至瞿汝稷的家乡常熟。在徐阶那儿,虽然慧宗名利双收,然而最终还是离开了,重新踏上了朝圣行脚的旅程。① 这类佛教隐士的形象,与后来有意寻求文人支持、与文人相竞短长的佛教徒形成鲜明的对比。

　　显然,即使在所谓佛教衰落时期,一些官方的佛教机构依然执行着政府分配的职责。比如,日本僧人策彦周良 (1501—1579) 曾经在 1539—1540 年和 1548—1549 年间两次担任访明使出访中国。在此期间,策彦周良曾经在中国很多有名的寺院停留,却并没有哀叹中国佛教的衰落。② 策彦周良到达宁波之后,沿着大运河直达北京。由于他是一名僧人,颇为关注中国佛教,他的游记留下了很多参访寺院的记录。策彦周良在宁波参访了一些寺庙,包括享有盛誉的天台宗中心——在有明一代已经重修多次的延庆寺。在北上途中,他亦曾在杭州和苏州的一些寺院逗留,除了抱怨保俶塔的残破失修之外,他对于中国东南地区的佛教有着积极良好的印象。在镇江跨越长江之后,策彦周良参访了声名遐迩的金山寺,并注意到佛寺、道观、书院鳞次栉比地建在一起,井然有序、互不相妨的景象。他也记录了在北方参访的寺院,比如在沧州,作为河北大运河上的一个交通中心,策彦周良参访了 1492 年由一太监修建的集善寺。在北京,他居住在一些官寺,比如号称有三千僧人的大兴隆寺。③ 策彦周良的记

---

① 可见瞿汝稷在《瞿冏卿集》中为别传慧宗写的传记,《四库全书存目丛书》集部第 187 册,第 261 页 b—263 页 a。

② 可见 Yü, "Ming Buddhism", p. 921。

③ 可见牧田谛亮《策彦入明记の研究》,第 178—199 页。在策彦周良朝觐中国大约五十年前,朝鲜燕行使崔溥经历了一次船难,漂流到中国海岸,在回到朝鲜之前广泛游历中国。他留下了名为《漂海录》的游记。然而,由于他本人对于佛教怀有宋代新儒家式的偏见,他没有关注明代中国的佛教组织。该文本重印于牧田谛亮的《策彦入明记の研究》,第 237—345 页。亦可见 John Meskill 的英文译本, Ch'oe Pu's Diary。

载表明,在国家和朝廷的支持下,在主要城市,佛教寺院没有显著的衰落迹象。

在旅程中,策彦周良没有在宁波参访诸如天童寺、阿育王寺等有名的禅寺,因为这些寺庙坐落在市郊的群山之中。可能这些传统的禅林重镇真的由于远离城区而缺少国家支持。而在 17 世纪的禅宗谱系和语录中,绝少提及中国北方佛教,尤其是北京的佛教。然而,通过韩书瑞(Susan Naquin)对北京佛寺的研究,我们可知,在南方,尽管有所谓禅宗复兴,京城的寺院却有着不同的境遇,因为它们可以从皇家和太监那儿尽享恩赐赞助。更为重要的是,北方的佛教,似乎更受没有受过教育的普罗大众支持,倾向于与世俗活动交织在一起。① 因此,当我们运用诸如"复兴"或"衰落"的概念来描述佛教活动的历史循环时,应该记住,它们只是代表两种不同的存在模式:一种是受限于一时的社会和文化条件的自发的思想和精神运动,这种运动往往是短暂的;另一种模式虽然受到国家和地方士绅的庇护,并且以地方为中心,但或许更为持久而根本。

在笔者看来,佛教在历史上的复兴,似乎可以看作促成这些复兴的重大社会和文化变化的异动和扩张。这是因为佛教的发展已经被设定了无形的界限:在这个界限内,只要佛教寺院能发挥服务地方民众的功能并如期缴纳当局所派定的税务,寺院就会免受各种权力的干涉。

笔者在研究 17 世纪以禅宗崛起为特征的佛教复兴的过程中,就明显感觉到这条界限的存在,而且笔者所考察的僧诤也可以看作僧人试图在中国社会中协调出(negotiate)一种可接受的空间(an acceptable place)的方法。对笔者来说,似乎存在一些社会因素阻碍佛教继续发展,不断地迫使佛教返回到无形的界限之内。

首先,国家不期望看到佛教组织跨界发展。比如说,代表着国家态度的雍正帝,不希望看到禅宗发展到这样的地步:文人对于国家的忠诚会因为与佛教的"联姻"而削弱。其次,正如前一章所示,地方文人也不希望他们支持的寺庙被一个建立在宗族基础上的巨大寺院组织所控制。最

---

① 可见 Naquin, *Peking: Temples and City Life*；Li and Naquin, "The Baoming Temple"。

后,儒释合一的佛教说辞可以看成对保守文人控制的主流儒家意识形态的挑战,这些保守主义者经常攻击过度扩展的佛教以维持儒家意识形态的纯洁性。从这层意义上讲,佛教寺院必须切断与地方以外其他机构的联系,从而保持作为地方宗教机构的独立自主性。[①]

280

　　然而,17 世纪佛教的复兴在所有领域内都超越了设定的界限:不仅与文人形成紧密的联系,而且法脉不断延伸,越过地方范围,朝着跨地区网络(translocal network)形成的方向发展。一方面,"儒佛合一"作为最为显著的口号,不过是为儒生拥抱禅学提供合法的借口。另外一方面,对于佛教徒来讲,推行这种融合的手段本身就是佛教已经跨进文人领域的信号:这样一种说法,在意识形态上是富有进取性的,因为这暗示着佛教已经获得了与儒教不分轩轾的社会地位。[②] 然而,佛教的复兴,渐渐随着中国社会思想和风气的转变而消退。从这层意义上讲,禅宗的兴衰循环与其说是根据禅宗活跃程度加以衡量,还不如说是对禅宗的扩展是否越过或退回由社会设定界限的重新表述。所以,这种扩展总是暂时的,注定被国家和地方社会抵制。

　　笔者与尉迟酣对佛教复兴意义的解释产生了共鸣,同意这一概念是一种方便描述,仅仅表明在公开场合佛教活动的不断增加,以及文化精英和国家政治之间的紧密联系。佛教改革者喜欢把佛教在复兴之前的情况描述为完全的衰败,笔者相信这种说法肯定是有问题的。然而,对笔者来讲,有一点很清楚,所谓的佛教复兴要比所谓的佛教衰落时期中佛教实践的常规形式更不长久。因为复兴时期有更多的史料保存下来,我们的目光被非常不均衡地吸引了。

---

① 确实,一些寺庙还维持有下院或分院寺院,然而大部分都坐落于距离本庙不远的地方。可见 Welch, *The Practice of Chinese Buddhism* , pp. 134 - 138。

② 正如魏雅博所指出的,佛教僧侣(比如赞宁)的意图,不是为了创造一个对佛教的禅宗式理解,相反,他们仅仅是想通过创造一种"文"的禅风来吸引那些看重自由精神价值的文人。可见 Welter, *Monks, Rulers, and Literati* , p. 172。然而,即使这些温和的思想被重新定位,也有可能被一些保守的儒士看作过于激进,甚至是无法容忍的。

第四节　对一种模式的追寻

在笔者看来,寻找中国佛教复兴的模式,要比解释佛教复兴的意义更为重要,因为确立了佛教复兴的历史模式,我们也许可以预测在不断前行的中国社会里,汉传佛教的未来。仔细观察历史上佛教复兴的若干案例,就可以发现中国佛教复兴的一般模式中,禅宗扮演了重要角色。

17世纪中国佛教的复兴,正如笔者所见,可以分成若干阶段。第一阶段,国家放松对佛教的控制,为了个人的精神需求,皇家成员在重建寺院中一马当先。与此同时,精英文化对于佛教,尤其是禅宗的普遍兴趣开始形成,佛教文本借助发达的出版行业传遍全国。一部佛教大藏经的民间版本,在商业模式的基础上产生。普通信众居士对获取佛教知识和接受僧侣的指导有极大的渴求。在这种情形之下,各种各样主要由文人掌控的佛教文字社群开始形成,禅宗文字社群仅仅是其中之一。

第二阶段,更多的寺院被重建了,但是这些寺院仍旧以地方为基础。与此同时,佛教丛林为了迎合文人的宗教趣味,为僧人提供诸如天台、华严和唯识学等传统教育,以便使僧人在文人主导的文字社群中成为活跃的成员。在此一阶段,作为制度化的寺院建制的禅宗仍旧若隐若现。但是一些在阅读中受禅宗理念激励的僧人开始重新上演公案故事中的场景,僧人们的表现能够展现禅宗随缘任运的自发精神,且深受文人的欢迎。

第三阶段,禅宗开始在提倡不拘成法的禅宗说辞和法脉传承的实践中获得动力,借此将自己组织成一个严格定义的宗族谱系,并成功掌控了许多寺院住持的升迁。

第四阶段,禅宗继续在佛教世界中扩大影响,僧侣和信众之间的联系也得到大大加强。然而,与此同时,涉及各种问题的争论也浮出水面。由于禅僧的流动性大大增强,大量地方寺院被整合成一个复杂的多层的网络结构,借此,寺院的日常规范和仪式实践也被标准化并获得推广。

在最后阶段,不同层级的政府官员陆续介入并重新划定了佛教丛林与世俗社会的界限。禅宗的扩展停止了,大众对于禅机的兴趣开始消减,传法的增长势头陷入低迷。佛教退回到在中国社会中的既有的正常水平,但是也获得了更强的地位。因为这一扩张的过程,大大改善了佛教寺院的经济条件,也重新建立了标准化的寺院规范。

这一模式表明:(1) 改变佛教世界的动力首先来自外界;(2) 佛教复兴初期以大量的佛经印刷以及广泛的寺院教育为主要特征;(3) 某种佛教的教化风格,比如禅宗的说辞,对文化经精英来讲是有吸引力的,并在整个佛教世界中占主流地位,因此,体现这种教化风格的寺院在寺院结构重组中就占据了领导地位;(4) 随着社会风气和思想潮流的变迁,那种流行的佛教形式最终将失去其光辉。

跳出 17 世纪来看,我们就会发现,佛教在不同时期的复兴似乎遵循着相似的模式。比如,我们可以从北宋(960—1127)佛教复兴中发现熟悉的画面,当时,禅宗也发挥着重要作用。虽然此一时期有关制度变化的全面研究仍有待进行,但是一些迹象表明,佛教复兴大致遵循笔者勾画的模式:宋代文人对于佛教的兴趣形成了一种有利于佛教发展的精英文化;佛教僧侣也拥抱儒家"文"的文化理念并作出回应;①佛教义学(Buddhist scholasticism),例如天台学,也复兴了;而禅宗从作为东南一隅的地方性和区域性派别跻身为全国性的宗派,通过迎合文人的品位创造出一种文字化的妙语玄谈而变得重要起来。结果,在文人编辑润色的帮助下,各种类型的经典禅宗谱系出现了。与此同时,禅宗通过赢得文人的思想而获取政治优势,雄心勃勃地在佛教组织中扩张其影响:假手朝廷政令,佛寺转为禅寺,公认的方丈要有法脉传承。与此同时,这些禅宗寺院的丛林生活,在清规的作用下被标准化了,这些清规保留了现存的各种寺庙遗产。正如詹密罗适切地指出的,在北宋时期,保守的冲动(conservative impulse)是一个趋势,它拒绝那种过时且特立独行的狂禅团体,转而接受传统义学和信仰实践,而这一趋势最终在禅林中大获全胜。不仅如此,正

①　可参见 Gimello, "Marga and Culture"; Welter, "A Buddhist Response to the Confucian Revival"。

如詹密罗所推论的,由于禅僧试图积极融合所有的佛教传统,"禅,更确切地说是由于'禅'的优势地位,已经变成整个佛教遗产的保护人和监管者"①。

晚清和民初,大约1850年至1937年间,正如尉迟酣详细记载的,我们可以看到另一波强有力的佛教运动。尉迟酣的研究成果更加清晰地表明,可以发现一个类似的佛教复兴模式。尉迟酣的发现,可以用他自己的话简洁地概括如下:

> 笔者相信,佛教复兴肇始于佛教居士重印在太平(天国)叛乱中被毁的佛教经书的努力。佛教的复兴汇集了各种动力,因为西方佛教学术成果的发现对于中国佛教学术研究的刺激,以及基督教福音传道者和传教士涌入中国,佛教也有了训练佛教布道者到印度和西方去的想法。到目前为止,只有居士团体参与其中。僧人还是固守在寺院中,过着与世隔绝、一切习以为常的生活。但是在清朝最后一个十年间,当"庙产兴学"运动兴起,僧人开始组建学校,或将参与社会福利事业作为一种自我保护的手段。他们也开始意识到有必要还击那些被西方传教士提升到一个新高度的贬低佛教的行为。②

17世纪的佛教在很多方面与尉迟酣的观察相似。正如他在研究中详细勾勒的,佛教在近代中国的复兴,确实也是由杨文会居士(1837—1911)发起的。杨文会居士受到外国传教士朋友还有一些佛教徒的极大鼓励,这些人包括艾约瑟(Joseph Edkins)(1823—1905)、李提摩太(Timothy Richard)(1845—1919)、达摩波罗(Anagarika Dharmapala)(1864—1933)、南条文雄(Nanjio Bunyu)(1849—1927)等。杨文会首先在南京开设刻经处来传播佛教典籍,还创设教育机构,亲自担任佛学教师并为僧人和居士讲授高深的瑜伽唯识学(Yogacara thought),其中,太虚

---

① 可见 Gimello, "Echoes of the Platform Scripture in Northern Sung Ch'an", p. 144。

② Welch, *The Buddhist Revival*, p. 259.

和欧阳竟无(1873—1943)后来成为佛教改革的领导人物。正如本书第二章所述,文人对于僧人的深远影响常不为人所察,所以尉迟酣才会认为,杨文会指导僧人学习佛教义理的情形,"是中国历史上,僧人在居士带领下研习佛经的头一遭"①。根据尉迟酣的研究,显而易见的情况是,佛教复兴的动力来自佛教世界的外部,而且首先从作为居士运动的佛教印刷事业开始,紧随其后的是僧侣自己开始革新寺院教育并组建全国性的佛教组织。在这幅景象中,明显缺失的是体现禅宗不拘成法的精神,取而代之的是以长期受到冷落的唯识学为代表的所谓的佛教科学主义。这是因为,在 20 世纪早期的那种情形下,唯识学教义显然代表了一种能够应对西方挑战的理性化佛学理论。更为清晰明白的是,禅宗自发的随缘任运的说辞,不能满足全国范围内对于科学(science)和现代性(modernity)的渴求,因而失去了自身的语境。

结　语

迄今为止,对于禅宗在中国历史上若干时期的复兴,学者们已经有了清晰的认识:这些复兴包括早期禅史中北宗禅的兴起,洪州宗在晚唐的出现,禅宗在北宋的发展,以及本书描述的 17 世纪禅宗的勃兴。在大多数情况下,学者们发现了相似的模式,禅宗最初偏于地方一隅,进而扩展到区域一方,最终影响波及全国。在此过程中,禅宗与文人维持着亲密关系,实际的禅宗修行却并不像禅宗经常宣称的那样独特。这些现象表明,禅宗的复兴成了佛教复兴的重要组成部分,在这一过程中,禅宗起着先锋主导的作用。假如我们有这些历史的知识,是否就可以借其勾画出佛教在中国的未来? 当经济改革为中国人带来富裕和繁荣,是否会形成一个佛教活动频繁并且能够称得上"佛教复兴"的新浪潮呢?

为了回答这些问题,我们必须把本书一开始就清楚表达的观点牢记心

284

---

① Welch, *The Buddhist Revival*, p. 9. 对于杨文会的研究, 可参见 Goldfuss, *Vers un bouddhisme du XXe siecle*。

头,即中国佛教的发展是和中国的文化与社会"同步的"(synchronized)。使用"同步"这个词,笔者之意,即任何显著的思想和社会变迁几乎都能够立即延伸到佛教领域,并对佛教的存在形成重大的影响。举例来说,从唐代开始,中国社会已经历了深远的变化,中国历史学者用周期性发生的"地方化转向(localist turn)"来概括此一特征。包弼德(Peter Bol)曾经总结如下:

> 紧接着中央集权政策而来的地方化转向,业已成为中国历史上的某种模式。一个王朝往往能够被分成两个部分:在前一时期,国家肇建,努力加强中央集权和社会控制;随后进入第二时期——政府放权或不作为时期,地方精英阶层开始崛起。以宋代为例,地方性转向紧跟着一个中央集权制度化、对外政策进取、意识形态统一以及干涉经济与社会的时期。这一时期肇始于1040年左右,在"新法"时期(New Policies regimes,1070—1085,1093—1124)达到高潮。
>
> 在汉代,紧随在武帝时期(另一顶点是王莽新朝)达到高潮的强权统治和军事扩张之后,是东汉儒家"豪强"地主(Confucian magnates)的崛起。唐朝的国家扩张以及对于土地还有劳动力的控制,直至公元755年安禄山叛变时才终止,这一事件的后果正可以从下列迹象中得到预示——从地方军阀割据时代开始,中央政府对土地所有权以及商业的控制能力逐渐衰弱。19世纪早期的清朝也可以大概如此区分为二。……①

285 　　非常明显,在这一常见图景中,佛教的复兴,尤其是禅宗的崛起,可以看成中国历史上所谓"地方化转向"的表现。可以认为,大部分佛教复兴发生在国家控制弱化、地方社会勃兴的时候。

　　根据历史上佛教复兴的认识,虽然未来很难预测,但可以有把握地指出,中国佛教的发展仍会遵循之前笔者所勾勒的一般模式。

---

① Bol, "The 'Localist Turn' and 'Local Identity'", p.4.

全书结语

本书的目标是通过考察一系列僧诤来研究 17 世纪禅宗的变化,这些争论反映不同维度的宗教、文化和社会变迁。表面看来,17 世纪中国禅宗的僧诤混乱而琐碎,因为争论的动机好像是追逐权力和威望。然而,这类僧诤表明,由于社会文化变迁,这一宗教的演化变得更加复杂了。

笔者曾经使用"重构(reinvention)"这一术语来突出禅宗社群转变的特征,并强调 17 世纪禅宗与之前唐宋禅宗传统的断裂。17 世纪的禅宗,绝不是一种没有断裂的组织上的延续,而是一系列把禅宗理念想象为唐代禅宗的真实传统的有意识的再现(conscious recreation)。这种概括的目的,既不是为了证实也不是为了否定这一复兴传统的纯正性(authenticity)。相反,笔者尽力强调这种重构的历史性以及在意识形态重建过程中逐渐出现的问题。

笔者会竭力避免这样一种方法论——简单化地或者实证主义地使用诸如"发明(invention)""想象(imagination)"这类词,这些用法会产生这样的潜在危险——将创新归约还原为文学捏造(literary fabrication),把真和假对立起来,将神话和现实分离,并将那些对于古代理念的复活揭露为穿着"皇帝新装"似的虚伪。在笔者看来,说辞(rhetoric)或重构的出现,可以看成创造性的,可以视为宗教演变历史过程中的一股合法性力量。在 17 世纪的中国,禅师不仅相信他们自己的教学和实践真实地复兴了过去,而且说服其听众,比如儒家士人,相信他们教学的纯正性和权威的合法性(legitimacy)。这一禅宗传统的共同再创有着深远的历史影响:禅宗从地方扩展至全国,从中国的东南地区传播至东亚其他地区,比如日本和越南。

由于受处理文献的深度和广度所限,笔者的观察仍旧是提示性的,而非结论性的。这种观察的有效性有待进一步研究方能确定。然而,正如本书所论证的,不管未来禅宗历史的研究走向何方,为了更好地理解传统的变迁,从更为宽广的思想、社会和文化趋势入手,对于禅学研究者来讲已经是不可缺少的。这是因为,中国佛教的发展已经与中国的文化与社会的变迁同步进行了。因此,当考察中华帝国晚期禅宗的时候,再来讨论"佛教中国化"的问题就没有什么意义了。相反,我们应该更多地关注这种"同步效应(synchronization effect)"。

正如导言中指出的,笔者是通过选择僧净作为研究焦点而进入17世纪中国佛教的研究领域。由于这些争论性材料的局限性,笔者的研究还不能完全覆盖此一时期禅宗的有些重要面向。这些重要面向,有一些已经在本书第四部分简短讨论过了,包括作为地方组织的禅宗寺院的形成,佛教仪式的系统化,禅宗实践的其他形式如看话禅、尼僧的禅修体验,等等。由于临济宗僧人是僧净最为积极的参与者,他们在这种争论材料中得到了不成比例的体现。所以笔者的研究更多关注临济宗禅僧。不过有必要说明,了解此一时期曹洞宗传统也是同样重要的,虽然曹洞宗僧人数量较少,但是他们倾向于强调更加平衡的禅宗实践并辅之以义学研究、禅定修持和儒学训练等。

笔者的研究清晰表明,禅宗的崛起根植于17世纪思想和文化的大势中,当时的人以直接而主观的方式了解宇宙终极真理。这种诠释策略与禅宗主客无间,与直截了当的禅锋机语(Chan rhetoric of immediacy)产生共鸣,更加激发了对于禅宗文字化历史的直觉性理解。然而,这种对于禅宗历史的浪漫想象,不是佛教徒自己的创造,反而首先在儒家知识分子处发酵,随后回流至那些耽于禅悦的士人所支持的佛教世界。假如顺着这种思路,我们可以毫不夸张地讲,在一定程度上,禅宗是士大夫文化的一种延伸。

然而,这种与士大夫文化紧密联系的后果是,当这种士人文化的基本导向改变时,因之而形成的这种重构的佛教传统,就不能够在一种融合的寺院环境中找到自己存在的位置。这种转变确实在18世纪发生了,当士大夫主流精神心态(mentality)转向严格的考据学时,随缘任运的禅宗精神就被视为癫狂无羁,甚至被看作明亡的直接原因。在这种意义上,笔者倾向于将 17 世纪禅宗的兴衰称为佛教历史上的不速之客:它来源于佛教世界外部,又随着那个激动人心而动乱不堪的世纪一并消逝。

附 录 1

A. 黄司理元公发雪窦告示(黄司理元公为考订宗派事)①

　　杭州府推官黄,为考定宗派事:余阅《景德传灯录》,直载天皇悟得法于石头,而云门法眼俱列青原宗下,此确案也。乃《五灯会元》复称荆州有两道悟,一住城西天王寺,一住城东天皇寺,遂疑龙潭为天王法嗣,而历引塔碑以证之。然仅小注于旁,而不敢径换其宗派。盖以云门、法眼之嗣未尝认马祖为师翁也。近阅密云上人新刻《传灯世谱》,直改天皇悟为天王悟,而云门、法眼皆列南岳宗。余心疑之,而无以难也。丁丑夏四月初旬,密云寄我《雪峰广录》一册,舟中无事,展玩终篇。及读至雪峰玄沙答闽王一段因缘,内称:“山僧自从先德山、石头已来,传此秘密法门。”然后信《景德传灯录》之有据也。天皇果为马祖之子,则雪峰何不径称先德山马祖以来,反称先德山、石头以来耶?

　　细考丘玄素《天王道悟碑》,文称天王悟参马祖,后结庐荆门,节使怒其路隘不通,抛师于水,旌旆才归,遍衙火发,唯闻空中声曰:“我是天王神。”节使供养府西,额号天王寺,此天王悟之始末也。符载碑文称天皇参石头得悟,隐居当阳紫陵山,灵鉴请居城东天皇寺。又称荆南城东有天皇巷存焉。再考龙潭崇信禅师机缘初悟,和尚为灵鉴请居天皇寺,师家于寺巷,日以丁饼馈之。既与灵鉴请居及城东天皇巷之言前后相合,而天皇为师安名崇信始末甚详,则龙潭之为天皇嫡子明矣。故雪峰、玄沙二老自称为石头以来,而云门、法眼儿孙亦谓为青原、石头所自出。盖雪峰之望天

---

① 崇祯十年五月十三日(1637 年 7 月 4 日)发布。翻译自《护法正灯录》,第 1—3 页。(译者注:此处还原为中文,标点为译者所加。)

皇,仅隔二世,故亲承其发而的言之。吕夏卿、张无尽虽疑道悟为马祖之
儿,然宗门以为误,此公之论也。

今密云欲以私意擅移,直须抹杀《雪峰广录》始得,而《五灯》所载悟和　　293
尚为灵鉴请居天皇寺,及师家于寺巷馈饼、安名一段因缘,径从删去,然后
可以证成密云之说耳。密云既认云门、法眼为南岳宗,遂谤青原为回互当
头,语忌十成,不若六祖觌面提持南岳"什么物? 怎么来?"耳。①颂青原
曰:"圣谛不为阶不落,还以情存舍两头。卧龙若解翻身转,始可全提向上
俦。"又曰:"青原老吃庐陵饭,米价犹来似不知。端的见他何大意? 莫教
辜负两行眉。"②

乃知密云以生灭是非心诬谤先德。惜哉! 余集生先生曰:"密云私意
不过要抹杀曹洞一宗,偏举临济,于是牵扯云门、法眼为南岳宗,而谤青原
为功行边说,不惟诬曹溪为剩语,多知见耳。"噫! 密云浪称为临济儿孙,
不识临济宗旨,汉月、项目已言之。独是埋没古人以欺当世学者。余不知　　294
老汉是何心行也。夫云门、法眼不认马祖为本宗,而密云以己意轻改,将
谁欺乎?

余观《天童全录》③好驳诸方,以炫其长,如寿昌、云门、博山、峚峒,肆
口讥毁,至于三峰、瑞光、受昭辩难,尤识者所不忍闻。然不意轻谤古人,
如青原、曹山辈亦遭诋毁,是何心行哉? 初拟以雪窦禅院暂请主持,然末
明、明觉④皆云门、法眼儿孙。密云既谤二家祖宗,则此地固非其所乐住
也,特示右仰知悉。⑤

①　下面的文字,是密云对于青原行思与慧能相遇的评论,慧能对于青原行思"圣谛尚为不为,何阶
级之有"的回答印象深刻。然而,密云批判青原行思陷入"空"见,不能达到终极的境界。原
始材料可见道原编《景德传灯录》,T no. 2076, 51: 240a。
②　下面的文字,密云评论了青原行思不知当地(庐陵)市场米价的公案。有关青原行思的语录
记载,可见道原编《景德传灯录》,T no. 2076, 51: 240c。
③　笔者尚未发现这一资料,猜测可能是指密云的《天童直说》。
④　此两位僧人的身份未知。
⑤　传统上,中国人文件的写作顺序是从右往左。

B. 按察司吕(李日芳)：按察司吕禁饬严统伪书勘语①

看得禅宗五派，今止临济、曹洞两宗。费隐所刻《五灯严统》则欲以临济孤行于释氏者也。盖居百世之后，而更置前人。尊一家之祖而诋呵异己，师心自用，众怒之招也。夫传灯诸书，既有藏典存之千百年，即是信而有征，何必另创宗统。且五宗之后，可以叙临济，亦可以叙曹洞，何必尽黜曹洞而独以临济为佛门正宗也。两家各存世系，各契宗风，私说褊衷，实为饶舌。《严统》一书，所宜禁饬不行，毋令惑睹记而滋争端可也。审据行义供，费隐出山已久，无从质讯，其严统原板先取到八十五块，已追贮司库矣。其衿士公呈，各存己见。总之，原书已禁，俱可付之无言也。拟合呈详。

都院萧详允批语：

费隐师心自用，法律难宽，原板既追，是非可灭。余板一并严追，原书严行禁饬。费隐脱逃，案候获日，再究结缴。②

C. 总 捕 厅 告 示③

嘉兴府总捕王，为遵旨奉宪，严缉獍枭，肃清党羽，振法纪以杜奸宄，辟邪说以扶圣教事，照得竺乾之道，教人兴善去恶，固以翊替王化，儒释并行不悖，由来尚矣。矧宗、教、律三学鼎盛，而禅学尤为特尊，然宗分五派，有法眼、云门、沩仰、曹洞、临济之称。其三派渐灭已久，乃洞、济迄今并著，师承相延子孙繁衍，各正其位，相安于无异也。突有枭僧费隐包藏祸心，奸宄叵测，凶谋独擅，一宗斩绝他家祖祢，因而广树群翼，毒流同类非轻。书不经目，妄窃著述之名；人未识面，私刻校正之列。是以名教人人切齿，词林在在。听闻，甚至有妖党百痴者，目谓董狐在世，横逞笔削之

---

① 翻译自《护法正灯录》，第 24—25 页。(译者注：此处还原为中文。)
② 这一裁决，亦可见潘末《与长寿石濂书》，详见《救狂砭语》，第 26—27 页。这两份材料的文字略有不同。
③ 翻译自《护法正灯录》，第 25—26 页。(译者注：此处还原为中文。)

权,狼子成心,欺宗灭祖。[①] 又有号赤岩者,口称费隐法嗣,藏窜京畿,阴为诡秘,乞序于书,图结奥援辇毂之下,岂容有此? 业经奉旨拿宄,将正典刑。惟是衿有公讨,绅有全辟,上台秉法严拿,会须剪此而后朝食。孰意狐踪潜遁,势难改回而巧藏。当捕获正身,容留必究矣! 赤岩为从之徒,圣明且不容少贷,乃费隐奸谋之。

　　奉宪旨:剪枝务去其根,缉贼必斥其党。合出示晓谕,凡军民人等拿获元凶并党羽给赏,有殊典。倘有阿纵容,晋连坐常刑。其或避匿庵院,主僧扭赴本厅解宪究治。事于辟邪辅教、正法诛非,不比泛常三尺所在,毋得玩视,故纵特谕。顺治十一年六月十七日给。

---

① 董狐是春秋时期(前770—前476)晋国的著名史官。

附录 2
17 世纪的主要僧诤

除了笔者在本书正文探讨过的两次论战之外,还有许多类似的僧诤也同样重要。在某种程度上,17 世纪禅宗史就是一部僧诤史。在本附录中,笔者将会首先转向曹洞宗并介绍关于宋代曹洞宗师"五代叠出"的辩论。一些僧人认为,根据新发现的碑文,这五代宗师应该从禅宗谱系中剔除。尔后,笔者会聚焦于有关"海舟慈"的辩论。海舟慈是明初临济宗的一位重要人物,密云圆悟的世系即派生自他。最后,笔者将简述其他较小的争论,在其中,临济宗僧人起主导作用。这些僧诤揭露了 17 世纪佛教世界四分五裂、聚讼不已的情状。

A. 关于宋代曹洞宗世系中"五代叠出"的辩论

在曹洞世系内部,禅僧们敏锐地察觉到重新定义法脉和使在世禅师合法化的必要性。曹洞宗的谱系材料中列出的曹洞宗师的世代,经常前后不一。在一些材料中,湛然圆澄被记为属于曹洞第二十六世,而在其他材料中则属于第三十一世。比较这两种说法,存在五代之差。这种不一致起因于 17 世纪的一场关于清除宋朝曹洞五代传承的辩论。

就像在本书第三部分已经探讨过的"两道悟"僧诤一样,关于曹洞法脉的僧诤也与两位同名僧人有关。1672 年,位中净符编定了他九十八卷本的宗谱《祖灯大统》。① 在这部著作中,他有意从公认的传承脉络中清

---

① 自觉的记载出现在《祖灯大统》卷五三。位中净符注意到该自觉亦是鹿门自觉,但他没有在《祖灯大统》中强调修改的意义,而是在《祖灯辨讹》卷二中详细解释了他的修改的意义。见《祖灯辨讹》卷二,第 100—102 页。

除了宋朝的五代曹洞宗师,包括道元的师父天童如净。位中净符称,根据传统禅宗灯史,存在两位拥有相同名字"自觉"的僧人,他们居住在名为"净因寺"和"鹿门寺"的两座不同寺院。不过在净符看来,他们实际上是同一人。此事的结果是,自觉之前的五代被剔除了。所有接受这一法脉传承说法的曹洞宗师将会统统前移五代,从而更靠近曹洞世系的创立者。

公认的宋代曹洞世系始于芙蓉道楷(1043—1118),其后是丹霞子淳(1064—1117)、真歇清了(1089—1151)、天童宗珏(1091—1162)、雪窦智鉴(1105—1192)和天童如净(1163—1228)。如净以后的世系,派生自将曹洞法脉传到日本的道元(1200—1253)以及如净的另一法嗣鹿门自觉。[1] 然而,位中净符注意到,芙蓉道楷的其中一名法嗣,即通常被称作净因自觉的僧人,也住在鹿门寺。[2] 由此,他怀疑这两位僧人——净因自觉和鹿门自觉,是同一人(读者们如果参考本书表 1–1,就会发现位中净符是怎样修改传统法脉的)。他认为,表中右边的五代是多余的,而且净因自觉和鹿门自觉两位大师是同一人。结果,在将被错认的曹洞宗师们排除之后,所有宋以降的曹洞大师都向前移动五代。

位中净符宣称,下述自觉的法嗣青州一辨(1081—1149)的碑文,证实了他的怀疑:

> 政和间(1111—1118)(青州一辨)参襄州鹿门自觉。记莂后,(鹿门自)觉使见芙蓉,道经邓州得谒丹霞(子)淳。宣和间(1119—1126)出住青州天宁,次补华严(即万寿),晚迁仰山。天眷(金或女真年号)庚申(1140),复领万寿。皇统九年(1149)腊八亲书塔记,十二亥刻(下午9—11 时)示寂。[3]

299

---

① 关于鹿门自觉最早的参考文献是一方 1165 年的行通(1097—1165)的碑铭。这方碑文转载于石井修道《宋代禅宗史の研究》,第 536—537 页。

② 参见 Schlütter(施鲁特),"Chan Buddhism in Song-Dynasty China (960–1279)", pp. 156–161。也参见忽滑谷快天《禅学思想史》,第 426—427 页;长谷部好一《洞门の动向とその系谱:芙蓉道楷下について》。

③ 参见位中净符《祖灯辨讹》卷二,第 100—101 页。

根据传统曹洞宗谱系,如果鹿门自觉是天童如净的弟子,那么他的法嗣青州一辨应该活跃在 13 世纪中后期。然而,根据以上引用的青州一辨碑文,他活跃在 12 世纪上半叶的中国北方。在这方碑文开头,他的师父鹿门自觉甚至建议他参学芙蓉道楷,暗示了道楷尚在人世。这表明芙蓉道楷、鹿门自觉以及他弟子青州一辨大约都生活在同一时期。基于这方碑文,位中净符采信鹿门自觉是芙蓉道楷之法嗣的说法,因为他们是同时代人。因此,鹿门自觉实际上肯定与净因自觉是同一人,而不是被错误地假定作天童如净的弟子。于是,芙蓉道楷之后的曹洞法脉应该上跃五代,直接接续芙蓉道楷本人。

位中净符对曹洞法脉的变更引发了禅林新的忧虑。一些曹洞大师,比如觉浪道盛和他的法嗣们,发扬位中净符关于法脉的观点;然而,另一些如永觉元贤及其弟子为霖道霈(1615—1702)则表示反对。他们质疑由位中净符发现的青州一辨塔铭,并且认为它仅仅是一件赝品。① 受到净符新主张的影响,一些禅宗谱系的作者采纳了他关于曹洞世系的说法。不过,更多有影响力的禅宗史,例如《五灯全书》,仍然坚持曹洞法脉的原始版本。于是,曹洞宗师的世代数目在 17 世纪变得非常混乱。

净符的得意弟子惟直智楷为他的师父努力辩护。在他的《正名录》中,他收集了所有证据以证明两个“自觉”是同一人。他也否定了那些持怀疑态度并撰写文章反对他师父的作者们。他在其著述中提出以下论点:②

1. 惟直智楷向他的读者们保证,他和他师父呈现的碑文是真实可信的。如他所述,他的师父首先派遣弟子怀谊到北方。两年后,怀谊带回一辨的碑文。尔后,他的师父要求惟直智楷开始新一轮搜寻。他从浙江和江苏出发,前往湖南和湖北。在参观完那里历史上重要的寺院之后,他向

---

① 位中净符的主张被指控为含有严重历史错误。为霖道霈撰写了两篇文章批评他。两篇文章都题为“辨谬”并保存在潘耒的《救狂砭语》中(第 79—103 页)。亦参见为霖道霈在同一书中给大山童求的复信(第 87 页)。

② 为了节省篇幅,在下述摘要中,笔者无法提供所有证据的详细材料。欲知详情,请查阅惟直智楷《正名录》卷五至七,第 52—101 页。

北转到河南。从那里,他越过黄河。之后由于严重的疾病,惟直智楷不得 　300
不回到南京。1693 年春,惟直智楷再次游历北方,途经山东、河北、北京、
山西以及其他北方省份。他花费了两年时间来完成第二次行程。在他大
范围的旅行期间,他搜集了许多先前禅宗谱系的作者们难以获得的碑刻
证据。①

　　2. 至于两"自觉"的僧净,惟直智楷在传统的曹洞法脉版本中发现了
许多时代错误。如果旧有关于自觉是天童如净法嗣的说法是正确的,所
有自觉之后的法嗣,包括青州一辨、磁州宝(1114—1173)、王山体、雪岩满
(? —1206)和万松行秀(1166—1246),得法的时间将会更晚。但是,根据
新发现的青州一辨塔铭,一辨及其师自觉是芙蓉道楷同时代的人,并且活
跃于北宋末期。相比之下,天童如净的活跃时代则接近南宋末期。这就
说明,自觉得法于如净是不可能的。除此之外,惟直智楷审查了自觉以降
到万松行秀的曹洞祖师的传记,发现他们中的绝大多数都在天童如净得
法之前就已成为著名禅师。在他们中间,万松行秀活跃在女真政权控制
之下的中国北方,是天童如净的同时代人。如果传统的曹洞法脉是正确
的,那么就可以看到一位祖师和他的六世法孙分处两个相互敌对的政权
之下,同时成名。这将是荒诞不经的。惟直智楷推测这个错误的发生,是
因为大多数禅宗灯史编纂于南方,于是搜集了更详细的南方禅师的信息。
由于南宋时代南北交流的缺乏,禅宗灯史编纂者错误地将五代曹洞祖师
插入实际的法脉中。

　　3. 惟直智楷使用的第三种证据是关于明代曹洞宗师法脉的碑文。
在大多数碑文中,曹洞祖师们往往明确表示自己属于哪一代。如果他们
宣称的世代比在常见的法脉中他们所处的世代提前五代,这就表明在实
际的传承过程中,曹洞祖师们从不知道这五代的存在。惟直智楷搜集了
超过一百条这样的碑铭证据:所有这些僧人在计算他们的世代时都不包
括这五代。他由此证明,传统的法脉传承图中一定存在多余的五代。

　　惟直智楷令人信服地展示了在一些最具影响力的禅宗谱系编纂中,　301

---

① 　惟直智楷《正名录》,第 73 页。

曹洞世系的法脉并不完全有案可查。更重要的是，他的考据研究揭开了过去从未审查过的许多碑铭材料。接续惟直智楷，关于该问题更为深入的工作可能将重新发现唐以后的曹洞宗史。

B. 关于明代早期两位“海舟慈”的临济宗僧人的辩论

临济宗僧人卷入大量论战，清楚显示他们针对竞争者们的排外观念，尤其是对曹洞世系。费隐通容的《五灯严统》就是这样一部作品，它通过批判性地审查曹洞宗师们的法脉传承来挑战曹洞世系。那些不符合他的严格标准的僧人，应该从既定的谱系中驱逐并且下放到“嗣法未详”的类别里。尽管据费隐描述，他的方法是严格的，正如其书名所示，但是他对他同宗的临济祖师却是宽容的，尤其是那些身为他嗣法来源的前代祖师。如果用严格的标准来衡量临济法脉，那么费隐的先祖甚至都不能避免“遥嗣”和“代付”的嫌疑。

争议中的临济传承涉及一位明代早期的关键禅宗人物，而密云圆悟的法脉即派生自那位僧人。根据密云所说，他的世系来自宋代禅师圆悟克勤的大弟子虎丘绍隆（南岳十六世）（由于临济宗僧人习惯上从南岳怀让开始计数他们的世代，笔者给出了僧诤中人物的世代数字。读者可以参考本书表1-2以获得有关这次僧诤的直观图示）。这条传法脉络中的南宋和元代部分几乎不存在争议，其中包括著名禅师密庵咸杰（1118—1186，南岳十九世）、无准师范（1178—1249，南岳二十世）、高峰原妙（1238—1295，南岳二十二世）和中峰明本（1263—1323，南岳二十三世）。这条传法脉络由万峰时蔚（1313—1381，南岳二十五世）带入明代，而后由宝藏普持（南岳二十六世）、东明慧旵（1372—1441，南岳二十七世）、海舟慈（南岳二十八世）、宝峰瑄（南岳二十九世）、天奇本瑞（？—1503，南岳三十世）、无闻聪（南岳三十一世）、笑岩德宝（1512—1581，南岳三十二世）和幻有正传（1549—1614，南岳三十三世）前后相承。从幻有正传处，密云得法并因此成为南岳怀让下第三十四代祖师。

302 在此，笔者必须提请注意这条脉络中三位僧人的身份。首先，在17

世纪 30 年代,海舟慈(南岳二十八世)一般被密云系认定是指海舟普慈。但是几十年后,一方新发现的碑文显示存在另一个海舟慈,全名为海舟永慈。其次,海舟慈之后的祖师宝峰瑄(南岳二十九世),通常被称为宝峰明瑄,但是随后被改为宝峰智瑄,因为新证据的发现又被改成玉峰智瑄。第三,无闻聪(南岳三十一世)一般被指为无闻正聪。然而,深入调查之后,至少还存在其他六位生活于大约同一时期的名叫"无闻聪"的僧人,并且他们中的三人从天奇本瑞(南岳三十世)处得法。如笔者以下将会解释的,这些相似的名字成为许多禅宗谱系混乱的根源。

笔者刚刚描述的传法脉络是密云世系使用的传法源流中描绘的现行世系图。但是,当禅僧们查看其他材料,并检验这条法脉的明初部分时,问题就发生了。他们发现这条法脉上的两个名字——宝藏普持(南岳二十六世)和东明慧旵(南岳二十七世),在一些临济宗僧人的法脉传承中丝毫没有被提及。这些资料表明,海舟慈(南岳二十八世)实际上是万峰时蔚(南岳二十五世)的法嗣。这意味着,密云所认定的世系图中,他的师父幻有正传错误地植入两代。如果这种主张是正确的,那么密云圆悟和他的法嗣们会陷入极大的难堪。因为他们所有的传法凭证是错的,并且作为正统临济法脉的提出者,他们甚至不能澄清他们自身的法脉。我们可以想象,密云的追随者们无论如何都要捍卫他们的法脉,即便他们被证明是错误的。惟直智楷的《正名录》详述了这次论战的起源和进展。以下,笔者基于惟直智楷的《正名录》重构了这场论战。①

论战主要通过几个阶段逐步升级。在第一阶段,论战由密云圆悟的法嗣和对手汉月法藏在晚明挑起,汉月首次将怀疑的目光投向海舟慈的法脉。从密云圆悟处得法后,汉月对每一位传法世系上的祖师作了认真的研究,以便撰写他的《源流颂》。他注意到在万峰时蔚(南岳二十五世)的语录中,海舟慈(南岳二十八世)实际上被列为他的大弟子。这意味着汉月从密云处获得的传法源流,在这一点上是错误的。不过,他尚不敢挑

① 出于节省篇幅的考虑,笔者无法提供每一条证据的材料。惟直智楷从原书中摘录了绝大多数材料,并在氏著《正名录》中对每一条材料都作了注释。见《正名录》卷八至一四,第102—227 页。读者们也可以查阅参考书目中所列的长谷部幽蹊的相关著作。

战他所获得的法脉的固有说法。他仅仅猜想可能存在两个拥有不同传承的海舟慈,于是才引起了这个问题。他希望未来海舟慈塔铭和语录的发现可以解决这个谜团。

汉月的弟子潭吉弘忍于1637年出版的《五宗救》不仅呼应了他师父的观点,而且直截了当地指出密云圆悟所传的法脉版本中关于海舟慈的部分是错误的,该法脉中不正确地插入了两位不相关的禅师。他依托的新证据是无闻正聪(密云认为无闻正聪和无闻聪是同一人)的语录,该语录是一位文人的新发现,并且由密云本人翻刻。在此书中,从万峰时蔚到海舟慈的传法脉络描绘清晰,意味着所有海舟慈之后的祖师将向前移动两代。潭吉弘忍还强烈建议,一定存在第二个海舟慈,他形成了一条不同的传法世系,而这条传法世系与密云的世系混淆了。这是一个重大的改变,密云完全不能接受。

当密云在出版于1638年的《辟妄救略说》中回应潭吉弘忍时,论战进入第二个阶段。密云在《辟妄救略说》中引用了在杭州东明寺(东明慧昰和海舟慈都驻锡于此)的新发现,来捍卫他所提供的世系版本。这一新证据由天隐圆修的法嗣之一山茨通际(1608—1645)提供。他于1635年成为东明寺住持。山茨通际宣称,他偶然在一堆废纸中发现东明慧昰和海舟普慈的塔铭和机缘对话。与其他材料相结合,他在《东明遗录》中公布了所谓的新发现(这件稀有材料的首页,参见本书图1-1)。①

《东明遗录》提供了两位大师的许多履历详情。特别是在海舟普慈的塔铭中,他被描述为首先跟随万峰时蔚修行,尔后经历了三十年的隐居生活后,接受了东明慧昰的衣钵。这条重要证据给了密云急需的援助,因为现在他可以澄清他的传法版本与其他材料中的另一版本之间的偏差。他声称,因为海舟普慈先随万峰时蔚学习,他被误认为万峰时蔚的法嗣。但是,正如塔铭所显示的,海舟普慈实际上从东明慧昰处得法,这与密云已经发布的传法源流相符。密云圆悟之后,新编订的禅宗谱系如《禅灯世

---

① 参见山茨通际编《东明遗录》。在惟直智楷的《正名录》中,这部著作也被指为《东明祖灯录》。笔者在上海图书馆偶然发现了这件稀见材料。

谱》(1632)、《五灯会元续略》(1648)和《五灯严统》(1654),均采用了密云关于海舟普慈的主张。

如果不是 1657 年关于另一位海舟慈的碑铭在南京翼善寺被木陈道忞的一名弟子发现的话,论战可能就此消停。由于这一新发现,论战进入了第三阶段。在竖立于 1461 年的石碑正面,镌刻着一位名叫海舟永慈的僧人的碑铭。在背面,可以看到礼部任命海舟永慈为翼善寺住持的委任状。根据这一新的碑铭证据,这位海舟慈与海舟普慈是完全不同的人。他生于 1394 年,在少时跟随东明慧旵修行。尔后,在一名太监的支持下,他于 1437 年被任命为翼善寺的开山住持。东明慧旵死于 1440 年,而海舟永慈在东明慧旵死后十年才获得印可。海舟永慈最后示寂于 1466 年。

这方碑铭的发现具有轰动性,因为它证明了汉月法藏及其弟子潭吉弘忍关于第二个海舟慈的推想是正确的。与此同时,密云和他的追随者遭到另一沉重的打击。《东明遗录》中所谓海舟普慈的塔铭,即密云赖以打消对他法脉怀疑的证据,竟然是一件确凿无疑的赝品。自从这件新碑铭被发现后,密云依然在世的追随者们一致改变了他们对海舟慈的排位:现在他们认可以下主张,即海舟永慈事实上才是在他们传法源流中通常被称为海舟慈的那位僧人,而曾经被采纳的海舟普慈则成了旁出世系中无关紧要的人物。这样一来,他们法脉的纯正性得以维持。

然而,这个排位的突然变化,留下了许多漏洞需要填补。如果这个海舟永慈是权威传法世系中的海舟慈,那么他应该是法系中下一位祖师宝峰瑄的师父。宝峰瑄一般被认为是宝峰明瑄。在海舟永慈的碑铭中,宝峰明瑄的名字却未被明确地提及。不过,他的碑铭提到了他的第一位法嗣名叫宝峰,而他的第二十五位法嗣叫智瑄。这给密云的追随者们一个新的希望,去调和关于该宝峰瑄的主张。他们认为海舟永慈的主要法嗣实际指宝峰明瑄,而他的真实名字是智瑄,并且应该被列为海舟永慈的第二十五位法嗣。尔后,推定密云的法脉传承经过海舟永慈而不是海舟普慈,就变得符合逻辑了。

密云的对手们,如位中净符和他的弟子惟直智楷马上发现了这一主张内含的矛盾。因为仔细检查碑铭实物后,石碑上提及的首位法嗣宝峰

305 明确是指海舟永慈的大弟子智忍。而且根据其他材料，作为永慈的第二十五位法嗣提到的智瑄实际上指“玉峰”而非“宝峰”。这表明，海舟永慈的世系，尽管派生自东明慧旵，但经宝峰智忍传承后，在17世纪已变得模糊不清。

但是，一些密云的追随者们不顾关于他们对海舟永慈碑铭处理的抗议，采纳了法脉经海舟永慈到宝峰智瑄的新主张。其后，所有新的禅宗谱系编著，例如《五灯全书》，简单用海舟永慈的传记取代了海舟普慈，并将宝峰明瑄的行状几乎逐字移植到宝峰智瑄名下，因为他们相信宝峰明瑄和宝峰智瑄事实上是同一人。

一些曹洞宗僧人不能容忍这种对法脉传承严重错误的明显掩饰。如惟直智楷的《正名录》所示，一场针对两位海舟慈的严格考证很快扩展到这条法脉上的其他祖师。除了海舟慈，下一位被检出并引起公共辩论的是无闻聪（南岳三十一世），他的师父是天奇本瑞（南岳三十世），他的法嗣则是笑岩德宝（南岳三十二世）。细心的读者会在天奇本瑞的语录中发现，三百余名法嗣的名字中，有三位名叫无闻聪的僧人，他们的区别在于他们的出家地点。然而，无闻正聪是笑岩德宝无可置疑的付法师父，关于他的通行叙述却不能与上述三位中的任何一位匹配。这表明无闻正聪并非天奇本瑞的正式法嗣，他自称是天奇本瑞的法嗣，肯定是通过遥嗣而非面承。不过，如惟直智楷所指出的，几乎所有近期禅宗谱系的作者都弄混了这四位无闻聪，并将他们的生平事迹随意地拼合在一个人的传记中。

第三位成为“靶子”的祖师，是密云的付法师父幻有正传。幻有正传被广泛地誉为笑岩德宝的大弟子。但是当读者们核对笑岩德宝的语录时，在笑岩德宝六名正式的法嗣名单中却找不到幻有正传的名字。

批评者们还将怀疑的目光投向更早前的临济法脉中的祖师。根据惟直智楷所说，最成问题的是临济义玄（南岳下五世）之后的祖师兴化存奖
306 （830—888，南岳下六世）。根据《景德传灯录》中他的传记，他实际上由三圣慧然和魏府大觉开悟，而不是临济义玄。只是出于无奈，他选择延续临济法脉。此外，雪岩祖钦（1215—1287，南岳下二十一世）从无准师范（1178—1249，南岳二十世）处得法，因为缺少证据，也成为疑问。

这些针对密云系法脉的批判性审查,很大程度上是由他的追随者对其他世系攻击性的态度(如费隐《五灯严统》中所证实的)所挑起。这些论战的结果证明,当密云的追随者所倡导的严格法脉标准应用于他们自身时,没有人能够经受住考据学的检验。这正如马克瑞在关于禅研究的第三条假定中所说的"精确暗含误差(precision implies inaccuracy)"。[①] 禅师们想要让他们的谱系尽可能精确。但是,他们的努力只是揭露了他们的传承作为历史事实是多么地成问题。

C. 其他与临济宗僧人有关的争论

正如陈垣的著作所展示的,大多数论战牵扯到密云圆悟和他的法嗣。密云甚至终其一生都是一位备受争议的人物。他对禅的简单理解经常使他陷入与他同时代僧人和外护的各种僧净中。这可以从一件稀见材料《天童直说》中看到,其中包含了他所有的辩驳文章。另一件名为《费隐禅师别集》的稀有稿本,保存了几乎所有费隐"声名狼藉"的辩驳文章。与他的语录不同,这件重要材料在言语上干脆尖刻,并且暴露了宗派冲突的实态。它告诉我们,费隐主动卷入各种与他世系之内和之外的僧人的各种僧净中。[②]

基于这些材料,现在可以清楚了解临济宗僧人在 17 世纪发起的大多数论战。现将一些值得注意的论战概述如下。

密云与道衡关于僧肇《物不迁论》的辩论

这场辩论是由华严大师空印镇澄发起的对僧肇《物不迁论》讨论的延伸。密云圆悟的师父幻有正传参与了这场辩论并反驳了空印镇澄所谓僧

---

① 参见马克瑞在氏著 *Seeing through Zen* 中的四条禅学研究法则。McRae, *Seeing through Zen: Encounter, Transformation, and Genealogy in Chinese Chan Buddhism*, pp. xix‐xx.
② 有关这部著作中所含文章的目录和简介,参见野口善敬《明末清初僧净研究资料について》,第 790 页。

307 肇不符佛教因明逻辑的说法。① 继其师之后,密云的辩驳文章《剧评说》,
主要是针对一位名叫道衡的僧人的论战。道衡写了《物不迁正量证》来支
持空印镇澄。② 密云遂写了这篇反驳文章捍卫他的师父。他的辩驳文章
(约写于 1629 年)以及一些关于僧诤的书信被翻刻在《天童直说》卷五中。

密云与瑞白明雪关于"主人公"之义的辩论

这场辩论涉及如何理解高峰原妙的开悟经历。高峰原妙的语录在
1599 年经云栖袾宏翻刻之后开始流行。根据此书,原妙的禅悟是由他与
其师雪岩祖钦关于"主人公"一词之义的对话触发的。③ 就此情节,湛然
圆澄和密云圆悟都撰写诗偈赞扬高峰原妙。但是,两人的关键区别在于,
高峰原妙到底拥有一次还是两次禅悟体验。湛然圆澄倾向于将原妙的
体验解释成包括渐悟到终极开悟两个分开的事件;而密云圆悟坚持原
妙仅有一次顿悟经历。从 1636 年到 1638 年,双方都以辩驳文章进行
交流对质。湛然的法嗣瑞白明雪为其师辩护,密云圆悟因此与他进行
了辩论。④ 天隐圆修的弟子玉林通琇也加入了辩论,撰有《辩魔说》反驳
瑞白明雪。⑤

密云与耶稣会士的辩论

在晚明,以利玛窦为首的耶稣会传教士在中国积极传播天主教。由
于采取"联儒抗佛"的策略,新兴的天主教运动给佛教造成严重威胁。著

---

① 幻有正传的文章被收录在《龙池幻有禅师语录》卷一一、一二,JXZ 25:439 - 450。有关简要
  研究,参见江灿腾在氏著《晚明佛教丛林改革与佛学净辩之研究》中对这场辩论的分析(第
  271—275 页)。
② 对于他的著作的简要研究,参见《晚明佛教丛林改革与佛学净辩之研究》,第 271—275 页。
③ 参见高峰原妙《高峰禅师语录》,XZJ 122:678b - 680a。
④ 参见《天童直说》卷七,第 7—32 页。亦参见野口善敬《明末における主人公论争:密云圆悟
  の临济禅の性格を巡って》,第 164 页。
⑤ 该文经重印,收录在楼宇烈编《中国佛教思想资料选编》第三卷第三册,第 5—13 页。

名僧人,如袾宏和蕅益智旭(1599—1655),分别于 1615 年和 1643 年对这一挑战作出回应。^① 密云圆悟也参与了反天主教运动。1635 年,应文人黄贞的请求,密云圆悟写下三篇关于天的意义的文章(《辩天三说》),以挑战杭州的天主教会。三篇文章被收录在《天童直说》卷六,经翻刻后收录于《圣朝破邪集》。^②

费隐通容与木陈道忞关于密云法嗣的合法性和天童寺住持继承的争论 308

1642 年密云圆悟示寂后,费隐通容成为密云圆悟法嗣中的核心人物。他一直很有影响,也很有争议,因为他经常对他同时代的人提出批评,并且表现得像一个他师父法系的督察。他根据其他僧人们的语录(当中公布了他们的禅悟体验)来评估他们对禅的理解。后来在清代宫廷中显赫的同门师弟木陈道忞,是费隐的敌人。费隐的《费隐禅师别集》揭示了 1643 年两人之间爆发的激烈的个人冲突。冲突集中在天童寺住持继承和滥发法脉源流的问题上。^③

据费隐记载,这次僧诤发端于密云圆悟所有嗣法弟子集中在天童寺参加他们师父的葬礼时。利用这次机会,木陈道忞宣布他作为密云圆悟的继承人,接任天童寺住持。此外,木陈道忞还把密云圆悟的私人物品,如僧袍、禅拂等,分配给了几十名跟随密云学习但从未付法的僧人。木陈声称这些僧人获得了密传之法,他只是在密云死后代其师印可这些僧人。

---

① 对于袾宏响应的一项简要研究,参见 Yü, Chün-fang, *The Renewal of Buddhism in China: Chu-hung and the Late Ming Synthesis*, pp. 87 - 90。对于蕅益智旭回应的一项简要研究,参见圣严《明末中国佛教的研究》,第 144 页。关于 17 世纪佛教对天主教回应的德文翻译,参见 Iso Kern, *Buddhistische Kritik am Christentum im China des 17 Jahrhunderts. Texte von Yu Shunxi* (?- 1621), *Zhuhong* (1535 - 1615), *Yuanwu* (1566 - 1642), *Tongrong* (1539 - 1672), *Xingyuan* (1611 - 1662), *Zhixu* (1599 - 1655)。

② 有关密云涉足反天主教运动的史实,参见笔者的博士论文 *Orthodoxy, Controversy, and the Transformation of Chan Buddhism in Seventeenth-century China* 的第 4 章,特别是第 197—204 页。

③ 参见《费隐禅师别集》卷一五中费隐的文章。

费隐随后谴责木陈道忞违反抽签惯例,操控他的同伙选举他为天童寺住持,以及木陈通过替师父代付的方式给其他僧人传法。这种做法被费隐视为对经过密云亲验并合法确立的法嗣的威胁。为了避免未来出现任何混乱,费隐坚持在密云塔铭上写下所有十二位合法法嗣的名字。

费隐通容与瑞白明雪关于曹洞和临济原则的争论

费隐通容对于那些先前是他的学侣的曹洞宗僧人表现得特别好战。举例而言,当他发现曹洞大师瑞白明雪也使用棒喝来教育学生时,他感觉受到了威胁。因为他相信棒喝起源于临济宗而不是曹洞宗。对他来说,临济和曹洞的宗旨是有区别的。于是,他在1634年挑衅了这名曹洞宗僧人并指控他"剽窃"临济棒喝之法。[①]

费隐通容与耶稣会士的争论

紧随其师,费隐通容也加入了福建西北部的反天主教运动。应当地士绅的请求,他写了四篇文章(归并在《原道辟邪说》一书中)。1636年,他以同样的题名编定了选集,当中收录了由他和他的弟子撰写的辩驳文章。1639年,应密云圆悟和费隐通容的要求,费隐通容的俗家弟子徐昌治(1582—1672)编纂了最全面的反天主教文集。今天,该书的日本翻刻本即《圣朝破邪集》广为人知。[②]

---

① 参见《费隐禅师别集》卷一一至一四中费隐的文章。关于这场辩论的一项简要研究,参见野口善敬《费隐通容の临济禅とその挫折》,第70—74页。

② 费隐通容的四篇文章收录在以下选集中:《费隐禅师别集》卷一六;《翻刻辟邪集》卷二,由日本福严寺于1860年重印;《圣朝破邪集》卷八,1855年在日本重印。这些版本之间互有差异,并且与早期版本也有不同。对于费隐文章的简要研究,参见笔者的博士论文 Orthodoxy, Controversy, and the Transformation of Chan Buddhism 的第4章,特别是第204—218页;亦参见笔者的文章 "Buddhist Logic and Apologetics in Seventeenth-century China: an Analysis of the Use of Buddhist Syllogisms in an Anti-Christian Polemic"。

费隐与其他禅师的争论

费隐与许多禅师都有冲突。除了刚刚提到的僧净外,在 1642 年和 1643 年,他还撰写了数篇文章批评其他禅师,因为这些禅师的禅解被他认为是"癫狂"的。例如,他参加了他的师父密云圆悟关于高峰原妙禅悟经历的辩论,他还与他的法兄玉林通琇争辩棒喝之旨,并且他对曹洞大师永觉元贤关于他简单禅风的言辞进行了批评。[①]

关于云门寺雪峤圆信舍利塔的争论

雪峤圆信在文人中受到欢迎,他的两位文人追随者——黄端伯[②]和徐启睿被列为他仅有的两名法嗣(两人都在反清抵抗运动中成仁)。不过,由于雪峤圆信系因阅读云门文偃的语录而开悟,他自认为是一名云门宗的法嗣。因为这个原因,木陈道忞在其所著《禅灯世谱》中将他从临济宗世系中排除出去。但是,新的清朝统治者顺治皇帝对雪峤圆信非常感兴趣,甚至在 1659 年与木陈道忞的一次会见时质问禅宗世系中为什么会遗漏雪峤圆信。于是,在现在的《禅灯世谱》版本中,雪峤圆信作为临济法嗣被加入。随后,顺治帝拨出经费修复雪峤圆信在云门寺的寿塔。木陈道忞被委派该项工作并以此为契机攻击汉月法藏的弟子具德弘礼。

木陈道忞指控具德弘礼和他的弟子三目智渊忽视皇帝的法令并毁坏雪峤圆信塔所在的云门寺。正如陈垣所准确指出的,这次僧净是木陈道忞为扩大他在佛教界的影响力而作出的最新尝试。[③]

310

---

① 费隐通容的文章,参见《费隐禅师别集》卷八至一一。

② 参见黄端伯为无明慧经的语录所作的序言。收于无明慧经《寿昌无明和尚语录》,JXZ 25: 667c。

③ 陈垣《清初僧诤记》,第 63—70 页。根据陈垣所说,木陈道忞的书信作于 1667 年,并见于他的《百城集》卷六。这本稀见文献保存在中国国家图书馆。

关于平阳寺"御书楼"的争论

木陈道忞应召赴北京后,成为清朝政权的新国师。为了加强他在佛教世界的影响,他频频挑起僧诤,并与他的对手,比如天隐圆修的法嗣玉林通琇竞争。玉林通琇也曾应召入京,被授以荣誉头衔。木陈返回南方后,在会稽县建造了一座名叫平阳寺的新寺院,用来收藏皇帝给他的御书。但是,玉林通琇并没有将他收到的皇帝手迹作同样处理。于是,木陈在1670年写了《宝奎说》批评玉林通琇。他称,通琇应该像他那样建起一座相似的建筑来贮藏皇帝手迹。不过,正因为没有这样做,玉林通琇获得了超脱世俗利益之名。根据木陈道忞的说法,这是玉林通琇的错误之一。[①]

关于善权寺寺产的争论

善权寺位于宜兴县,由湛然圆澄的法嗣百愚净斯(1610—1665)在清初复兴。1671年,百愚的弟子寒松智操(1626—1686)继任住持。然而,新任国师玉林通琇企图侵占此寺,因为他的祖师幻有正传的剃度师父之舍利塔坐落于此。在护塔的名义下,通琇驱逐了寒松智操并于1673年获得寺产的控制权。玉林通琇指派他的法嗣白松行丰(1612—1674)为新住持。寒松智操写下《指迷普说》批评玉林通琇。[②] 当白松行丰想要通过合并邻近的陈家宗祠以扩充寺产时,争端变得血腥。陈氏宗族不堪压迫,于1674年放火烧寺,白松行丰死于火中。正如陈垣所叹息的,17世纪的僧诤已经堕落成一场世俗利益的斗争。[③]

---

① 根据陈垣所说,这篇文章保存在木陈道忞的《百城集》卷二○。笔者并未见到这条材料,因而笔者的叙述是基于陈垣的研究。参见氏著《清初僧诤记》,第70—79页。

② 参见寒松智操《寒松操禅师语录》卷一一,JXZ no. 392, 37: 601b - 603c,特别是603b - 603c。在《嘉兴藏》中,此文题为《普说》,作于1673年的十一月十二日。

③ 参见陈垣《清初僧诤记》,第79—86页。由于玉林通琇的影响,陈氏宗族的族长在争论结束时被判死刑。

附录 3
关于"两道悟"问题的考证

在下文中,笔者从大量辩论著作中搜集出关于"两道悟"问题的证据,并以时间先后顺序将它们罗列在一起。这些文字记录根据辩论者的标准,作为证据列出。不过,从现代历史学者的眼光来看,其中一些"证据"显然是传说或者神话。

A. 支持"两道悟"主张的证据

来自唐代的证据

尽管唐代不存在"两道悟"的僧诤,但是所有此后的辩论都指向源出唐代的一些早期材料。本节列出一些最重要的证据,兼有现存的和亡佚的。这些证据经常被后来的辩论者引用。

1. 关于马祖道一及其世系的预言

承认天王道悟意味着马祖一系比青原一系更卓越,因为如果龙潭崇信是天王道悟的法嗣,那么他的整个世系都将属于南岳怀让和马祖道一一系。于是,派生自马祖的法系将会在数目上超过青原一系。

一个特殊原因使得费隐和他的追随者坚信天王道悟的存在。那就是在菩提达摩(Bodhidharma)来到中国之前,由传说中的印度禅祖般若多罗(Prajñātāra)所作的预言。费隐通容将这个预言解释成南岳怀让一系优越性的一种暗示。

从现代历史学者的观点来看,禅宗历史中包含的这些预言,是为了意识形态目的而刻意捏造出来的,故很难被视作证据。然而,对于 17 世纪

的禅宗追随者们来说,由一名印度祖师说出的预言出现在许多禅宗历史
著作中,是无可置疑的。这些谶书早在 9 世纪就已经出现在原始禅宗谱
系著作中,例如编于 801 年的《宝林传》。其中两则预言与辩论相关。第一
则关于菩提达摩。在他动身前往中国之前,他向第二十七代祖师般若多罗
询问自己在中国的未来。般若多罗预言,在中国将有两株"嫩桂",象征马祖
和石头两个世系,并且马祖将取得领先地位。他的偈语接下去说道:

> 路行跨水复逢羊,
> 独自凄凄暗渡江。
> 日下可怜双象马,
> 二株嫩桂久昌昌。①

这则预言的第一行预示菩提达摩到达"羊城"广州。第二行暗示菩提达摩
在与梁武帝的不愉快会面之后,将会去往中国北方并最终定居嵩山。后
两行的意思更为晦涩,因此可以作不同的解释。在第三行,"象"和"马"可
能指慧能和神秀。不过,对于费隐通容来说,"二株嫩桂"清楚代表着临济
和曹洞世系,而第三行中的"马"指马祖道一,从而确立了马祖一系的优
越性。②
　　由六祖慧能提出的第二则预言在德异本和宗宝本《坛经》中均有记
载。③ 通过引用印度般若多罗的预言,慧能预见,南岳怀让世系下,一匹
马驹将会出现并横扫天下。"马驹"在此作为双关语:它指马祖道一,因
为他的名字中包含汉字"马"。④ 正如慧能对南岳怀让所说:"汝足下出一

---

① 《宝林传》,T 51:217a。
② 在最早的禅宗灯谱《祖堂集》中,这首偈语有不同的解释。例如,第一行中的汉字"羊",被当
　　作"洛阳";第三行的短语"日下"被解释为都城,同样是第三行的"双象马"被理解为指宝志
　　和傅大士;第四行中的"二株嫩桂"被渲染为"少林寺",因为"嫩"意为"少","二木"意为
　　"林"。参见静、筠《祖堂集》卷二,第 32 页 b。
③ 这段文字在早期版本中完全没有。甚至宗宝本的一些版本也没有这一段。参见《慧能研究:
　　慧能の伝记と资料に关する基础的研究》,第 359 页。
④ 费隐通容《五灯严统解惑篇》,Z no. 1569,86:324c - 325a。

马驹,踏杀天下人。"由于现存最早的敦煌本并无此语,现代历史学者认为这句话是后来插入的。[1]

2. 宗密的"禅门师资承袭图" 313

辩论者援引的最早证据之一是宗密的《中华传心地禅门师资承袭图》,通常简称为《禅门师资承袭图》。[2] 在日本《续藏经》中保存的现行版本中,道悟确实被列为马祖的法嗣。由于宗密的早期禅宗史材料可信度较高,马祖有一位在江陵的弟子并且名叫道悟是可以肯定的。费隐通容和他的追随者认为这是支持天王道悟存在的最有说服力的证据。但是,奇怪的是,在宗密关于道悟的记录中附了一则注释,称道悟也是国师径山法钦(714—792)的弟子。[3] 这条注释与天王道悟的传记矛盾,因为传记中没有任何关于他随法钦修行的记载。正如一些曹洞大师指出的,这条注释反而符合天皇道悟的传记,其传记中记录了他在年轻时曾随法钦学习。

3. 归登的南岳怀让碑文

归登,一位活跃于贞元(785—804)时期的唐代官员,[4]撰写了南岳怀让禅师的碑文。该碑文的完整文本现已亡佚。在《宋高僧传》中,赞宁(919—1001)在归登碑文的基础上为南岳怀让撰写了一篇传记,但是没有提及怀让的任何一位弟子。[5] 根据赞宁的叙述,归登无疑在元和(806—820)时期为南岳怀让撰写了一篇塔铭。觉范慧洪似乎见到过原始碑文,指出这篇碑文实际上列出了几位怀让的法孙,其中就有道悟。因此,道悟属于南岳世系。

4. 权德舆的马祖道一塔铭

权德舆(759—818)是一位唐代著名官员,他与马祖道一交好,于 791

---

① 宗宝编《六祖大师法宝坛经》,T 48：357b。显然,这段插曲由其他人篡改插入。

② Z 63：31a - 36a。一个多出二百余字的新版本在日本被发现。详细情况,参见 Gregory, *Tsung-mi and the Sinification of Buddhism*,p.318;石井修道《真福寺文库所藏的"裴修拾遗问"的翻刻》。在宋代,觉范慧洪将此文本指为《答裴相国宗趣状》。

③ 关于法钦的生平,参见 McRae, "The Ox-head School of Chinese Ch'an Buddhism: From Early Ch'an to the Golden Age", pp.191 - 195。

④ 他曾担任工部尚书。关于他的传记,参见《旧唐书》卷一四九,第 12 册第 4019 页。

⑤ 参见赞宁《宋高僧传》,T 50：761a。

年写作了马祖的碑文。① 这篇碑文将道悟列为马祖的弟子。② 研究马祖道一的现代学者推定,这位道悟最有可能是天皇道悟,他可能从大约 770 年到 778 年在开元寺时期跟随马祖学习。但是,对于 17 世纪的辩论者,这条参考资料是为另一位道悟的存在添加新的证据,因为他们相信此道悟一定是天王道悟。

314

5. 黄宗羲对丘元素身份的发现

丘元素是所谓撰写了天王道悟塔铭的唐代官员。根据这篇尚未断定是否为唐代创作的塔铭,丘元素是荆南节度使。然而,许多辩论者仔细地爬梳唐代历史,却未能发现他的名字和头衔。于是,一些曹洞宗僧人断定丘元素并不存在,故而天王道悟碑文肯定是一件赝品。

尽管如此,清初历史学家黄宗羲仍然相信天王道悟碑文的真实性,因为他从碑文材料中发现了丘元素的身份。

由于黄宗羲在中国思想史上的杰出地位,他的观点是值得一提的。他在欧阳修的碑文辑录中发现了丘元素的名字。在《集古录》跋尾中,欧阳修作了如下备注:

唐神女庙诗　贞元十四年(798)

右神女庙诗,李吉甫、丘元素、李贻孙、敬骞等作。余贬夷陵令时,尝泛舟黄牛峡,至其祠下,又饮虾蟆碚水,览其江山巉绝穷僻,独恨不得见巫山之奇秀。每读数子之诗,爱其辞翰,遂录之。③

丘元素诗的记载还能在陈思的碑文辑录中看到。陈思补注丘元素为夔州(今四川)刺史。④ 尽管欧阳修和陈思在宋代编纂他们的著作,但他们记

---

① 对于权德舆小传,参见 Poceski, *Ordinary Mind as the Way: The Hongzhou School and the Growth of Chan Buddhism*,pp. 91 - 92。

② 关于这方碑文,参见董诰等编《全唐文》,第 2262 页 a。对于该文本的英文翻译,参见 Poceski, *Ordinary Mind as the Way: The Hongzhou School and the Growth of Chan Buddhism*,pp. 512 - 515。

③ 参见欧阳修《集古录》卷八跋尾,《石刻史料新编》第 24 册,第 17903 页。

④ 陈思《宝刻丛编》卷一九,《石刻史料新编》第 24 册,第 18353 页。

录的碑文都撰于前朝。基于这些宋代记录,黄宗羲断定丘元素确实与道悟是同时代人,并且在四川地区担任刺史。

来自宋代的证据

刚刚引用的证据似乎并没有在唐代引起任何论战,因为禅宗世系一分为五尚未浮现。然而,在宋代,关于"两道悟"的僧诤开始浮出水面,成为一种对官方认可的《景德传灯录》的批评与回应。

1. 达观昙颖的《五家宗派》

第一位提出天王道悟存在的人是达观昙颖(989—1060),一位活跃于北宋的临济禅师。依其所述,他撰写了已经亡佚的《五家宗派》。许多后来的材料表明他的著作是第一部包含"两道悟",特别是天王道悟信息的著作。正如接下来觉范慧洪提供的记录指出的,两方碑文最早出现在达观昙颖的私人著述中。①

2. 觉范慧洪对两道悟的叙述

费隐通容可以参考的关于天王道悟的最为重要的材料之一,是觉范慧洪的《林间录》中的一条简短注释。这条注释提出了两位名叫道悟的僧人存在的可能性。笔者征引这条注释如下:

> 荆州天皇寺道悟禅师。如《传灯录》所载,则曰道悟,得法于石头,所居寺曰天皇。婺州东阳人,姓张氏。年十四岁,出家依明州(宁波)大德披剃。年二十五,杭州竹林寺受具。首谒径山国一(法钦)禅师,服勤五年。大历(766—779)中,抵钟陵,谒马大师。经二夏,乃造石头。元和丁亥(807)四月示寂,寿六十,腊三十五。
>
> 及观达观禅师所集《五家宗派》则曰,道悟嗣马祖。引唐丘玄素所撰碑文几千言,其略曰:师号道悟,渚宫(江陵)人,姓崔氏,即子玉

---

① 关于达观昙颖和他的著作的简要讨论,参见 Schlütter, "Chan Buddhism in Song-Dynasty China (960 - 1279): The Rise of Caodong Tradition and the Formation of the Chan School", pp. 38 - 40。

后胤也。年十五,于长沙寺礼昙翥律师出家。二十三,诣嵩山律德得尸罗。谒石头,扣寂二年,无所契悟。乃入长安亲忠国师。三十四,与侍者应真南还,谒马大师,大悟,于言下祝曰:"他日莫离旧处。"故复还渚宫(江陵)。元和十三年戊戌岁(818)四月初示疾,十三日归寂。寿八十二,腊六十三。

考其传,正如两人。然玄素所载,曰有传法一人崇信,住澧州龙潭。南岳让禅师碑,唐闻人归登撰,列法孙数人于后,有道悟名。圭峰《答裴相国宗趣状》,列马祖之嗣六人。首曰江陵道悟,其下注曰:兼禀径山(国一)。今妄以云门、临济二宗竞者,可发一笑。①

觉范慧洪的记载是引用天王道悟碑文的首条书面材料。在此,慧洪从未承认他的叙述是碑文的准确录文。而根据慧洪所说,收录于达观昙颖的私人著述中的实际碑文有几千字之长。这份详细碑文当然与后来的禅宗史中流传的、简短到不足两百字的天王道悟碑文形成对比。觉范慧洪暗示,在北宋,云门宗和临济宗似乎处于竞争状态。不过他相信,如果确实存在两个道悟,并且龙潭崇信属于天王道悟的世系,那么云门宗和临济宗都将属于马祖一系。因此,对于慧洪而言,云门和临济之间的对抗是可笑的。除了提供两道悟传记的梗概之外,慧洪列出了来自唐代的早期材料,其中包含支持新的天王道悟成立的证据(笔者刚刚已经考察过了一些这方面的早期材料)。

3. 张商英的卷入

达观昙颖的《五家宗派》已经亡佚。但是,觉梦堂给此书所作的序言提供了更多关于天王道悟传记的"突然"出现与张商英(1043—1121)、达观昙颖以及觉范慧洪之间关系的信息。② 为《五家宗派》重印本所作的这

---

① 觉范慧洪《林间录》,《景印文渊阁四库全书》第1052册,第799页a—799页b;Z no.1624,87:248b-248c。亦参见石井修道在氏著《中国禅宗史话》中的日文翻译,第448—449页。

② 这个名字(觉梦堂)的意义现在还不能判定。这可能是指一个人名。陈士强认为这是觉范慧洪的名字,但是吴立民否定了他的假设。参见陈士强《佛典精解》,第660页;吴立民等编《禅宗宗派源流》,第288页。宇井伯寿怀疑这个名字可能指一位僧人梦堂昙噩(1285—1373)。不过,除了两者名字相似,笔者到目前还未找到任何证据。参见宇井伯寿《第二禅宗史研究》,第458页。

篇序言,首先瞄准《景德传灯录》中的法脉划分,论证天王道悟的存在。作者建议派生自龙潭崇信的两个宗派应该改到马祖一系。他指出以下事实:由于《景德传灯录》的编纂者道原没有亲自查阅存世的塔铭材料,因此他的编集的可靠性是值得怀疑的。序言的作者还提供了一些关于这次僧净与张商英之间关系的新材料:

> 自景德至今,天下四海,以《传灯》为据。虽列刹据位立宗者,不能略加究辨。唯丞相无尽(张商英)居士及吕夏卿①二君子,每会议宗门中事。尝曰:"石头得药山(惟俨),山得曹洞一宗。教理行果,言说宛转。且天皇道悟下,出个周金刚(指德山宣鉴)。呵风骂雨,虽佛祖不敢婴其锋。恐自天皇或有差误。"寂音尊者(觉范慧洪)亦尝疑之云:"道悟似有两人。"无尽后于达观颖处,得唐符载所撰《天皇道悟塔记》,又讨得丘玄素所作《天王道悟塔记》。赍以遍示诸方,曰:"吾尝疑德山、洞山,同出石头下。因甚垂手处死活不同?今以丘、符二记证之,朗然明白。方知吾择法验人之不谬耳。"②

根据这份记载,张商英证实了两个道悟的主张。他首先质疑德山宣鉴属于天皇道悟法脉。尔后,他从达观昙颖处借得天王道悟碑文,并将它与存世的天皇道悟碑文相比较。张商英非常激动,因为天王道悟的碑文将派生了德山宣鉴的龙潭崇信列为天王道悟的法嗣,因此他的法系属于南岳怀让一系。

318

4. 雪窦重显世系的从属关系

后代禅师的世系从属记录也提供了一些识别两个道悟的线索。通过追溯他们所认同的谱系,龙潭崇信的师父就能够被查明。此类记录的其中一条来自惟白编于1101年的《建中靖国续灯录》。该书由一名云门宗僧人编写,是继《景德传灯录》之后的一本谱系著作。它记载了释迦牟尼

---

① 吕是一位在宋英宗(1064—1067)时期有影响的官员。

② 这篇序言保存在智昭等编《人天眼目》卷五。参见 Z 64:758。

和禅宗史上三十三代祖师的传记。

　　17 世纪辩论者们并没有把这本书中的所谓证据视作"两道悟"主张的直接支持，而是作为雪窦重显(980—1052)世系的从属关系和世代数目的推理。根据惟白所述，雪窦重显是马祖的第九世法孙。[①] 然而，这份记载与《景德传灯录》相矛盾。《景德传灯录》中说雪窦重显为云门宗祖师，应该是石头希迁的传人。由于雪窦重显派生自龙潭崇信是不争的事实，雪窦重显从属于天皇道悟还是天王道悟就变成关键。如果雪窦重显的世系从属关系追溯到龙潭崇信以及天皇道悟，这就意味着雪窦重显就如《景德传灯录》所示属于石头一系。不过，如果他确实是马祖一系的后裔，那么龙潭崇信就不可能是天皇道悟的法嗣。唯一的可能，就像后来的辩论者们所说，龙潭崇信是天王道悟的法嗣，由此才可能追溯到马祖。

　　由于惟白也是一名云门宗僧人，他本人对祖师世系从属关系的叙述就带有相当分量。这样的证据还能在宋代禅师拱辰的三十卷本《祖源通要》中找到。拱辰是达观昙颖的一名法嗣，驻锡于西余寺。由于他与达观昙颖的关系，他接受"两道悟"的主张就很自然了。[②]

　　辩论者们从宋代官员吕夏卿撰写的塔铭中找到关于重显世系从属关系的进一步证据，当中清楚说明雪窦是马祖的九世法孙之一。[③] 正如早先提到的，在觉梦堂为《五家宗派》所作的序言中，吕夏卿与张商英一起，强烈支持"两道悟"的主张。于是，他在关于世系从属的叙述中坚持"两道悟"的主张就不足为奇了。

319

---

① 现行的《大正藏》把雪窦重显列为六祖下第十世。参见 T no. 2007, 51: 475a。雪窦重显从属关系的混乱可能源于以下事实：尽管他是青原一系的法嗣，但他(或他的弟子)声称他是马祖禅法的代表。根据魏雅博(Albert Welter)的研究，这样的主张能够在《祖堂集》中找到。参见 Welter, "Lineage and Context in the Patriarch's Hall Collection and the Transmission of the Lamp"。也参见氏著 *Monks, Rulers and Literati* 中关于该文的修订版，见 Welter, *Monks, Rulers and Literati: The Political Ascendancy of Chan Buddhism*, pp. 59 - 114。

② 有关拱辰和他的著作的小传、论著，参见《建中靖国续灯录》，T 51: 521c。《五灯会元》也参考了《祖源通要》。后来的辩论者们可能援引了这一资料，但并没有见到原书。参见大川编《五灯会元》卷七，Z no. 1565, 80: 141b。

③ 参见雪窦重显《明觉禅师语录》，T no. 1996, 47: 712a。

来自元代的证据

元朝时,天皇道悟和天王道悟的塔铭都被正式编入禅宗史书,"两道悟"的主张继续得以宣扬。一些禅宗史家甚至公然认可这样一个主张并修改《景德传灯录》中所描绘的法脉。下列材料试图证明天王道悟的存在,以便保持"两道悟"的主张长久不衰。

1.《五灯会元》和《佛祖历代通载》中的两方碑文

两方碑文的完整记载仅仅出现在元代。在至元四年(1267,当时南宋依然控制着中国南方)印刷的元版《五灯会元》中,在天皇道悟的条目下,一条很长的注释首次囊括了两方碑文的完整文本。① 元版《景德传灯录》没有改变正文和正式世系的从属关系,但是增加了关于两位道悟的一条注释。在元代著作《佛祖历代通载》中,两方碑文成为正文,并附有觉范慧洪的记载作为注释(本附录的前文中已经引用了)。② 所有这些著作都被收入明代钦定大藏经中,因而加强了费隐通容争辩的力度。

两方碑文的比较展示了它们的平行结构和对于两名僧人的相似叙述。协律郎符载撰写了天皇道悟碑文;天王道悟的碑文则由荆南节度使丘元素撰写。笔者征引两篇碑文如下。③ 首先是由符载所作的天皇道悟碑文:

> 荆州城东天皇道悟禅师,协律郎符载撰碑。其略云:姓张氏,婺州东阳人。十四出家,依明州(宁波)大德祝发。二十五受戒于杭州竹林寺。初参国一,服勤五年。大历十一年(776),隐于大梅山。建中初(780),谒江西马祖。二年(781),参石头,乃大悟。遂隐当阳紫陵山。后于荆南(荆州)城东有天皇寺,顷因火废。僧灵鉴将谋修复。乃曰:"苟得

320

---

① 　大川编《五灯会元》卷七,Z 80:141–142。

② 　《佛祖历代通载》卷一五,T no.2036,49:615。

③ 　笔者查阅了筱原亨一在 "Passages and Transmission in Tianhuang Daowu's Biographies" (pp.134–135)中对这两方碑文的翻译。两方碑文的可靠性不是筱原亨一的主要关注。对于两条材料的探讨,筱原亨一大多基于忽滑谷快天的禅史研究。忽滑谷快天的研究吸收了 17 世纪中国辩论中使用的材料。

悟禅师为化主,必能福我。"时江陵尹右仆射裴公稽首问法,致礼迎至。师素不迎送,客无贵贱皆坐而揖之。裴愈加敬。石头之道赋盛于此。

师患背痛。临终,大众问疾。师蘧召典座近前。师曰:"会么?"对曰:"不会。"师拈枕子抛于地上,即便告寂。寿六十,坐三十五夏。法嗣三世,曰惠真,曰幽闲,曰文贲。实元和二年(807)四月十三日也。

以下是丘元素所作天王道悟碑文:

> 道悟,渚宫(江陵)人。姓崔氏,子玉之后胤也。年十五,依长沙寺(后为天皇寺)昙翥律师出家。二十三,诣嵩山受戒。三十三,参石头。频沐指示,曾未投机。次谒(慧)忠国师(?—775)。三十四,与国师侍者应真南还,谒马祖。祖曰:"识取自心本来是佛,不属渐次不假修持,体自如如万德圆满。"师于言下大悟。祖嘱曰:"汝若住持,莫离旧处。"师蒙旨已便反荆州。去郭不远,结草为庐。后因节使顾问,左右申其端绪。节使亲临访道,见其路隘,车马难通。极目荒榛,曾未修削。睹兹发怒,令人擒师,抛于水中。旌旆才归,乃见遍衙火发,内外洪焰,莫可近之。唯闻空中声曰:"我是天王神! 我是天王神!"节使回心设拜。烟焰都息,宛然如初。遂往江边,见师在水,都不湿衣。节使重申忏悔。迎请在衙供养。于府西造寺,额号"天王"。
>
> 师常云:"快活! 快活!"及临终,时叫"苦! 苦!"又云:"阎罗王来取我也。"院主问曰:"和尚当时被节度使抛向水中,神色不动。如今何得恁么地?"师举枕子云:"汝道当时是? 如今是?"院主无对。便入灭。寿八十二,夏六十三。嗣法一人,曰崇信,即龙潭也。[①]

这两方碑文展现了惊人的相似结构和信息:他们拥有相同的名字,都居住在江陵,只是一个在城东的天皇寺,另一个在城西的天王寺。他们都曾

---

① 《佛祖历代通载》卷一五,T no. 2036, 49: 615a。在《佛祖历代通载》后来的一个版本中,两方碑文都被收录,参见 Z no. 1518, 76: 404b - 405a。

跟随马祖道一和石头希迁学习，尽管他们宣称获得不同的法脉：天皇道悟从石头希迁处得法，而天王道悟从马祖道一。每一名大师都与地方官员有联系，而该官员在僧人生涯中发挥了决定性作用。两篇传记之间的重大区别是，天皇道悟碑文列出的三名法嗣之中，并没有提到龙潭崇信。而天王道悟的传记记载龙潭崇信为其唯一法嗣。如此令人震惊的相似和他们法脉中这样一个明显的区别，强烈暗示至少一篇传记的可靠性存在疑问。同等重要的是，这两方碑文尽管在宋代材料中频繁被提及，但是在元代之前从未出现。关于两篇碑文是怎样流传至元代僧人的，没有史料可资参考。因此，在后来的辩论中，这两方碑文的可靠性是一个问题。

2. 本觉的佛教通史

僧人本觉于 1270 年编纂了十二卷本《释氏通鉴》。模仿司马光（1019—1086）编纂的儒家历史著作《资治通鉴》，本觉的编年史记载了从公元前 970 年到公元 960 年的历史事件。基于大量的历史记录，该书提供了一部清晰的佛教史，因而具有很高的学术价值。不过，在这部历史著作中，他支持天王道悟的存在。在唐代元和三年（808）的条目下，他记述道："十月十三日，荆南城西天王道悟禅师入灭，寿八十二，坐六十三夏。师嗣马祖，其嗣法即龙潭信也。"① 在此条下，本觉加入了一条觉梦堂为重校本《五家宗派》（达观昙颖著）所作的序言，本觉的依据显然来源于此。本觉在该问题上的态度表明天王道悟的存在已经被一些佛教学者承认，天王道悟的传说甚至被并入新编纂的历史著作中。

3. 云壑瑞的禅宗灯史谱系

宋末元初，禅宗持续活跃，一些接受"两道悟"主张的禅师，在经修改的世系从属的基础上，开始编纂新的补续传灯录。许多后来的辩论者指出云壑瑞的《心灯录》是彻底修改通行法系的首次尝试。根据一些材料，这部著作完成于 1341—1368 年，不过一条后出材料显示其写作的确切时间为南宋时期的 1277 年。② 不管此书的来源如何，此书已经亡佚了，甚

---

① 本觉《释氏通鉴》，XZJ 131：954c。
② 参见纪荫《宗统编年》，Z 86：257c。根据他的材料，《心灯录》由于对禅宗世系从属的草率修改而没有广泛流传。此书可能在晚明仍然存世，因为书名出现在私人藏书楼千顷堂的书目中。参见黄虞稷《千顷堂书目》，第 1208 页。

至早在 17 世纪,辩论者们已经没有机会阅读它。所有关于此书的材料来自一篇 1364 年廷俊(1299—1368)为元版《五灯会元》所作的序言。① 在这篇序言中,廷俊赞扬了《五灯会元》的编纂并特别提到了《心灯录》,因为他相信这部著作是在所有谱系著作中最全面的。该书采纳了天王道悟的碑文,以之为据,改变了通行的法系。廷俊为这一著作没有广泛流传而感到遗憾。尽管此书现已亡佚,但这条参考文献已经足资后来的辩论者引作修改禅宗谱系的先例。

4. 觉岸的佛教通史

另一部公开采纳天王道悟主张的佛教史著是《释氏稽古略》。这部四卷本著作于 1354 年由觉岸(1286—?)编纂,是佛教史上重要事件的通史。它参照本觉的《释氏通鉴》,按照朝代和帝王继位顺序编排材料。通过政治事件和佛教史的并置,这部著作详述了中华帝国和佛教发展之间的关系。该书旁征博引了大量史料,其中关于译经数量、寺院建筑数量和法定僧人数量方面的资料尤为丰富。不过,正如陈士强指出的,此书也有不少历史错误。②

卷三记载了唐代佛教的相关信息。在元和二年(807)的条目下,觉岸在符载碑文的基础上记录了天皇道悟的传记。在元和三年(808)条目下,他基于重印版《五灯会元》记录了天王道悟的传记信息。他明确提到丘元素的碑文,似乎完全接受该碑文的可靠性,将龙潭崇信记载为天王道悟唯一的法嗣。③ 他在注释中称,他曾查阅《五灯会元》。显然,他关于天王道悟的材料是基于元代重印的《五灯会元》中附加的碑文。但蹊跷的是,在827 年条下,他将龙潭崇信记为天皇道悟的法嗣。④ 这与他先前关于天王道悟的记载明显矛盾。他注释称,这一次他依据的是《景德传灯录》。从这些互相抵牾的条目中,我们可以看到两道悟身份在元代的混乱。

---

① 关于这篇序言,参见 Z no.1564, 80:1。关于廷俊的传记,参见位中净符《祖灯大统》卷八二,第 4 册第 141—142 页。

② 参见陈士强《佛典精解》,第 237—244 页。

③ 参见觉岸《释氏稽古略》卷三,T no.2037, 49:831c。

④ 觉岸《释氏稽古略》卷三,T no.2037, 49:836b。

B. 反对"两道悟"主张的证据

　　17世纪"两道悟"主张的支持者们主要根据上述材料建立他们的论据。存在两位道悟的论点看似已经坚实地树立起来。然而,曹洞宗僧人的抗辩直接指出丘元素撰写的天王道悟碑文是伪造的。在接下来的部分中,笔者将介绍为曹洞宗僧人们所倚重的证据。

来自主流禅宗历史著作的证据

　　虽然支持"两道悟"主张的证据为禅宗史提供了新的发现,但是通过引用大量仅提到天皇道悟的禅宗史著,反对者明显占据了上风。在这些著作中,赞宁的《宋高僧传》是最重要的,当中详细叙述了天皇道悟和龙潭崇信。

　　1. 赞宁所作天皇道悟和龙潭崇信的传记

　　反对"两道悟"主张的最有力证据是收录在赞宁《宋高僧传》中的天皇道悟和龙潭崇信传记。这本书并不是禅宗史著,它将僧人们划分成十种传统类别。如果一位高僧在译经、义解、习禅、明律、护法、感通、遗身、读诵、兴福、唱导方面对佛教作出了贡献的话,[①]他就可以入传。赞宁不顾一些禅僧的抗议,在他的《宋高僧传》中,将许多禅宗祖师,例如菩提达摩,放在"习禅"目录下。[②]

　　在卷十,赞宁提供了天皇道悟生平的详细叙述。根据赞宁所述,道悟十四岁下决心离家并在明州受戒。二十五岁时,他在杭州竹林寺受具足戒。随后,他随径山国一禅师学习。服勤五年后,他受到印可。尔后,在大历十一年(776),他到余姚大梅山隐居三四年。建中初年(780),他到钟

---

① 作为一项关于高僧传记分类的详尽研究,参见柯嘉豪(John Kieschnick)的著作,Kieschnick, *The Eminent Monk: Buddhist Ideals in Medieval Chinese Hagiography*。他提出这些分类可能反映了"寺院想象(monastic imagination)",而不是寺院世界的实际形势。

② 比如,觉范慧洪指出,将达摩包含在"习禅"类别中是完全不能接受的,因为达摩面壁的实践不是禅修的一种方式。他揭示出作为禅者自身理解的禅和作为禅修的禅定之间的重要区别。参见石井修道《宋代禅宗史の研究》,第12页。

陵参谒马祖。781 年,他参谒石头。在此,赞宁并没有提及道悟最终从哪位大师那里获得法脉。相反,赞宁还称赞道悟跟随了三位禅师学习。根据这篇传记,道悟首先驻锡于沣阳,尔后在漂口。最终他栖息于当阳柴紫山,那里与节度使治所荆州相邻。由于先前著名的天皇寺不久前被焚毁,崇业寺住持灵鉴便邀请道悟驻锡。于是一场关于大师最终住所的争执爆发了。江陵尹右仆射裴公被道悟吸引并全心全意投诚。赞宁的记述显示,在 807 年,道悟受到背痛侵袭,并在当年四月最后一天入灭,春秋六十,僧腊三十五。八月五日,他被葬于城东。①

赞宁对道悟的生平编年提供了许多细节,甚至提到大师的身高和外貌特征。除了记载道悟的生平,赞宁还提供了窥视道悟禅宗思想的一斑。据他所说,道悟的实践基于《菩萨璎珞本业经》,并且依靠《华严经》得到启示。他的教学尖锐而有力。赞宁从他那里引用了一段话:"垢净共住,水波同体,触境迷着,浩然忘归。三世平等,本来清净。一念不起,即见佛心。"从这一段简短的偈语判断,道悟的思想与南宗的说辞一致。在这篇传记最后,赞宁提到,他的弟子们是出类拔萃的,并且全体都被赞为"天皇门风"。② 赞宁列举了他的两名弟子慧真和文贲。③ 赞宁还提及符载撰写了一篇文章(而不是碑文)来赞扬道悟(尽管赞宁没有说明他的材料来源,但是笔者推测他的材料可能建立在符载文章的基础上)。

赞宁没有在道悟的弟子中提到龙潭崇信。不过,紧接在新道悟传记之后,他即对崇信及其与道悟之间的关系作了简要叙述。据他所说,龙潭崇信是渚宫(江陵)胡饼师之子,家居天皇寺巷。每天,崇信都会带胡饼给道悟吃。但道悟食后总是给崇信回馈一饼并说:"吾惠汝以荫子孙。"龙潭崇信非常迷惑,因为这个饼来自他带给大师的饼。当他向道悟询问后,道悟回答道:"是汝持来,复汝何咎?"于是,道悟劝崇信出家并为其起名崇信。后来,崇信去沣阳龙潭寺驻锡,并在尚书李翱(772—

---

① 他的坟墓于 20 世纪 50 年代在沙市被发现。参见程欣人《沙市市郊发现唐代墓塔》。

② 参见 T no. 2061, 50: 769。

③ 后来的禅宗史书列出了三名法嗣。不过,黄宗羲指出,赞宁传记中的一个词被误读为人名。参见笔者以下关于黄宗羲论点的叙述。

836)的提拔下声名鹊起。他的弟子德山宣鉴进一步发扬了龙潭崇信的宗风。①

显然,尽管赞宁并没有明确提到崇信是道悟的法嗣,但将两部传记并列在一个章节中,暗示了师徒关系。由于赞宁的著作编于 988 年,比其他所有天皇道悟的叙述都要早,它可能为道悟生平的简略记载提供了一个原型,包括之后很晚出现的道悟碑文。②

2.《景德传灯录》中天皇道悟的记载

曹洞大师还引用了道原的《景德传灯录》,因为其中没有包括关于天王道悟的任何信息。③ 在卷一四中,只有天皇道悟被清楚地记载为石头希迁的法嗣。与赞宁的记载不同,道原增加了石头和天皇之间的许多机缘对话,并明确指出天皇由于这些对话而开悟。此外,道原还说,天皇受邀到荆州后,石头禅在当地兴盛起来。除此之外,龙潭崇信被列为天皇道悟的法嗣。主流灯史,如契嵩的《传法正宗记》甚至慧洪的《禅林僧宝传》,都遵从《景德传灯录》,拒绝了天王道悟存在的假设。

关于“两道悟”记载的篡改

至于天王道悟在一些灯史中的出现,“两道悟”主张的反对者认为这些参考文献是后来篡改的。虽然慧洪提到天王道悟的轶事,但是关于两位道悟的材料,直到元版《景德传灯录》和《五灯会元》才被加入。④ 举例来说,正如曹洞大师惟直智楷指出的,当至正二十四年(1364)《五灯会元》

---

① 白瑞德(Timothy H. Barrett)认为他们的交往是不可能的。保存在道原的《景德传灯录》中的他们之间的对话,一定创作于 10 世纪下半叶。参见 Barrett, *Li Ao: Buddhist*, *Taoist*, *or Neo-Confucian?*, p.49。

② 《祖堂集》是现存最早的选集。但是,它在中国失传,17 世纪的禅师无法使用它。

③ 现存《大正藏》版《景德传灯录》是一个明代版本,包括了一条紧跟在天皇道悟传记后面的附注。正如《大正藏》的编者注释的,这段增补总计 1 028 个汉字,附在明本中。参见 T no.2067, 51: 309c-10b。但是在早期版本中并没有这条附注,参见柳田圣山《宋版高丽本景德传灯录》。

④ 现今《大正藏》版《景德传灯录》中的“天皇道悟”条目下含有一条关于天王道悟问题的附注,该附注引用了觉范慧洪和觉梦堂的叙述。参见《景德传灯录》,T 51: 309-310。

由越州开元寺的业海子清再版时,根据云壑瑞的《心灯录》,两方碑文被合并为注释。①

1. 张商英的伪造

327
  觉梦堂给达观昙颖的《五家宗派》所作的序言是一条重要证据,为张商英等文人涉足佛教提供了最详尽的叙述。然而,曹洞宗僧人们在仔细阅读了这篇序言并将其内容与历史事实进行核对后,声称这篇序言或这篇序言中提供的信息一定是假的,因为其中有一处明显的时代错误。序言称张商英从达观昙颖处求阅碑文。但是,曹洞大师认为,张商英与达观昙颖不可能见面。因为达观昙颖早于张商英六十三年(根据我们的计算实际上是六十一年)去世,当时,张商英还是一个参加科举考试的学生。此外,现存张商英传记指出,他早年是一位激进的反佛教的儒者,甚至打算写作一篇名为《无佛论》的文章。若是这样,他们的相遇就不可能如觉梦堂序言所说的那样发生。②

2. 丘元素和天王寺存在的可疑

  天王道悟碑文的可靠性是辩论的焦点之一。如果这方碑文被证伪,"两道悟"的主张自然会瓦解。反对者坚持这方碑文的作者是假冒的,并且天王寺从未存在过。根据一些曹洞大师所说,在现存的唐代材料和断代史中,并不存在名叫丘元素的官员。曹洞宗僧人笑峰大然(倪嘉庆)写作出版了一篇名叫《熄邪辩》的文章,此文讨论了唐代制度史。他证明丘元素并不是荆州节度使之一③(如笔者在前文指出的,根据欧阳修和陈思的碑刻记录,笑峰大然的主张是错误的)。除此,在位中净符的《法门除宄》序言中,笑峰大然的师兄石潮大宁进一步称,即便在湖北省的方志中,

---

① 惟直智楷《正名录》,第 11 页。辩论性著作《正名录》的作者争辩说,现已亡佚的由僧人云壑瑞编写的禅宗谱系《心灯录》因出现得太晚而不能认真对待。位中净符指出,业海子清在 1284 年增加了这条注释。业海子清是晦机元熙(1238—1319)的法嗣,是越州天衣寺住持。参见文绣《增集续传灯录》卷一四中业海子清的传记,XZJ 142:818b - 819a。
② 位中净符《法门除宄》,Z 86:485 - 495。关于张商英的研究,参见 Gimello, "Chang Shang-yin on Wu-t'ai Shan", pp. 91 - 97; Helwig Schmidt-Glintzer(施寒微)"Zhang Shang-yin (1043 - 1122):An Embarrassing Policy Adviser under the Northern Sung"。
③ 惟直智楷《正名录》,第 13 页。

也仅有天皇寺,而没有天王寺的痕迹。①

3. 天王道悟碑文的剽窃部分

曹洞大师所引用的最有力的内在证据是,天王道悟碑文中记录的机缘故事抄袭自《景德传灯录》中关于白马昙照的章节。白马昙照是南泉普愿的弟子,驻锡于荆南白马寺。两道悟也驻锡于同城。

白马昙照的传记包含了天王道悟传记中所载的相同故事:他被一名 [328] 节度使扔进荆州的河中。白马昙照传记中以下段落几乎与天王道悟碑文完全相同:

> 荆南白马昙照禅师常云:"快活!快活!"及临终,时叫:"苦!苦!"
> 又云:"阎罗王来取我也。"院主问曰:"和尚当时被节度使抛向水中,神
> 色不动。如今何得恁么地?"师举枕子云:"汝道当时是?如今是?"院主
> 无对。②

由于这一相似性,曹洞大师断定天王道悟碑文由一些意图奉承张商英的人所作,而张氏是当时最显赫的佛教护法。

4. 惟直智楷、黄宗羲发现的两方碑文中的内在矛盾

除了寻找外围材料来证伪天王道悟碑文外,曹洞宗僧人还发现天王道悟碑文中的一些内在矛盾。举例而言,曹洞宗僧人惟直智楷指出,虽然大多数有关天王道悟的记载称他初次拜见石头希迁是在三十岁,《佛祖历代通载》记载当他见到石头希迁时是三十三岁。③ 关于他的去世时间,《五灯会元》和《指月录》为"元和三年",而《林间录》和《佛祖历代通载》记载为"元和十三年"。惟直智楷还发现因将宋代地名用在唐代地点上而发生的一处时代错误。例如,他注意到天王道悟碑文的作者丘元素被记为"荆南"节度使,"荆南"是一个宋代城市地名,而唐代则叫"江陵"。这些矛

---

① 参见石潮大宁给《法门除宄》所作的序言,Z 86:489a。石潮大宁(?—1720)是觉浪道盛的法嗣。

② 道原编《景德传灯录》,T 51:276a-b。

③ 惟直智楷《正名录》,第12页。

盾被认为是证明天王道悟碑文伪造的有力内在证据。[①]

天皇道悟碑文的内在证据也与赞宁的《高僧传》相矛盾。黄宗羲代表了这种观点。天皇道悟碑文出现得较晚，并未揭示比赞宁所提供的信息更多的内容。基于对赞宁《宋高僧传》的仔细阅读，黄宗羲捕获了一处小矛盾。关于天皇道悟的弟子，赞宁作出了如下记载："比丘慧真、文贲等禅子幽闲，皆入室得悟之者。"[②]然而，一般公认的天皇道悟碑文列出的弟子如下："法嗣三世，曰惠真，曰幽闲，曰文贲。"在此，"幽闲"一词，意为"平静温和"，却被当作僧人的名字。黄宗羲据此认为天皇道悟碑文也是伪造的：

> 所谓禅子幽闲者，即指慧真、文贲等而言，言其情性幽闲也。附注改为"法嗣三人，曰慧真，曰文贲，曰幽闲"。以赞辞扭作人名为附注者，文理尚未通也。[③]

因此，黄宗羲强烈怀疑天皇道悟碑文的可靠性，因为作者误读了赞宁的记载，将一个赞语误认为人名。这条内在证据指出，符载的碑文可能是基于赞宁撰写的天皇道悟传记伪造的。

5. 晚明德山宣鉴碑文的发现和雪峰义存的证词

在这场辩论中，龙潭崇信的世系从属关系对于后世来说是关键。要证明龙潭崇信是天皇而非天王的法嗣，一个有效策略是观察龙潭崇信的后嗣如何看待自身的源流：如果接近龙潭崇信时代的法嗣声称他们属于青原行思的世系而不是南岳怀让，这就证明龙潭崇信是天皇道悟的法嗣。曹洞宗僧人确实从历史材料中找到了许多这样的证词。例如德山宣鉴的碑文清楚地陈述他的世系可以被追溯到荆州天皇道悟。[④] 不过，这方碑

---

① 惟直智楷《正名录》，第12—13页。
② 赞宁《宋高僧传》卷一〇，T 50：770。
③ 参见黄宗羲《答汪魏美问济洞两宗争端书》，氏著《南雷文约》，载《梨洲遗著汇刊》，第43页。汪魏美是一位佛教居士。关于他的小传，参见 ZFR：315。
④ 参见惟直智楷《正名录》，第17—18页。

文直到 1615 年才在德山旧址被发现，它的来源可能并不可靠。现将《正名录》中由僧人文学撰写的碑文摘录征引如下：

> 自曹溪（慧能）至吉州（行）思大师、南岳石头、荆州天皇、沣州龙潭。至先和尚讳（德山）宣鉴，闻沣州有龙潭大师，则石头（世系）之二叶矣，摄衣住焉。既见，喜而叹曰："穷诸玄辩，如一毫置于太虚云云。"①

330

这条新证据在 1615 年春由一名叫杨鹤（？—1635）的人和他儿子发现于武陵。他们寻访了寺院旧址，并在灌木丛中发现了废弃的石柱。尽管大多数字迹已经漫漶不清，但他们还是能够读出上引段落。残余部分明确指出龙潭崇信是天皇道悟的法嗣。

除了这条新证据之外，德山宣鉴的另一名弟子雪峰义存（822—908）自称属于青原一系。雪峰义存大量记载中的一段插曲记录了雪峰义存和闽王的一段对话，其中他承认德山宣鉴属于石头世系。因此，德山的师父龙潭崇信一定源出天皇道悟。②《正名录》着意记录的这类证据，在宋代的禅宗文献中很丰富。③

C. 关于"两道悟"主张的现代研究

在禅宗史的现代研究中，关于 17 世纪"两道悟"的僧净引起了中国和日本学者的注意，他们似乎已就天王道悟碑文应该作为赝品被摒除达成一致。④ 例如忽滑谷快天编列了尽可能多的材料证明天王道悟碑文是伪

---

① 参见惟直智楷《正名录》，第 17 页。

② 雪峰义存《雪峰义存禅师语录》（或《真觉禅师语录》），Z no. 1333, 69：79b。

③ 参见惟直智楷《正名录》，第 17—21 页。

④ 最近，一些英语世界的禅宗学者也讨论了这个问题。他们倾向于相信天王道悟是一个伪造的人物。参见 Welter, *Monks, Rulers and Literati: The Political Ascendancy of Chan Buddhism*, pp. 86 – 88；Jia Jinhua（贾晋华），*The Hongzhou School of Chan Buddhism in Eighth-through Tenth-Century China*, pp. 22 – 26。

造的。他的大多数材料都是在 17 世纪的辩论中提到的。作为一名日本曹洞宗学僧,他很容易地接受了中国曹洞大师的论点,特别是位中净符假定的部分。对他而言,所有的僧净源于达观昙颖,他对佛教历史一无所知,对宗派差异有偏见,并且"无耻"地作伪证。对那些临济宗僧人们而言,如支持"两道悟"主张的密云圆悟和他的追随者,忽滑谷的评论和责难是严厉而贬损的,即使三个世纪之后,也再次揭示了辩论的宗派性质。①

　　宇井伯寿也简要讨论了这一问题,他的观点影响了其他日本曹洞学者,如阿部肇一、铃木哲雄和石井修道。② 宇井指出了天王道悟碑文中的一些问题。首先,虽然慧洪在《林间录》中提到天王道悟,但是他没有将这番叙述作为真实历史接受。在之后出版的《禅林僧宝传》中,觉范慧洪仍然坚持《景德传灯录》中的原始谱系版本。其次,尽管归登和宗密都提到道悟为马祖的大弟子,但是这并不意味着该道悟即指天王道悟。相反,这仅仅表明天皇道悟曾经跟随马祖和石头学习。第三,觉范慧洪的叙述和天王道悟碑文之间有一处文本矛盾:慧洪报告天王道悟死于元和十三年,而碑文陈述他死于元和三年。③ 根据宇井所说,这表明天王道悟碑文一定是假的。最后,宇井注意到赞宁的天皇道悟和龙潭崇信传记早于达观昙颖的《五家宗派》和慧洪的《林间录》出现。这意味着天王道悟的伪造可能是对赞宁《宋高僧传》的一个回应。与忽滑谷相似,宇井的论述也依靠位中净符的《法门除宄》。关于此书,笔者已在本书第九章中作过介绍。

　　石井修道也对这个问题作过简短调查。大部分基于忽滑谷和宇井的研究,石井否决了天王道悟碑文的可靠性并批评了支持"两道悟"主张的虎关师炼。根据 1984 年 9 月 7 日日本驹泽大学第六次中国实地考察,石井确认天皇道悟原先居住在当阳县柴紫山区紫陵峰。④

　　陈垣也讨论了这场争论,他的结论影响了大多数中国学者。正如他

① 参见忽滑谷快天在《禅学思想史》中关于这场辩论的讨论,第 497—526 页。
② 下列著作简短提到了这个问题:阿部肇一《增订中国禅宗史的研究:政治社会史的考察》,第 38 页;铃木哲雄《唐五代禅宗史》,第 430—431 页;石井修道《宋代禅宗史の研究》,第 49 页。
③ 宇井伯寿《第二禅宗史研究》,第 458—460 页。
④ 石井修道《中国禅宗史话》,第 447—452 页。

所指出的,天王道悟碑文这条核心证据是无根据的;并且觉范慧洪有关天王道悟的叙述应该被理解为一则反映了临济宗和云门宗之间斗争的趣闻,而不是一段严肃的历史叙事。他猜想,甚至觉范慧洪本人也不相信丘元素碑文的存在,因为在他为晚于《林间录》出版的禅宗谱系《禅林僧宝传》所作的序言中,慧洪依然坚持《景德传灯录》中的原始谱系版本。根据陈垣的说法,费隐的错误是他太依赖元代编纂的可疑的《佛祖历代通载》,而此书当中含有太多错误信息。①

　　丘元素的身份是这场辩论的关键。可是,现代历史学者所做的工作并不比欧阳修和黄宗羲更好。没有历史学者找到任何丘元素确实是荆州节度使的坚实证据。他是否如欧阳修和陈思所发现的那样为夔州刺史,仍待进一步研究。② 除此之外,一些学者怀疑天王道悟碑文中提到的裴尚书可能是裴胄(? —803),他从 792 年到 803 年担任荆南节度使。③ 在中国,一次新的考古发现仅仅确认了天皇道悟的身份。20 世纪 50 年代于湖北沙市郊区,发现了建于唐代的天皇道悟舍利塔。根据一份简短的考古报告,天皇道悟的名字被刻在塔身上,但是没有发现碑记或者塔铭。④ 基于这些证据,对于现代学者而言,接受天皇道悟的身份是比较有把握的。

　　最有力的文字证据可能来自最早的禅宗选集——编于 952 年的《祖堂集》。这部早期的传记合集没有关于天王道悟的记载,但天皇道悟被清楚地记载为石头希迁的法嗣。记录中陈述,他居住在荆南,名叫道悟。除了他与石头的机缘对话,他的记录没有提供更多信息。更重要的是,他的传记清楚表明,作者们并没有读到过他的塔铭或者官方传记。⑤ 尽管《祖

① 陈垣《释氏疑年录》,第 123 页。亦参见侯延庆为觉范慧洪《禅林僧宝传》作的序言,Z 78:490c - 491a。中国学者如汤用彤、周叔迦和吕澂大多遵循他的论点。关于最近一些讨论,参见吴立民等《禅宗宗派源流》,第 286—288 页;麻天祥《中国禅宗思想发展史》,第 151—156 页。不过,葛兆光坚持反对天王道悟碑文的证据还不够充分,呼吁对此案重新审查,参见氏著《中国禅思想史: 6 世纪到 9 世纪》,第 295—302 页。
② 参见郁贤皓《唐刺史考》第 5 册,第 2403 页。
③ 同上书,第 2354 页。
④ 参见程欣人《沙市市郊发现唐代墓塔》。
⑤ 静、筠《祖堂集》,第 78 页 b。

堂集》没有像赞宁那样直接在天皇道悟的传记后记载龙潭崇信的传记,但
他还是作为天皇道悟的法嗣被记入卷五。根据这份记载,龙潭崇信居住
于"沣朗"(可能是"沣州"的刻印错误)。出家之前,他居住在天皇巷,以烤
胡饼为业。当时,天皇道悟在寺中静坐禅定,除了崇信外,无人可以靠近。
崇信经常带来胡饼十枚"以饷斋食"。每次,道悟都留一饼给崇信,云:"吾
慧汝以荫子孙。"后来,崇信由道悟剃度并达到彻悟。除了一些文字变化,
这些详尽的叙述与赞宁的记载极为相似。①

---

① 静、筠《祖堂集》,第 95—96 页。魏雅博也已经注意到《祖堂集》中天皇道悟传记的简洁,但没
　有注意其在禅宗史上的重要性。参见 Welter, *Monks, Rulers and Literati: The Political
　Ascendancy of Chan Buddhism*, pp. 86 - 88。

参 考 文 献

译注说明:

1. 原书将所有参考文献按照音序混排,此处根据中文习惯分为古籍史料、中文、日文和西文文献,仍按音序排列(包括日文,日文文献按日语发音音序排列)。

2. 无名氏著作、寺志、字典以及大部分原始材料收藏,仅按标题音序排序。

A. 古籍史料

A

《阿育王山志》,ZFS vols. 89, 90。

《阿育王寺新志》(2卷),桑文磁等编,宁波:阿育王寺,1989。

B

《宝华山志》,ZFS vol. 53。

《宝林传》,《宋藏遗珍》5《宝林传 传灯玉英集》,柳田圣山编,京都:中文出版社,1983。

本觉.《释氏通鉴》(12卷),Z no. 1516, vol. 76; XZJ vol. 131。

别庵性统.《续灯正统》(42卷),Z. no. 1582, vol. 84。

不空译.《佛说救拔焰口饿鬼陀罗尼经》,T no. 1313, vol. 21。

——.《金刚顶瑜伽中发阿褥多罗三藐三菩提心论》,T no. 1665, vol. 32。

C

《禅林课诵》,1662,该珍稀古籍现藏日本驹泽大学图书馆。

《禅门日诵》,木板印刷,天宁寺本;再版,天台山国清寺,日期未详。

《禅门逸书初编》(10卷)，明复编，台北：汉声出版社，1980。

《禅门逸书续编》(10卷)，明复编，台北：汉声出版社，1987。

《禅宗全书》(101卷)，蓝吉富，台北：文殊文化有限公司，1990。

晁迥.《道院集要》(3卷)，《四库全书》子部第1052册。

———.《法藏碎金录》(10卷)，《四库全书》子部第1052册。

———.《昭德新编》(2卷)，《四库全书》子部第894册。

陈荆和主编.《十七世纪广南之新史料》，台北："中华丛书"委员会，1960。

陈思.《宝刻丛编》，《石刻史料新编》第24册。

吹万广真.《吹万禅师语录》，JXZ no.239, vol.29。

D

《大昭庆律寺志》，1882，ZFS vol.71。

大川编.《五灯会元》，Z no.1565, vol.80。

《大藏经补编》(37册)，蓝吉富编，台北：华宇出版社，1984—1986。

澹归今释(金堡).《遍行堂集》，《禅门逸书续编》第4册。

道原编.《景德传灯录》，T no.2076, vol.51。

邓豁渠.《南询录》，1599，据日本内阁文库所藏古籍整理，《中国哲学》19辑，荒木见悟
　　加序号，黄宣民标点，长沙：岳麓书社，1998：377—414。

《邓蔚山圣恩寺志》，ZFS vols.44,45。

董含.《莼乡赘笔》，《中国近代小说史料汇编》再版(20册)，台北：广文书局，1980。

F

费隐通容.《般若心经斩轮解》(1卷)，Z no.548, vol.26。

———.《丛林两序须知》(1卷)，Z no.1251, vol.63; XZJ vol.112。

———.《费隐禅师语录》(14卷)，JXZ no.178, vol.26。

———.《费隐禅师别集》(18卷)，前言注明日期1648年，初藏于日本大阪庆瑞寺，现
　　藏于日本驹泽大学图书馆。

———.《福严费隐容禅师纪年录》，《费隐禅师语录》，JXZ no.178, vol.26。

———.《密云禅师年谱》，《密云禅师语录》，JXZ no.158, vol.10。

———.《五灯严统》(25卷)，1653，Z no.1568, vols.80,81。

———.《五灯严通解惑篇》(1卷)，Z no.1569, vol.81。

———.《原道辟邪说》(1 卷),见于《费隐通容禅师别集》(16 卷);又见《翻刻辟邪集》
    (2 卷),日本福圆寺重印,1860;又见于《圣朝破邪集》(8 卷),徐昌治主编,1639,重
    印于日本,1855。

———.《祖庭钳锤录》,Z no.1286, vol.65。

汾阳善昭.《汾阳无德禅师语录》,T no.1992, vol.47。

《佛教大藏经》(84 册),蓝吉富主编,台北:佛教出版社,1977—1983。

《佛教名人年谱》(3 册),北京:北京图书馆,2003。

福聚汇编.《南山宗统》,1744;再版,1936。笔者参考了上海图书馆所藏版本。

G

高晋.《南巡盛典》,台北:文海出版社,1970 年重印。

高峰原妙.《高峰禅师语录》,XZJ vol.122。

高罗佩.《明末义僧东皋禅师集刊》,重庆:商务印书馆,1944。

《高明寺志》,朱封鳌、韦彦铎点校,北京:当代中国出版社,1995。

《五山文学全集》(5 册),上村观光编,东京:五山文学全集刊行会,1936。

郭黎眉编.《教外别传》(16 卷),Z no.1580, vol.84;XZJ vol.144。

《鼓山志》,1761, ZFS vol.97。

H

《海潮音》,1920—1949;重印(41 册),上海:上海古籍出版社,2003。

憨山德清.《憨山大师梦游集》(52 卷),Z no.1456, vol.73;JXZ nos.115,116,117,
    vol.22。

寒松智操.《寒松操禅师语录》,JXZ no.392, vol.37。

汉月法藏.《弘戒法仪》(又名《传授三坛弘戒法仪》),ZH vol.116;JXZ no.397,
    vol.37。

———.《三峰法藏禅师年谱》,《三峰汉月禅师语录》,JXZ no.299, vol.34。

———.《三峰藏和尚语录》(16 卷),JXZ no.299, vol.34。

———.《五宗原》(1 卷),Z no.1279, vol.65;XZJ vol.114。

———.《于密渗施食旨概》,约 1626,Z no.1082, vol.59。

平久保章.《新纂校订隐元全集》,京都:开明书院,1979。

黄虞稷.《千顷堂书目》,再版,台北:广文书局,1967。

黄宗羲.《梨洲遗著汇刊》(57 卷),上海:时中书局,1910。

———.《明儒学案》(2 册),再版,北京:中华书局,1985。英文节译本：*The Records of Ming Scholars*, trans. and ed. by Julia Ching, Honolulu：University of Hawai 'i Press，1987。

———.《南雷文定前集后集三集》,上海:商务印书馆,1937。

黄宗羲汇编.《明文海》,《四库全书》第 1454 册。

幻有正传.《龙池幻有禅师语录》(12 卷),JXZ no. 169, vol. 25。

幻轮汇编.《释氏稽古略续集》(3 卷),T no. 2038, vol. 49。

《护法正灯录》(1 卷),该珍稀古籍现藏于上海图书馆。

慧洪.《禅林僧宝传》(30 卷),Z no. 1560, vol. 79。

———.《临济宗旨》(1 卷),Z no. 1234, vol. 63。

———.《林间录》(2 卷),Z no. 1624, vol. 87。

J

霁仑超永.《五灯全书》(120 卷),1693, Z no. 1571, vols. 81、82。

纪荫.《宗统编年》,1689, Z no. 1600, vol. 86; XZJ vol. 147。

《江陵县志》,1794 年再版,《湖北方志》12,台北:台湾书局,1970。

焦竑编.《国朝献征录》,再版,《明代传记丛刊》第 114 册,台北:明文书局,1991。

《景印文渊阁四库全书》(1500 册),台北:商务印书馆,1983—1996。

静、筠.《祖堂集》,重印,台北:中文出版社,1974。

《旧唐书》,北京:中华书局,1976。

居顶汇编.《续传灯录》,T no. 2077, vol. 51。

觉岸.《释氏稽古略》,T no. 2037, vol. 49。

觉浪道盛.《天界觉浪盛禅师全录》,JXZ no. 311, vol. 34。

K

虎关师炼.《济北集》,《五山文学全集》第 1 册,上村观光编,东京:五山文学全集刊行会,1936。

L

《理安寺志》,1877, ZFS vol. 77。

《历代法宝记》,收入《初期の禅史》,柳田圣山编,东京:筑摩书房,1976。

李贽.《李贽文集》(7卷),北京:社会科学文献出版社,2000。

临济义玄.《临济录》(又名《镇州临济慧照禅师语录》),T no.1985, vol.47。

刘献庭.《广阳杂记》,再版,北京:中华书局,1957。

《律门祖庭汇志》,南京,1904。

M

密云圆悟.《密云禅师语录》(12卷),JXZ no.158, vol.10。

———.《辟妄救略说》(10卷),1638,Z no.1280, vol.65。

———.《天童直说》(又名《密云圆悟禅师天童直说》)(9卷),木陈道忞编,约1642—
　　1643。本文献曾为日本东方文化学院东京研究所藏。

《明实录》,重印,台北:台湾"中研院"历史语言研究所,1962—1968。

《明实录类纂(文教科技卷)》,李国祥、杨昶主编,武汉:武汉出版社,1992。

《明版嘉兴大藏经》(40册),《中华大藏经》第二辑重印,台北:新文丰出版社,1987。

《明季烈臣传》,《稀见明史史籍辑存》第23—29册。

木陈道忞.《北游集》(又名《天童弘觉忞禅师北游集》),JXZ no.180, vol.26。

　　.《布水台集》,JXZ no.181, vol.26。

———.《禅灯世谱》,1632,Z no.1601, vol.86。

———.《山翁忞禅师随年自谱》(1卷),《东方学报》I, 1(1957):289—304。

———.《天童弘觉忞禅师语录》(20卷),JXZ no.179, vol.26。

木陈道忞编.《天童密云禅师年谱》(1卷),《北京图书馆藏珍本年谱丛刊》(55册),北
　　京:北京图书馆出版社,1999。

穆孔晖.《大学千虑》(1卷),《四库全书存目丛书》经部第156册,第626—655页。

———.《穆文简公宦稿》(2卷),该珍稀古籍现藏于台湾图书馆。

N

念常编.《佛祖历代通载》(22卷),T no.2036, vol.49。

能仁晃道编.《隐元禅师年谱》,京都:禅文化研究所,1999。

O

欧阳修.《集古录》(8卷),《石刻史料新编》(24册)。

P

潘耒.《救狂砭语》,重印,上海:上海古籍出版社,1983。

彭绍升.《居士传》(51卷),Z no.1646,vol.88。

Q

祁彪佳.《祁彪佳集》,重印,上海:中华书局,1960。

———.《祁忠敏公日记》,重印,杭州:杭州古籍书店,1982。

钱伯城.《袁宏道集笺校》,上海:上海古籍出版社,1981。

钱谦益.《笺注钱牧斋全集》(163卷),吴江:邃汉斋,1910。

———.《楞严经疏解蒙钞》(28卷),Z no.287,vol.13。

钱谦益编.《列朝诗集小传》,重印,北京:中华书局,1961。

《乾隆大藏经》,1735—1738;重印(169册),台北:传正有限公司,2002。

《青原志略》,康熙版,ZFS vol.18。

《清凉山志》(8卷),1933,ZFS vol.9。

瞿汝稷.《瞿冏卿集》(14卷),1611,《四库全书存目丛书》集部第187册,第62—
    331页。

———.《指月录》,重印(4卷),台北:真善美出版社,1968;又见于 Z no.1578,
    vol.83。

《全唐文》(1000卷),董诰等编,1814;重印,上海,1990。

R

《日本黄檗山万福寺藏旅日高僧隐元中土来往书信集》,陈智超、韦祖辉、何龄修等编,
    北京:全国图书馆文献缩微复制中心,1995。

如卺编.《禅宗正脉》,Z no.1593,vol.85。

瑞白明雪.《入就瑞白禅师语录》,JXZ no.188,vol.26。

S

《三峰清凉禅寺志》(2卷),1838,ZFS vol.39。

《三峰清凉禅寺志》(18卷),1892,ZFS vols.40,41。

山茨通际编.《东明遗录》(又名《东明祖灯录》)(3卷),1635。该珍稀古籍现藏于上海
    图书馆。

善璨.《正宗心印后续联芳》,Z no.1617, vol.87。

《少林寺志》,乾隆版,ZFS vol.6。

佘常吉.《永庆答问》,《李温陵外集》,潘曾纮编,重印(1 卷),台北:伟文图书出版社,1977:43—58。

沈德符.《万历野获编》,重印,北京:中华书局,1959。

《石刻史料新编》,台北:新文丰出版社,1982。

石濂大汕.《海外纪事》,重印,北京:中华书局,1958。

史惇.《恸余杂记》(1 卷),《四库禁毁书丛刊》史部第 72 册,第 107—124 页。

《新纂大日本续藏经》(90 册),东京:国书刊行会,1975—1989。最初以《大日本续藏经》为名出版(750 册),京都:藏经书院,1905—1912。

《新纂校订隐元全集》(12 册),平久保章编,京都:开明书院,1979。

水鉴会海.《天王水鉴海和尚六会录》(10 卷),JXZ no.230, vol.29。

《四库禁毁书丛刊》(311 册),北京:北京出版社,1997—1999。

《四库全书存目丛书》(426 册),济南:齐鲁书社,1997。

T

《大正新修大藏经》(100 册),高楠顺次郎等编,东京:大正一切经刊行会,1924—1934。

潭吉弘忍.《五宗救》(10 卷),见于《中国佛教丛书:禅宗编》(6 册),任继愈编,南京:江苏古籍出版社,1993;又见于《禅宗全书》(33 册),蓝吉富编,台北:文殊文化有限公司,1990;又见《佛教大藏经》(110 册),蓝吉富编,台北:佛教出版社,1977—1983。

《天台山方外志》(30 卷),1603,ZFS vol.81。

《天童寺志》,ZFS vols.84,85。

天隐圆修.《天隐和尚语录》(15 卷),JXZ no.171, vol.25。

屠隆.《娑罗馆清言》,《丛书集成》第 1 辑第 2986 册,上海:商务印书馆,1936。

W

《卍字续藏经》(150 册);《大日本续藏经》重印,初印于 1912,台北,1976。

王谷.《宗门正名录》,Z no.1567, vol.80。

《王阳明全集》(2 册),吴光等点校,上海:上海古籍出版社,1992。

沩山灵祐.《潭州沩山灵祐禅师语录》,T no.1989,vol.47。

惟白编.《靖中建国续灯录》,T no.2007,vol.51。

惟直智楷.《正名录》,1694,《普慧藏》,1945。该珍稀古籍现藏于上海图书馆。另又重
　　印于《大藏经补编》第 24 卷。

位中净符.《法门锄宄》(1 卷),Z no.1604,vol.86。

———.《宗门拈古汇集》(45 卷),Z no.1296,vol.66。

———.《祖灯辨讹》(2 卷),1672,《祖灯大统》(1 册),第 83—108 页,香港:香港佛学
　　书局,1994;1672 年版保存于上海图书馆。

———.《祖灯大统》(98 卷),1672,收入《普慧大藏经》,1944,4 册;香港:香港佛学书
　　局,1994;又见于《佛教大藏经》,no.2291,vols.109‐110。笔者参考了保存于上海
　　图书馆的 1672 年版。

温睿临.《南疆逸史》,《晚明史料丛书》,东京:大安,1967。

文秉.《甲乙事案》(2 卷),《四库全书丛刊》史部第 2 辑第 72 册,第 43—106 页。

———.《山西巡抚蔡云怡先生殉难始末传》,《稀见明史史籍辑存》第 17 册,第 1—
　　11 页。

文琇编.《增集续传灯录》,Z no.1574,vol.83。

无可大智(方以智).《青原愚者智禅师语录》(4 卷),JXZ no.331,vol.34。

无明慧经.《寿昌无明和尚语录》(2 卷),JXZ no.173,vol.25。

无念深有.《黄檗无念禅师复问》,JXZ no.98,vol.20;ZH vol.79。

《五家语录》,雪峤圆信、郭凝之编,Z no.1326,vol.69;XZJ vol.119。

X

《稀见明史史籍辑存》(30 册),苏晓君、俞冰主编,北京:线装书局,2003。

《新修高僧传四集》,喻谦编,重印,台北:广文书局,1977。

《新修天童山寺志》,北京:宗教文化出版社,1997。

《修习瑜伽集要施食仪》(1 卷),Z no.1081,vol.59。

徐昌治编.《圣朝破邪集》(8 卷),1639;重印,日本,1865。

———.《无依道人录》(2 卷),JXZ no.127,vol.23。

徐鼒.《小腆纪传》,重印,北京:中华书局,1958。

《续修四库全书》(1800 册),上海:上海古籍出版社,1994—2002。

薛寀.《薛谐孟(先生)笔记》(2 卷),重印,常州,1939。

雪窦重显.《明觉禅师语录》(6卷),T no.1996, vol.47。

雪峰义存.《雪峰义存禅师语录》(又名《真觉禅师语录》)(1卷),Z no.1333, vol.69。

雪浪洪恩.《雪浪集》,《禅门逸书续编》,重印,no.217, vol.2。

——.《雪浪续集》,《禅门逸书续编》,重印,no.218, vol.2。

Y

一山一宁.《一山国师语录》,T no.2553, vol.80。

颜钧.《颜钧集》,黄宣民点校,北京:中国社会科学出版社,1996。

柳田圣山编.《宋版高丽版景德传灯录》,重印,台北:中文出版社,1984。

仰山慧济.《袁州仰山慧寂禅师语录》,T no.1990, vol.47。

一如.《大明三藏法数》,重印,台北:新文丰出版公司,1978。

隐元隆琦.《普照国师语录》,T no.2605, vol.82。

——.《普照国师法语》,T no.2606, vol.82。

——.《弘戒法仪》(改编自汉月同名著作),《禅学大系》第7卷,禅学大系编纂局
编,东京:国书刊行会,1913:1—68。

——.《黄檗清规》,T no.2607, vol.82。

——.《黄檗山寺志》(8卷),《续修四库全书》第719册。

——.《隐元禅师语录》(16卷),1655,JXZ no.193, vol.27。

雍正帝.《拣魔辨异录》(8卷),Z no.1281, vol.65。

——.《清世宗关于佛学之谕旨》,《文献丛编》第3、4辑,重印,北京:国立北平故宫
博物院文献馆,1932。

——.《御录经海一滴》,《雍正御制佛教大典》重印,vol.1。

——.《御录宗镜大纲》,《雍正御制佛教大典》重印,vol.2。

——.《御选语录》,Z no.1319, vol.68; XZJ vol.119。

——.《圆明居士语录》,《御选语录》,Z 68:553 - 577。

雍正帝编.《悦心集》,重印,台北:老古文化,1998。

《雍正御制佛教大典》(4册),史原朋主编,北京:中国社会科学出版社,2003。

永觉元贤.《永觉元贤禅师广录》,Z no.1437, vol.72。

《幽溪别志》(16卷),崇祯版,ZFS续编,vol.9.

《瑜伽集要焰口施食仪》(1卷),T no.1320, vol.21。

《玉泉志》,ZFS vol.14。

袁宏道.《金屑编》(1 卷),该珍稀古籍现保存于日本内阁文库。同一版本还存于北京
　　图书馆,重印于《续修四库全书》子部第 1131 册。

———.《珊瑚林》(2 卷),该珍稀古籍现保存于日本内阁文库,重印于《珊瑚林:中国
　　文人の禅问答集》,荒木见悟编译,京都:ぺりかん社,2001。同一版本保存于北京
　　图书馆,重印于《续修四库全书》子部第 1131 册。

袁中道编.《柞林纪谭》,《李温陵外纪》,台北:伟文图书出版社,1978:59—102。

圆悟克勤.《圆悟佛果禅师语录》(20 卷),T no.1997,vol.47。

圆悟克勤编.《碧岩录》(10 卷),T no.2003,vol.48。

源谅编.《律宗灯谱》,乾隆本,民国时期重印。笔者参考了上海图书馆所藏版本。又
　　见于《大藏经补编》,no.118,vol.22。

远门净柱.《五灯会元续略》,Z no.1566,vol.80。

《云林寺续志》,ZFS vol.62。

云门文偃.《云门匡真禅师广录》,T no.1988,vol.47。

《云门显圣寺志》,雍正版,ZFS vol.4。

云栖袾宏.《皇明高僧辑略》,Z no.1581,vol.84。

———.《瑜伽集要施食仪轨》,1606,Z no.1080,vol.59。

———.《云栖法汇》,JXZ no.277,vol.33。

———.《竹窗随笔》,见于《云栖法汇》,JXZ no.277,vol.33;又见《大藏经补编》,
　　no.123,vol.23。

Z

赞宁.《宋高僧传》,T no.2061,vol.50。

赜藏编.《古尊宿语录》(48 卷),Z no.1315,vol.68。

《禅学大系》(8 卷),东京:国书刊行会,1910—1915。

查继佐.《国寿录》,《晚明史料丛书》,再版,北京:中华书局,1959。

湛然圆澄.《慨古录》,Z no.1285,vol.65。

———.《会稽云门湛然澄禅师语录》,JXZ no.172,vol.25。

张岱.《陶庵梦忆》,再版,上海:上海远东出版社,1996。

《昭庆寺志》,1882,ZFS vol.71。

赵孟頫.《赵孟頫集》,任道斌点校,杭州:浙江古籍出版社,1986。

智昭.《人天眼目》,T no.2006,vol.48;Z no.1267,vol.64。

《中国佛教丛书禅宗编》(12 卷),任继愈主编,南京:江苏古籍出版社,1993。

《中国佛教人名大辞典》,释震华遗稿,真禅、王新主编,1999,重印,上海:上海辞书出版社,2002。

《中国佛教思想资料选编》,楼宇烈等主编,北京:中华书局,1981。

《中国佛寺史志汇刊》,杜洁祥编,第一辑(35 卷);第二辑(21 卷);第三辑(30 卷),台北:明文书局,1980。

《中国佛寺志丛刊》(120 册),白化文、刘永明、张智主编,扬州:江苏广陵古籍刻印社,1996。

《中国佛寺志丛刊续编》(10 册),白化文、刘永明、张智主编,扬州:江苏古籍出版社,2001。

《中国历代禅师传记资料汇编总目》(3 卷),徐自强主编,北京:全国图书馆文献缩微复制中心,1994。

《中华大藏经》第二辑,重印(嘉兴正藏、嘉兴续藏、嘉兴又续藏),台北:修订中华大藏经会,1962。

周汝登.《佛法正轮》(又名《直心编》)(2 卷),1603;收入《美国哈佛大学哈佛燕京图书馆藏中文善本汇刊》第 33 册,桂林:广西师范大学出版社,2003:105—134。

———.《周海门先生文录》,万历版,重印,《四库全书存目丛书》集部第 165 册。

周叔迦.《清代佛教史料辑稿》,江灿腾主编,台北:新文丰出版社,2000。

朱时恩.《佛祖纲目》,1634,Z no.1594,vol.85。

宗宝编.《六祖大师法宝坛经》,T no.2008,vol.48。

宗密.《禅源诸诠集都序》(2 卷),T no.2015,vol.48。

———.《中华传心地禅门师资承袭图》(1 卷),Z no.1225,vol.63。

祖琇.《隆兴编年通论》(29 卷),Z no.1512,vol.75。

B. 中文论著

C

蔡鸿生.《屈大均的逃禅归儒和辟佛》,《清初岭南佛门事略》,广州:广东高等教育出版社,1997:73—97。

常青.《中国古塔的艺术历程》,西安:陕西人民美术出版社,1998。

陈来.《关于〈遗言录〉、〈稽山承语〉与王阳明语录佚文》,《清华汉学研究》第 1 辑,1994:176—193。

———.《有无之境：王阳明哲学的精神》，北京：人民出版社，1991。

陈乃乾.《苍雪大师行季考略》，1930；后收入《佛教名人年谱（下）》，北京：北京图书馆，2003：1—48。

陈士强.《佛典精解》，上海：上海古籍出版社，1992。

———.《〈五灯严统〉并〈五灯严统解惑篇〉锥指》，《禅学研究》1（1992）：168—172。

陈寅恪.《柳如是别传》，上海：上海古籍出版社，1980。

陈垣.《陈垣史学论著选》，上海：上海人民出版社，1981。

———.《明季滇黔佛教考》，北京：中华书局，1959。

———.《清初僧诤记》，北京：中华书局，1962。

———.《史讳举例》，北京：中华书局，1958。

———.《释氏疑年录》，北京：中华书局，1964。

———.《汤若望与木陈忞》，《辅仁学志》第 7 卷第 1、2 合期（1938）；又见《陈垣集》，黄夏年编，北京：中国社会科学出版社，1995：83—108。

———.《语录与顺治宫廷》，《辅仁学志》第 8 卷第 1 期（1939.6）；又见《陈垣集》，黄夏年编，北京：中国社会科学出版社，1995：109—120。

———.《中国佛教史籍概论》，北京：中华书局，1962。

陈智超编.《旅日高僧东皋心越诗文集》，北京：中国社会科学出版社，1994。

程欣人.《沙市市郊发现唐代墓塔》，《文物》2（1959）：75。

《辞源（合订本）》，北京：商务印书馆，1988。

D

董群.《祖师禅》，杭州：浙江人民出版社，1997。

F

方豪.《中国天主教史人物传》（3 册），北京：中华书局，1988。

冯尔康.《清世宗的崇佛和用佛》，《佛教与中国文化》，北京：中华书局，1988：304—313。

———.《清史史料学初稿》，天津：南开大学出版社，1986。

———.《雍正传》，北京：人民出版社，1985。

G

葛兆光.《禅宗与中国文化》，上海：上海人民出版社，1986。

———.《中国禅思想史:6世纪到9世纪》,北京:北京大学出版社,1995。

郭朋.《明清佛教》,福州:福建人民出版社,1982。

———.《坛经对勘》,济南:齐鲁书社,1981。

果祥.《紫柏大师研究》,台北:东初出版社,1987。

H

何炳松.《浙东学派溯源》,上海:商务印书馆,1933。

何龄修.《黄毓祺的复明活动及黄毓祺案》,《五库斋清史丛稿》,北京:学苑出版
　　社,2004。

何绵山.《浅谈福建佛教的特点》,《宗教学研究》2(1996.4):67—71。

何孝荣.《明代南京寺院研究》,北京:中国社会科学出版社,2000。

洪修平、孙亦平.《如来禅》,杭州:浙江人民出版社,1997。

侯冲.《云南阿吒力教经典及其在中国佛教研究中的价值》,《藏外佛教文献》6,方广锠
　　主编,北京:宗教文化出版社,1998;后收入氏著《云南与巴蜀佛教研究论稿》,北
　　京:宗教文化出版社,2006:196—209。

———.《云南鸡足山的崛起及其主要禅系》,《云南与巴蜀佛教研究论稿》,再版,北
　　京:宗教文化山版社,2006:425—454。

侯外庐.《中国思想通史》(5卷),北京:人民出版社,1957—1960。

黄端伯.《瑶光阁外集》(2卷),《四库全书存目丛书》集部第193册。

黄启江.《张商英护法的历史意义》,《中华佛学学报》9(1996.7):123—166。

慧严.《明末清初闽台佛教的互动》,《中华佛学报》9(1996):209—242。

J

嵇文甫.《左派王学》,再版,台北:国文天地杂志社,1990。

姜伯勤.《石濂大汕与澳门禅史:清初岭南禅学史研究》,上海:学林出版社,1999。

江灿腾.《明清民国佛教思想史论》,北京:中国社会科学出版社,1996。

———.《晚明佛教丛林改革与佛学争辩之研究》,台北:新文丰出版社,1990。

L

蓝吉富.《嘉兴大藏经的特色及其史料价值》,《佛教的思想与文化——印顺导师八秩
　　晋六寿庆论文集》,台北:法光出版社,1991:255—266。

李利安.《明末清初中国汉传佛教各宗派的基本特点》,《西北大学学报(哲学社会科学版)》1(1998): 83—86。

连瑞枝.《汉月法藏(1573—1635)与晚明三峰宗派的建立》,《中华佛学报》19(1996): 167—208。

———.《钱谦益的佛教生涯与理念》,《中华佛学报》7(1994): 317—370。

廖肇亨.《第一等偷懒沙门: 雪峤圆信与明末清初的禅宗》,《东华汉学》1(2003.2): 229—259。

———.《金堡的节义观与历史评价探析》,台湾《"中央研究院"文哲所通讯》9.4 (1999.11): 95—116。

———.《明末清初遗民逃禅之风研究》,台湾大学硕士学位论文,1994。

———.《晚明僧人山居诗论析: 以汉月法藏为中心》,《第四届通俗文学与雅正文学全国学术研讨会会议论文集》,台北: 新文丰出版社,2003: 49—74。

———.《雪浪洪恩初探: 兼题东京内阁文库所藏"谷响录"》,《汉学研究》14.2(1996. 12): 35—57。

林海权.《李贽年谱考略》,福州: 福建人民出版社,1992。

林元白.《晦山和尚的生平及其禅门锻炼说》,《现代佛学》6(1960): 17—22。

林子清.《元贤禅师的"鼓山禅"及其生平》,《现代佛学》8(1958): 19—22。

刘元春.《明末禅门僧诤与清雍正帝〈拣魔辩异〉评析》,《觉群学术论文集》,觉醒编,北京: 商务印书馆,2001: 49—74。

吕澂.《楞严百伪》,《中国哲学》2(1980): 185—197;后收入《吕澂佛学论著选集》,济南: 齐鲁书社,1991: 370—395。

吕建福.《中国密教史》,北京: 中国社会科学出版社,1995。

M

麻天祥.《中国禅宗思想发展史》,武汉: 武汉教育出版社,1997。

———.《禅宗文化大学讲稿》,北京: 中国人民大学出版社,2009。

孟森.《世祖出家事考实》,《清初三大疑案考实》;后收入《近代中国史料丛刊》,重印,沈云龙主编,36辑,台北: 文海出版社,第23—68页。

牟宗三.《如来禅与祖师禅》,《禅宗思想与历史》,"现代佛教学术丛刊"52,张曼涛主编,台北: 大乘文化出版社,1978: 77—112。

P

潘桂明.《中国禅宗思想历程》,北京：今日中国出版社,1992。

———.《中国居士佛教史》,北京：中国社会科学出版社,2000。

潘桂明、吴忠伟.《中国天台宗通史》,南京：江苏古籍出版社,2001。

彭国栋.《清世祖逃禅考》,《明清佛教史篇》,张曼涛主编,台北：大乘文化出版社,
　　1977—1979：275—302。

Q

卿希泰.《中国道教》第 1 册,上海：东方出版中心,1996。

覃召文.《岭南禅文化》,广州：广东人民出版社,1996。

邱高兴.《清代佛教研究现状》,《普门学报》16(2003.7)：311—322。

———.《一枝独秀：清代禅宗隆兴》,沈阳：辽宁人民出版社,1997。

邱敏捷.《参禅与念佛：晚明袁宏道的佛教思想》,台北：商鼎文化发行,1993。

R

冉云华.《宗密》,台北：东大图书,1988。

饶宗颐.《清初僧道忞及其〈布水台集〉》,《神田喜一郎博士追悼中国学论集》,东京：
　　二玄社,1986：644—652。

任道斌.《方以智年谱》,合肥：安徽教育出版社,1983。

任访秋.《袁中郎研究》,上海：上海古籍出版社,1983。

S

圣空.《试析雍正在〈拣魔辨异录〉中对汉月法藏的批判》,《中华佛学研究》5(2001.3)：
　　411—439。

圣严.《明末佛教研究》,台北：东初出版社,1987。

释东初.《中日佛教交通史》,《东初老人全集》(7 册),台北：东初出版社,1985。

释见一.《汉月法藏之禅法研究》,《中华佛学报》11(1998)：181—225。

孙昌武.《诗僧苍雪》,《普门学报》20(2004.3)：351—368。

孙中曾.《明末禅宗在浙东兴盛之缘由探讨》,《国际佛学研究》12(1992)：141—176。

W

汪宗衍.《明季剩人和尚年谱》,台北:商务印书馆,1986。

———.《天然禅师年谱》,1943;后收入《佛教名人年谱(下)》,北京:北京图书馆,
　　2003:51—124。

王贵忱.《记明万历刻本〈六祖坛经〉》,《六祖慧能思想研究》(2 册),林有能、霍启昌等
　　编,香港:香港出版社,2003:290—292。

王路平.《贵州佛教史》,贵阳:贵州人民出版社,2001。

王钟翰.《柳如是与钱谦益降清问题》,《王钟翰学术论著自选集》,北京:中央民族大
　　学出版社,1999:404—424。

魏道儒.《中国华严宗通史》,南京:江苏古籍出版社,1998。

吴立民、徐孙铭合编.《禅宗宗派源流》,北京:中国社会科学出版社,1998。

吴天任.《澹归禅师年谱》,香港:志莲精舍,1991。

X

谢国桢.《清初东北流人考》,1948;后收入《明末清初的学风》,北京:人民出版社,
　　1982:1—52。

徐文明.《曹洞宗归宗青原一系的原因初析》,《普门学报》2(2001):126—136。

薛锋、薛翔.《髡残》,长春:吉林美术出版社,1996。

Y

严耀中.《明清时代的汉传密教》,《汉传密教》,上海:学林出版社,1999:52—64。

杨海英.《洪承畴与明清易代研究》,北京:商务印书馆,2006。

杨启樵.《雍正帝及其密折制度研究》,香港:三联书店,1981。

杨曾文.《汾阳善昭及其禅法》,《中华佛学报》15(2002):219—253。

余英时.《方以智晚节考》,香港:新亚研究所,1972。

郁贤皓.《唐刺史考》,香港:中华书局,南京:江苏古籍出版社,1987。

Z

张伯伟.《环绕临济录诸本的若干问题》,《中国典籍与文化论丛》第二辑,北京:中华
　　书局,1995:388—401。

张曼涛主编.《大乘起信论与楞严经考辨》,台北:大乘文化出版社,1978。

张文良.《汉月法藏论如来禅与祖师禅》,《法音》3(1995):29—35。

———.《雍正与禅宗》,台北:老古文化事业股份有限公司,1997。

张志强.《唯识思想与晚明唯识学研究》,北京大学博士学位论文,1993;后收入《中国佛教学术论典》,高雄:佛光出版社,2000:291—439。

赵园.《明清之际士大夫研究》,北京:北京大学出版社,1999。

周骋方.《跋天童密云禅师辨天说》,《文物》4(1999):285—287。

周齐.《明代佛教与政治文化》,北京:人民出版社,2005。

周铮.《费隐禅师手札考释》,《世界宗教研究》4(1985):143—147。

C. 日文论著

A

阿部肇一.《北宋の张商英と佛教》,《宗教学论集》14(1988.3):97—117。

———.《增订中国禅宗史の研究:政治社会史的考察》,东京:研文出版,1986。

安藤智信.《张商英の护法论とその背景》,《大谷学报》42.3(1963):29—40。

———.《宋の张商英について:佛教关系の事迹を中心として》,《东方学》22(1961.7):57—63。

荒木见悟.《佛教と儒教:中国思想を形するもの》,京都:平乐寺书店,1963。

———.《佛教と阳明学》,东京:第三文明社,1979。

———.《中国心学と鼓动の佛教》,福冈:中国书店,1995。中文本由廖肇亨翻译:《明末清初的思想与佛教》,台北:联经出版,2006。

———.《金正希と熊鱼山》,氏著《明清思想论考》,东京:研文出版,1992:129—186。

———.《明代における楞严经の流行》,氏著《阳明学の开展と佛教》,东京:研文出版,1984:245—274。

———.《明代思想研究:明代における儒教と佛教の交流》,东京:创文社,1972。

———.《明末における永明延寿の影像》,《东洋古典学研究》19(2005):39—54。

———.《明末の禅僧无念深有について》,《禅学论考:山田无文老师喜寿记念》,禅文化研究所编,京都:思文阁出版,1977:273—296。

———.《明末宗教思想研究:管东溟の生涯とその思想》,东京:创文社,1979。

———.《明清思想论考》,东京:研文出版,1992。

———.《指月录の成立:瞿元立の生涯とその周边》,《九州岛中国学会报》26(1987.5):1—17。

———.《云栖祩宏の研究》,东京:大藏出版,1985。中文本由周贤博翻译:《近世中国佛教的曙光:云栖祩宏之研究》,台北:慧明文化,2001。

———.《阳明学の开展と佛教》,东京:研文出版,1984。

———.《阳明学と禅学:特に顿悟の问题について》,东京:斯文会,1958。

———.《忧国烈火禅:禅僧觉浪道盛のたたかい》,东京:研文出版,2000。

———.《禅僧无念深有と李卓吾》,氏著《阳明学の开展と佛教》,东京:研文出版,1984:174—196。

———.《禅僧玉芝法聚と阳明学派》,氏著《明代思想研究》,东京:创文社,1972:81—99。

———.《周海门の思想》,氏著《明代思想研究》,东京:创文社,1972:227—264。

———.《珊瑚林:中国文人の禅问答集》,袁中郎著,荒木见悟监修,ぺりかん社,2001。

C

陈继东.《禅门日诵の诸本について》,《印度学佛教学研究》51. 1(2002. 12):212—217。

竺沙雅章.《中国佛教社会史研究》,京都:同朋舍,1982。

———.《燕京大都の华严宗:宝集寺と崇国寺僧たち》,《大谷大学史学论究》6(2000):1—26。

———.《明代寺田の赋役について》,《明清时代の政治と社会》,小野和子编,京都:京都大学人文科学研究所,1983:487—512。

———.《宋代福建の社会と寺院》,氏著《中国佛教社会史研究》,京都:同朋舍,1982:181—187。

E

《慧能研究——慧能の传记と资料に关する基础的研究》,驹泽大学禅宗史研究会编著,京都:大修馆书店,1978。

F

福岛俊翁.《虎关》,京都:雄山阁,1944;后收入《福岛俊翁著作集》第2卷,东京:木耳社,1974。

H

长谷部好一.《洞门の动向とその系谱: 芙蓉楷下について》,《印度学佛教学研究》18.1(1969): 91—96。

长谷部幽蹊.《博山の门流》,《印度学佛教学研究》49(1976): 251—254。

——.《智楷撰〈正名录〉について》,《印度学佛教学研究》30.1(1982): 329—334。

——.《中国近代における具戒法仪》,《爱知学院禅研究所纪要》28(2000): 1—22。

——.《普慧藏所收の禅籍一本について》,《爱知学院禅研究所纪要》9(1970): 47—76。

——.《古祖派の诸律祖行业记略》,《爱知学院禅研究所纪要》Ⅰ,24(1996): 81—102;Ⅱ,25(1996): 129—207;Ⅲ,26(1996): 51—78。

——.《明清佛教研究资料》,名古屋: 自印,1987。

——.《明清佛教教团史研究》,京都: 同朋舍,1993。

——.《明清佛教の性格を考える》,《爱知学院禅研究所纪要》18—19(1990—1991): 87—109。

——.《明清佛教史研究序说》,台北: 新文丰出版公司,1979。

——.《明清时代教界の展望》,《爱知学院禅研究所纪要》6—7(1976—1977): 189—225。

——.《明清时代における禅律两宗弘化の动向》,《爱知学院禅研究所纪要》20(1992.3): 183—203。

——.《三峰一门の隆替》,"爱知学院大学论丛"《一般教育研究》Ⅰ,31.4(1984): 29—69;Ⅱ,32.1(1985): 3—35;Ⅲ,32.2(1985): 133—150;Ⅳ,33.3(1986): 29—47;Ⅴ,33.4(1986): 59—80。

——.《续灯正统と聚云吹万法门》,《爱知学院禅研究所纪要》31(2003): 31—52。

——.《祖灯辨讹考释》,《爱知学院禅研究所纪要》Ⅰ,13(1984): 31—85;Ⅱ,14(1985): 41—111。

林田芳雅.《明代にわける福建と佛教》,《京都女子学园佛教文化研究所研究纪要》17(1987): 111—145。

平久保章.《隐元》,京都: 吉川弘文馆,1962。

I

石井修道.《中国禅宗史话》,京都: 禅文化研究,1988。

———.《明末清初の天童山と密云圆悟》,《驹泽大学佛教学部论丛》6(1975):
　　78—96。

———.《真福寺文库所藏の"裴修拾遗问"の翻刻》,《禅学研究》60(1981):71—104。

———.《宋代禅宗史の研究》,东京:大东出版社,1987。

K

岸本美绪.《明清交替と江南社会:17世纪中国の秩序问题》,东京:东京大学出版
　　会,1999。

久须本文雄.《王阳明の禅的思想研究》,名古屋:日进堂书店,1958。

L

廖肇亨.《金堡〈遍行堂集〉による明末清初江南文人の精神样式の再检讨》,《日本中
　　国学会报》51(1999.10):152—165。

M

牧田谛亮.《中国近世佛教史研究》,京都:平乐寺书店,1957。

———.《策彦入明记の研究》,京都:法藏馆,1955(上册),1959(下册)。

间野潜龙.《明代の佛教と明朝》,氏著《明代文化史研究》,京都:同朋舍,1979:
　　243—334。

真野正顺.《佛教における宗观念の成立》,东京:理想社,1964。

宫崎市定.《雍正帝:中国の独裁君主》,东京:岩波书店,1950。

N

永井政之.《曹洞宗寿昌派とその盛衰》,《道元思想のあゆみ》,曹洞宗宗学研究所编,
　　东京:吉川弘文馆,1993:120—154。

———.《东皋心越研究序说》,《禅宗の诸问题》,今枝爱真编,东京:雄山阁,1979:
　　365—385。

中嶋隆藏.《新文丰出版公司印行〈明版嘉兴大藏经〉について》,《集刊东洋学》87
　　(2002.5):71—82。

中村元.《佛教语大辞典》(3卷),东京:东京书籍,1975。

《日本佛家人名辞书》,鹫尾顺敬编,东京,1911;重印,东京:东京美术,1973。

野口善敬.《费隐通容の临济禅とその挫折：木陈道忞との対立巡って》,《禅学研究》64(1985)：57—81。

———.《本来无一物は外道の法》,《爱知学院禅研究所纪要》18(1992)：1—50。

———.《遗民僧晦山戒显について》,《爱知学院禅研究所纪要》16(1990)：251—274。

———.《晦山戒显年谱稿》,《第四届中国域外汉籍国际学术会议论文集》,台北：联合报文化基金会国学文献馆,1991：307—332。

———.《汉月法藏と士大夫たち—雍正帝から魔藏と呼ばれた僧侣》,《东洋古典学研究》2(1996)：33—35。

———.《明末虎丘派の源流——笑岩德宝と幻有正传》,《哲学年报》42(1983.1)：121—140。

———.《明末における主人公论争：密云圆悟の临济禅の性格を巡って》,《哲学年报》45(1986.2)：149—182。

———.《明末の佛教居士黄端伯を巡って》,《哲学年报》43(1984.2)：113—138。

———.《明末清初僧净研究资料について》,《第一届中国域外汉籍国际学术会议论文集》,台北：联经出版事业公司,1987：753—790。

———.《雍正帝の佛教资料について》,《东洋古典学研究》9(2000.5)：42—65。

———.《译注清初僧净记：中国佛教の苦恼と士大夫たち》,京都：中国书店,1989。

野泽佳美.《大藏经关系研究文献目录》,东京：立正大学,1993。

———.《明代大藏经史の研究：南藏の历史学的基础研究》,东京：汲古书院,1998。

忽滑谷快天.《禅学思想史》,东京：名著刊行会,1979。

O

《黄檗文化》,林雪光编,宇治：黄檗山万福寺,1972。

《黄檗文化人名字典》,林雪光编,东京：思文阁出版,1988。

《黄檗隐元：隐元禅师御生诞四百年记念》,宇治：黄檗宗大本山万福寺,1992。

大石守雄.《黄檗清规の研究》,《禅学研究》12(1959)：142—149。

小野和子.《动乱の时代を生きた隐元禅师》,《禅文化》124(1987)：83—92。

———.《黄宗羲》,东京：新人物往来社,1967。

———.《清初讲经会について》,《东方学报》36(1964)：633—661。

小野玄妙.《佛书解说大辞典》(12卷),东京：大东出版社,1932—1936。

R

龙池清.《明代における卖牒》,《东方学报》11.2(1940):279—290。

———.《明代の僧官》,《支那佛教史学》4.3(1940):35—46。

———.《明代の瑜伽教僧》,《东方学报》11.1(1940):405—413。

———.《明代北京における喇嘛教团》,《佛教研究》4.6(1941):65—76。

———.《明初の寺院》,《支那佛教史学》2.4(1938.12):9—29。

S

圣严.《明末中国佛教の研究——特に智旭を中心として》,东京:山喜房佛书林,
　　1975。

椎名宏雄.《宋元版禅籍の研究》,东京:大东出版社,1993。

———.《嵩山における北宗禅の展开》,《宗学研究》10(1968):173—185。

《新版禅学大辞典》,东京:大修馆书店,1985。

铃木哲雄.《唐五代禅宗史》.东京:山喜房佛书林,1985。

T

田久保周誉.《梵字悉昙》,东京:平河出版社,1981。

常盘大定.《黄檗と临济》,《禅宗》413(1929):21—26。

———.《支那佛教史迹踏查记》,东京:龙吟社,1938。

岛越文邦.《费隐禅师と其の著:五灯严统》,大慈山慧日禅寺,1986。

塚本俊孝.《乾隆帝の教团肃正政策と雍正帝》,《佛教文化研究》11(1962):63。

———.《雍正乾隆二帝の佛学》,《印度学佛教学研究》22(11.2)(1963):178—179。

———.《雍正帝の佛教教团への训诲》,《印度学佛教学研究》17(9.1)(1961):
　　323—326。

———.《雍正帝の佛教教团批判》,《印度学佛教学研究》7.1(1958):158—159。

———.《雍正帝の儒佛道三教一体观》,《东洋史研究》18.3(1959):44—60。

———.《雍正帝の念佛禅》,《印度学佛教学研究》15(8.1)(1960):168—169。

塚本善隆.《中国近世佛教史の诸问题》,东京:大东出版社,1975。

U

宇井伯寿.《第二禅宗史研究》,东京:岩波书店,1942。

Y

山口久和.《黄宗羲三峰禅师塔铭考》,《大阪市立大学人文研究》Ⅰ,32.2(1981):
84—94;Ⅱ,33.1(1982):687—703。

柳田圣山.《隐元の东渡と日本黄檗禅》,《宗教》,"日中文化交流史丛书"4,源了圆、杨
曾文合编,东京:大修馆书店,1996:276—295。

———.《初期禅宗史书の研究》,京都:禅文化研究所,1967。

吉川幸次郎.《居士としての钱牧斋:钱牧斋と佛教》,《福井博士颂寿记念・东洋思
想论集》,东京:福井博士颂寿记念论文集刊行会,1960:738—758。

Z

《禅语辞典》,入矢义高、古贺英彦编,京都:思文阁出版,1991。

D. 西文论著

A

Addiss, Stephen. *Obaku*, *Zen Painting and Calligraphy*. Lawrence, Kans.: Helen
Foresman Spencer Museum of Arts, 1978.

Admek, Wendi. "Robes Purple and Gold: Transmission of the Robe in the *Lidai
fabao ji* (Record of the Dharma-Jewel through the Ages)." *History of Religions*
40.1 (Aug. 2000): 59‑81.

Adshead, S. A. M. "The Seventeenth Century General Crisis." *Asian Profile* 1.2
(Oct. 1973): 271‑280.

Araki Kengo(荒木见悟). "Confucianism and Buddhism in the Late Ming." In *The
Unfolding of Neo-Confucianism*, ed. by William Theodore de Bary. New York:
Columbia University Press, 1975: 39‑66.

Atwell, Williams S. "From Education to Politics: The Fushe." In *The Unfolding of
Neo-Confucianism*, ed. by W. T. de Bary. New York: Columbia University
Press, 1975: 333‑367.

———. "Some Observations on the 'Seventeenth-Century Crisis' in China and
Japan." *Journal of Asian Studies* 45.2 (Feb. 1986): 223‑244.

B

Barnhart, Richard, and Fang-yu Wang. *Master of the Lotus Garden: The Life and Art of Bada shanren, 1626 - 1705*. New Haven and London: Yale University Press, 1990.

Baroni, Helen Josephine. "Bottled Anger: Episodes in Obaku Conflict in the Tokugawa Period." *Japanese Journal of Religious Studies* (Tokyo) 21.2 - 3 (June 1994): 191 - 210.

———. *Obaku Zen: The Emergence of the Third Sect of Zen in Tokugawa Japan*. Honolulu: University of Hawai'i Press, 2000.

Barrett, Timothy H. *Li Ao: Buddhist, Taoist, or Neo-Confucian?* Oxford: Oxford University Press, 1992.

———. "Buddhist Precepts in a Lawless World: Some Comments on the Linhuai Ordination Schandal." In *Going Forth: Visions of Buddhist Vinaya*, ed. by William M. Bodiford. Honolulu: University of Hawai'i Press, 2005: 101 - 123.

Bell, Catherine. "'A Precious Raft to Save the World': The Interpretation of Scripture Traditions and Printing in a Chinese Morality." *Late Imperial China* 17.1 (June 1996): 158 - 200.

———. "Printing and Religion in China: Some Evidence from the *Taishang Ganying Pian*." *Journal of Chinese Religions* 20 (Fall 1992): 173 - 186.

———. "Ritualization of Texts and Textualization of Ritual in the Codification of Taoist Liturgy." *History of Religions* 27.4 (1988): 366 - 392.

Benn, James A. "Another Look at the Pseudo-Śūraṃgama Sūtra." In *Harvard Journal of Asiatic Studies* 68.1 (June 2008): 57 - 89.

Berger, Patricia. *Empire of Emptiness: Buddhist Art and Political Authority in Qing China*. Honolulu: University of Hawai'i Press, 2003.

Berling, Judith. "Bringing the Buddha down to Earth: Notes on the Emergence of Yülu as a Buddhist Genre." *History of Religions* 27 (1987): 56 - 88.

———. *The Syncretic Religion of Lin Chao-en*. New York: Columbia University Press, 1981.

Bielefeldt, Carl. "Kokan Shiren and the Sectarian Use of History." In *The Origins of Japan's Medieval World*, ed. by Jeffrey P. Mass. Stanford, Calif.: Stanford

University Press, 1997: 295 - 317.

Birnbaum, Raoul. "Buddhist China at the Century's Turn." In *Religion in China Today*, ed. by Daniel Overmyer. Cambridge: Cambridge University Press, 2003: 122 - 144.

Blackburn, Anne. *Buddhist Learning and Textual Practice in Eighteenth-Century Lankan Monastic Culture*. Princeton, N. J.: Princeton University Press, 2001.

Bodiford, William M. "Dharma Transmission in Sōtō Zen: Manzan Dōhaku's Reform Movement." *Monumenta Nipponica* 46 (1991): 423 - 451.

———. *Sōtō Zen in Medieval Japan*. Honolulu: University of Hawai'i Press, 1993.

Bodiford, William M., ed. *Going Forth: Visions of Buddhist Vinaya*. Honolulu: University of Hawai'i Press, 2005.

Bol, Peter K. "The 'Localist Turn' and 'Local Identity' in the Late Imperial China." *Late Imperial China* 24.2 (Dec. 2003): 1 - 50.

———. "The Sung Examination System and the Shih." *Asia Major* (Princeton, N. J.), 3rd ser., 3.2 (1990): 149 - 171.

———. *"This Culture of Ours": Intellectual Transitions in T'ang and Sung China*. Stanford, Calif.: Stanford University Press, 1992.

Brokwa, Cynthia J. and Kai-wing Chow, ed. *Printing and Book Culture in Late Imperial China*. Berkeley: University of California Press, 2005.

Brook, Timothy. "At the Margin of Public Authority: The Ming State and Buddhism." In *Culture and State in Chinese History: Conventions, Accommodations, and Critiques*, ed. by Theodore Huters, R. Bin Wong, and Pauline Yu. Stanford, Calif.: Stanford University Press, 1997: 161 - 181.

———. *The Confusions of Pleasure: Commerce and Culture in Ming China*. Berkeley, Los Angeles, and London: University of California Press, 1998.

———. "Funerary Ritual and the Building of Lineages in Late Imperial China." *Harvard Journal of Asiatic Studies* 49.2 (Dec. 1989): 465 - 499.

———. *Geographical Sources of Ming-Qing History*. Ann Arbor: Center for Chinese Studies, University of Michigan, 1988.

———. "Institution." In *Critical Terms for the Study of Buddhism*, ed. by Donald S. Lopez Jr. Chicago: The University of Chicago Press, 2005: 143 - 161.

————. *Praying for Power: Buddhism and the Formation of Gentry Society in Late-Ming China*. Cambridge, Mass. ; Harvard University Press, 1993.

————. "Rethinking Syncretism: The Unity of the Three Teachings and Their Joint Worship in Late-Imperial China." *Journal of Chinese Religions* 21 (1993); 13 - 44.

Broughton, Jeffrey L. "Kuei-feng Tsung-mi: The Convergence of Ch'an and the Teachings." Ph. D. diss., Columbia University, 1975.

————. "Tsung-mi's Zen Prolegomenon: Introduction to an Exemplary Zen Canon." In *The Zen Canon: Understanding the Classic Texts*, ed. by Steven Heine and Dale S. Wright. New York: Oxford University Press, 2004; 11 - 52.

Burke, Peter. *The French Historical Revolution: The Annales School*. Oxford: Oxford University Press, 1991.

Buswell, Robert E., Jr. *The Formation of Ch'an Ideology in China and Korea: The Vajrasamādhi-Sūtra, a Buddhist Apocryphon*. Princeton, N. J. ; Princeton University Press, 1989.

————. "The 'Short-cut' Approach of K'an-hua Meditation: The Evolution of a Practical Subitism in Chinese Ch'an Buddhism." In *Sudden and Gradual: Approaches to Enlightenment in Chinese Thought*, ed. by Peter N. Gregory. Honolulu: University of Hawai'i Press, 1987; 321 - 377.

————. *The Zen Monastic Experience*. Princeton, N. J. ; Princeton University Press, 1992.

C

Cahill, James. "Tung Ch'i Ch'ang's 'Southern and Northern Schools' in the History and Theory of Painting: A Reconsideration." In *Sudden and Gradual: Approaches to Enlightenment in Chinese Thought*, ed. by Peter N. Gregory. Honolulu: University of Hawai'i Press, 1987; 429 - 446.

Chan, Hok-lam (陈学霖). *Li Chih (1527 - 1602) in Contemporary Chinese Historiography: New Light on His Life and Works*. New York: M. E. Sharpe, 1980.

Chan, Wing-tsit. "How Buddhist Is Wang Yang-ming?" *Philosophy East and West*

12. 3 (1962): 203 – 216.

Chaves, Jonathan, trans. *Pilgrim of the Clouds: Poems and Essays by Yüan Hung-tao and His Brothers*. New York: Weatherhill, 1978.

Ch'en, Kenneth S. "The Role of Buddhist Monasteries in T'ang Society." *History of Religions* 15. 3 (1976): 209 – 330.

Chen, Pi-yan(陈碧燕). "Morning and Evening Service: The Ritual, Music, and Doctrine in the Chinese Buddhist Monastic Community." Ph. D. diss., University of Chicago, 1999.

———. "Sound and Emptiness: Music, Philosophy, and the Monastic Practice of Buddhist Doctrine." *History of Religions* 41. 1 (2001): 24 – 25.

Cheng, Chung-ying. "On Zen (Ch'an) Language and Zen Paradoxes." *Journal of Chinese Philosophy* 1 (1973): 77 – 102.

———. "Rejoinder to Michael Levin's Comments on the Paradoxicality of the Koans." *Journal of Chinese Philosophy* 3. 3 (June 1976): 291 – 297.

Cheng, François. *Chu Ta, 1626 – 1705: Le génie du trait*. Paris: Phébus, 1999.

Chen-hua. *In Search of the Dharma: Memoirs of a Modern Chinese Buddhist Pilgrim*, ed. by Chün-fang Yü, trans. Denis C. Mair. Albany: State University of New York Press, 1992.

Cherniack, Susan. "Book Culture and Textual Transmission in Sung China." *Harvard Journal of Asiastic Studies* 54. 1 (June 1994): 5 – 126.

Chia, Lucille. *Printing for Profit: The Commercial Publishers of Jianyang, Fujian (11th – 17th Centuries)*. Cambridge, Mass.: Harvard University Press, 2002.

Ch'ien, Edward. *Chiao Hung and the Restructuring of Neo-Confucianism in the Late Ming*. New York: Columbia University Press, 1986.

———. "The Conception of Language and the Use of Paradox in Buddhism and Taoism." *Journal of Chinese Philosophy* 9. 3 (Sept. 1982): 307 – 328.

Chow, Kai-wing(周启荣). "Between Canonicity and Heterodoxy: Hermeneutical Moments of the Great Learning (Ta-hsueh)." In *Imagining Boundaries: Changing Confucian Doctrines, Texts and Hermeneutics*, ed. by Kai-wing Chow, On-cho Ng, and John B. Henderson. Albany: State University of New York Press, 1999: 147 – 163.

———. *Publishing, Culture, and Power in Early Modern China*. Stanford, Calif.: Stanford University Press, 2004.

Cleary, J. C. *Zibo: The Last Great Zen Master of China*. Berkeley, Calif.: AHP Paperbacks, 1989.

Cleary, Thomas, and J. C. Cleary. *The Blue Cliff Record*. 3 vols. Boulder, Colo., and London: Shambhala, 1977.

Clunas, Craig. "Books and Things: Ming Literary Culture and Material Culture." In *Chinese Studies*, ed. by Frances Wood. London: British Library, 1988: 136 – 143.

———. *Superfluous Things: Material Culture and Social Status in Early Modern China*. Cambridge: Polity, 1991.

Collcutt, Martin. "Buddhism: The Threat of Eradication." In *Japan in Transition: From Tokugawa to Meiji*, ed. by Marius B. Jansen and Gilbert Rozman. Princeton, N. J.: Princeton University Press, 1986: 143 – 167.

———. "The Early Ch'an Monastic Rule: Ch'ing Kuei and the Shaping of Ch'an Community Life."1983.

———. *Five Mountains: The Rinzai Zen Monastic Institution in Medieval Japan*. Cambridge, Mass.: Harvard University Press, 1981.

———. "The Zen Monastery in Kamakura Society." In *Court and Bakufu in Japan: Essays in Kamakura History*, ed. by Jeffrey P. Mass. New Haven, Conn.: Yale University Press, 1982: 191 – 220.

Connery, Christopher Leigh. *The Empire of the Text: Writing and Authority in Early Imperial China*. New York: Rowman and Littlefield, 1998.

D

Darnton, Robert. "What Is the History of Books?" *Daedalus* 111. 3 (Summer 1982): 65 – 83.

de Bary, William T. "Buddhism and the Chinese Tradition." *Diogenes* 47 (1964): 102 – 124.

———. "Individualism and Humanitarianism in Late Ming Thought." In his *Self and Society in Ming Thought*. New York: Columbia University Press, 1970: 145 –

248.

―――. *Learning for One's Self: Essays on the Individual in Neo-Confucian Thought*. New York: Columbia University Press, 1991.

―――. *The Liberal Tradition in China*. New York: Columbia University Press, 1983.

Demiéville, Paul, trans. *Entretiens de Lin-tsi*. Paris: Fayard, 1972.

―――. "The Mirror of the Mind." In *Sudden and Gradual: Approaches to Enlightenment in Chinese Thought*, ed. by Peter N. Gregory. Honolulu: University of Hawai'i Press, 1987: 13 - 40.

Demiéville, Paul, et al. , eds. *Hōbōgirin: Dictionanaire encyclopédique du bouddhisme d'aprè les sources chinoises et japonaises*, vols. 1 - 6. Paris: Adrien Maisonneuve, 1929 - 1983.

Dictionary of Ming Biography, 1368 - 1644, ed. by L. Carrington Goodrich. New York and London: Columbia University Press, 1976.

Dimberg, Ronald G. *The Sage and Society: The Life and Thought of Ho Hsin-yin*. Honolulu: University of Hawai'i Press, 1974.

E

Eberhard, Wolfram. "Temple-Building Activities in Medieval and Modern China." *Monumenta Serica* 23 (1964): 264 - 318.

Eichman, Jennifer Lynn. "Spiritual Seekers in a Fluid Landscape: A Chinese Buddhist Network in the Wanli Period (1573 - 1620)." Ph. D. diss. , Princeton University, 2005.

Elman, Benjamin. *A Cultural History of Civil Service Exam in Late Imperial China*. Berkeley: University of California Press, 2000.

―――. *From Philosophy to Philology: Intellectual and Social Aspects of Change in Late Imperial China*. Cambridge, Mass. : Harvard University Press, 1984.

Eminent Chinese of the Ch'ing Period (*1644 - 1912*), ed. by Arthur W. Hummel. Taipei: Literature House, 1964.

F

Farmer, Edward Lewis, Romeyn Taylor, and Ann Waltner. *Ming History: An*

Introductory Guide to Research. Minneapolis: University of Minnesota, 1994.

Farquhar, David M. "Emperor as Bodhisattva in the Governance of the Ch'ing Empire." *Harvard Journal of Asiatic Studies* 38. 1 (June 1978): 5 - 34.

Faure, Bernard. *Chan Insights and Oversights: An Epistemological Critique of the Chan Tradition*. Princeton, N. J.: Princeton University Press, 1993.

———. *The Rhetoric of Immediacy: A Cultural Critique of Chan/ Zen Buddhism*. Princeton, N. J.: Princeton University Press, 1991.

Foulk, T. Griffith. "The 'Ch'an School' and Its Place in the Buddhist Monastic Tradition." Ph. D. diss., University of Michigan, 1987.

———. "Controversies Concerning the 'Separate Transmission. '" In *Buddhism in the Sung*, ed. by Peter N. Gregory and Dan Getz. Honolulu: University of Hawai'i Press, 1999: 253 - 258.

———. "Myth, Ritual, and Monastic Practice in Sung Ch'an Buddhism." In *Religion and Society in T'ang and Sung China*, ed. by Patricia Ebrey and Peter Gregory. Honolulu: University of Hawai'i Press, 1993: 147 - 208.

Foulk, T. Griffith, and Robert H. Sharf. "On the Ritual Use of Ch'an Portraiture in Medieval China." *Cahiers d'Extrême-Asie* 7 (1993 - 1994): 149 - 219.

Franke, Wolfgang. "Li Zhi's Tomb." In his *Sino-Malaysiana: Selected Papers on Ming & Qing History and on the Overseas Chinese in Southeast Asia 1942 - 1988*. Singapore: South Seas Society, 1989: 191 - 205.

G

Gardner, Daniel, K. "Modes of Thinking and Modes of Discourse in the Sung: Some Thoughts on the Yülu (Recorded Conversations) Texts." *Journal of Asian Studies* 50. 3 (1991): 574 - 603.

Gernet, Jacques. *Buddhism in Chinese Society: An Economic History from the Fifth to the Tenth Centuries*, trans. by Franciscus Verellen. New York: Columbia University Press, 1995.

———. *China and the Christian Impact: A Conflict of Cultures*. Cambridge and New York: Cambridge University Press, 1985.

Gimello, Robert M. "Apophatic and Kataphatic Discourse in Mahāyāna: A Chinese

View." *Philosophy East and West* 26.2 (1976): 116 - 136.

———. "The Buddhism of a 'Confucian' Scholar: Some Remarks Preliminary to a Study of Ch'ao Yueh-chih 晁说之 (1059 - 1129) and His Relationship to T'ien-t'ai 天台." 收入《佛教与中国文化国际学术会议论文集》,台北:"中华文化复兴运动总会"宗教研究委员会,1995:863 - 900。

———. "Chang Shang-ying on Wu-t'ai Shan." In *Pilgrims and Sacred Sites in China*, ed. by Chün-fang Yü and Susan Naquin. Berkeley: University of California Press, 1992: 89 - 149.

———. "Echoes of the *Platform Scripture* in Northern Sung Ch'an." In *Fo Kuang Shan Report of International Conference on Ch'an Buddhism*. Kaoxiong: Foguangshan Press, 1990: 142 - 160.

———. "Icon and Incantation: The Goddess Zhunti and the Role of Images in the Occult Buddhism of China." In *Images in Asian Religions: Texts and Contexts*, ed. by Phyllis Granoff and Koichi Shinohara. Vancouver: UBC Press, 2004: 225 - 256.

———. "Imperial Paronage of Buddhism during the Northern Sung."In *Proceedings of the First International Symposium on Churh and State in China*. Taipei: Tamkang University Press, 1987: 71 - 85.

———. "Li T'ung-hsüan and the Practical Dimensions of Hua-yen." In *Studies in Ch'an and Huayan*, ed. by Robert M. Gimello and Peter Gregory. Honolulu: University of Hawai'i Press, 1983: 321 - 390.

———. "Marga and Culture: Learning, Letters, and Liberation in Northern Sung Ch'an." In *Paths to Liberation: The Marga and Its Transformations in Buddhist Thought*, ed. by Robert M. Gimello and Robert E. Buswell, Jr. Honolulu: University of Hawai'i Press, 1992: 371 - 437.

———. "Poetry and the Kung-an in Ch'an Practice." *Ten Directions* 7 (Spring / Summer 1986): 9 - 10.

———. "The Sudden / Gradual Polarity: A Recurrent Theme in Chinese Thought." *Journal of Chinese Philosophy 9* (1982): 471 - 486.

Goldfuss, Gabriele. *Vers un bouddhisme du XXe siècle: Yang Wenhui (1837 - 1911), réformateur laïque et imprimeur*. Paris: Collège de France, Institut des

Hautes Etudes Chinoises, 2001.

Goossaert, Vincent. "Counting the Monks: The 1736 - 1739 Census of the Chinese Clergy." *Late Imperial China* 21.2 (2000): 40 - 85.

Granoff, Phyllis, and Koichi Shinohara, eds. *Monks and Magicians: Religious Biographies in Asia*. Oakville, N. Y., and London: Mosaic, 1988.

Grant, Beata. "Female Holder of the Lineage: Linji Chan Master Zhiyuan Xinggang (1597 - 1654)." *Late Imperial China* 17.2 (Dec. 1996): 51 - 76.

———. *Mount Lu Revisited: Buddhism in the Life and Writings of Su Shi*. Honolulu: University of Hawai'i Press, 1994.

———. "The Red Cord Untied : Buddhist Nuns in Eighteenth-Century China." In *Buddhist Women across Culture: Realizations*, ed. by Karma Lekshe Tsomo. Albany: State University of New York Press, 1999: 91 - 104.

———. "Through the Empty Gate: The Poetry of Buddhist Nuns in Late Imperial China." In *Cultural Intersections in Late Chinese Buddhism*, ed. by Marsha Weidner. Honolulu: University of Hawai'i Press, 2001: 87 - 113.

———. "Who Is This I? Who Is That Other? The Poetry of an Eighteenth Century Buddhist Lay Woman." *Late Imperial China* 15 (1994): 47 - 86.

———. "Writing Nuns." In *The Red Brush: Writing Women of Imperial China*, ed. by Wilt Idema and Beata Grant. Cambridge, Mass. : Harvard University Press, 2004: 455 - 470.

Gregory, Peter N. "The Buddhism of the Cultured Elite." In *Religions of China in Practice*, ed. by Donald Lopez, Jr. Princeton, N. J.: Princeton University Press, 1996: 381 - 389.

———. "Tsung-mi and the Single Word Awareness (Chih)." *Philosophy East and West* 18 (1985): 249 - 269.

———. *Tsung-mi and the Sinification of Buddhism*. Princeton, N. J.: Princeton University Press, 1991.

Gregory, Peter N., and Dan Getz, eds. *Buddhism in the Sung*. Honolulu: University of Hawai'i Press, 1999.

Griffiths, Paul J. *Religious Reading: The Place of Reading in the Practice of Religion*. New York: Oxford University Press, 1999.

Groner, Paul. "The *Fan-wang ching* and Monastic Discipline in Japanese Tendai: A Study of Annen's *Futsū jubosatsutai kōshaku*." In *Chinese Buddhist Apocrypha*, ed. by Robert Buswell. Honolulu: University of Hawai'i Press, 1989: 251 – 290.

———. "The Ordination Ritual in the *Platform Sūtra*: Within the Context of East Asian Buddhist Vinaya Tradition." In *Fo Kuang Shan Report of International Conference on Ch'an Buddhism*. Gaoxiong: Foguangshan Press, 1990: 220 – 250.

Guy, Kent. "Zhang Tingyu and Reconciliation: The Scholar and the State in the Early Qianlong Reign." *Late Imperial China* 7.1 (June 1986): 50 – 62.

H

Halperin, Mark. *Out of the Cloister: Literati Perspectives on Buddhism in Sung China 960 – 1279*. Cambridge, Mass.: Harvard University Press, 2006.

Hay, Jonathan. *Shitao: Painting and Modernity in Early Qing China*. Cambridge: Cambridge University Press, 2001.

Henderson, John B. *The Construction of Orthodoxy and Heresy: Neo-Confucian, Islamic, Jewish, and Early Christian Patterns*. Albany: State University of New York Press, 1998.

Hobsbawm, Eric and Terence Ranger, ed. *The Invention of Tradition*. Cambridge and New York: Cambridge University Press, 1983.

Hori, Victor Sōgen. *Zen Sand: The Book of Capping Phrases for Kōan Practice*. Honolulu: University of Hawai'i Press, 2003.

Hsieh, Ding-hwa Evelyn. "A Study of the Evolution of K'an-hua Ch'an in Sung China: Yuan-wu K'o-ch'in (1063 – 1135) and the Function of Kung-an in Ch'an Pedagogy and Praxis." Ph. D. diss., University of California, Los Angeles, 1993.

———. "Yuan-wu K'o-ch'in's (1063 – 1135) Teaching of Ch'an Kung-an Practice: A Transition from Literary Study of Ch'an Kung-an to the Practical K'an-hua Ch'an." *Journal of the International Association of Buddhist Studies* 17 (1994): 66 – 95.

Hsu, Sung-peng (徐颂鹏). *A Buddhist Leader in Ming China*. University Park: Pennsylvania State University Press, 1979.

Hu Shih （胡适）. "Ch'an （Zen） Buddhism in China: Its History and Method."
　　Philosophy East and West 3.1 （1953）: 3–24.

——. "The Development of Zen Buddhism in China." *Chinese Social and
　　Political Science Review* 15.4 （1932）: 475–505.

Huang, Pei （黄培）. *Autocracy at Work: A Study of the Yung-cheng Period*, 1723–
　　1735. Bloomington: Indiana University Press, 1974.

——. "Five Major Sources for the Yung-cheng Period, 1723–1735." *Journal of
　　Asian Studies* 27 （1968）: 847–857.

Hucker, Charles O. *A Dictionary of Official Titles in Imperial China*. Stanford,
　　Calif.: Stanford University Press, 1985.

——. "An Index of Terms and Titles in Governmental Organization[s] of Ming
　　Dynasty." *Harvard Journal of Asiatic Studies* 23 （1960–1961）: 127–151.

Hucker, Charles O, ed. *Chinese Government in Ming Times: Seven Studies*. New
　　York: Columbia University Press, 1969.

Hurvitz, Leon. "Chu-hung's One Mind of Pure Land and Ch'an Buddhism." In *Self
　　and Society in Ming Thought*, ed. by William Theodore de Bary. New York:
　　Columbia University Press, 1970: 451–476.

Hymes, Robert. "Not Quite Gentlemen? Doctors in Sung and Yoan." *Chinese
　　Science* （Philadelphia） 8 （1987）: 9–76.

——. *Way and Byway: Taoism, Local Religion, and Models of Divinity in Sung
　　and Modern China*. Berkeley: University of California Press, 2002.

J

Jaffe, Richard. "Ingen and the Threat to the Myōshinjiha." *Komazawa Daigaku
　　Zen Kenkyūsho Nenpō* 2 （1991）: 1–35.

Jan, Yün-hua. "Chinese Buddhism in Ta-tu: The New Situation and New
　　Problems." In *Yuan Thought: Chinese Thought and Religion under the Mongols*,
　　ed. by Hok-lam Chan and William Theodore de Bary. New York: Columbia
　　University Press, 1982: 375–417.

——. "Li Ping-shan and His Refutation of Neo-Confucian Criticism of
　　Buddhism." In *Developments in Buddhist Thought: Canadian Contributions to*

Buddhist Studies, ed. by Roy C. Amore. Waterloo, Ont.: Wilfrid Laurier University Press, 1979: 162 – 193.

Jia, Jinhua(贾晋华). *The Hongzhou School of Chan Buddhism in Eighth-through Tenth-Century China*. Albany: State University of New York Press, 2006.

Johnson, David, ed. *Popular Culture in Late Imperial China*. Berkeley: University of California Press, 1985.

Jones, Charles B. "Apologetic Strategies in Late Imperial Chinese Pure Land Buddhism." *Journal of Chinese Religions* 29 (2001): 69 – 90.

———. "Mentally Constructing What Already Exists: The Pure Land Thought of Chan Master Jixing Chewu (1741 – 1810)." *Journal of the International Association of Buddhist Studies* 23.1 (Summer 2000): 43 – 70.

———. "Toward a Typology of Nien-fo: A Study in Methods of Buddha-Invocation in Chinese Pure Land Buddhism." *Pacific World: Journal of the Institute of Buddhist Studies* 3rd series, 3 (Fall 2001): 219 – 239.

Jorgensen, John. "The 'Imperial' Lineage of Ch'an Buddhism: The Role of Confucian Ritual and Ancestor Worship in Ch'an's Search for Legitimization in the Mid-T'ang Dynasty." *Papers in Far Eastern History* 35 (1987): 89 – 133.

K

Kern, Iso. *Buddhistische Kritik am Christentum im China des 17 Jahrhunderts. Texte von Yu Shunxi (?- 1621), Zhuhong (1535 – 1615), Yuanwu (1566 – 1642), Tongrong (1539 – 1679), Xingyuan (1611 – 1662), Zhixu (1599 – 1655)*. Bern: Peter Lang, 1992.

———. "Matteo Riccis Verhaltnis zum Buddhismus." *Monumenta Serica* 36 (1984 – 1985): 65 – 126.

Keyworth, George Albert, Ⅲ. "Transmitting the Lamp of Learning in Classical Chan Buddhism: Juefan Huihong (1071 – 1128) and Literary Chan." Ph. D. diss., University of California, Los Angeles, 2001.

Kieschnick, John. *The Eminent Monk: Buddhist Ideals in Medieval Chinese Hagiography*. Honolulu: University of Hawai'i Press, 1997.

———. *The Impact of Buddhism on Chinese Material Culture*. Princeton, N. J.:

Princeton University Press, 2003.

Kuo, Jason C. *Austere Landscape: The Paintings of Hungjen*. Taipei and New York: SMC, 1990.

L

Lai, Whalen. "The Buddhist-Christian Dialogue in China." In *Religious Issues and Interreligious Dialogues: An Analysis and Sourcebook of Developments since 1945*, ed. by Charles Wei-hsun Fu and Gerhard Spiegler. New York and London: Greenwood, 1989: 613 – 631.

———. "Ma-tsu Tao-i and the Unfolding of Southern Zen." *Journal of Japanese Religions* 12 (1985): 173 – 192.

———. "The Transmission Verses of the Ch'an Patriarchs." *Han Hsüeh Yen-chiu* 1.2 (1983): 593 – 624.

Langlois, John, and K'o K'uan Sun. "Three Teachings Syncretism and the Thought of Ming T'ai Tsu." *Harvard Journal of Asiatic Studies* 43.1 (June 1983): 97 – 139.

Lee, Thomas H. C. "Books and Bookworms in Song China: Book Collection and the Appreciation of Books." *Journal of Sung-Yuan Studies* 25 (1995): 193 – 218.

———. *Education in Traditional China: A History*. Leiden: Brill, 2000.

Lessing, Ferdinand Diederich. *Yung-ho-kung: An Iconography of the Lamaist Cathedral in Peking*, *with Notes on Lamaist Mythology and Cult*, Sino-Swedish *Expedition (1927 – 1935)*. Stockholm: Goteborg, Elanders boktryckeri aktiebolag, 1942.

Levering, Miriam. "Buddhism in Sung Culture: The Ch'an Master Ta-hui Tsung-kao." Ph. D. diss., University of Tennessee, 1987.

———. "Dahui Zonggao and Zhang Shangying: The Importance of a Scholar in the Education of a Song Chan Master." *Journal of Sung-Yuan Studies* 30 (2000): 115 – 140.

———. "The Dragon Girl and the Abbess of Miao-shan: Gender and Status in the Ch'an Buddhist Tradition." *Journal of the International Association of Buddhist Studies* 5.1 (1982): 19 – 35.

————. "Ta-hui and Lay Buddhists: Ch'an Sermons on Death." In *Buddhist and Taoist Practice in Medieval Chinese Society*, ed. by David W. Chappell. Honolulu: University of Hawai'i Press: 181 – 214.

Lewis, Mark Edward. *Writing and Authority in Early China*. Albany: State University of New York Press, 1999.

Li, Thomas Shiyu, and Susan Naquin. "The Baoming Temple: Religion and the Throne in Ming and Qing China." *Harvard Journal of Asiatic Studies* 48. 1 (June 1988): 131 – 188.

Li, Wai-yee (李惠仪). "The Rhetoric of Spontaneity in Late-Ming Literature." *Ming Studies* 35 (Aug. 1995): 32 – 52.

Long, Darui (龙达瑞). "A Note on the Hongwu Nanzang, a Rare Edition of the Buddhist Canon." *East Asian Library Journal* 9. 2 (Fall 2000): 112 – 147.

Lu K'uan Yü (Charles Luk). *The Secrets of Chinese Meditation*. York Beach: Samuel Weiser, 1969.

Lye, Hun Yeow (黎幸佑). "Feeding Ghosts: A Study of the *Yuqie Yankou Rite*." Ph. D. diss., University of Virginia, 2003.

M

Mabbett, Ian W. "The Symbolism of Mount Meru." *History of Religions* 23 (August 1983): 64 – 83.

Maraldo, John C. "Is There Historical Consciousness with Ch'an?" *Japanese Journal of Religious Studies* 12. 2 – 3 (June-Sept. 1985): 141 – 172.

McDermott, Joseph P. *A Social History of the Chinese Book: Books and Literati Culture in Late Imperial China*. Hong Kong: Hong Kong University Press, 2006.

McRae, John R. "The Antecedents of Encounter Dialogue in Chinese Ch'an Buddhism." In *The Kōan: Texts and Contexts in Zen Buddhism*, ed. by Steven Heine and Dale S. Wright. New York: Oxford University Press, 2000: 46 – 74.

————. "Encounter Dialogue and the Transformation of the Spiritual Path in Chinese Ch'an." In *Paths to Liberation: The Marga and Its Transformations in Buddhist Thought*, ed. by Robert M. Gimello. Honolulu: University of Hawai'i Press, 1992: 339 – 369.

———. "Daoxuan's Vision of Jetavana: The Ordination Platform Movement in Medieval Chinese Buddhism." In *Going Forth: Visions of Buddhist Vinaya*, ed. by William M. Bodiford. Honolulu: University of Hawai'i Press, 2005: 68 – 100.

———. *The Northern School and the Formation of Early Ch'an Buddhism*. Honolulu: University of Hawai'i Press, 1986.

———. "The Ox-head School of Chinese Ch'an Buddhism: From Early Ch'an to the Golden Age." In *Studies in Ch'an and Hua-yen*, ed. by Robert Gimello and Peter Gregory. Honolulu: University of Hawai'i Press, 1983: 191 – 195.

———. *Seeing through Zen: Encounter, Transformation, and Genealogy in Chinese Chan Buddhism*. Berkeley: University of California Press, 2003.

McRae, John R., trans. *The Platform Sutra of the Sixth Patriarch: Translated from the Chinese of Tsung-pao*. Berkeley: Numata Center for Buddhist Translation and Research, 2000.

Meskill, John, trans. *Ch'oe Pu's Diary: A Record of Drifting across the Sea*. Tucson: University of Arizona Press, 1965.

Mohr, Michel. "Zen Buddhism during the Tokugawa Period: The Challenge to Go beyond Sectarian Consciousness." *Japanese Journal of Religious Studies* 21. 4 (1994): 341 – 372.

Mote, Frederik, and Howard L. Goodman. *A Research Manual for Ming History*. Princeton, N. J.: Princeton University Press, 1984.

Müller, Wilhelm （弥维礼）. "Buddhistische Morgen-und Abendliturgie Auf Taiwan."收入《国际汉学》第 2 辑,任继愈编,郑州：大象出版社,1998: 322—363。

N

Naquin, Susan. *Peking: Temples and City Life: 1400 – 1900*. Berkeley: University of California Press, 2000.

Nattier, Jan. *A Few Good Men: The Bodhisattva Path according to the Inquiry of Ugra (Ugraparipcchā)*. Honolulu: University of Hawai'i Press, 2003.

———. *Once upon a Future Time: Studies in a Buddhist Prophecy of Decline*. Berkeley: Asian Humanities Press, 1991.

O

Orzech, Charles D. "Esoteric Buddhism and the Shishi in China." In *The Esoteric Buddhist Tradition: Selected Papers from the 1989 SBS Conference*, ed. by Henrik H. Sørensen. Copenhagen and Arhus: Seminar for Buddhist Studies, 1994: 51 – 72.

———. "Further Notes on Tantra, Metaphor Theory, Ritual and Sweet Dew." Unpublished paper presented at the seminar Tantra and Daoism: A Multidisciplinary Conference on the Globalization of Religion and Its Experience, Boston University, April 19 – 21, 2002.

———. *Politics and Transcendent Wisdom: The Scripture for Humane Kings in the Creation of Chinese Buddhism*. University Park: Pennsylvania State University Press, 1998.

———. "Seeing Chen-Yen Buddhism: Traditional Scholarship and the Vajrayana in China." *History of Religions* 29.2 (Nov. 1989): 87 – 114.

Orzech, Charles D., trans. "Saving the Burning-Mouth Hungry Ghost." In *Religions of China in Practice*, ed. by Donald S. Lopez, Jr. Princeton, N. J.: Princeton University Press, 1996: 278 – 283.

Overmyer, Daniel. *Folk Buddhist Religion: Dissenting Sects in Late Traditional China*. Cambridge, Mass.: Harvard University Press, 1976.

P

Payne, Richard K. "Ajikan: Ritual and Meditation in the Shingon Tradition." In *Re-visioning "Kamakura" Buddhism*, ed. by Richard K. Payne. Honolulu: University of Hawai'i Press, 1998: 219 – 248.

Peterson, Willard J. *Bitter Gourd: Fang I Chih and the Impetus for Intellectual Change*. New Haven, Conn.: Yale University Press, 1979.

———. "Fang I-chih: Western Learning and the 'Investigation of Things.'" In *The Unfolding of Neo-Confucianism*, ed. by William T. de Bary. New York: Columbia University Press, 1975: 369 – 401.

———. "From Interest to Indifference: Fang I-chih and Western Learning." *Ching-shih Wen-t'i* 3.5 (Nov. 1976): 60 – 80.

———. "The Life of Ku Yen-wu (1613 – 1682)." *Harvard Journal of Asiatic*

Studies Ⅰ, 28 (1968): 114 – 156; Ⅱ, 29 (1969): 201 – 247.

Pittman, Don A. *Towards a Modern Chinese Buddhism*. Honolulu: University of Hawai'i Press, 2001.

Poceski, Mario. "The Hongzhou School of Chan Buddhism during the Mid-Tang Period." Ph. D. diss. , University of California, Los Angeles, 2000.

———. *Ordinary Mind as the Way: The Hongzhou School and the Growth of Chan Buddhism*. New York: Oxford University Press, 2006.

Pollack, David. "Kokan Shiren and Musō Soseki: 'Chinese' vs. 'Japaneseness' in Thirteenth and Fourteenth Century Japan." *Journal of the International Association of Buddhist Studies* 7. 2 (1984): 143 – 168.

Power, John. *The Concise Encyclopedia of Buddhism*. Oxford: Oneworld Publications, 2000.

R

Rawski, Evelyn. *The Last Emperors: A Social History of Qing Imperial Institutions*. Berkeley: University of California Press, 1998.

Ren Jiwu (任继愈). "A Brief Discussion of the Philosophical Thought of Chan Buddhism." *Chinese Studies in Philosophy* 15. 4 (1984): 3 – 69.

———. "Buddhism and Chinese Culture." In *Freedom*, *Progress*, *and Society: Essays in Honour of Professor K. Satchidananda Murty*, ed. by R. Balasubramanian and Sibajiban Bhattacharyya. Delhi: Motilal Banarsidass, 1986: 118 – 224.

———. "On Hu Shih's Mistakes in His Study of the History of the Chan Sect." *Chinese Studies in Philosophy* 15. 4 (1984): 70 – 98.

Rusk, Bruce. "The Rogue Classicist: Feng Fang (1493 – 1566) and His Forgeries." Ph. D. diss. , University of California, Berkeley, 2004.

S

Saeki, Yoshirō. *The Nestorian Documents and Relics in China*. Tokyo: Toho Bunka Gakuin, 1951.

Sasaki, Ruth Fuller, and Yoshitaka Iriya. *The Recorded Sayings of Ch'an Master Lin-chi Hui-chao of Chen Prefecture*. Kyoto: Institute for Zen Studies, Hanazono

College, 1975.

Schlütter, Morten. "Chan Buddhism in Song-Dynasty China (960 – 1279): The Rise of the Caodong Tradition and the Formation of the Chan School." Ph. D. diss. , Yale University, 1999.

——. "The Record of Hongzhi and the Recorded Sayings Literature of Song-Dynasty Chan." In *The Zen Canon: Understanding the Classic Texts*, ed. by Steven Heine and Dale S. Wright. New York: Oxford University Press, 2004: 181 – 206.

——. "A Study in the Genealogy of the Platform Sūtra." *Studies in Central and East Asian Religions* 2 (1989): 53 – 114.

——. "Vinaya Monasteries, Public Abbacies, and State Control of Buddhism under the Song (960 – 1279)." In *Going Forth: Visions of Buddhist Vinaya*, ed. by William M. Bodiford. Honolulu: University of Hawai'i Press, 2005: 136 – 161.

Schmidt-Glintzer, Helwig. "Zhang Shang-ying (1043 – 1122): An Embarrassing Policy Adviser under the Northern Sung." In *Studies in Sung History: A Festschrift for Dr. James T. C. Liu*, ed. by Kinugawa Tsuyoshi (衣川强). Kyoto: Dōbōsa, 1989: 521 – 530.

Schopen, Gregory. "Archaeology and Protestant Presuppositions in the Study of Indian Buddhism." *History of Religions* 31 (1991): 1 – 23. Reprinted in his *Bones, Stones, and Buddhist Monks*. Honolulu: University of Hawai'i Press, 1997: 1 – 22.

Shahar, Meir. "Ming-Period Evidence of Shaolin Martial Practice." *Harvard Journal of Asiatic Studies* 61.2 (Dec. 2001): 359 – 413.

Sharf, Elizabeth Horton. "Chinzo and Obaku Portraiture." In *Contacts between Cultures: Eastern Asia: Literature and Humanities*, vol.3, ed. by Bernard Hung-Kay Luk. Lewiston, N. Y.: Mellen, 1992: 422 – 427.

——. "Obaku Zen Portrait Painting: A Revisionist Analysis." Ph. D. diss. , University of Michigan, 1994.

——. "Ōbaku Zen Portrait Painting and Its Sino-Japanese Heritage." In *Images in Asian Religions: Texts and Contexts*, ed. by Phyllis Granoff and Koichi

Shinohara. Vancouver: UBC Press, 2004: 290 - 345.

Sharf, Robert. *Coming to Terms with Chinese Buddhism: A Reading with the Treasure Store Treatise*. Honolulu: University of Hawai'i Press, 2001.

———. "The Idolization of Enlightenment: On the Mummification of Ch'an Masters in Medieval China." *History of Religions* 32.1 (1992): 1 - 31.

———. "On Pure Land Buddhism and Ch'an/Pure Land Syncretism in Medieval China." *T'oung Pao* 88.4 - 5 (2002): 282 - 332.

———. "The Zen of Japanese Nationalism." *History of Religions* 33.1 (1993): 1 - 43. Reprinted in *Curators of the Buddha: The Study of Buddhism under Colonialism*, ed. by Donald S. Lopez, Jr. Chicago: University of Chicago Press, 1995: 107 - 160.

Shinohara, Koichi. "Passages and Transmission in Tianhuang Daowu's Biographies." In *Other Selves: Autobiography and Biography in Cross-Cultural Perspective*, ed. by Phyllis Granoff and Koichi Shinohara. Oakville, Ontario: Mosaic, 1994: 132 - 149.

Smith, Joanna F. Handlin. "Gardens in Ch'i Piao-chia's Social World: Wealth and Values in Late-Ming Kiangnan." *Journal of Asian Studies* 51.1 (1992): 55 - 81.

———. "Liberating Animals in Ming-Qing China: Buddhist Inspiration and Elite Imagination." *Journal of Asian Studies* 58.1 (Feb. 1999): 51 - 84.

Spence, Jonathan D. *The Memory Palace of Matteo Ricci*. New York: Viking Penguin, 1984.

———. *Return to Dragon Mountain: Memories of a Late Ming Man*. New York: Viking, 2007.

———. *Treason by the Book*. New York: Viking, 2001.

Spence, Jonathan, and John E. Wills, Jr., eds. *From Ming to Ch'ing: Conquest, Regions and Continuity in Seventeenth-Century China*. New Haven, Conn., and London: Yale University Press, 1979.

Steinhardt, Nancy, ed. *Chinese Traditional Architecture*. New York: China Intitute in America, 1984.

Sterk, Darryl Cameron. "Chan Grove Remarks on Poetry by Wang Shizhen: A Discussion and Translation." M. A. Thesis, University of Toronto, 2002.

Stevenson, Daniel B. "Protocols of Power: Tz'u-yun Tsun-shih (964 – 1032) and T'ien-t'ai Lay Buddhist Ritual in the Sung." In *Buddhism in the Sung*, ed. by Peter N. Gregory and Daniel A. Getz, Jr. Honolulu: University of Hawai'i Press, 1999: 340 – 408.

———. "Text, Image, and Transformation in the History of the Shuilu Fahui, the Buddhist Rite for Deliverance of Creatures of Water and Land." In *Cultural Intersections in Later Chinese Buddhism*, ed. by Marsha Weidner. Honolulu: University of Hawai'i Press, 2001: 30 – 70.

Stock, Brian. *The Implications of Literacy*. Princeton, N. J.: Princeton University Press, 1983.

———. *Listening for the Text: On the Uses of the Past*. Philadelphia: University of Pennsylvania Press, 1996.

Stoianovitch, Traian. *French Historical Method: The Annales Paradigm*. Ithaca, N. Y., and London: Cornell University Press, 1976.

Struve, Lynn. "Ancestor Édité in Republican China: The Shuffled Journal of Xue Cai (1595 1665)." *East Asian Library Journal* (Princeton). 13. 1 (2007).

———. "Dreaming and Self-Search during the Ming Collapse: The Xue Xiemeng Biji, 1642 – 1646." *Toung P'ao*, 93. 1 (March 2007). 159 – 192.

———. *Ming-Qing Conflict: A Historiography and Source Guide*. Ann Arbor, Mich.: Association for Asian Studies, 1998.

———. *The Southern Ming 1644 – 1662*. New Haven, Conn.: Yale University Press, 1984.

T

Thich Thien-An. *Buddhism and Zen in Vietnam: In Relation to the Development of Buddhism in Asia*, ed. by Carol Smith. Los Angeles: College of Oriental School 1975.

T'ien Ju-k'ang (田汝康). "The Decadence of Buddhist Temples in Fukien in Late Ming and Early Ch'ing." In *Development and Decline of Fukien Province in the 17th and 18th Centuries*, ed. by E. B. Vermeer. Leiden: Brill, 1990: 83 – 101.

Toh, Hoong Teik (卓鸿泽). "Tibetan Buddhism in Ming China." Ph. D. diss.,

Harvard University, 2004.

Tu Weiming (杜维明). *Neo-Confucian Thought in Action: Wang Yang-ming's Youth* (*1472 - 1509*). Berkeley: University of California Press, 1976.

V

Veblen, Thorstein. *The Theory of the Leisure Class: An Economic Study of Institutions*. 1899. Reprint. New York: New American Library, 1953.

W

Wakeman, Frederic, Jr. "China and the Seventeenth-Century Crisis." *Late Imperial China* 7.1 (June 1986): 1 - 26.

———. *The Great Enterprise: The Manchu Reconstruction of Imperial Order in Seventeenth-Century China*. 2 vols. Berkeley: University of California Press, 1985.

———. "Localism and Loyalism during the Ch'ing Conquest of Kiangnan." In *Conflict and Control in Late Imperial China*, ed. by Frederic Wakeman and C. Grant. Berkeley: University of California Press, 1975: 43 - 85.

———. "Romantics, Stoics, and Martyrs in Seventeenth-Century China." *Journal of Asian Studies* 43.4 (Aug. 1984): 631 - 166.

Wang, Chen-mian (王成勉). *The Life and Career of Hung Ch'eng-ch'ou* (*1593 - 1665*): *Public Service in a Time of Dynastic Change*. Ann Arbor, Mich.: Association for Asian Studies, 1999.

Wang Fansen (王汎森). "Classics Discussion Societies in Early Qing." *Bulletin of the Institute of History and Philology of "Academia Sinica"* 68.3 (1997): 503 - 587.

Wang, Xiangyun (王祥云). "The Qing Court's Tibet Connection: lCang skya Rol pa'i rdo rje and the Qianlong Emperor." *Harvard Journal of Asiatic Studies* 60 (2001): 125 - 163.

———. "Tibetan Buddhism at the Court of Qing: The Life and Work of lCang-skya Rol-pa'i-rdo-rje, 1717 - 86." Ph. D. diss., Harvard University, 1995.

Watson, Burton. *The Zen Teachings of Master Lin-chi: A Translation of the Lin-chi*

Lu. New York: Columbia University Press, 1999.

Weidner, Marsha, ed. *Cultural Intersections in Later Chinese Buddhism*. Honolulu: University of Hawai'i Press, 2001.

———. *Latter Days of the Law: Images of Chinese Buddhism: 850 – 1850*. Lawrence, Kans.: Spencer Museum of Art, 1994.

Weinstein, Stanley. *Buddhism under the T'ang*. Cambridge and New York: Cambridge University Press, 1987.

———. "The Schools of Chinese Buddhism." In *Buddhism and Asian History*, ed. by Joseph M. Kitagawa and Mark D. Cummings. New York: Macmillan, 1989: 257 – 265.

Welch, Holmes. *The Buddhist Revival in China*. Cambridge, Mass.: Harvard University Press, 1968.

———. "Dharma Scrolls and the Succession of Abbots in Chinese Monasteries." *T'oung Pao* 50 (1963): 93 – 149.

———. *The Practice of Chinese Buddhism*, 1900 – 1950. Cambridge, Mass.: Harvard University Press, 1967.

Welter, Albert. "A Buddhist Response to the Confucian Revival: Tsan-ning and the Debate over Wen in the Early Sung." In *Buddhism in the Sung*, ed. by Peter N. Gregory and Daniel A. Getz, Jr. Honolulu: University of Hawai'i Press, 1999: 21 – 61.

———. "Lineage and Context in the *Patriarch's Hall Collection* and the *Transmission of the Lamp*." In *The Zen Canon: Understanding the Classic Texts*, ed. by Steven Heine and Dale S. Wright. New York: Oxford University Press, 2004:137 – 180.

———. *Monks, Rulers, and Literati: The Political Ascendancy of Chan Buddhism*. New York: Oxford University Press, 2006.

———. "The Textual History of the *Linji lu* (Record of Linji): The Earliest Recorded Fragments." Paper presented at the annual meeting of the American Association of Religion, Toronto, November 2002.

Williams, Paul. *Mahayana Buddhism: The Doctrinal Foundations*. London: Routledge, 1989.

Wilson, Thomas A. *Genealogy of the Way: The Construction and Uses of the Confucian Tradition in Late Imperial China*. Stanford, Calif.: Stanford University Press, 1995.

Wright, Dale S. *Philosophical Meditations on Zen Buddhism*. New York: Cambridge University Press, 1998.

Wu, Hung (巫鸿). "Emperor's Masquerade: Costume Portraits of Yongzheng and Qianlong." *Orientations* 26. 7 (July-Aug. 1995): 25 – 41.

Wu, Jiang (吴疆). "Buddhist Logic and Apologetics in Seventeenth-century China: An Analysis of the Use of Buddhist Syllogisms in an Anti-Christian Polemic." *Dao: A Journal of Comparative Philosophy* Ⅱ. 2 (June 2003): 273 – 289.

———. "Building a Dharma Transmission Monastery in Seventeenth-Century China." *Journal of East Asian History* 31 (June 2006): 29 – 52.

———. "The Commentarial Tradition of the *Śuraṃgama Sūtra*." Paper presented at the annual meeting of the American Association of Religion, November 18 – 21, 2006, Washington, D. C.

———. "Knowledge for What? The Concept of Learning in the *Śuraṃgama Sūtra*." *Journal of Chinese Philosophy* 33. 4 (Dec. 2006): 491 – 503.

———. "Leaving for the Rising Sun: The Historical Background of Yinyuan Longqi's Migration to Japan in 1654." *Asia Major*, 3rd ser., 17. 2 (2004): 89 – 120.

———. "Orthodoxy, Controversy, and the Transformation of Chan Buddhism in Seventeenth-Century China." Ph. D. diss., Harvard University, 2002.

———. "Problems with Enlightenment: The Performance of Encounter Dialogue in Seventeenth-Century Chinese Chan Buddhism." Paper presented at Zen Seminar at the annual meeting of the American Association of Religion, November 20, 2005, Philadelphia.

———. "The Rule of Marginality: Hypothesizing the Transmission of the Mengshan Rite for Feeding the Hungry Ghosts in Late Imperial China." Paper presented at Conference on Tantra: Constructions and Deployments of Power, October 11 – 13, 2002, Flagstaff, Arizona.

Wu, Silas H. L. *Passage to Power: K'ang-hsi and His Heir Apparent, 1661 – 1722*.

Cambridge, Mass.: Harvard University Press, 1979.

Y

Yanagida Seizan (柳田圣山). "The Life of Lin-chi I-hsüan."trans. by Ruth Sasaki. *The East Buddhist* 5.2 (October 1972): 70‑94.

———. "The 'Recorded Sayings' Texts of Chinese Ch'an Buddhism." trans. by John R. McRae. In *Early Ch'an in China*, ed. by Whalen Lai and Lewis R. Lancaster, pp. 185‑206. Berkeley, Calif.: Berkeley Buddhist Studies Series, 1983.

Yifa (释依法). *The Origins of Buddhist Monastic Codes in China: An Annotated Translation and Study of the Chanyuan qinggui*. Honolulu: University of Hawai'i Press, 2002.

———. "From the Chinese Vinaya Tradition to Chan Regulations: Continuity and Adaptation." In *Going Forth: Visions of Buddhist Vinaya*, ed. by William M. Bodiford. Honolulu: University of Hawai'i Press, 2005:124‑135.

Yim, Chi-hung. "The Poetics of Historical Memory in the Ming-Qing Transition: A Study of Qian Qianyi's (1582‑1664) Later Poetry." Ph. D. diss., Yale University, 1998.

———. "Political Exile, Chan Buddhism Master, Poetry Club Founder: A Cantonese Monk in Manchuria during the Ming-Qing Transition." Paper presented at the annual meeting of the Society for Ming Studies, March 23, 2001, Chicago.

Yü, Chün-fang (于君方, Kristin Yu Greenblat). "Chu-hung and Lay Buddhism in the Late Ming." In *The Unfolding of Neo-Confucianism*, ed. by William Theodore de Bary. New York: Columbia University Press, 1975:93‑140.

———. "Chung-feng Ming-pen and Ch'an Buddhism in the Yüan." In *Yüan Thought: Chinese Thought and Religion under the Mongols*, ed. by Hok-lam Chan and William Theodore de Bary. New York: Columbia University Press, 1982: 419‑477.

———. "Ming Buddhism." In *Cambridge History of China*, ed. by F. W. Mote and D. Theorore de Bary. New York: Columbia University Press, 1982:419‑477.

————. "P'u-t'o Shan: Pilgrimage and the Creation of the Chinese Potalaka." In *Pilgrims and Sacred Sites in China*, ed. by Susan Naquin and Chün-fang Yü. Berkeley: University of California Press, 1992:190 - 245.

————. *The Renewal of Buddhism in China: Chu-hung and the Late Ming Synthesis*. New York: Columbia University Press, 1981.

Yu, Li (虞莉). "A History of Reading in Late Imperial China, 1000 - 1800." Ph. D. diss., Ohio State University, 2003.

Yü, Ying-shih (余英时). "Some Preliminary Reflections on the Rise of Ch'ing Intellectualism." *Tsing Hua Journal of Chinese Studies* 11 (1975): 105 - 143.

Z

Zelin, Madeleine. "The Yung-cheng Reign." In *The Cambridge History of China*, vol.9, pt.1: *The Ch'ing Empire to 1800*, ed. by Willard J. Peterson. Cambridge: Cambridge University Press, 2002:183 - 229.

Zhao, Jie. "Chou Ju-teng (1547 - 1629) at Nanking: Reassessing a Confucian Scholar in the Late Ming Intellectual World." Ph. D. diss., Princeton University, 1995.

————. "Reassessing the Place of Chou Ju-teng (1547 - 1629) in late Ming Thought." *Ming Studies* 33 (August 1994): 1 - 11.

Ziporyn, Brook. "Anti-Chan Polemics in Post Tang Tiantai." *Journal of the International Association of Buddhist Studies* 17.1 (Summer 1994): 26 - 65.

Zürcher, Erik. "Buddhisme et Christianisme." In his *Bouddhisme, Christianisme et Societe Chinoise*. Paris, Julliard 1990:11 - 42.

————. *The Buddhist Conquest of China: The Spread and Adaptation of Buddhism in Early Medieval China*. Leiden: Brill, 1972.

译　记

本书第一章,由曾林姣、欧阳楠翻译,吴疆校对。

导言、第三章,由释法幢翻译,华东师范大学李小白、法鼓山义工吴俊宏等协助核对并润色。

第四、五章,由自信翻译、核对。

第六章,由吴疆翻译、核对。

第七、八、九章,附录2、3,由葛洲子翻译、核对。

前言,第二、十、十一章,附录1,参考文献等,由孙国柱翻译,陕西师范大学雒少锋博士、中国社会科学院范文丽博士、湖南大学岳麓书院陈之斌博士协助核对与润色。

全书统稿、润色与核对工作由孙国柱主持。黄绎勋曾通读本书译稿并提出了若干建议,特此致谢。吴疆教授通读了全书译稿并进行了校订。全书根据2007年英文版(Wu, Jiang. *Enlightenment in Dispute: The Reinvention of Chan Buddhism in Seventeenth-Century China*. New York:Oxford University Press, 2008)译出,仅改正个别错误,参考文献根据原文译出,没有更新最近有关著作。

图书在版编目(CIP)数据

　　禅悟与僧诤：17世纪中国禅宗的重构／（美）吴疆著；孙国柱等译；（美）吴疆校. —上海：中西书局，2023

　　（国际佛教与中国宗教研究丛书）

　　ISBN 978 - 7 - 5475 - 2160 - 1

　　Ⅰ.①禅…　Ⅱ.①吴…　②孙…　Ⅲ.①禅宗－研究－中国　Ⅳ.①B946.5

　　中国国家版本馆 CIP 数据核字(2023)第 204274 号

国际佛教与中国宗教研究丛书

禅悟与僧诤——17世纪中国禅宗的重构

[美]吴　疆　著
孙国柱　葛洲子　释法幢　自　信　曾林姣　欧阳楠　译
[美]吴　疆　校

责任编辑	伍珺涵
装帧设计	梁业礼
责任印制	朱人杰
出版发行	上海世纪出版集团 中西书局（www.zxpress.com.cn）
地　　址	上海市闵行区号景路 159 弄 B 座（邮政编码：201101）
印　　刷	常熟市人民印刷有限公司
开　　本	700 毫米×1000 毫米　1／16
印　　张	26
字　　数	374 000
版　　次	2023 年 12 月第 1 版　2023 年 12 月第 1 次印刷
书　　号	ISBN 978 - 7 - 5475 - 2160 - 1 / B · 125
定　　价	108.00 元

本书如有质量问题，请与承印厂联系。电话：0512 - 52601369